Helmut Peitsch

Reiseführer
Nord-Ostpreußen

Königsberger Gebiet
und Memelland

VERLAG GERHARD RAUTENBERG

Die Karte auf der vorderen Klappeninnenseite zeigt einen verklei-
nerten Ausschnitt aus dem „Aktuellen Stadtplan Königsberg–
Kaliningrad" (1992 erschienen im Verlag Gerhard Rautenberg,
ISBN 3-7921-0488-1). Auf der hinteren Klappeninnenseite ist ein
Ausschnitt aus der Karte „Deutsche Ostgebiete" (Verlag Gerhard
Rautenberg, ISBN 3-7921-0409-9) zu sehen.

Die Deutsche Bibliothek – CIP-Einheitsaufnahme

Peitsch, Helmut:
Reiseführer Nord-Ostpreußen : Königsberger Gebiet
und Memelland / Helmut Peitsch. - Leer : Rautenberg,
1993
  ISBN 3-7921-0509-8

© 1993 by Verlag Gerhard Rautenberg, Leer
Gesamtherstellung: Druckerei G. Rautenberg, Leer
Alle Rechte vorbehalten – Printed in Germany
ISBN 3-7921-0509-8

Helmut Peitsch

Reiseführer Nord-Ostpreußen
Königsberger Gebiet und Memelland

Die Karte auf der vorderen Klappeninnenseite zeigt das heutige Zentrum Königsbergs (verkleinerter Ausschnitt aus dem „Aktuellen Stadtplan Königsberg—Kaliningrad", Verlag Gerhard Rautenberg, ISBN 3-7921-0488-1). Die numerierten Punkte markieren den Standort folgender Sehenswürdigkeiten:

⑪ Die Börse
⑫ Die Kreuzkirche
⑬ Stadthalle
⑭ Schloßteichbrücke
⑮ Landsmannschaft
⑯ Bessel-Oberrealschule
⑰ Königin-Luise-Schule
⑱ Sackheimer Bürgerschule
⑲ Fragmente der Palästra Albertina
⑳ Roßgärter Tor
㉑ Dohnaturm
㉒ Hindenburgschule
㉓ Tragheimer Gemeinde-Haus
㉔ Stadthaus
㉕ Amtsgericht
㉖ Nordbahnhof
㉗ Polizeipräsidium
㉘ Das Ostpreußische Konsistorium
㉙ Stadtarchiv

㉚ Landgericht
㉛ Postamtsdirektion
㉜ Schauspielhaus
㉝ Landesfinanzamt
㉞ Hufengymnasium
㉟ Königin-Luise-Gedächtniskirche
㊳ Tiepoltsches Waisenhaus, Busoltstraße
㊴ Krankenhäuser
㊷ Zoologischer Garten
㊹ Denkmal für Walther von der Vogelweide
㊺ Julius-Rupp-Gedenkstein
㊻ Puttenbrunnen
㊽ Schillerdenkmal
㊾ Herrmann-Claaß-Denkmal
㊿ „Badende" (Skulptur)
51 Eisenbahnbrücke
53 Reichsbahnbrücke
55 Eisenbahntor

56 Sternwartebastei
57 Domruine mit dem Grabmal I. Kants
58 Honig-Brücke
59 Holz-Brücke
60 Jüdisches Waisenhaus
63 Parkhotel
68 Königseck
69 Doppelhaus von Graf Eulenburg
70 Wrangelturm
71 Ausstellungsgebäude
72 Kürassierpferdeställe
73 Schlageterhaus
78 Friedrich-Wilhelm-Bessel-Gedenkstein
79 E.-T.-A.-Hoffmann-Gedenkstein
80 Sowjetisches Ehrenmal
81 Kaliningrader Gebietsarchiv
82 Kant-Museum an der Universität

Inhaltsverzeichnis

Vorwort

Eine Reise nach Nord-Ostpreußen ist keine Fahrt nach irgendwo. Hier geht es um ein Land, das 46 Jahre von der Außenwelt abgeschlossen war und das sich in dieser Zeit total verändert hat. So kann eine Beschreibung sich nicht nur auf das Sichtbare beschränken; sie muß auch die untergegangene Welt von damals aufzeigen. Nur beides zusammen ergibt das wahre und vollständige Bild. 700 Jahre deutsche Vergangenheit und ein halbes Jahrhundert russischer Gegenwart – das ist Nord-Ostpreußen heute.

Das bedeutet eine kaum zu bewältigende Fülle von Material. Ein wesentlicher Teil ist durch eigene Reisen – einst und jetzt – zusammengekommen. Anderes erbrachten vielfältige Informationen an allen zur Verfügung stehenden Stellen und Quellen. So entstand eine Reise-Dokumentation in ungewöhnlich detaillierter und umfangreicher Art, die über nahezu sämtliche Ortschaften und Besonderheiten Auskunft gibt.

Bei aller Sorgfalt und Sachkenntnis sind Unzulänglichkeiten nicht auszuschließen; denn zu lange war der Bereich auch für jede Nachricht verschlossen, und bis jetzt gibt es offizielles Touristik-Material so gut wie gar nicht. Außerdem ist dies ein Land, da manche Dinge sich jahrelang nicht bewegen, anderes sich von heute auf morgen ändert. Alle Angaben in diesem Buch beziehen sich auf den Zeitpunkt Frühjahr 1993.

Bei den Ortsnamen wird zuerst die am 1. September 1939 gültige Bezeichnung gewählt, dann – falls vorhanden – in Klammern die frühere und nach einem Schrägstrich (/) die jetzige (russische). Dabei folgen wir der gebräuchlichen und in Ämtern auch offiziellen Regelung. Eine Wertung ist damit nicht verbunden. Oft klingen die früheren Namen anheimelnder und vertrauter. Aber mache von ihnen waren auch nur vorübergehender Natur, und vor ihnen gab es bereits die später wieder eingeführten Benennungen.

Der Wunsch ist, mit diesem Reiseführer dem Besucher Nord-Ostpreußens eine bestmögliche Hilfe in die Hand zu geben. Hinweise auf sinnvolle Ergänzungen in späteren Auflagen sind wünschenswert. Ganz herzlichen Dank allen, die mitgeholfen haben, diesen Band herzustellen.

Gute Reise!

Helmut Peitsch

Aus der Geschichte

Wann beginnt die Geschichte eines Landes? Ab wann ist seine historische Zuordnung unbestritten? Und wann schließlich ist sie endgültig? Es gibt kaum ein Gebiet, in dem diese Fragen so eindeutig beantwortbar schienen, dann auf so dramatische Weise in Zweifel gezogen wurden und letztlich bis auf den heutigen Tag nicht entschieden sind.

Sicher ist, daß etwa bis zur Zeitenwende die Gegend des späteren Ostpreußen nur ein Gastland war für wandernde Völkerscharen, Gruppierungen indogermanischer Herkunft, Goten, Vandalen, Wikinger, sämtlich aus dem germanischen Stamm. Unzweifelhaft auch, daß anschließend als erste die Prußen, Aestier genannt, seßhaft wurden. Dieser baltische Volksstamm – wie die benachbarten „Vettern" in Litauen – siedelte in elf Gauen. Ihnen gehörte also als ersten das Land.

Unzweifelhaft aber auch, daß seit Landung des Deutschen Ritterordens 1239 in Balga das Land deutsch geprägt wurde und deutsch war. Kaiser und Papst, die höchsten Autoritäten jener Zeit, sowie der um Hilfe rufende polnische Herzog Konrad von Masowien hatten ihm das zu erobernde Land auf ewige Zeiten verschrieben. An dieser abendländischen Gemeinschaftsaufgabe beteiligten sich Ritter aus vielen europäischen Völkern, so der spätere englische König Heinrich IV., der sich 1390 in der Marienburg zum Ritter des Deutschen Ordens schlagen ließ, und Böhmenkönig Ottokar II., nach dem die spätere Hauptstadt Königsberg benannt wurde. Der Orden christianisierte nicht nur die letzten Heiden Europas, sondern machte die Wildnis urbar und entwickelte das Ödland zu einem hochkultivierten und zivilisierten Land.

Die Besitznahme ging nicht unblutig vonstatten; aber die Prußen wurden keinesfalls ausgerottet, sondern sie bildeten zusammen mit den Siedlern aus den deutschen Ländern den Grundstock für eine neue Völkergemeinschaft. Die Rückschläge nach der Niederlage bei Tannenberg und durch die Auflehnung der Stände brachten eine über 200 Jahre andauernde Lehnsabhängigkeit vom polnischen König und schließlich das Ende des Ordensstaates. Aber das Land und die Leute blieben preußisch-deutsch.

Ein neuer Anfang und ungeahnter Aufschwung kam, als Albrecht von Brandenburg den Ordensstaat in ein weltliches Herzogtum umwandelte, auf Rat des befreundeten Martin Luther. Ostpreußen hatte die erste evangelische Landeskirche der Welt. In Königsberg wurde die erste protestantische Universität gegründet (1544). Wissenschaft und Künste gediehen unter Herzog Albrecht. Er selbst schuf geistliche Lieder, die noch heute in Gesangbüchern zu finden sind.

In Scharen strömten nicht nur aus deutschen Gegenden Siedler in das aufblühende Land, sondern auch aus den benachbarten Staaten Polen und Litauen, die der dortigen Armut und Leibeigenschaft entfliehen wollten. Als Pest und Kriege das Land menschenleer machten, kamen Einwanderer aus vielen Ländern Europas, zum großen Teil Glaubensflüchtlinge, Hugenotten aus Frankreich, Salzburger aus Österreich, Mennoniten aus Holland. Philipponen aus Rußland, Schweizer, Schotten und andere. Darin zeigte sich auch die Toleranz in Glaubensfragen, die schließlich Friedrich der Große in dem Satz ausdrückte: „In meinem Land kann jeder nach seiner Façon selig werden."

Die staatliche Entwicklung nahm einen ungeahnten Aufschwung, der schließlich Preußen eine europäische Großmacht werden ließ. Er wurde erstmals deutlich sichtbar in der Zeit des Großen Kurfürsten (1640 – 1680); äußerlich erkennbar, als Preußen Königsreich wurde (18. 1. 1701, Friedrich I. in Königsberg). Friedrich Wilhelm I., der Soldatenkönig (1713 – 1740), vollendete mit strengem Regiment das Werk, das sein Sohn Friedrich der Große (1740 – 1786) schließlich krönte.

Preußen, nun mit Brandenburg vereint und mit Berlin als Hauptstadt, wurde der erste moderne Rechtsstaat Europas (Allgemeines Landrecht von 1794), führte als erster Staat 1717 die Allgemeine

Schulpflicht ein, wurde unter Friedrich dem Großen erster Staat mit Religionsfreiheit. In vielen Teilen Ostpreußens wurde in der Kirche zweisprachig gepredigt. Geistliche Schriften wurden ins Altpreußische, Litauische und Polnische übersetzt. Es war die preußische Tradition, die im späteren Kaiserreich zur Einführung der ersten Sozialgesetzgebung der Welt und des ersten Wahlrechts einer Großmacht führte.

Es war auch Ostpreußen, wie das Stammland Preußens nun hieß, wo nach der Niederlage gegen Napoleon die Reformbewegung ihren Anfang nahm und die Wurzeln der gesamtstaatlichen Erneuerung lagen.

Die Zeit der schweren Rückschläge begann im Ersten Weltkrieg, als zwei russische Armeen tief in Ostpreußen einbrachen, ehe sie von Hindenburg vernichtend geschlagen wurden. Niemals war Ostpreußen bis dahin militärisches Aufmarschgebiet, sondern immer wieder Opfer fremder Truppen gewesen, so von Polen, Schweden, Russen, Tataren, Franzosen.

Im Vertrag von Versailles (28. 6. 1919) wurde Ostpreußen durch einen Korridor (der größte Teil Westpreußens) vom Deutschen Reich abgetrennt. Auch das Soldauer Gebiet im Südosten kam an Polen. Das Memelgebiet wurde ohne Volksabstimmung unter französische Verwaltung gestellt, 1923 von Litauern besetzt. Bei einer Volksabstimmung 1920 votierten in Masuren 97,8 und in Teilen Westpreußens 92,3 Prozent für den Verbleib beim Deutschen Reich; auch ein später Hinweis darauf, daß sich die in Europa einzigartige Völkergemeinschaft in der übergroßen Mehrheit deutsch fühlte. Polens großer Mann und Staatspräsident, Pilsudski, erkannte den Tatbestand an: „Ostpreußen ist unzweifelhaft deutsches Land. Das ist von meiner Kindheit an meine Meinung, die nicht erst der Bestätigung durch die Volksabstimmung bedurfte."

Alles das wurde zunichte gemacht, als 1939 Hitler den Zweiten Weltkrieg begann, 1941 in die Sowjetunion einfiel und dieser Krieg schließlich auf das eigene Land zurückfiel. Ostpreußen traf das schwerste Schicksal mit dem ersten Angriff und der folgenden Besetzung, mit den Schrecken der flüchtenden oder vertriebenen Bevölkerung sowie der Dreiteilung der alten Provinz und schließlich der Anerkennung der Nachkriegstatbestände auch durch das freie deutsche Parlament.

Was bleibt? Die Erinnerung an eine hervorragende 700jährige Geschichte (länger als die Amerikas seit der Entdeckung durch Kolumbus). Die Hoffnung auf eine Besinnung auf diese Vergangenheit. Tatsächlich ist der Drang zur historischen Wahrheit bei den jetzigen Einwohnern Nord-Ostpreußens ungleich größer als im südlichen, polnischen Teil. Der epochale politische Umbruch bringt für dieses exponierte Gebiet Chancen, aber auch Gefahren. Es kann nur der Wunsch aller Beteiligten sein, ein in der guten Tradition stehendes Neuland in europäischer Gemeinschaft zu schaffen, so wie sie nur hier ihre Heimat hatte. Geschichte ist nicht endlich, nur wechselhaft. Wie Boris Jelzin sagt: „Über Ostpreußen wird die Geschichte entscheiden." Oder wie er in Helsinki erklärte: „Laßt uns die Probleme Europas im Geiste von Immanuel Kant lösen."

Historische Zeittafel

4000 – 1800 v. Chr. Indogermanen wandern vom Westen her ein.

800 v. Chr. Goten und Vandalen siedeln.

1. Jahrh. n. Chr. Plinius d. Ä. berichtet erstmals über das Bernstein-Land, Tacitus erwähnt zum ersten Mal in seinem Werk „Germania" die Aestier als östliche Nachbarn der Goten.

Um 180 Ptolemäus von Alexandria notiert die Namen der Galinder und Sudauer, zweier prußischer Stämme.

Um 965 Erstmals wird der Name „Prußen" bezeugt, und zwar für den gleichen baltischen Volksstamm, der zuvor Aestier genannt wurde.

1225/26 Der polnische Herzog Konrad von Masowien ruft den Deutschen Ritterorden (1190/96 in Palästina gegründet) zu Hilfe gegen die Prußen. Hochmeister von Salza erbittet und erhält Auftrag und Schutz von Kaiser und Papst (Goldene Bulle von Rimini/Bulle von Rieti): Der Orden soll das Land befrieden und christianisieren. Er erhält das eroberte Land „für ewig".

1231 Sieben Ordensbrüder und eine Kreuzfahrerschar setzen über die Weichsel und gründen die Burg Thorn.

1239 Ordensritter landen in Balga und gründen die erste zentral-lostpreußische Burg.

1252 Der livländische Schwertbrüderorden, seit 1237 mit dem Deutschen Orden vereint, gründet Memel (älteste Stadt Ostpreußens).

1283 Die Eroberung des Prußenlandes ist abgeschlossen. Die Aufstände der Prußen, besonders unter dem tapferen Natangerfürsten Hercus Monte, sind beendet.

1309 – 1407 Blütezeit des Ordens, Gründung von 93 Städten und rund 1400 Dörfern.

1410 Schlacht bei Tannenberg. Die vereinigten Polen und Litauer besiegen den Orden. Heinrich von Plauen rettet die Marienburg und damit – vorerst – den Ordenssaat.

1442 Frieden vom Melnosee. Festlegung der Ostgrenze, die bis 1945 Bestand hat.

1466 Zweiter Thorner Frieden. Nach dem Kampf des aufständischen „Preußischen Bundes", vereint mit dem um Schutzherrschaft gebetenen König Kasimir IV. von Polen, verliert der Orden westpreußische Gebiete. Das Bistum Ermland wird selbständig. Der Hochmeister muß dem König den Treueid schwören und übersiedelt 1447 von Marienburg nach Königsberg.

1525 Markgraf Albrecht von Brandenburg-Ansbach wandelt den Ordenstaat in ein weltliches Herzogtum um und leistet König Sigismund von Polen, seinem Onkel, den Teueid. Preußen wird erstes protestantisches Land. Das Ermland bleibt katholisch.

1660 Frieden zu Oliva. Die Großmächte erkennen nach dem Sieg der Schweden über die Polen die Souveränität Preußens an. Im Vertrag von Wehlau war Preußen bereits 1657 aus der polnischen Lehnshoheit entlassen worden.

1656 Gründung der preußischen Flotte unter dem Großen Kurfürsten in Pillau.

1701 Preußen wird Königreich (18. Januar). Kurfürst Friedrich II. nennt sich nach der Krönung in Königsberg König Friedrich I.

1758 – 1762 Russische Besetzung im Siebenjährigen Krieg.

1772 Westpreußen und das Ermland werden wieder mit Ostpreußen vereinigt.

1807 Unglücklicher Krieg gegen Napoleon.

1807/08 Steinsche Reformen, Preußische Städteordnung.

1812 Konvention von Tauroggen (Preußen und Russen verbünden sich gegen Napoleon).

1914/15 Schlacht bei Tannenberg, Winterschlacht in Masuren. Danach Wiederaufbau von 39 Städten und 1900 Ortschaften.

1920 Volksabstimmung in Masuren und Teilen Westpreußens (97,8 bzw. 92,3 Prozent für den Verbleib beim Deutschen Reich).

1923 Litauer besetzen das Memelgebiet.

1939 Rückkehr des Memelgebiets.

1944/45 Sowjetische Truppen erobern Ostpreußen. Schreckenszeit für die Bevölkerung, Flucht, Vertreibung.

1945 Die Potsdamer Konferenz der Siegermächte beschließt am 17. Oktober, die im polnisch-sowjetischen Abkommen vom 16. August 1945 vereinbarte Grenzziehung zwischen diesen beiden Staaten quer durch Ostpreußen und die Angliederung des Nordteils an die Sowjetunion zu billigen, „vorbehaltlich der endgültigen Bestimmung der territorialen Fragen bei der Friedensregelung". Von da an tauchen die Begriffe Nord-Ostpreußen und Süd-Ostpreußen auf.

1946 „Die Kaliningradskaja Oblast" (Königsberger Gebiet) wird der Russischen Sowjetrepublik zugeordnet.

1948 Aussiedlung der letzten Deutschen aus Nord-Ostpreußen.

1970 Die Bundesrepublik Deutschland stimmt im Moskauer Abkommen der Grenzziehung zu (12. August).

1990 Kohl und Gorbatschow unterzeichnen in Bonn das Abkommen im Hinblick auf die Herstellung der staatlichen Einheit Deutschlands mit der Anerkennung der Grenzziehung (9. November).

1991 Das Königsberger Gebiet wird nach hermetischer Absperrung seit Kriegsende, mit Ausnahme einiger Bezirke wie Pillau, für den Besuchsverkehr geöffnet.

Land und Leute

Kaum ein anderes Land der Erde hat sich in weniger als einem halben Jahrhundert so verändert wie Nord-Ostpreußen. Wohl nie zuvor ging in so kurzer Zeit das vertraute Bild verloren wie dort. Nicht eine Stadt oder auch nur ein Dorf zeigt sich mehr in der gewohnten Gestalt. Selbst die Landschaft hat weithin ihren Charakter verloren. Die in mühevoller Arbeit kultivierten Flächen fallen in großen Teilen in den Urstand zurück. Die Rückkehr in die Wildnis ist offensichtlich.

Das muß für jeden angestammten Bewohner, der nach so langer Zeit die Heimat wiedersieht, ein Schock sein. „Sie sehen das alles mit deutschen Augen – das ist eben Rußland!" Diese Feststellung eines russischen Diplomaten mag zutreffen, aber sie tröstet kaum.

Was hilft es, wenn man weiß, daß der Atheismus einer diktatorischen Staatsmacht eine Ursache dafür ist, daß die stolzen Kirchen vernichtet oder in übler Weise mißbraucht wurden! Daß eine rigorose Kollektivierung der Landwirtschaft schuld am Verschwinden unzähliger Ortschaften hat! Daß die Dächer einstürzten, weil niemand da war, der auch nur ein morsches Brett ersetzte! Daß jeder Ziegel abgetragen wurde, weil das Baumaterial knapp war und der Verkauf Geld einbrachte! Daß ein breiter Grenzstreifen und zahlreiche Naturparadiese verödeten, weil eine Politik der Abriegelung und Militarisierung ihre Opfer forderte!

Dennoch: Auch unter den Trümmern, am leeren Platz geschleifter Wohnstätten und vor allem in den der Natur überlassenen Arealen ist die Welt von einst zu erkennen, steigen die Erinnerungen und leuchtet oft die Schönheit einer unvergleichlichen Landschaft auf. Ihr Anblick trifft das Herz. Seltsamerweise gelegentlich gerade da, wo der Urzustand Einzug gehalten hat.

Wenn es stimmt, daß der Besuch der Heimat zu den besonderen Erlebnissen gehört – wer wollte daran zweifeln! –, dann ist dieses Wiedersehen mit einem Erdbeben des Gemüts verbunden.

Die zweite große Erfahrung ist die Begegnung mit den Menschen. Sie kamen aus allen Teilen des damaligen riesigen Sowjet-Reiches hierher. Zuerst waren es die Eroberer, die blieben, Umsiedler, die mit Lockungen und Druck zum Umzug bewogen wurden; schließlich wächst schon die zweite Generation der hier Geborenen heran. Sie alle haben ihre Probleme; mit der Versorgung, der Wohnungsnot, den Folgen einer noch keinesweg bewältigten politischen Wende, die sie von ihrem Mutterland getrennt, vom Herkunftsland vieler abgeschnitten und einer ungeklärten Zukunft überlassen hat.

Doch – sie sind die Hoffnung für diese Zukunft. Der Reisende verspürt nicht nur ihre sprichwörtliche Gastfreundschaft, ihre Hilfsbereitschaft, die Freude am Gespräch mit dem Besucher. Da gibt es – in der übergroßen Mehrheit – keine Voreingenommenheit. Im Gegenteil, man möchte sich verständigen, um zu verstehen. Es ist geradezu erstaunlich, wie die deutsche Vergangenheit regelrecht ausgegraben wird: wie sie sich um die Geschichte bemühen – um sie zu ihrer eigenen zu machen.

Die Öffnung des 46 Jahre abgeriegelten Gebiets hat eine Flut von Kontakten, Besuchen und Gegenbesuchen, Treffen und Unternehmungen aller Art zur Folge. Zu den bewegendsten Momenten gehören die Begnungen offizieller Abordnung der Bewohner von früher und heute in den einzelnen Kreisen, Städten und Dörfern. Schlagartig ist beiden Seiten klar geworden, daß sich da nicht Revanchisten und Landräuber gegenüberstehen (wie es Propaganda und Furcht jahrzehntelang anklagten), sondern Menschen, die ehrlichen Herzens um ihre gemeinsame Heimat besorgt sind.

Wer diesen Menschen und ihrem Land gut will, der kann diese Bemühungen nur begrüßen. In gemeinsamer Anstrengung sollte alles versucht werden, einen neuen Anfang zu machen. Die Zahl der Menschen guten Willens ist groß. Ihr Vorhaben ist gewaltig; die Reihe der Aufgaben unendlich. Aber hier liegt die Hoffnung, vielleicht die einzige, für das Land, das, wie kein anderes geeignet ist, ein Beispiel für Europa zu geben. Auch weil hier allein schon einmal eine europäische Gemeinschaft Blüte brachte.

Königsberg
Spaziergang durch das Zentrum

Trotz allem – der Platz, der einst Königsbergs Zentrum war, ist immer noch der Mittelpunkt der Stadt, die Kaliningrad genannt wird; nicht das urbane Herz, aber die geographische Schnittstelle, die dominierende Kreuzung der beiden beherrschenden Magistralen. Hier ist in jedem Fall der beste Ort für die Orientierung in der 450 000-Einwohner-Stadt (vorher 380 000).

Der Fixpunkt dafür ist das Hotel „Kaliningrad". Kommt man vom Hauptbahnhof her auf dem Leninskij Prospekt oder entgegengesetzt vom Hansaplatz – stets hat man das „Kaliningrad" im Visier. Das gleiche gilt – wenn auch nicht so markant für die Ost-West-Richtung, wenn man den Moskovskij Prospekt fährt. So deutlich war nicht einmal das Schloß zu sehen, obwohl sein 84 Meter hoher Turm den achtstöckigen Neubau um ein Vielfaches überragte. Ein wogendes Häusermeer versperrte damals teilweise den Blick; ebenso der natürliche, gewundene Fluß der Straßen.

Heute ist weithin Leere, und die überbreiten Prospekte, die schnurgerade und rigoros die ganze Stadt durchschneiden, sind kein Hindernis für das Auge.

Wer sie besichtigen will, wer Kaliningrad sehen und Königsberg erleben will, der muß nach Außen und nach Innen blicken können. Sonst wird er nicht verstehen, was jetzt ist, was einst war; wird er auch nicht ahnen können, was einmal kommen mag.

Der Standpunkt, der Platz des Hotels, liegt fast unmittelbar nördlich des Schlosses, ungefähr zwischen Gesekus- und Münzplatz, etwa zwischen Junker- und Schloßstraße. Geht der Besucher auf die Straße vor dem klotzigen Haus, so betritt er historischen Boden. Hier ragte einmal der wuchtige Nordflügel der Ordensfeste in den Himmel. Nun rollt der Verkehr darüber hinweg, über den nicht mehr vorhandenen Münzplatz/Proletarskaja in die Französische Straße/Smolenskaja, die fast den Schloßteich berührt.

Hotel „Kaliningrad".

Blickt der Gast aus dem Fenster des Hotels, so sieht er auf eine ans Herz greifende Leere. Aus ihr ragen hervor der monströse Hochhausneubau „Haus der Räte" vorne links, die Domruine und die renovierte Börse im Mittelgrund sowie der Turm der katholischen Kirche „Zur Heiligen Familie" am Horizont. Altstadt, Löbenicht, Kneiphof, die drei Gründerstädte, sind ausgelöscht. Wie ein tristes, breites Band liegt der Lenin-Prospekt mit der Hochbrücke über die beiden Arme des Pregals/Pregolja vor uns. Nicht weit von uns wölbt sie sich nach oben. Darunter quert sie der Moskau-Prospekt. Da trafen sich einmal Kantstraße und Altstädtische Langgasse.

Bei genauerer Betrachtung ist im Vordergrund, wo der Lenin-Prospekt leicht abfällt, links eine im gleichen Maße anwachsende Steinmauer zu entdecken.

Das ist der Rest der Südwestecke der Schloßmauer. Genau dort stand das Denkmal Kaiser Wilhelm I., und ein wenig weiter, an der westlichen Längsseite, befand sich seit 1904 die Kant-Tafel mit seinem berühmten Ausspruch:

> „Zwei Dinge erfüllen das Gemüt mit immer neuer und zunehmender Bewunderung und Ehrfurcht, je öfter und anhaltender sich das Nachdenken damit beschäftigt: Der bestirnte Himmel über mir und das moralische Gesetz in mir."
>
> *Inschrift auf der Kant-Tafel an der Schloßmauer*

Blick auf ehemaliges Schloßgelände; im Mittelgrund rechts Rest der Südwestecke der Schloßmauer, dahinter der Moskau-Prospekt; ganz rechts: Lenin-Prospekt mit Hochbrücke; im Hintergrund die Börse. Mitte: Dom-Ruine. Links: Haus der Räte.

Das Königsberger Schloß.

Die erste Königskrönung am 18. Januar 1701 – Friedrich I.

Die Krönung war nicht ein Fest der Bürger, sondern ein höfisches Fest, an dem die Bürger als Zuschauer teilnahmen. Sie gehört weniger der Stadtgeschichte als der des preußischen Staates an, hat aber als eindrucksvolles Schauspiel in der Erinnerung der Königsberger bis zur Gegenwart fortgewirkt. Der 18. Januar, der „Krönungstag", ist ein Festtag in Königsberg geblieben.

Die kurfürstliche Familie traf mit großem Hofstaat und riesigem Troß am 29. Dezember 1700 in Königsberg ein. Vom Anbruch des neuen Jahrhunderts nahm sie keine Notiz, doch wenige Tage darauf ließ der Kurfürst den städtischen Räten und den Pfarrern offiziell miteilen, daß er sich zum König krönen werde. Am 17. Januar stiftete Friedrich den ersten preußischen Orden, den Orden vom Schwarzen Adler mit dem Wahlspruch suum cuique (jedem das Seine).

Der Krönungstag, Dienstag, der 18. Januar 1701, war ein typischer ostpreußischer Wintertag mit viel Schnee, Sonne und Kälte. Das Volk, das sich auf den Straßen drängte, bekam zunächst nicht viel zu sehen. Die Krönung spielte sich vor einer höfischen Gesellschaft in drei Vorgärten im Schloß ab. Zuerst krönte der Kurfürst sich und seine Gemahlin im Audienzsaal des Schlosses. Es war programmatisch, daß er sich nicht krönen ließ, sondern sich selbst die Krone aufsetzte, und dies nicht in der Kirche, sondern in einem weltlichen Raum seines Schlosses. Es folgte die Huldigung der Stände im Empfangssaal. Dann erst begaben sich die Majestäten mit dem Hofstaat, den Deputierten der Stände, den Professoren der Universität, den Geistlichen und hohen Beamten in die mit viel Gold und Scharlach geschmückte Schloßkirche. Hier fand als letzter, also unwichtigster Akt die Salbung statt. Der aus diesem Anlaß zum Bischof ernannte reformierte Hofprediger Ursinus salbte das vor dem Altar unter einem Thronhimmel kniende Königspaar. Trompeten und Pauken, der Klang der Kirchenglocken und der Donner der Geschütze verkündeten dem jubelnden Volk das große Ereignis. Königsberg war eine königliche Residenzstadt geworden.

(Fritz Gause: Königsberg in Preußen)

Darüber erhob sich majestätisch die Schloßkirche mit ihrem markanten Turm, breitete sich nach Osten über mehr als 100 Meter die mächtige, stolze Schloßanlage aus. Ein unvergleichlicher, unvergeßlicher Anblick. Hier schlug das Herz Königsbergs, der östlichen Metropole Deutschlands, der Brücke zwischen Ost und West, der Kulturstadt von europäischem Rang.

Hochmeister des Deutschen Ritterordens und Herzöge Preußens hatten hier residiert. Könige waren dort gekrönt worden. Kaiser und Zaren hatten da gewohnt. Zu der ab 1257 errichteten mehrfach erweiterte und umgebauten Anlage gehörten: der Albrechtsbau im Ostflügel, in dem sich am 18. Januar 1701 Kurfürst Friedrich III. selbst zum ersten preußischen König krönte; der von Landbaumeister Schultheiß von Unfried begonnene und von dem russischen Gouverneur Baron von Korff während des Siebenjährigen Krieges vollendete Barockbau; der von Herzog Albrecht durch Christoph Römer (1551 bis 1553) errichtete fast 100 Meter lange Südflügel; der nach 1584 durch Blasius Berwart sowie Michael und Hans Wißmar geschaffene Westflügel.

Darin befanden sich (in dieser Reihenfolge) der Audienzsaal, die königlichen Gemächer, Kunstsammlungen mit dem Lovis-Corinth-Saal, auch der Saal, in dem ab 1942 Teile des legendären Bernsteinzimmers ausgestellt wurden (alles im Ostflügel); die vorgeschichtliche Abteilung des Ostpreußischen Landesmuseums PRUSSIA, die Königsberger Kunstsammlung, der (irrtümlich so benannte) Krönungsgang (Südflügel); Zeughaus, die zweischiffige Krönungskirche mit Empore für die königliche Familie sowie reicher und würdevoller Ausstattung, darüber der 1594 eingeweihte Moskowitersaal, zur Erinnerung an die Aufenthalte von Zar Peter I. in den Jahren 1711 bis 1713 so genannt (Westflügel); die Silberbibliothek mit den 20 Bänden, die Herzog Albrecht für seine zweite Gemahlin Anna von Braunschweig anfertigen ließ, in den Kellern darunter das berühmte Weinlokal „Blutgericht" (Nordflügel).

Die zweite Königskrönung am 18. Oktober 1861 – Wilhelm I.

Das große Ereignis des Jahres 1861 war nicht die Feier des 300. Geburtstages Shakespeares mit Vorträgen im Literarischen Kränzchen, im Handwerkerverein, im Kaufmännischen Verein, in der Deutschen Gesellschaft und einem Festakt im Theater, sondern die Krönung Wilhelm I. am 18. Oktober, dem Jahrstag der Völkerschlacht von Leipzig und der Huldigung der Stände vor dem Großen Kurfürsten. Sie war ein Jahrzehnt nach der Enttäuschung von Olmütz die erste Demonstration preußischer Macht, zu der alles aufgeboten war, was den Staat repräsentierte: alle Minister, Oberpräsidenten, Bischöfe und Generalsuperintendenten, die gesamte Generalität und Abordnungen aller Truppenteile mit sämtlichen Fahnen und Standarten der Armee, die preußischen Gesandten, unter ihnen Bismarck, und Vertreter der fremden Mächte, unter denen MacMahon, der Sieger von Sewastopol, als persönlicher Vertreter seines Kaisers das meiste Aufsehen erregte. Dem einfachen Sinn des Königs entsprach diese Demonstration nicht. Wenn er trotz des Abratens einiger Minister darauf bestand, so hatte das politische Gründe.

Der König hätte mit dem Hofzug in Königsberg einfahren können, doch war ihm das zu modern. Er fuhr bis Ludwigsort und ließ sich, wie es seit Jahrhunderten Brauch war, von Schönbusch feierlich einholen. Am folgenden Tage besuchte er das Busoltsche Landhaus, wo er 1808 mit seinen Eltern und Geschwistern gewohnt hatte. Zwei weitere Tage vergingen mit Empfängen, Konzerten, Bällen, Festaufführungen und Feuerwerk. Am 18. Oktober empfing der Monarch auf dem Schloßhof die Huldigung der Stände; dann begab sich der Krönungszug in die festlich geschmückte Schloßkirche. Der König nahm die Krone vom Altar, setzte sie sich aufs Haupt und krönte dann seine Gemahlin. Der Generalsuperintendent Moll hielt die Krönungspredigt; der über der Kirche gelegene Moskowitersaal gab den festlichen Rahmen für das Krönungsmahl. In der Kirche stand in der letzten Reihe auf einem wackligen Stuhl der kleine Hofmaler Menzel, der in dreieinhalbjähriger Arbeit das gewaltige Krönungsbild schuf, das als Kunstwerk weit über den Erzeugnissen der damaligen und späteren Historienmalerei, etwa Anton von Werners, steht.

(Fritz Gause: Königsberg in Preußen)

Das alles gibt es nun nicht mehr. Verstummt sind die Choräle der Turmbläser, die täglich hoch über der Stadt um 11 Uhr das „Ach, bleib mit Deiner Gnade" und um 21 Uhr das „Nun ruhen alle Wälder" erklingen ließen. Spurlos verschwunden das Bernsteinzimmer – vielleicht im Rauch des brennenden Schlosses untergegangen. Die durch britische Bomben Ende August 1944 schwer zerstörte Feste, einer der bedeutendsten historischen Bauten im östlichen Europa, wurde, wie berichtet wird, auf persönlichen Befehl von Staats- und Parteichef Leonid Breschnjew abgetragen. Eine fatale Entscheidung, die heute allgemein bedauert wird und schwer wiedergutzumachen ist.

Eine Grünanlage mit Springbrunnen und viel Mauerwerk, wie es die Russen lieben, Central´naja pl. (Zentralplatz), überdeckt die prächtige Stätte von Ostpreußens Gloria. Es war ein Symbol, aber nicht für ein Preußentum, wie es Breschnjew und seinen Gesinnungsgenossen vorschwebte, sondern für eine Stadt und ein Gemeinwesen mit besonderer Prägung, deren wahren Werte und Tugenden so verloren zu sein scheinen wie diese Geburtsstätte des Preußentums.

Nur ein paar Schritte sind es bis zum vermeintlichen Symbol der neuen Zeit, dem Haus der Räte. Aber, was auf dieser Seite nahezu 700 Jahre festen Bestand hatte, ist hier offenbar schon nach knapp zwei Jahrzehnten überholt. Ja, das umstrittene Hochhaus, über dessen Architektur sich durchaus streiten läßt, ist unvollendet geblieben. Mängel am Fundament, Planungswirrwarr, Geldmangel – was auch immer: Der zwölf- oder auch noch mehrstöckige Doppelhausbau steht vereinsamt im einstigen Schloßbereich, dort, wo im Nordflügel der Friedrichsbau war. Aber nicht nur seine Zukunft ist hier ungewiß.

Die Erkundung rund um das ehemalige Schloßgelände ist leicht zu Fuß zu bewältigen. Der Weg geht quer durch freies Gelände. Am belebten und beliebten Kaiser-Wilhelm-Platz gibt es kein Verweilen mehr. Seit 1897 hatte dieser zentrale Ort seinen Namen. Ihn schmückten Gedenksteine und -tafeln, Denkmäler von Kaiser Wilhelm und Bismarck, Warenhäuser und Geschäfte, wohlgestaltete Anlagen und alles übertreffend das königliche Schloß. Hier war der Nullpunkt aller Chausseen der Stadt. Hier kam fast jede Straßenbahn vorbei. Hier traf sich Königsberg.

Die vielen von quirligem Leben erfüllten Straßen halten den Fußgänger nicht mehr auf. Lediglich der Moskau-Prospekt ist ganz in

„Haus der Räte".

der Nähe zu überqueren. Hier folgt er etwa der Altstädtischen Langgasse, weiter nach links (Osten) der Lutherstraße, Katholischer Kirchenstraße, Sackheim und Tapiauer Straße, nach rechts (Westen) Unterlaak und Oberlaak.

Ein Zebrastreifen – aber Vorsicht dennoch! Ganz nahe ist schon der neue Pregel. Auch den Fischmarkt – jedem Königsberger ein Begriff – gibt es nicht mehr. Auf der anderen Seite ragt die Domruine deutlich hervor. Der Fluß sieht milchig-grau aus. Die Hauptursache für seine Verschmutzung ist weiter im Osten zu sehen. Da steigt aus einem hohen Schornstein dicker, dunkler Qualm auf. Dort stehen die alten Papier- und Zellstoffwerke der Feldmühle AG in Liep. Ihre Abwässer verunreinigen den Fluß immer schlimmer. Wo das Löbenichtsche Realgymnasium stand, reckt ein aufgedocktes Sturmboot den schlanken Bug in den Himmel. Es soll an den Kampf der sowjetischen Marineeinheiten bei der Eroberung Königsbergs erinnern. Weiter nördlich, den Platz der anhei-

Aufgedocktes Sturmboot auf dem Löbenicht.

melnden Löbenichtschen Kirche – und weit darüber hinaus – nimmt eine Ansammlung von Hochhäusern ein. Der Weg führt an Hochzeitspalast, Weltzeituhr und neuer Rundfunkzentrale vorbei. Da stand die Burgkirche. Schon 1662 hatte Kurfürst Friedrich Wilhelm den Bau einer deutsch-reformierten Kirche angeordnet, nachdem der erste Gottesdienst dieser Art bereits 1616 im Schloß abgehalten worden war. 1690 bis 1696 wurde die Kirche nach dem Vorbild der Nieuwe Kerk in Den Haag errichtet und am 23. Januar 1701 in Gegenwart des Königs Friedrich I. geweiht. Sie hatte ein weites Inneres ohne Bilder und Schmuck. Die hervorragenden ornamentalen Schnitzereien stammten von Caspar Schreiber, andere ausgezeichnete Schnitzarbeiten, gekrönt vom preußischen Adler, von Nathanael Mahncke. Den torartigen Zugang vom Schiefen Berg, das Burgkirchen-Portal, schmückten die Figuren der Gerechtigkeit, Barmherzigkeit und Liebe (1727).

Dann liegt der Schloßteich (Nishneje Osero/Unterteich) vor uns – eine Oase in der Wüste der Zerstörung, Verlassenheit und Fremdheit. Vom (nicht mehr existierenden) Münzplatz geht der Blick auf eine gepflegte Seelandschaft, die allerdings nur noch wenig mit der früheren Idylle zu tun hat. Die Ufer sind betoniert und einförmig begrünt. Boote, die auch gemietet werden können, beleben das Bild. Deutlich zu erkennen die wiederaufgebaute Stadthalle zur Rechten und das Parkhotel links sowie Hochhäuser jeweils dahinter (siehe auch Farbbildteil).

Die Stadthalle, seit 1912 Zentrum des Königsberger Musiklebens, ist nach dem Wiederaufbau und der Eröffnung 1991 Museum für Geschichte und Kunst. Ein Besuch lohnt sich in dem baulichen Schmuckstück.

Wenn die Zeit reicht und die Kraft noch vorhanden ist, dann kann der Schloßteich umrundet werden. Von der Promenade sind die recht interessanten Neubauten am Vorderroßgarten ebenso leicht zu erreichen wie am Hinterroßgarten die Gebäudekomplexe von Krankenhaus der Barmherzigkeit und Städtischem Krankenhaus. Am Nordende Richtungswechsel bei der Kaskade, seit 1930 Verbindung zum Oberteich (Osero Werchneje).

Die Stadthalle am Schloßteich.

Auf dem Rückweg am Westufer liegen am Hintertragheim/Uliza Sergeeva das neue Gewerkschaftshaus und das Zentrum der Jugend sowie das alte Parkhotel. Das einstige erste Haus am Platze ist zu einer „grauen Maus" geworden. Das Landwirtschaftsamt und einige Firmen haben dort ihre Büros.

Zwei Brücken verbinden die beiden Ufer, deren Baumbestand arg gelitten hat. Der südliche Übergang steht an Stelle der alten, im Krieg zerstörten Schloßteichbrücke. In ihrer Verlängerung nimmt den Besucher gleich wieder das Ungewohnte und Verlassene auf. Zur Linken – kein einziges Haus mehr aus der prachtvollen Frontfassade zum Schloßteich. Die Münzstraße ist lediglich zur Landseite hin bebaut, durchweg vierstöckige Wohngebäude in Einheitsgestalt. Nur noch in der Erinnerung tauchen die leuchtenden Bilder der gewachsenen Stadt auf: „Miramar", „Pelikanklause", Foto Pohle, „Bürger-Ressource". Nur ein kurzer Weg zum Paradeplatz, aber voller Abwechslung und bunten Treibens.

Der Paradeplatz verdient seinen Namen nicht mehr. Die Schmuckstube des alten Königsbergs wurde gründlich ausgeräumt. Eine ausgedehnte Grünanlage läßt kaum noch den alten Ort von Glanz und Herrlichkeit erraten. Total ausgelöscht die Südostfront mit den abwechslungsreichen, schönen Fassaden wie Nummer 6 mit Gräfe und Unzer, Europas größter Buchhandlung, oder Nummer 7, wo im Café Bauer bis zuletzt an der guten Kaffeehaustradition festgehalten wurden.

Aber auch keine Spur mehr von Königsgarten, Königshalle und vom Stadttheater, wo Richard Wagner und Richard Strauß dirigiert hatten und „Die lustigen Weiber von Windsor" des Königsberger Opernkomponisten Otto Nicolai oft gegeben wurden.

Stattdessen ein eher schockierendes Bauwerk: der Bunker, in dem Königsbergs Schicksal besiegelt wurde. Hier leitete General Otto Lasch die letzte Schlacht um die ostpreußische Hauptstadt und sprach am 9. April 1945 die Kapitulation aus. Heute ist in der ausgedehnten unterirdischen Anlage ein Museum (Musej-Blindash) untergebracht, das dieses tragischste Kapitel in der 700jährigen Geschichte der Stadt dokumentiert.

Der neue Namen für Paradeplatz Universitetskaja weist darauf hin, daß immerhin eine alte Tradition an diesem so total veränderten Ort fortgesetzt wird: die Hochschularbeit. Am alten Platz, wenn auch in anderer Gestalt, steht wieder eine Universität. Es ist ein schlichter, gradliniger Bau mit vorgezogenem Mittelgiebel. Das ist ein Versuch, es der berühmten Vorgängerin gleichzutun. Doch insgesamt ist das nüchterne Haus nur ein kümmerlicher Nachfolger des stilvollen Renaissance-Baus mit den drei Säulenhallen.

Er war 1861 eingeweiht worden, mehr als 300 Jahre nach der Gründung der Alten Universität auf dem Kneiphof. In der Nacht vom 29. zum 30. August 1944, zwölf Tage nach der bedrückenden Feier zum 400. Stiftungstag der Albertina, vernichteten britische Flugzeugbomben den berühmten Bau. Tausende Studenten aus ganz Deutschland hatten hier ihr Rüstzeug fürs Leben erhalten. Zu den von der Albertina ausgezeichneten Persönlichkeiten gehörte auch die aus Ostpreußen stammende Begründerin der Landfrauenvereine Elisabeth Boehm. 1929 erhielt sie als erste Frau Deutschlands das akademische Ehrenbürgerrecht. Landfrauenvereine gibt es heute überall in Deutschland und in vielen Ländern der Welt.

Mehr als 4000 Studenten sind heute an der Nachfolge-Universität eingeschrieben. Einige der Lehrkräfte stehen auch in vorderster Front bei dem ehrlichen Bemühen, die Geschichte der Stadt Königsberg historisch wahrheitsgemäß aufzuarbeiten und sich konsequent zu ihr zu bekennen.

Besondere Beachtung verdient in dem Zusammenhang das Kant-Museum, das 1974 anläßlich des 250. Geburtstags des großen Philosophen eröffnet wurde. Die Sammlung wurde überwiegend von der Leiterin Olga Feodoseewna Krupina mit großem Fleiß zusammengetragen und im 1928 eingeweihten Liebenthal-Flügel (nach dem Erbauer benannt) untergebracht.

Zahlreiche Schenkungen heute in Königsberg lebender Geistesschaffender gehören dazu. Auch der aus Köln stammende, 1992 verstorbene Schriftsteller Rudolf Jacquemien trug dazu bei. Beachtlich ferner die wiederentdeckten Bücher aus der bekannten Wallenrodtschen Bibliothek und der Silberbibliothek Herzog Albrechts. Besonders auffällig die Büsten Kants, Johann Gottfried Herders, Georg Wilhelm Hegels und Josef Schellings.

Seit dem 27. Juni 1992 wird Immanuel Kant noch auf eine besondere Weise geehrt. Vor der Universität steht auf dem alten Granitsockel wie seit 1885 wieder sein Standbild. Es ist eine Nachbildung der von Christian Daniel Rauch geschaffenen Statue, die zunächst (am 18. Oktober 1864 feierlich enthüllt) ihren Platz in der Nähe von Kants ehemaliger Wohnung, Prinzessinnenstraße 3, hatte. Die von Marion Gräfin Dönhoff gestiftete Figur ist ein besonderer Anziehungspunkt vor der nun auch mit dezentem Farbkleid geschmückten Universität.

Beim weiteren Rundgang vermißt der einstige Bewohner schmerzhaft Steindammer Kirche wie Altstädtische Kirche, die in ihren Anfängen bis auf die Jahre 1256 beziehungsweise 1264 zurückgingen. Martin Luthers ältester Sohn, Hans, hatte vor dem Altar der Altstädtischen Kirche seine letzte Ruhe gefunden. Die üblichen Wohnblocks beherrschen das ganze Gelände, bis hin zum Steindamm/Lenin-Prospekt. Das gleiche gilt auch für die Junkerstraße, einmal Einkaufsplatz und Treffpunkt der „feinen Welt". Eine Geschäftsstraße mit speziellem Flair. Läden aller Art, Spielwaren Weiss in Nummer 5, Cafés, Musik und natürlich Duft von Marzipan. Königsberger Marzipan war berühmt und von ganz besonderer Köstlichkeit. Von Griechenland her, über Venedig und Lübeck hatte es – schon im Mittelalter – einen weiten Weg zurückgelegt, bis es in Königsberg ans Ziel gelangte. Hier wurde seine Oberfläche gebrannt und als Randmarzipan innen mit Zukkermasse und kandierten Früchten belegt. Es durfte auf keinem „bunten Teller" unter dem Weihnachtsbaum fehlen, war aber auch zu jeder anderen Jahreszeit beliebt.

Zwei Namen sind mit dem Königsberger Marzipan eng verbunden: Gehlhaar und Schwermer. Ihre Konditoreien genossen den besten Ruf. Gehlhaar hatte die größte Marzipan- und Konfitürenfabrik Königsbergs, deren Erzeugnisse bereits Anfang der dreißiger Jahre zur Weihnachtszeit weltweit versandt wurden. Schwermer hatte eine Baumkuchenfabrik und verschickte sein „Königsberger Marzipan" bis nach Amerika und Australien. Beide Firmen bauten nach der Flucht ihre Unternehmen in Wiesbaden beziehungsweise Bad Wörishofen neu auf. Wieder gehen ihre Produkte bis in ferne Länder. Sogar in den Weltraum wurde „Königsberger Marzipan" gebracht. Die russische „MIR 92", deren Mission am 25. März 1992 erfolgreich abgeschlossen wurde, hatte Schwermer-Pralinen („Weltraum-Spezialitäten" – Noisette, Marzipan mit Haselnüssen und Vollmilchschokolade) an Bord.

Ein kurzes Stück Steindamm. Nein, sagen wir lieber Lenin-Prospekt. Keine Kirche, keine altvertrauten Fassaden der Kaufhäuser

– Frauen, ärmlich gekleidet, mit Kopftüchern, bieten Blumen und Gemüse an. Ein paar Kioske üblicher bescheidener Bauart, geschäftiges Treiben auf dem breiten Bürgersteig

Schon sind wieder Haus der Räte und Hotel „Kaliningrad" im Blick. In der Poststraße fällt das alte Gewerkschaftshaus auf. Wer will, kann noch eine Pause im Restaurant „Belorus", etwa Gesekusplatz/Ul. Shitomirskaja 14, machen, oder er geht gleich zum Ausgangspunkt zurück. Auch im Gebäude des „Kaliningrad" ist ein Restaurant (mit lauter Musik), und zwar auf der rechten Seite, dort, wo sich eine Häuserzeile, etwa auf Höhe der Schloßstraße, bis zur Münzstraße hinzieht.

Vom Zentrum zum Hauptbahnhof
und in die südlichen Stadtteile

Für den Weg in Richtung Süden nehmen wir uns lieber ein Fahrzeug, jedenfalls wenn wir die ganze Etappe bewältigen wollen. Die ödeste und aufwühlendste Strecke liegt vor uns. Eine 520 Meter lange Hochbrücke, ebenso gradlinig wie eintönig, führt durch die Leere der einst pulsierenden urbanen Herrlichkeiten und Besonderheiten. Die „Estakdadnyj" ruht auf zwei Fundamenten am Nord- und am Südufer des Kneiphofs.

Starkes Vorstellungsvermögen gehört dazu, angesichts der Trostlosigkeit die Bilder von einst zu sehen: die Kantstraße, wo einst auch das Haus des Philosophen stand, damals noch Prinzessinenstraße. Kaiser-Wilhelm-Platz, das zentrale Juwel; Altstädtische Bergstraße, Altstädtische Langgasse, Wassergasse – Geschäfte und Geschäftigkeit, eine besonders bewegte Woge im Meer der Häuser. Und jetzt: Ein Nichts, planiertes Brachland, nur durch den trägen, raumgreifenden Verkehrsfluß des Moskau-Prospekts unterbrochen.

Auch die Krämerbrücke, wo die Kneiphöfsche Langgasse begann, existiert nicht mehr. Man kann ihren einstigen Platz nur erahnen, wenn zur Rechten das Hundegatt, der Mündungsarm des neuen in den alten Pregel in Sicht kommt. Vergeblich sucht der Betrachter die Speicher mit ihren schlanken, hochragenden Fachwerkgiebeln. Kunstvoll angefertigte Figuren und Sinnbilder gaben ihnen klangvolle Nahmen wie Walfisch, Hirsch, Pelikan und Noa(h). Auch dieses städtebauliche Kleinod ging bei den britischen Bombenangriffen Ende August 1944 in Flammen auf.

Mächtig, beherrschend hat sich hier die neue Zeit ausgebreitet, den Hort lebendiger Hafenromantik ausgelöscht. Hinter stilisierten Segeln als Symbol für die Fischerstadt nahe am Ufer bedeckt der „Sportpalast Junost" mit 4000 Sitzplätzen eine ausgedehnte Fläche. Seinen Eingang hat er von der Bohlwerksgasse/Nabereznaja Marschala Bagramjana aus. Im „Junost" gibt es auch ein Café. Dahinter zehn- und mehrstöckige Hochhäuser – einer der zahlreichen massierten Wohnkomplexe. Am Zusammenfluß der beiden Pregelarme ankert das Hotelschiff „Hansa".

Hier, am Ende der Hochbrücke, machen wir erste Station. Das Auto kann hinter der Börse geparkt werden. Von der gegenüberliegenden Seite, Gr. Kran- und Schanzenstraße, ist ein guter Blick in Ruhe auf das eben Geschaute möglich, vom Hotelschiff bis zum Hotel „Kaliningrad".

Wir gehen dann ein paar Schritte auf der Brückenstraße zurück, bis dort, wo die Grüne Brücke war. Einer der bedeutendsten und erschüttertsten Plätze liegt vor uns: der Kneiphof. Erst die Übersicht aus dieser Höhe: Wir blicken auf eine weite Grünanlage, in strenger Gesetzmäßigkeit geordnet. Links und rechts Baumreihen in Reih und Glied. Mit Kantsteinen begrenzter Rasen, wie die Rabatten daneben in schnurgeraden Linien. In der Mitte eine mosaikartig angeordnete Plattenfläche mit akkurat rechteckigen, eingefaßten Rabatten darin. Und im Hintergrund das einzige Mauerwerk auf dem ganzen Raum: die Ruine des Doms. Als Kulisse die Silhouetten der Hochhäuser auf Plantage und Sackheim.

Wir gehen die stählerne Treppe hinunter und den „Platten-Prospekt" entlang und erinnern uns: Hier etwa war die Brodbänkenstraße. Im Mittelalter hatten die Bäcker dort ihre Bänke zum Verkauf aufgestellt. Rechts war das Kneiphöfsche Rathaus. Etwas weiter nördlich verlief die Fleischbänkenstraße. 1327 hatte Hochmeister W. von Orseln den Kneiphof als jüngsten unter den drei Gründungsorten zur Stadt erhoben. Sie hatte ihren Namen wahrscheinlich dem Umstand zu verdanken, daß sie durch die Pregelarme „abgekniffen" war. Sie entwickelte sich zu einem Hort der Zünfte und wurde schließlich geistiger und geistlicher Mittelpunkt des aufblühenden Gemeinwesens.

Dafür standen die Alte Universität und vor allem der Dom, beide in trauter Nachbarschaft. Nur wenige Jahre nach der Gründung der Inselstadt, 1333, begann der Bau des Doms. Nach der endgültigen Fertigstellung maß er 88,5 Meter Länge und 30 Meter Höhe. Seine Ausstattung war so reich wie seine wechselvolle Geschichte. Besonders hervorzuheben verdienten: der Hochaltar mit dem gotischen Mittelstück des thronenden Gottvaters, der Triumphbogen mit einem überlebensgroßen Heiland, die Taufkammer mit sandsteinerner ionischer Säulenhalle, der achteckige Taufstein,

Dom-Ruine auf dem Kneiphof.

die prächtige Orgel von Johann Josua Mosengel mit 56 klingenden Registern. Dann die zahlreichen Epitaphen und Grabmäler. Am beeindruckendsten das Monumentalgrabmal Herzog Albrechts an der Ostwand, ein Werk im Hochrenaissancestil von Cornelis Floris mit dunklem belgischem Marmor und englischem Alabaster. Auch die kostbare Wallenrodtsche Bibliothek war dort – im südlichen Domturm – untergebracht.

Alles das scheint nun dahin. Die einstige Hauptkirche ist zur Ruine geworden. Nur die Westfassade läßt noch die alte Gestalt erahnen. Im Inneren ragen die riesigen Pfeiler und leuchtenden Gewölbe in den offenen Himmel. Das Mauerwerk bröckelt – doch es keimt Hoffnung, daß neues Leben aus den Ruinen wachsen könnte (siehe auch Farbbildteil).

Die Kirche wurde aufgeräumt und gesäubert. Baumaßnahmen gegen den weiteren Verfall wurden eingeleitet. Große Pläne bis hin zur völligen Restauration werden diskutiert, sogar für den ganzen Kneiphof. Bis dahin ist noch ein weiter Weg. Doch schon jetzt sind Zeichen der Erneuerung erkennbar: Es werden wieder Gottesdienste im Dom abgehalten, überwiegend für die Gäste aus dem Westen und oft in deutscher Sprache.

Vor den Resten des Grabdenkmals für Herzog Albrecht versammelten sich 1990 aus Anlaß des 500 Geburtstags Albrechts I. Russen und Deutsche zu einer Gedenkfeier. Ein Teilnehmer, Professor an der Universität Kaliningrad, sagte: „Jahrzehntelang wurde uns erzählt, daß dieser Mann ein Raubritter war, ein Eroberer mit dem Schwert, Ausbeuter und Menschenschinder. Nun haben wir gelernt, daß Herzog Albrecht einer der fortschrittlichsten Herrscher seiner Zeit war, ein kunstsinniger Mensch, der beste Förderer dieser Stadt und der Lande." In der Tat, dieser Albrecht, Markgraf v. Brandenburg-Ansbach, wandelte als letzter Hochmeister des Deutschen Ritterordens das Land in ein weltliches Herzogtum um, führte 1525 als erster deutscher Fürst die Reformation ein, gründete 1544 die Königsberger – und damit die erste protestantische – Universität (bis zuletzt trugen die ostpreu-

Reste des Grabmals für Herzog Albrecht.

ßischen Abiturienten die nach ihm benannten „Alberten" am Rockaufschlag), berief zahlreiche Künstler, vor allem aus dem heimatlichen Franken, nach Königsberg, mehrte in 43jähriger Friedensregierung den Wohlstand seiner Bürger in hohem Maße.

Eines der Wunder, die mit dem Dom verbunden sind, geschah an seiner Nordostecke. Als in jener schrecklichen Nacht vom 28. zum 29. August englische Phosphorbomben das Meisterwerk gotischer Backsteinbaukunst in Schutt und Asche legten, blieb dort das Kant-Grabmal im wesentlichen erhalten. Nach kleineren Erneurungsarbeiten steht die „Stoa Kantiana" wieder so da, wie sie Friedrich Lahrs zur Kantfeier am 22. April 1924 geschaffen hatte. Er hatte Bauformen seiner Zeit mit denen der Ordensgotik auf meisterhafte Weise vereinigt.

Kant-Grabmal.

Der steinerne Sarg unter der Inschrift „Immanuel Kant, 1724 – 1804" ist fast immer mit Blumen oder Kränzen geschmückt. Sie kommen von Besuchern aus Deutschland, aber auch von heutigen Bewohnern der Stadt. Ein besonderes Zeichen dafür, daß der wohl bedeutendste deutsche Philosoph, gewiß größte Sohn Königsbergs auch in Kaliningrad verehrt wird. Heute gilt er als Begründer der klassischen deutschen Philosophie und wird als „Sohn unserer Stadt" nicht nur voll akzeptiert, sondern in jeglicher Weise erforscht und beachtet.

In unmittelbarer Nähe seiner letzten Ruhestätte, nur wenige Schritte entfernt, stand die Wirkungsstätte des berühmten Professors, die Alte Universität. 1788 war Kant dort Rektor. Seine Vorlesungen hielt er, der damaligen Sitte entsprechend, in der Wohnung, Prinzessinnenstraße 3, ab. Oft kamen Weitgereiste dazu, die den tiefgründigen Denker und analytischen Kritiker hören wollten. Auch russische Offiziere waren dabei, als ihre Armee während des Siebenjährigen Krieges Königsberg besetzt hatte.

Die unvergleichliche Geisteskraft machte Immanuel Kant, der seine Heimatstadt nur in seiner Hauslehrerzeit verließ, zu dem hervorragendsten Philosophen des 19. und 20. Jahrhunderts, sicher auch darüber hinaus.

Die Zahl seiner wahrhaft revolutionären Schriften ist immens groß. Am bekanntesten ist die „Kritik der reinen Vernunft", mit der er 1781 freilich erst eine bahnbrechende Folge „kritischer" Schriften einleitete.

Ein ganzes Leben reicht kaum aus, diese Arbeiten zu lesen, gar sie zu verinnerlichen. Sicher wäre Menschen unserer Tage schon viel geholfen, wenn sie nur zwei seiner weisen Kernsprüche kennten, möglichst befolgten: den „Katagorischen Imperativ", worin er in einem einzigen Satz wie kein anderer Mensch das fundamentale Sittengebot für das Leben in der Gemeinschaft formuliert hat: „Handle so, daß die Maxime deines Willens jederzeit zugleich als Prinzip einer allgemeinen Gesetzgebung gelten könnte." Man darf wohl feststellen, daß dieses Postulat auch urpreußischer Gesinnung entsprungen ist.

Kant-Zitate

Der Himmel hat dem Menschen als Gegengewicht zu den vielen Mühseligkeiten des Lebens drei DInge gegeben: die Hoffnung, den Schlaf und das Lachen.

Je mehr Du gedacht, je mehr Du getan hast, desto länger hast Du gelebt.

Werdet nicht der Menschen Knechte! – Laßt Euer Recht nicht ungeahndet von anderen mit Füßen treten! Wer sich unter seinesgleichen zum Wurm macht, da ihn doch Gott zum Menschen schuf, muß sich nicht wundern, wenn man ihn nachher als Wurm behandelt und unter die Füße tritt.

… eine solche Stadt wie etwa Königsberg am Pregelflusse kann schon für einen schicklichen Platz zur Erweiterung sowohl der Menschenkenntnis als auch der Weltkenntnis genommen werden, wo diese, auch ohne zu reisen, erworben werden kann.

Reich ist man nicht durch das, was man besitzt, sondern mehr noch durch das, was man mit Würde zu entbehren weiß, und es könnte sein, daß die Menschheit reicher wird, indem sie ärmer wird und gewinnt, indem sie verliert.

Und zweitens der vielzitierte Satz, der wie ein Vermächtnis an die materialisierte Welt unserer Tage wirkt: „Zwei Dinge erfüllen das Gemüt mit immer neuer und zunehmender Bewunderung und Ehrfurcht, je öfter und anhaltender sich das Nachdenken damit beschäftigt: der gestirnte Himmel über mir und das moralische Gesetz in mir."

Auf der gegenüberliegenden Seite des Doms, draußen im grünen Rasen, erinnert ein Granitfindling daran, daß hier und in diesem Lande fester Glaube und kritisches Bewußtsein tief verwurzelt, aber nicht konfessionell eingeengt waren. Er ist Julius Rupp gewidmet, dem Gründer der ersten Freien evangelischen Gemeinde (1846). Er wurde zum Bahnbrecher einer großen freikirchlichen Bewegung, wie es sie kaum woanders in der Alten Welt gab, getreu und konsequent auch in der Toleranz, die schon Friedrich der Große verkündet hatte: „In meinem Land kann jeder nach seiner Facon selig werden." Immer hatten preußische Könige nach diesem Grundsatz gehandelt und Glaubensflüchtlinge aus vielen Ländern Europas aufgenommen: Salzburger Protestanten aus Österreich, Hugenotten aus Frankreich, Mennoiten aus Holland, Philipponen aus Rußland, Bedrängte aus Polen, Litauen, der Schweiz, Schottland.

Zu dieser Gesinnung paßt Rupps in den Stein gemeißelter Wahlspruch: „Wer nach der Wahrheit, die er bekennt, nicht lebt, ist der gefährlichste Feind der Wahrheit selbst." Auch dieser Satz klingt wie eine Mahnung an die heutige Generation. Dankbar stellt der Besucher fest, daß das verlorengegangene Reliefbildnis von Julius Rupp erneuert worden ist. Das Original stammt von Rupps Enkelin, Käthe Kollwitz. Die berühmte und verdienstvolle Bildhauerin und Malerin wird auch heute in ihrer Heimatstadt in Ehren gehalten; gewiß auch wegen ihrer sozialkritischen Arbeiten.

Auf dem grünen Rasen des Domgeländes ruht nun ebenfalls das Steinbild Walthers von der Vogelweide; nicht mehr auf dem Podest im Tiergarten, wo das Denkmal von Georg Fugh aus Mehlsack 1930 aus Anlaß des 700. Todestages des Minnesängers enthüllt wurden war. Figuren russischer Künstler sind auf dem Gelände weiter in Richtung Hochstraße zu sehen. Pläne, weitere russische und deutsche Persönlichkeiten in einem großen Skulpturenpark zu vereinen, scheinen durch die Entwicklung überholt. Man kann nur hoffen und wünschen, daß bei allen diesen Überlegungen eine Richtschnur maßgebend sei: sich an der Geschichte zu orientieren. Und das gilt nicht nur für den Kneiphof!

Wir gehen zurück, die Treppe hinauf. Schon liegt die Börse vor uns, etwas unter uns nun von der Hochbrücke. Die beiden Löwen von Emil Hundrieser flankieren wie eh und je die imposante Freitreppe. „Gebrüder Löwenstein", nannten sie die Königsberger.

Die Börse mit den Lettern „Börse Allianz".

Noch beeindruckender ist der Bau von Heinrich Müller-Bremen im Stil der italienischen Hochrenaissance von der Börsenstraße aus. Das heiter gestimmte Architekturmonument mit seinen Zweier- und Dreier-Reihen hoher Bogenfenster scheint mit ständig wechselnden Ansichten sich zu bewegen, zu leben.

Es ist ein weiteres Wunder in der schwer geprüften Stadt, daß dieses stolze Bauwerk die Bombennächte von 1944 und die Schlacht 1945 überstanden hat. Die 2200 Pfahlroste, zwölf bis achtzehn Meter lang, tragen es schon nahezu 120 Jahre. Nun, in der Wüsteneinsamkeit, ist es auf seiner einsamen Position eine noch auffälligere bauliche Schönheit. „Kulturpalast für die Seeleute", „Börse Allianz". So verraten riesige Lettern auf dem Dach des hellblaugestrichenen Hauses seine Verwendungszwecke. Schon 1619 begann in der Pregelstadt das Börsengeschäft. Hier war schließlich das Zentrum des ostdeutschen und osteuropäischen Handels, besonders für den Getreidemarkt. In dem Gebäude befinden sich auch ein Literaturtheater und das Restaurant „Brigantine".

Hier, wo die Vorstädtische Langgasse, immer noch Lenin-Prospekt, beginnt, sind endlich wieder Häuser am Straßenrand; endlose Reihen uniformer, vielstöckiger Gebäude. Im Erdgeschoß sind einige Läden für Lebensmittel, Möbel, Bücher. Auch wenn die Auslagen kümmerlich erscheinen, die Angebote spärlich sind, es lohnt sich, einmal hineinzugehen.

Von den stattlichen Häusern mit ihren belebten Giebelfronten und den Geschäften aller Art ist fast nichts geblieben. Das Gebäude der Reichsbahndirektion zwischen Böhm- und Georgstraße/Kazanskaja steht wie ein Sonderling in dem kolossalen Einheitsgemäuer. Eine russische Marinefachschule ist dort untergebracht. Auch das dahinter liegende, ebenfalls erhaltene St. Georgs-Hospital gehört dazu. Vom Unterhaberberg/Bagrationa her zieht eine dunkle Qualmwolke aus dem gelbbraunen Schornstein der Färberei Caillé & Lebelt.

Rechts dann der moderne Kino-Neubau „Oktober", davor Anlagen mit Springbrunnen. Hier, auf dem höchsten Punkt des Haberbergs, stand die sehenswerte Trinitatiskirche, deren Anfänge bis auf das Jahr 1537 zurückgingen. Ihre Innenausstattung gehörte zu den schönsten der ganzen Provinz. Auch ihr Äußeres hatte Besonderheiten: den ersten Blitzableiter einer Königsberger Kirche, der auf Empfehlung Kants 1783 angebracht wurde, einen vergoldeten 2,2 Meter großen Engel als Wetterfahne. Er, wie der ganze Turm, begrüßte den Neuankömmling auf dem Hauptbahnhof.

Ein Gotteshaus beeindruckt in diesem zerstörten Viertel noch, die katholische Kirche „Zur heiligen Familie" am Oberhaberberg/ Bogdana Chmel´nickogo zwischen Schulstraße und Blücherstraße/Krasnoarmejskaja. Das 1907 eingeweihte Gebäude mit seinen markanten Stufengiebeln und Strebepfeilern am Turm wurde zwar ebenfalls stark in Mitleidenschaft gezogen, aber in liebevoller Kleinarbeit wieder aufgebaut und einer neuen Bestimmung zugeführt. Seit 1981 beherbergt es die „Kaliningrader Philharmonie". Auch Künstler von internationalem Rang geben hier Gastspiele. Darunter Justus Frantz, der schon frühzeitig dort hin kam und seitdem seine Verbundenheit mit dieser Stadt bekundet.

Der Bahnhofsvorplatz heißt jetzt Platz Kalina. In dem weiträumigen Anlagen steht ein hochragendes Denkmal von Michael Kalinin, unter Stalin formelles Staatsoberhaupt, dem Mann, nach dem am 4. Juli 1946 die Stadt benannt wurde. Der am 19. September 1929 eröffnete Hauptbahnhof wird – im Unterschied zum Nordbahnhof – Südbahnhof/Jushny Woksal genannt. So kündet es auch die große kyrillische Schrift über dem eindrucksvollen Portal. Darunter sind Hammer und Sichel, Symbole der Sowjetmacht, nach der politischen Wende verschwunden. Früher war dort der Werksteinblock von Hermann Brachert, der Chronos mit drei stürmenden Pferden als Sinnbild für die schnelle Eisenbahn zeigte. Unverändert die Bahnhofsuhr im großen spitzbogigen Fenster mit den Travertin-Pfeilern. Das alles eingebettet in die beeindruckende Front aus blaubuntem Klinker, der zum Teil aus dem Cadiner Werk stammt.

Auch das Bahnhofsinnere ist fast so geblieben wie einst: die Fahrkartenschalter, Wartesäle und die sechs Bahnsteige unter dem

Katholische Kirche „Zur heiligen Familie", jetzt „Kaliningrader Philharmonie":

Gemüseverkauf vor dem Portal des Haupt-bahnhofs.

allerdings nur notdürftig reparierten Glasdach. Schon früher fuhren von hier Züge auch nach Moskau und Leningrad; die meisten allerdings in Richtung Westen. Heute ist der Anschluß an das russische Eisenbahnnetz total, und fast alle Gleise haben die entsprechende breite Spurweite.

Altes und Neues begegnen sich rund um den Bahnhof. Fremd wirken die Neubaublöcke an der Österreichischen Straße. Einer trägt die Aufschrift „Bernsteingebiet Kaliningrad begrüßt euch". Links, an der Thorner Straße/Juznovokzal'naja, steht noch das Hauptpostamt 5. Es wird Telegrafenamt genannt. Auch internationale Telefongespräche werden hier vermittelt.

Neubaublöcke an der Österreichischen Straße. Links: Kalinin-Denkmal.

Auf der anderen Seite, an der Kulmer Straße/Zeleznodoroznaja, hat seit 1972 ein moderner Busbahnhof seinen Platz. Eine Besonderheit gegenüber sollte nicht übersehen werden: Auf dem Bürgersteig, wo schon die Anlagen am Friedländer Tor beginnen, steht ein größerer Verkaufskiosk im schmucken Fachwerkanstrich. Das Auffälligste am ihm aber ist die Umrandung an der Dachkante. Da prangt in der Mitte die Elchschaufel, und links und rechts daneben sind die Wappen ostpreußischer Kreise zu sehen. Die Bezeichnung „Eintracht-Ost" in Fraktur verrät, daß dies ein Geschäft der Firma dieses Namens ist, die dem deutschen Kulturverein „Eintracht" verbunden ist. „Waren aller Art", wie es üblicherweise heißt, werden dort angeboten. Auch eine kleine Bewirtung gehört dazu. Der angrenzende Teich in den ausgedehnten Anlagen lädt zum Verweilen ein.

Zur Fahrt in die südlichen Stadtteile benutzen wir die Berliner Straße/Suvorova. Vorher vielleicht durch den Alten Garten/

Verkaufskiosk der „Eintracht-Ost" gegenüber dem Hauptbahnhof.

Brandenburger Tor.

Bagrationa, wo links die hellen Gebäude der Harberger Mittelschule zu sehen sind. Heute ist dort die Schule Nummer 16 untergebracht.

Die Flucht der Hochhausreihe wird unterbrochen durch das Brandenburger Tor, benannt nach dem Marktflecken am Frischen Haff. Die mit reichem Zierrat versehenen Giebel tragen immer noch die Bildnisse des Feldmarschalls von Boyen und Generals von Aster wie den Preußenadler. Auf der nun beginnenden Berliner Straße – einst ein Teil der Reichsstraße 1, die von Aachen über Berlin nach Königsberg und bis an die Grenze in Eydtkau verlief – führt der Weg an ganzen Häuserzeilen aus der Vorkriegszeit vorüber. Ihr Zustand ist beklagenswert. Nur vereinzelt stehen wie Fremdkörper mehrstöckige Neubauten dazwischen.

Beim Nassen Garten sind wir nahe am Hafen; aber den wollen wir später besuchen. Links geht es über die Godriener-/Kamskaja und wieder links die Brandenburger Straße/Kievskaja in den Stadtteil Ponarth/Dimitrova.

Gelände der Brauerei Ponarth.

Als deutsches Dorf wurde es zuerst 1385 erwähnt. Sein Name stammt aus dem Altprußischen. Über seine Grenzen bekannt wurde Ponath vor allem durch sein gutes Bier. Das gilt heute nicht mehr. Das Bier kommt aus Devau, und seine Qualität hält keinem Vergleich mit den damaligen Sorten Ponarth und Schönbusch stand. Die alten Werksgelände sehen vernachlässigt und verlassen aus. Nur noch Maische und Mineralwasser kommen aus der Gegend. Auch den legendären Bernsteinschatz, der nach manchen Berichten hierher ausgelagert wurde, sucht man dort wohl vergeblich. Das ganze Gelände bietet einen wenig erbaulichen Eindruck. Blickt man über das Industriegelände, so sind fast nur alte, verfallene Fabriken, bröckelnder Putz und wahllos Gerümpel zu sehen. Ein paar metallblitzende neue Anlagen wirken wie Fremdkörper. Erhalten blieb in der Dirschauer Straße/Kievskaja das Straßenbahn-Depot.

Einen Lichtblick bieten die Ponarther Kirche und ihre Umgebung mit dem recht gepflegten Südpark. Der fast 100 Jahre alte Sakralbau (1897 eingeweiht) zeigt allerdings auch schon bedenkliche Alterserscheinungen. Gebüsch wächst aus dem Dach über dem Eingang und hoch auf dem Ziergiebel. Ein Schild weist ihn als „Architektur-Denkmal" aus. Im Inneren aber ist er noch Turnhalle. Ein Korb für das Basketballspiel hängt unter dem Torbogen vor dem Altarraum.

Da ist es um die Rosenauer Kirche besser bestellt. Wir erreichen sie über die Speichersdorfer Straße/Sudostroitel´naja. Auch hier, wie in den übrigen südlichen Stadtteilen, viele Häuser aus der alten Zeit, „deutsche Häuser", wie die jetzigen Bewohner sagen. Die Kirche an der Ecke Domnauer-Seligenfelder Straße/Klavy Nazarovoj ist wieder Gotteshaus, Kirche der russisch-orthodoxen Konfession. Das 1926 eingeweihte Gebäude der evangelischen Gemeinde war lange Jahre Kulturhaus.

Zu den erhalten gebliebenen Gebäuden und Anlagen gehört auch der 1895 eingerichtete große Schlachthof. Über die Aweider Allee/Alleja Smelych geht es zur Schönfließer Allee/Dzerzinskogo.

Der Weg in Richtung Süden nach Schönfließ/Komsomol´skoe führt an manchen, oft verfallenen Altbauten vorbei. Ins Auge fallen die zahlreichen Firmenneubauten eines ausgedehnten Gewerbegebiets.

Stadteinwärts kommt auf der linken Seite sogleich das Friedländer Tor in Sicht. Hier lohnt sich ein Besuch. Wie fast alle alten Stadttore, so blieb auch dieses im wesentlichen erhalten. Es liefert ein besonders gutes Beispiel für liebevolle Erneuerung und sinnvolle Nutzung. In mühevoller, überwiegend freiwilliger Arbeit restaurierten fachkundige Mitarbeiter, in enger Zusammenarbeit mit „Kaliningrader Kulturfonds" und deutscher Kulturgesellschaft „Eintracht", das Äußere und Innere. Auch die Standbilder des Hochmeisters Siegfried v. Feuchtwangen (außen) und des Großkomturs Friedrich v. Zollern (innen) sollen wiederhergestellt werden.

Friedländer Tor.

Fundstücke aus dem alten Königsberg.

Die Magazinräume sowie die Durchfahrt nach Rosenau wurden zu anheimelnden, dekorativ hergerichteten Versammlungs- und Ausstellungsräumen umgestaltet. Fundstücke, aus dem Untergrund der angrenzenden Anlagen geborgen, wurden hier zusammengetragen: Bierflaschen mit den Aufschriften „Ponarth" und „Schönbusch", Fotos, Wagenräder, Torbögen, Reklame- und Straßenschilder. Passend ist daher der Titel „Museum für Geschichte und Alltag". Die Räume sind auch gut geeignet für stimmungsvolle Treffen, Gespräche mit alten und neuen Königsbergern. (Nach Vereinbarung, Tel. 44 34 55)

Der angrenzende Park südlich der Östereichischen Straße/Kalinina Pr., der ein wesentlicher Teil der insgesamt mehr als sechs Quadratkilometer großen Grünanlagenfläche Königsbergs war, heißt Komsomolzen-Park. Dort gibt es allerlei Abwechselung wie Bootfahren, Karussell, Angeln, Spiele und Spazierengehen. Von der einstigen modernen Ostpreußenhalle gibt es keine Spur mehr.

Die weitere Rückfahrt geht über den Friedländer Torplatz/Dzerzinskogo zum Viehmarkt, der allerdings nicht mehr existiert. Er ist in die Ul. Oktjahr´skaja einbezogen. Kein Stein mehr von der 1910 eingeweihten Lutherkirche im Renaissancestil mit barocken Elementen. Ein einziger, langgestreckter Wohnblock erinnert an die Zeiten von einst. Daneben die üblichen neuen Häuser in Plattenbauweise. Etwa schräg gegenüber ist das große Gebäude mit dem abgerundeten Giebel zu erkennen, in der die Firma Petereit (Schnaps und Liköre) ihren Sitz hatte. Über die Brückenstraße und die Hohe Brücke, neben der das alte Brückenhaus mit dem spitzen Türmchen zu sehen ist, geht es in den Weidendamm, immer noch Oktjabr´skaja. Ein trister Anblick: zusammenhanglos dastehende Bauten, die meisten aus der Nachkriegszeit, fast ausschließlich vielstöckige Hochhäuser. Einige wenige Bauten von einst: zur Linken das Gebäude der Ostdeutschen Verlagsanstalt und Druckerei der „Preußischen Zeitung" und das Jüdische Waisenhaus in der Lindenstraße. Von der Synagoge, die in der „Kristallnacht" 1938 niedergebrannt wurde, steht nichts mehr.

Rechts auf der Lomse an der Plantage/Kuznecnaja die Kreuzkirche. Die mächtige Giebelfront mit den beiden Türmen ist selbst in der Ansammlung zahlreicher Hochhäuser nicht zu übersehen. Der kurze Abstecher dorthin lohnt sich. Die 1933 von Arthur Kickton errichtete Kirche ist zentrales Gotteshaus der Russisch-Orthodoxen im Königsberger Gebiet. Auch die evangelischen Christen hatten sich dort vorübergehend versammelt. Immer noch ist am eindrucksvollen Portal die Inschrift zu lesen: „Das Wort vom Kreuz ist eine Gotteskraft". Die Kirche war stark beschädigt worden und wird renoviert.

Eine neuere Bauruine begleitet den Besucher auf dieser Fahrt. Sie gehört zu einer Hochstraße, die die alte Strecke entlasten und über die Lomse und den Pregel zum Sackheim führen soll. Der Bau wurde gestoppt, weil es Schwierigkeiten bei der Fundamentierung gab. So stehen die Pfeiler vereinsamt in der Gegend.

Über die Lindenstraße – immer noch Oktjabr´skaja –, die Holzbrücke und den Münchenhof-Platz, wo rechts wieder das aufge-

Die Kreuzkirche.

dockte Sturmboot zu sehen ist, geht es zur Krummen Grube und zum Mühlenberg/Mel´nicnaja. Nichts ist hier übriggeblieben von der idyllischen Bebauung und den bedeutenden Häusern.

Im Bombenhagel ging in der Krummen Grube 2 auch eine große Königsberger Zeitungstradition zugrunde. Die „Königsberger Hartungsche Zeitung" hatte im ehemaligen Löbenichtschen Rathaus ihren Verlag. Ihre Vorläufer erschienen seit 1660 und gehörten damit zu den ältesten Zeitungen überhaupt. Das „Königsberger Tageblatt" versuchte, diese Arbeit bis zuletzt fortzusetzen, zum Schluß durch Herausgabe von Notstandsausgaben der drei verbliebenen Zeitungen („Preußische Zeitung", „Königsberger Allgemeine Zeitung", „Königsberger Tageblatt").

Auch die Verlagsbuchdruckerei Emil Rautenberg hatte dort, im „Zeitungsviertel", ihren Sitz. Die von Carl-Ludwig Rautenberg 1825 in Mohrungen gegründete Firma war 1856 nach Königsberg verlegt worden. 1933 übernahm Gerhard Rautenberg (1905 in Königsberg geboren) die Leitung des Unternehmens, das sich zu einer der bedeutendsten Buchdruckereien der Stadt entwickelt hatte. Nach Ausbombung 1944, Auslagerung nach Rauschen und Flucht begann 1949 in Leer/Ostfriesland der Aufbau einer leistungsfähigen Buch-, Offset- und Rotationsdruckerei sowie eines Verlages und einer Versandbuchhandlung. Nach dem Tode des verdienstvollen Firmenchefs 1982 übernahm Gerhard Rautenberg jun. die Leitung des größten aus Ostpreußen stammenden Unternehmens dieser Art.

Rechts hinter einem einsamen Altbau an der Ecke der Altstädtischen Bergstraße sind typische Neubauten zu sehen. Dort stand die Löbenichtsche Kirche, die in den Anfängen bis ins Jahr 1334 zurückreichte. Ihre in hellen Farben gehaltene Rokokoausstattung wie das Schnitzwerk an Altar und Orgel galten als Sehenswürdigkeiten. Auch das markante Verwaltungsgebäude der Königsberger Werke und Straßenbahn (KWS) mit dem abgerundeten Eckgiebel wurde von den Bomben zerstört.

Schon sind wir wieder in der Uliza Sevcenko, etwa Münzplatz-Schloßstraße, und zurück beim Hotel „Kaliningrad".

Vom Zentrum zum Hansaplatz und in die nördlichen Stadtteile

Die Fahrt in den Norden gleicht weithin der in den Süden. Der Lenin-Prospekt jedenfalls sieht hier kaum anders aus: riesenbreite Fahrbahnen und Bürgersteige, Häuserreihen auf beiden Seiten so weit auseinander wie die Tore eines Fußballfeldes. Etwas harmonischer jedoch erscheint alles, weil die Straße glatt und nicht so wellig wie auf der Hochstraße ist und die Häuser von gleicher Gestalt und Größe sind. Dennoch wirken sie fremd, als führe man durch eine mittelasiatische Stadt.

Da ist nichts mehr vom alten Königsberg und seiner lebendigen Vielfalt. Weder Altstädtische noch Steindammer Kirche, kein Alhambra-Kino, kein „Berliner Hof" und kein Hotel „Kreuz", nichts mehr von den vielen Geschäften, Restaurants und Cafés.

Lenin-Prospekt, früher Steindamm.

Untergegangen im Bombenhagel 1944, begraben unter der neuen Trassenführung, die zum Teil Tragheimer Kirchenstraße und Steindamm zum überdimensionalen Prospekt vereinigt hat.

Auf der linken Seite, an Neumarkt und Büttelplatz, sind noch „deutsche Häuser" zu entdecken. Die Neue Chirurgische Klinik in der Langen Reihe ist weiter in Betrieb, auch als Notfallklinik.

Auf Höhe des Trommelplatzes - die Kasernen gibt es nicht mehr - schiebt sich eine großzügig gestaltete Grünanlage zwischen die Fahrbahnen. In der Mitte ein Springbrunnen, rundherum akkurat abgezirkelte Grünflächen. Alles überragend ein Denkmal „Mutter Rußland" mit der Inschrift: „Kommt her zur mir, ihr Kinder Rußlands, hier seid ihr zu Hause". Einen angenehmen Eindruck macht das Kaufhaus „Majak" auf der linken Seite, wohl der schönste Kaufhaus-Neubau in der Stadt.

Etwa am Wallring endet die Kolossalstraße abrupt, und es beginnt ein Stück vertrautes Königsberg. Der Hansaplatz/pl. Pobedy, Platz des Sieges, macht seinem neuen Namen Ehre. Er wirkt wie ein Aufmarschgelände. Dennoch sind hier die Zeugen der Vergangenheit deutlicher als an den bisher gesehenen Stätten; ein wahrer Kontrast zum Kaiser-Wilhelm-Platz/etwa Central pl. Die großen Bauten zeigen sich fast unverändert (von links): Stadthaus (1923 von Hanns Hopp erbaut), Land- und Amtsgericht (1913 erbaut, 1933 erweitert) und Nordbahnhof. Ist das erste wieder Sitz der Stadtverwaltung, so dient das Gerichtsgebäude dem „Kaliningrader Technischen Institut der Fischindustrie und Wirtschaft". Diese Einrichtung gibt es nur einmal in Rußland (sogar in der Welt, wie es heißt). Sie wurde 1958 von Moskau nach Königsberg verlegt. Der Nordbahnhof wurde „Hotel der Seeleute". Der 1930 von Martin Stallmann errichtete Bau mit seinem eindrucksvollen Säulenportal ist unverändert Blickpunkt an diesem Platz, der zu einem Zentrum geworden ist.

Der neue Nordbahnhof/Sewernyj Woksal, ein kleines Abfertigungsgebäude, steht hinter dem Altbau. Von hier gehen die vielbenutzten Züge nach Cranz und Rauschen. Der Weg dorthin führt

Säulenportal des Nordbahnhofs.

an einem auffälligen roten Klinkerbau mit schönen Ziergiebeln vorbei. Das von 1912 bis 1914 errichtete Gebäude dient heute wie früher dem gleichen Zweck: Sitz von Polizei und Staatssicherheitsdienst. Die Stresemannstraße – zuletzt General-Litzmann-Straße –, an der es stand, heißt Sovetskij Prospekt. Die Händelstraße hingegen, die links daran vorbeiführt, gehört zu den wenigen, die ihren Namen behalten haben (ul. Gendelja). Die Beethovenstraße – nur drei Straßenzüge weiter – heißt Ul. Kirova. Dort blieb das Gebäude der Mädchengewerbeschule, im Volksmund Klopsakademie, erhalten. Sie beherbergt eine polytechnische Fachschule. Auch alle anderen Namen in diesem „Musikerviertel" wurden geändert. Hier auf den weithin erhaltenen Vorderhufen sind noch viele alte Häuser, zum Teil in hervorragendem Zustand, zu sehen. So auch das Raiffeisenhaus Ecke Stresemann-Beethovenstraße, und das Verwaltungsgebäude des Ostpreußenwerks zwischen Jensen- und Schubertstraße an der Stresemannstraße. Beide werden voll von der Stadtverwaltung genutzt.

Zurück zum Hansaplatz. Der Kenner wird vergeblich den Eingang zur Ostmesse suchen. An der Stelle, rechts vom Nordbahnhof, überragt ein Lenin-Denkmal auf hohem Podest den Platz des Sieges. Lediglich das Gebäude des früheren Messehauptrestaurants und weiter hinten das Haus der Technik erinnern an die einst bedeutsame Stätte. Die Deutsche Ostmesse ging auf eine Idee des Oberbürgermeisters Dr. Hans Lohmeyer zurück; sie sollte auch die Mittel- und Brückenfunktion Ostpreußens zu den Ostseestaaten dokumentieren. Reichspräsident Friedrich Ebert hatte die erste Ostmesse am 26. September 1920 im Tiergarten eröffnet. Mehr als jeweils 200 000 Besucher sahen schließlich diese große und vielseitige Schau. Die 29. und letzte Deutsche Ostmesse wurde im Oktober 1941 veranstaltet.

In Eingangsnähe ist ein neuer „Sportpalast". Das Haus der Technik, später Schlageter-Haus genannt, ist jetzt ein Basar für Haushaltswaren (Promtowary). Private Anbieter wie staatliche Geschäfte haben dort ihre Stände. An den Mauern des großen Gebäudes sind noch Inschriften aus deutscher Zeit enthalten. Von der Brücke hinter dem Haus hat der Besucher einen guten Blick auf den Wrangelturm (1853).

Die Kunsthalle am Ende des Wallrings/Professora Baranova, 1913 von Friedrich Lahrs geschaffen, wurde zum Textillager. Die Kirche wurde zerstört. Am Anfang des Wallrings fällt das 1917 eingeweihte Gebäude der Hindenburg-Oberrealschule auf, die einmal die meistbesuchte Schule Königsbergs war. Heute wirkt dort das Kaliningrader Technische Institut für Fischindustrie und Wirtschaft. Auch Pfarrhaus und Gemeindehaus der Tragheimer Kirchengemeinde stehen noch.

Beherrschend in dieser Gegend ist der Zentrale Markt/Centr. Rynok zwischen Wallring und Wrangelstraße/Cernjachovskogo. Auf den freien Plätzen und in den ehemaligen Kasernen ist ein schwunghafter Handel im Gange. Die Menge der Anbieter und der Käufer ist unübersehbar. Es gibt alles, vom Apfel bis zum Kassettenrecorder, Gemüse, Obst, Brot, Fleisch, Stoffe, Elektro-

Zentralmarkt zwischen Wallring und Wrangelstraße.

nikprodukte aus Japan und Wodka aus Rußland, junge Hunde und alte Pelze, kluge Bücher und törichtes Spielzeug. Eine bunte Vielfalt von Waren, stoisch dastehende Verkäufer und abwägende Kauflustige. Die Preise sind dem freien und großen Angebot angemessen. Ein Besuch ist ein Erlebnis.

Die Weiterfahrt in die nördlichen Stadtteile geht über den Hansaring/pr. Mira. Ein Blick nach rechts: Vor dem barocken Portal des Gerichtsgebäudes stehen wieder die – vorübergehend im Tiergarten aufgestellten – beiden kämpfenden Wisente, die seit 1912 dort ihren Platz hatten. Das Podest ist unverändert; aber die Bäume sind so stark gewachsen, daß die von August Gaul 1912 geschaffenen ewig streitenden Tiere, auch Staatsanwalt und Verteidiger genannt, schon recht verdeckt sind.

Auffälliger dahinter, Brahmstraße 7/Zdanova, das Gebäude der Oberpostdirektion. Der 1918 errichtete Bau mit dem Säulenvorbau war zuletzt beim Kampf um Königsberg bis Ende März 1945

Gefechtsstand des Festungskommandanten, General Lasch. Heute ist der Bau im landesüblichen leuchtenden Farbton Sitz des Kommandos der Baltischen Flotte. Das 1930 von Robert Liebenthal errichtete Haus des Preußischen Staatsarchivs gegenüber beherbergt die Kaliningrader Gebietsbibliothek.

Schauspielhaus, jetzt „Kaliningrader Dramentheater".

Nächster Blickfang ist das „Kaliningrader Dramentheater". Das im Krieg beschädigte Neue Schauspielhaus erhielt ein zeitgemäßes Äußeres: Rundbögen an den Fenstern, das stumpfwinklige Dreieck als Dachkonstruktion und vor allem die imposante Säulengalerie, sämtlich Markenzeichen russischer Architektur. Das am 28. September 1927 an dieser Stelle eröffnete bedeutendste Königsberger Theater hatte eine glänzende Tradition, in der auch die Großen ihrer Zeit eine Rolle spielten: der überragende Heinrich George und der Ostpreuße Paul Wegener. Von 1925 bis 1933 war Dr. Fritz Jeßner Direktor. In der Saison 1937/38 gab es 318 Aufführungen und über 200 000 Besucher.

Schiller-Denkmal.

Auch heute noch gehören dort Werke deutscher Dichter zum Repertoir, so Bert Brechts „Dreigroschenoper" und Friedrich Schillers „Die Räuber" und „Kabale und Liebe". Auch das Schiller-Denkmal steht gegenüber inmitten gepflegter Blumenrabatten, so wie es Stanislaus Cauer 1910 geschaffen hat. Nur sein Name ist nun auch in kyrillischen Lettern zu lesen.

Gegenüber, an der Alten Pillauer Landstraße/Dmitrija Donskogo, fällt der große geschwungene Ziegelbau mit den hochragenden Frontgiebeln auf. Der verdienstvolle Proffessor Friedrich Lahrs schuf das Haus für das Landesfinanzamt. Heute residiert dort die Verwaltung des Königsberger Gebiets. Bis zum Ende des kommunistischen Reiches war hier das Machtzentrum der sowjetischen Herrrschaftsordnung, das Gebietskomitee der KPdSU der „Kaliningradskaja Oblast".

Nur wenige Schritte sind es bis zum Walter-Simon-Platz auf der linken Seite. 1892, als Sport noch nicht gerade populär war, hatte der Geheime Rat Professor Simon der Stadt die fast sieben Hektar große Fläche geschenkt, die später Ort großer sportlicher Ausein-

Der Tiergarten ist leider verwahrlost. Von den schönen Bauten, wie dem Gesellschaftshaus, blieben nur häßliche Gemäuer.

64

andersetzungen war, nach 1933 als Erich-Koch-Platz Aufmarsch- und Kundgebungsplatz wurde. Jetzt zeigt ein pompöses Eingangsportal an, daß dort das „Stadion Baltika" ist. Tribünen und Fluchtlicht beweisen, daß eine moderne Sportarena entstanden ist. Auch der gleichnamige Fußballklub „Baltika" kämpft um Punkte, neuerdings in der A-Liga.

Gegenüber, wiederum nur wenige Meter entfernt, taucht der Tiergarten auf. Der Eingang ist fast unverändert. Nur der Name auf dem langgestreckten, zweiteiligen Portal lautet jetzt „Kaliningrader Tiergarten". Der am 21. Mai 1896 eröffnete Tiergarten hatte einen ausgezeichneten, auch internationalen Ruf. Um die 600 Tiere aus fast 200 Arten hatten in gepflegten Gehegen ein behagliches Zuhause. Hunderttausende von Ostpreußen bewunderten sie. Für die Königsberger waren die schmucken Anlagen mit den zahlreichen gastronomischen Häusern auch ein gesellschaftlicher Treffpunkt besonderer Art. Viele große Veranstaltungen wurden hierher verlegt.

Heute ist ein Besuch kaum empfehlenswert; jedenfalls ist er kein Genuß mehr. In sowjetischen Verlautbarungen war stets erklärt worden, der „Kaliningrader Zoo-Park" wisse sich in der Tradition „eines der schönsten und ältesten Zoos Europas" und möchte den Park dahin bringen, wo sein Vorgänger war, auf Weltniveau. Tatsächlich aber ist die Stätte heute in einem beklagenswerten Zustand. Die neugestalteten Anlagen, nach hier gewohnten strengen Mustern, mögen anfangs ansehnlich gewesen sein. Jetzt aber wirken sie eintönig und stark vernachlässigt. Be- und Entwässerung funktionieren unzulänglich. An heißen Tagen riecht es übel, und die Tiere lechzen nach Trinkbarem. Am schlimmsten sind die Aquarien in den Hallen. Fische und Robben leiden in kloakenhaftem Wasser. Es bleibt die Hoffnung, daß Alarm- und Hilferufe der jüngsten Zeit bald Abhilfe bringen.

Von den alten Gebäuden hat keines die Wirren der Zeit unbeschadet überstanden. Vom Gesellschaftshaus, einst schöner und beliebter Treffpunkt, blieb ein häßliches Gemäuer. Erfreulich hingegen, daß der Gedenkstein an Hermann Claaß, den ersten Direktor des Tiergartens (1897 – 1913), wieder an die früheren Zeiten erinnert. Unübersehbar auch der Elch aus Tilsit. Der überlebensgroße Schaufler, dem eine Geweihhälfte fehlt, wird vielleicht bald in seine Heimatstadt an der Memel zurückkehren.

Gegenüber dem Tiergarten steht das Gebäude der Nordstern-Versicherung. Es wurde zum Hotel „Moskwa". Restaurant und Café gehören dazu. Auch ausländische Touristen finden dort Unterkunft. Eine Besonderheit sollte hier in der Nähe beachtet werden. Eine Bronze-Gedenktafel mit dem Reliefbild von Agnes Miegel und deutsch-russischer Beschriftung an dem Haus in der Hornstraße/Serzanta Koloskova, in dem die Dichterin bis Ende Februar

Tilsiter Elch.

1945 gewohnt hat. Die am 26. Oktober 1992 enthüllte Tafel ist eine Stiftung der Agnes-Miegel-Gesellschaft e. V. in Bad Nenndorf.

Auf der linken Seite fällt bald das schwungvoll gestaltete, hochragende Kosmonauten-Denkmal von B. Jedunov auf. Es erinnert an die drei in Königsberg aufgewachsenen Weltraumfahrer Alexej Leonow, Viktor Patsaev und Jurij Romanenko.

Nach rechts biegt die Luisenallee/Konsomolskaja ab. Hier – wie im gesamten nördlichen Stadtgebiet – sind viele alte Gebäude erhalten geblieben. Darunter das Alters- und Mütterheim. Auch das Staatsarchiv ist in der Straße untergebracht, das eine große Sammlung von Fotos und Dokumenten aus der Königsberger Vergangenheit besitzt.

Die nahe Luisenkirche ist der nächste Blick- und Haltepunkt. Die am 9. September 1901 in Gegenwart des Kaiserpaares eingeweihte neuromanische Kirche des Architekten Friedrich Heitmann ist der schönste erhaltene Sakralbau Königsbergs. Sie ist jedoch nicht mehr Gotteshaus, sondern beherbergt ein Puppentheater. In das Kirchenschiff wurde eine Zwischendecke gezogen. Dadurch entstanden ein Erdgeschoß mit Foyer, plakativen Märchenfiguren und im Obergeschoß ein Theatersaal mit rotem Gestühl für 300 Besucher. Rund 150 000 meist kleine Gäste sehen jährlich die Aufführungen von etwa 15 Stücken.

So wenig wie dieser leuchtendblau gestrichene Bau noch seiner eigentlichen Bestimmung und seinem angestammten Namen, Königin-Luise-Gedächtniskirche, entspricht, so wurde auch die Umgebung total verändert. Der „Park der Kultur und Erholung Kalinin" mit Riesenrad, Karussels, Luftschaukel und Buden nimmt den Platz des III. Altstädtischen Friedhofs ein. Die beiden nördlichen der insgesamt neun Friedhöfe in diesem Bereich wurden in die Parkanlage des Luisenwahls mit einbezogen.

Der Name stammte zwar nicht von der ungewöhnlich beliebten Königin, sondern von Louise Busolt, der Ehefrau des verdienstvollen Kirchen- und Schulrats Gotthilf Christoph Wilhelm Bu-

solt, der sein Landhaus nördlich des Parks der königlichen Familie in den schweren Jahren 1808 und 1809 zur Verfügung gestellt hatte; für die Königsberger war das aber der Park Luises, der verehrten Majestät. 1874 errichteten sie dort ein Denkmal der Königin, von Christian Daniel Rauch entworfen. Dieses Denkmal gibt es nicht mehr; auch nicht das Café Julchen, und die beiden Straßen Luisenhöh und Julchental wurden in Oktjabr'skij proezd 1-j beziehungsweise 2-j umbenannt. Aber das erholsame, hügelige Parkgelände – wo es auch eine herrliche Rodelbahn gab – ist weithin erhalten geblieben.

Und an majestätische Zeiten gibt es eine Erinnerung, die hier kaum zu erwarten ist: das Kaiserliche Jagdschloß aus Rominten. Auf den ersten Blick ist es nicht zu erkennen. Denn die zierenden Teile fehlen, so die Drachenköpfe am Dach, auch der Balkonumgang. Aber das ist zweifelsohne der „Kaiserflügel" des norwegischen Holzhauses aus der Rominter Heide. Untergebracht sind dort die Verwaltung des Vergnügungsparks „Kalinin" und eine Diskothek (siehe auch S. 301).

Kaiserliches Jagdhaus Rominten im Luisenwahl.

Links: Luisen-Kirche.

Draußen bieten Frauen in langer Reihe Blumen an; ein farbenprächtiges Bild. Wer nun weiterfährt, sollte sich Zeit lassen; denn er kommt durch die wohl schönsten Straßenzüge mit vielen Häusern, zahlreichen Villen aus der alten Zeit, gelegentlich mit gepflegtem Grünstreifen in der Mitte. Er hat dabei am Ende der Hufenallee/Mira pr. die Wahl zwischen (links) Lawsker Allee/Pobedy pr., dann über Körteallee/Kutuzova zurück auf den Hammerweg/Mira pr. oder weiter bis zur Diefenbachstraße/Engel'sa und dort nördlich bis zur Hagenstraße/Karla Marksa (Karl Marx). Er kann auch den direkten Weg über den Hammerweg bis zur Steffeckstraße/Lejtenanta Katina nehmen.

An der Ecke Lawsker Allee–Kastanienallee/Kastanovaja alleja steht noch die von Fritz Heitmann 1904 errichtete katholische St.-Adalberts-Kirche. Sie diente nach dem Krieg als technisches Institut, ist aber 1992 wieder in den Besitz der katholischen Kirche übergegangen und wird Gotteshaus. Das vorläufige katholische

Alte Villa in Amalienau.

Gemeindezentrum ist in der Nähe – drei Straßenzüge auf der Lawsker Allee zurück – in der Adalbertstraße/Mariny Raskovoj untergebracht. Der engagierte, vielseitige, auch soziale Einsatz ist bemerkenswert. Ein Besuch ist zu empfehlen.

Lohnend kann auch in den Stadtteilen Amalienau und Ratshof der Besuch der Zwillingsteiche am Ende des Hammerwegs und des Hammerteichs am Anfang der Steffeckstraße sein. Die Zwillingsteiche wurden gesäubert und ihre Ufer in der üblichen strengen Weise befestigt und mit Anlagen versehen. Während so viel von der alten romantischen Stimmung verlorengegangen ist, wurde der mehr sich selbst überlassene Hammerteich zu einer abgeschiedenen Idylle. Die 1910 eröffnete Badeanstalt gibt es nicht mehr, auch nicht die kleine Fähre. Der nun eng mit Bäumen und Sträuchern umstandene See ist ein ruhiger Platz auch für Enten und Fischottern.

Idylle am Hammerteich.

Südlich des Hammerteiches, jenseits des Hammerweges an der Straße Ratslinden/Bassejnaja, steht das Haus der Kunstakademie. Der Bau von Friedrich Lahrs aus dem Jahre 1919 war auf eine bis 1841 zurückreichende Tradition gegründet. Namen wie Karl Steffeck, Stanislaus Cauer, Friedrich Lahrs und Johannes Heydeck, der auch die Ausgrabung der Gebeine Kants geleitet hatte, sind mit dieser Akademie untrennbar verbunden.

Die Steffeckstraße führt vorbei an meistens erhaltenen Häusern in großen Gärten zur Siedlung Friedrichswalde/Zelenoe bis an die Ringstraße. Hier ist ein schön gelegenes und ansehnlich gestaltetes Neubaugebiet entstanden. Die Ringstraße Richtung Norden führt nach Charlottenburg, der 1939 eingemeindeten Wohnsiedlung, die nun Lermontovo heißt. Auch die Lovis-Corinth-Straße/Spotivnaja führt vom Hammerteich am Fürstenteich vorbei dorthin.

Wer über Charlottenburg hinaus nordwestlich die alte Reichsstraße 143 nach Rauschen weiterfährt, kommt nach Tannenwalde/Ckalovsk. Hier steht das Fort V, das für die Kaliningrader eine der meistbesuchten Stätten ist. Eine Ausstellung berichtet vom Kampf bei der Eroberung der Stadt. Zwölf Rotarmisten hatten die Verteidiger dadurch überwunden, daß sie Handgranaten durch die Belüftungsschächte warfen. Damit war der Weg für die Einkreisung frei. In der Nähe des Forts in gepflegten Anlagen steht an der Stadtgrenze ein riesiges Monument mit der Aufschrift „Kaliningrad".

Von unserem Standpunkt an der nordwestlichen Grenze von Amalienau haben wir jetzt mehrere Möglichkeiten, die baulichen und Naturschönheiten von Amalienau und Mittelhufen zu erkunden. Vom Ausgang Anfang Steffeckstraße geht die nördliche Tour über Lovis-Corinth-Straße zum Landgraben. Dieses hügelige, baumbestandene Freiland, zuerst 1384 urkundlich erwähnt, war ein Teil des zur Ordenszeit sorgfältig angelegten Bewässerungssystem für die Mühlen. Er führte von Wargen/Kotol'nikovo über eine Länge von 17,3 Kilometern bis Königsberg. Immer noch ist ein Spaziergang lohnend und erholsam. Von kleinen

Brücken gibt es schöne Aussichten auf die Idylle. Wasser führt er nicht mehr, und auch der Teich an seinem Ende gegenüber der Schrötterstraße/Krasnaja ist nicht mehr vorhanden.

Immer noch aber steht an der Ecke zur Lehndorffstraße/Kropotkina der stattliche und bekannte Bau der Burgschule. Das Haus des Realgymnasiums stammt aus dem Jahr 1927. Die Tradition reicht bis 1658 zurück. Berühmtester Schüler war E.T.A. Hoffmann. Heute ist dort die Schule Nummer 1.

Weiter südlich verlaufen zwei parallele Straßenzüge beiderseits der immer noch verkehrenden Straßenbahn. Die reizvolle Strecke mit schön gelegenen Haltestellen der Linien 3 und 15 sieht fast wie früher aus. Von der Stägemannstraße/Cernysevskogo wie auch von der Hagenstraße/Karla Marksa gibt es gute Einblicke und auch Abbiegemöglichkeiten in die meist gradlinig parallel verlaufenden Straßen der immer noch gepflegten Wohngebiete. An der Ecke zur Schrötterstraße steht in einer kleinen Anlage ein Denkmal von Karl Marx, dem Namensgeber dieses Straßenzuges.

Über die Vorderhufen steuern wir ostwärts die sehenswerte Gegend von Oberteich/Osero Werchnejo und Maraunenhof an. Die Fahrt geht die Hagenstraße zu Ende, über Kunckelstraße/noch Karla Marksa, rechts Bachstraße/Georgija Dimitrova, Schindekopstraße/Generala Ozerova, dann Tel'mana. Sie führt nahe an den Oberteich heran. Hier sollte man eine erholsame Pause einlegen, vielleicht am Park Junost, dem Vergnügungspark für Kinder, Tel'mana 3.

Unter herabhängenden Zweigen alter Bäume geht der Blick über den 41,1 Hektar großen See, der 1270 von Ordensrittern als Stausee angelegt wurde. Er war eines der schönsten und größten Erholungsgebiete der grünen Stadt Königsberg mit Badeanstalten, Bootsverleih, Angelklub, Aussichtspunkten, endlosen Promenaden, Villen und Schrebergärten an den Ufern.

Vieles davon ist wie eh und je. Nach jahrelanger Säuberung wird sich der Teich auch wieder in frischer Schönheit zeigen. Ganz

Mutige können ihn gar umrunden; andere mögen die friedliche Beschaulichkeit auf kurzen Spaziergängen und angenehmen Aufenthalten, etwa am Oberteichufer/Verchneozernaja.

Ob zu Fuß oder mit dem Auto – hier kann man viele alte Häuser, ganze Straßenzüge mit schönen, großen Villen in ausgedehnten Gärten sehen, zum Teil in beachtlich gutem Zustand. Obgleich auch in dieser Gegend Krieg und Folgezeit Spuren hinterlassen haben, so ist doch dort – wie im ganzen Bereich von Amalienau bis Maraunenhof – Königsberg am besten erhalten.

Wir fahren oder gehen die Herzog-Albrecht-Allee/Tel'mana oder die Wallenrodtstraße/Leningradskaja hinauf bis zum Herzog-Albrecht- Platz. Die Herzog-Albrecht-Gedächtnis-Kirche am Rande des gepflegten Platzes gibt sich nur noch dem Wissenden zu erkennen. Das Gebäude ohne den abgetragenen Turm beherbergt das Kino „Leningrad" (nach dem Namen dieses Stadtteils). Auf der anderen Seite ist der hohe Sockel für die Büste des deutschen

Herzog-Albrecht-Gedächtnis-Kirche, jetzt Kino „Leningrad".

74

Kommunistenführers Ernst Thälmann, dessen Namen die Straße trägt.

Etwas weiter westlich liegt (Eingang Am Stadtgarten/Lesnaja) der Botanische Garten. Auch er lädt zu erholsamem Verweilen und angenehmen Spaziergängen ein. Der Gedenkstein für Garteninspektor Kaeber, den Gründer des Stadtgartens, steht immer noch in der Grünanlage. Nördlich davon waren früher die Tennisanlagen des Clubs Blau-Weiß. Auch dieser Sport war in der Stadt von einst populär. Einmal wurde sogar eine Daviscup-Begegnung hier ausgetragen.

Weiter nördlich, noch die Straße Am Stadtgarten, war 1910 als Stiftung der Max-Aschmann-Park entstanden, eine der größten Grünanlagen Königsbergs. Heute heißt er Park kultury i otdycha Leningradskogo rajona. Nordwestlich davon ist über die Ringstraße der 1939 eingemeindete Vorort Quednau/Severnaja Gora zu erreichen. Auf dem 62 Meter hohen Quednauer Berg war 1888 ein Fort eingerichtet worden. Bei der Schlacht um Königsberg wurde es bis zum 7. April 1945, also zwei Tage vor der Gesamtkapitulation, verteidigt.

Südlich am Berg vorbei führt die Fräuleinhofer-Straße/Krylova bis in den Ort. Dort steht das Bethaus der „Evangeliums-Christen-Baptisten". Es beherbergt seit 1980 die erste christliche Gemeinde Kaliningrads. Auch im alten Königsberg waren die Baptisten früh und stark vertreten. 6000 Mitglieder gehörten zu sieben Gemeinden. Ihre Kirchen wurden zum größten Teil zerstört. Die gesamte „Ostpreußische Vereinigung" war mit mehr als 18 000 Mitgliedern in 52 Gemeinden die größte im baptistischen Bund Deutschlands.

Stehengeblieben ist die evangelische Kirche, deren Vorgängerin eine Wallfahrtskirche für Fischer und Seefahrer war. Der verputzte Feldsteinbau aus dem Jahre 1507 war reich an Epitaphen aus dem 17. und 18. Jahrhundert. Die Rüstung neben der Kanzel stammte angeblich von Henning Schindekop, dem 1370 in der blutigen Schlacht bei Rudau gefallene Ordensmarschall.

Zurück geht es über die Cranzer Allee/Aleksandra Nevskogo durch Rothenstein/Kutuzovo, das nicht gerade einen einladenden Eindruch macht, wieder bis in Oberteichnähe, diesmal auf der Ostseite. Unter den Neubauten dieser zum Teil zerstörten Gegend fällt der Hotelkomplex „Tourist" auf, Aleksandra Nevskogo 53. Auch von hier sind Spaziergänge zum Oberteich leicht möglich.

Am Südende des schönen Stadtsees warten noch zwei Besonderheiten auf uns: das Roßgärter Tor und der Dohna-Turm mit dem Bernsteinmuseum. Das Roßgärter Tor mag als schönstes erhaltenes Stadttor gelten. Am imposanten doppeltürmigen Portal sind immer noch die Skulpturen der großen Militär-Reformer Scharnhorst und Gneisenau zu sehen. Anlagen verschönern das Bild.

Nur wenige Schritte daneben ragt der mächtige Dohna-Turm am Oberteichufer empor. Der 1850 geschaffene Bau ist eine gute Herberge für das Bernsteinmuseum. Eine eindrucksvolle Schau

Roßgärter Tor.

Dohna-Turm mit Bernsteinmuseum.

zeigt, was das Meer in Jahrtausenden an den Ostseestrand gespült und Künstler in Jahrhunderten daraus geschaffen haben. Steine, Ketten, Armbänder, Tabatieren, bis hin zu einem prächtigen Pokal, einem Teller mit Krone und den Buchstaben FR für Fridericus Rex, Friedrich der Große, und die Nachbildung einer Wand aus dem verschwundenen Bernsteinzimmer gehören zu den Exponaten in den Gewölbegängen. Ein Besuch sollte fest eingeplant werden. Auch ein Verkaufsstand mit oft guten Angeboten ist dort zu finden.

Wer eine erholsame Pause in stimmungsvollen Räumen machen will, gehe in das nahe „Kentaur" Ecke Litauer Wallstraße/Litovskij val-Cranzer Allee/Aleksandra Nevskogo. Das Restaurant in einem Bunker der alten Festungsanlagen mit einem schönen Deckengewölbe und Königsberger Ansichten bietet, wie auch einige andere Gaststätten, zum Essen oft beachtenswerte Folklore.

Die Zeit des Hungertods

Etwa fünfzehnhundert Menschen sind in diesem Hause untergekommen. Tausend Kranke und mindestens fünfhundert Pflegepersonen, weibliche und männliche. Viele davon haben nie etwas mit Krankenpflege zu tun gehabt, setzen aber alles daran, in Verbindung mit dem Krankenhaus zu bleiben, weil sie dadurch etwas mehr Schutz und Lebensmöglichkeiten haben. Draußen sind sie jeder Willkür preisgegeben. Deshalb ist es auch kaum möglich, irgendeinen von den Kranken wieder zu entlassen. Da er kein Zuhause mehr hat, ist der baldige Hungertod auf der Straße das, was ihn normalerweise erwartet. Wir versuchen also, ihn nach Möglichkeit irgendwie ins Getriebe des Hauses miteinzuspannen. Diese Notwendigkeit tritt allerdings nur selten auf; denn ziemlich alle, die als Kranke aufgenommen werden, sterben nach kurzer oder längerer Zeit…

Ein merkwürdiges Sterben ist dieser Hungertod. Nichts von Revolte. Die Menschen machen den Eindruck, als hätten sie den eigentlichen Tod schon hinter sich. Sie gehen noch aufrecht, man kann sie auch noch ansprechen, sie greifen nach einem Zigarettenstummel – eher übrigens als nach einem Stück Brot, mit dem sie nichts mehr anzufangen wissen –, und dann sinken sie auf einmal in sich zusammen wie ein Tisch, der unter einem Höchstmaß an Belastung so lange noch standhält, bis das zusätzliche Gewicht einer Fliege ihn zusammenbrechen läßt…

Den Juli über bin ich außerhalb der Arbeitszeit viel allein unterwegs, durchstöbere die Keller und Gärten, bringe Unmengen von Geschirr mit und gelegentlich Blumen, einmal eine blaue Clematis mit zahllosen Blüten. Bei solchen Gängen treffe ich oft Menschen, die liegengeblieben sind, Tote und Lebende. Die Lebenden ins Krankenhaus zu bringen ist keine einfache Sache und erfordert jedesmal einen besonderen Entschluß. Noch nie bin ich so oft auf das Gleichnis vom Barmherzigen Samariter gestoßen worden wie in diesen Tagen. Beschämend genug, denn in den meisten Fällen ist es mit der Bergung dann doch einfacher, als man angenommen hat.

Auch Russen kann man in den Kellern treffen. Einen sah ich vor mir an der Wand lehnen, als meine Augen sich an das Dunkel gewöhnt hatten. Er stand regungslos und hielt einen Finger an den Mund. Zweifellos drohte ihm der Tod.

Erika ist unermüdlich im Heranschaffen von Lebensmitteln. Angst hat sie längst nicht mehr. Immer wieder erzählt sie von netten Russen, die sie angesprochen hat. Einer will ihr Kartoffeln herbringen, und sie ist fest überzeugt, daß er es tun wird. (Er tat es auch; nur wurden sie ihm bei seiner Ankunft sofort von jemandem entrissen, der sie nicht wieder herausgab.)

(Lehndorff: Ostpreußisches Tagebuch)

Auf der Rückfahrt über Hinter- und Vorderroßgarten/Kliniceskaja sehen wir wieder die großen, gelbbraunen Gebäude des Städtischen Krankenhauses (rechts) wie des Krankenhauses der Barmherzigkeit, in dem nach dem Krieg Hans Graf Lehndorff erschütternde Erlebnisse hatte („Ostpreußisches Tagebuch"). Zur Erinnerung an diese Zeit wurde 1992 ein Gedenkstein enthüllt. Er gilt dem Andenken der Diakonissen, die in den Jahren 1945 bis 1948 gemeinsam mit russischen Schwestern dort gearbeitet haben und in dieser Zeit umgekommen sind. Die Inititiative zur Schaffung der Gedenkstätte ging von russischen Schwestern aus. Zur Feier kam auch eine Abordnung der Schwesternschaft, die jetzt in

Krankenhaus-Komplexe am Hinterroßgarten.

Wetzlar auf dem Altenberg ihren Sitz hat. Seitdem findet im Konferenzsaal des jetzigen Gebietskrankenhauses, der früheren „Barmherzigkeit", sonntags, 12 Uhr, der Gottesdienst der Deutschen Evangelisch-Lutherischen Gemeinde zu Kaliningrad statt, zu dem man sich bis dahin in der Kreuzkirche getroffen hatte.

Die dort noch dichte Bebauung, zuerst alte, dann Häuser aus der Nachkriegszeit, endet am Roßgarten abrupt. Ein Neubau auch an der Stelle, wo die Altroßgärter Kirche stand. Das in den Anfängen bis ins Jahr 1623 zurückreichende Gotteshaus besaß einen Hochaltar (1677), Taufkammer mit reichem Barock und Schnitzwerk von Meister Isaak Riga, dem bedeutendsten Bildner seiner Zeit in Königsberg.

Trostlos ist das Bild am Roßgärter Markt. Bis zum Münzplatz hin steht kein einziges Haus. Nun sind wird wieder zurück, etwa Schloßstraße/Sevcenko, Hotel „Kaliningrad".

80

Vom Zentrum in den Ostteil der Stadt

Zur Fahrt in den Ostteil der Stadt benutzen wir den Moskau-Prospekt. Zwei Auffahrten führen vom Hotel dorthin. Die südliche, etwa über den Gesekus-Platz, zur Unterführung; die südwestliche über den Mühlenberg/Mel'nicnaja.

Am „Haus der Räte" vorbei geht es durch ödes Gelände, das wir bei unserem Rundgang durch das Zentrum schon kennengelernt haben. Der neue Prospekt ist, ebenso wie die Nord-Süd-Achse (Lenin-Prospekt), eine überbreite Trasse, die nur ungefähr der alten Straßenführung folgt. Hier etwa der Altstädtischen Langgasse, Luther- und Katholischer Kirchenstraße, Sackheim, Tapiauer Straße.

Die katholische Kirche sucht man vergeblich. Jahrhundertelang besaß die langsam wachsende katholische Gemeinde nur diese

Moskau-Prospekt mit Blick auf Neubauten am Sackheim.

81

Ostpreußische Landschaft, Querbau.

Propsteikirche auf dem Sackheim. Zum Schluß waren es fünf Kirchen.

Wenig später fällt, ebenfalls auf der linken Seite, ein großer Ziegelbau auf und daran auf dem rechten Giebel die Jahreszahl 1899.

General Yorck von Wartenburg vor den ostpreußischen Landständen.

Hierbei handelt es sich um den erhalten gebliebenen Querbau der Ostpreußischen Landschaft in der Landhofmeisterstraße 17. Hier waren am 5. Februar 1813 auf Einladung von Generallandschaftsdirektor Graf Alexander Dohna die Landstände zusammengetreten. General Yorck von Wartenburg hielt an sie eine flammende Rede, die zur Aufstellung einer Landwehr und damit der Volksbewaffnung gegen Napoleon führte.

Yorck hatte fünf Wochen vorher, am 30. 12. 1812, die Konvention von Tauroggen zwischen dem preußischen Hilfskorps und den russischen Truppen geschlossen und so den Anstoß für eine allgemeine Erhebung gegen den französischen Kaiser gegeben. Noch im gleichen Jahr wurde der Feind aus dem ganzen Land vertrieben.

Der Maler Otto Brausewetter hielt die Szene mit der Yorckschen Rede in Königsberg in einem Gemälde fest, das später kaum in einer ostpreußischen Schule fehlte. Das Original hing im Landeshaus, eine Kopie im Landschaftsgebäude. Beide verbrannten beim Bombenangriff im August 1944. Heute ist in dem noch verbliebenen Gebäudeteil die Militärzeitung „Ostsee-Schutz" untergebracht. Auch das Pfarrhaus der Sackheimer evangelischen Kirche und einige andere zur Kirchengemeinde gehörende Gebäude stehen noch. Die 1769 geweihte Kirche (erster Kirchenbau 1648) mit dem sehenswerten Rokokoaltar und der vergoldeten Wetterfahne mit dem Lamm Gottes steht nicht mehr.

In der Nähe sind noch das Elisabeth-Krankenhaus, Ziegeleistraße 4/6a (seit 1893 Haus der Grauen Schwestern), die Turnhalle der Sackheimer Mittelschule (Kino), Yorkstraße 60/61 und der Gebäudekomplex des Standort-Lazaretts, Yorkstraße 65, erhalten.

Nahe beim Restgebäude der Ostpreußischen Landschaft endet, von rechts kommend, die im Bau befindliche Hochstraße über den Pregel, die wir bei der Fahrt über die Lomse (Plantage) schon sahen. Nur hier an der Einmündung tragen die Pfeiler eine Fahrbahn, alles aber noch fern einer Fertigstellung. Wer dort haltgemacht hat, sollte die wenigen Meter bis zum Pregel hinunterge-

Hochstraße über den Pregel.

hen. Unter der Trasse hindurch ist die Dom-Ruine auf dem Kneiphof zu erkennen. Das Pregelwasser ist grau und trüb. Der Haupt-
verursacher für die Verschmutzung steht nicht weit von hier zur
Linken: die Feldmühle in Liep/Oktjabr'skoe. Die Zellstoffabrik
arbeitet wie in alten Zeiten. Verfahren beim Gebietsgericht brachten noch keine Entscheidung über die Verantwortlichkeit der
Werke.

Völlig verändert ist das Bild auf dem Sackheim. Mehr noch als an
den sonstigen Hauptstraßen sieht es hier wie in einer fremden
Stadt aus. Wo einst geschäftiges Leben war und abwechslungsreiche Fassaden gewachsene Straßenfronten markierten, hat sich der
überdimensionale Moskau-Prospekt gebieterisch Bahn gebro-
chen, ragen vielstöckige Wohnhäuser wie Giganten einer anderen
Welt in den Himmel. In den Erdgeschossen sind oft Läden, Restaurants, Cafés und Ausstellungsräume untergebracht.

Ziemlich am Anfang der riesigen Neubauten, etwa auf Höhe
Lutherstraße-Katholische Kirchenstraße, Moskowskij pr. 60-62,

ist die Kunstgalerie untergebracht. Zu ihren sehenswerten Ausstellungen gehörten auch Sammlungen aus dem alten Königsberg, die zum Teil aus der Bundesrepublik Deutschland stammen.

Auf der Weiterfahrt ändert sich das Bild kaum. Nur ganz selten reißt die erdrückende Front der Hochhäuser auf und gibt den Blick frei auf unbebautes Gelände oder ganz wenige Altbauten wie den Hochbunker (Luftschutzbunker) auf dem Elisabeth-Platz (Arresthaus-Platz) und die frühere Uhland-Schule, Sackheimer Mittelstraße 19–21, die infolge Straßenverbreiterung des Moskau-Prospekts – durch Abtragung eines Teils des rechten Sackheims sowie der linken Seite der Sackheimer Mittelstraße– nun direkt an der Hauptstraße liegt.

Das Sackheimer Tor am Ende des inneren Stadtbereichs zeigt sich im neuen Glanz. Die Bildnisse der Grafen Yorck und Bülow über der zugemauerten Durchfahrt fehlen allerdings. Auf dem Waisen-

Wohnhäuser am Moskau-Prospekt (Sackheim).

Sackheimer Tor.

hausplatz, rechts vor der Einmündung in die Litauer Wallstraße/ Litovskij val, ist das Gebäude des früheren Königlichen Waisen- hauses zu erkennen, das Friedrich I. 1701 gestiftet und Joachim Schultheiß von Unfried gebaut hatte. Der Platz war nach der Kapitulation Königsbergs am 9. April 1945 Sammelplatz für die gefangenen deutschen Soldaten. Ihre Zahl betrug nach sowjeti- schen Angaben 42 000.

Unmittelbar hinter dem Sackheimer Tor ist auf der rechten Seite immer noch der Kupferteich, in dem viele Kinder schwimmen gelernt haben. Auch der Sprungturm ist noch vorhanden. Dahinter gibt es neuerdings eine beachtenswerte Besonderheit. Am Lieper Weg/Jaltinskaja 2a wurde am 12. März 1993 das „Deutsch-Rus- sische Haus" eingeweiht. Es soll eine Begegnungsstätte beson- ders für Rußlanddeutsche mit den russischen Mitbürgern sein. Unter anderem steht ein Mehrzweckraum für Vorträge, Fortbil- dung und Beisammensein verschiedener Art zur Verfügung. Die

Gesprengter Teil der „Berliner Brücke".

„Stiftung Königsberg" hat dort ein Büro, die Gesellschaft für deutsche Kultur „Eintracht" ihre Geschäftsstelle (siehe auch Sonderbericht im Anhang). Beide sind Betreiber dieses Gemeinschaftsprojekts.

Auf der Tapiauer Straße, noch Moskau-Prospekt, geht es stadtauswärts, vorerst weitgehend unverändert, auf der einstigen Reichsstraße 1 ostwärts. Hier gibt es kaum neue Häuser, und auch die Altbauten sind spärlich. Etwas mehr Bebauung dann in Liep, der 1927 eingemeindeten Stadtrandsiedlung. Auf dem Gelände des früheren Gutsbetriebs war 1895 das Werk der Königsberger Zellstoff AG errichtet worden.

Zur Rechten breitet sich die Pregel-Niederung aus. Fast genau an der Stadtgrenze zweigt nach rechts die Ringstraße ab. Ein gewaltiges Brückenbauwerk führt über die beiden Flußarme, ein Teilstück der geplanten Autobahn. Es war bei der Einschließung

Königsbergs von deutschen Soldaten gesprengt worden. Die auseinandergerissenen Teile der rechten Fahrbahn ragen wie eine überdimensionale Klappbrücke in den Himmel. Bis obenhin ist der offenbar unzerstörbare Beton mit Namen und Zeichen bepinselt, die junge Leute bei abenteuerlichen Kletterpartien hinterlassen haben. Sie leuchten in allen Farben. Das ist ein beliebtes Fotomotiv. Aber, Vorsicht: Über die reparierte andere Fahrbahn rollt ungebremster Verkehr. „Berliner Brücke" nennen die Neubürger den monströsen Torso, weil über ihn der Weg nach Berlin führt.

An der Stadtgrenze, sechs Kilometer vom Sackheimer Tor entfernt, steht links an der Südspitze des Lauther Mühlenteichs das Motel „Baltika". Der neungeschossige Bau ist wegen seiner ruhigen und schönen Lage ein angenehmes Quartier. Die Entfernungen bis zur Stadt sind durch Bus oder Taxi leicht zu überbrücken.

Das Motel liegt ziemlich genau gegenüber der Stelle, wo auf der anderen Straßenseite die Mühle Lauth stand. Sie war schon mindestens 1263 entstanden, also bereits acht Jahre nach der Gründung von Königsberg. Wie fast alle Wassermühlen stammte sie aus der frühen Ordenszeit. Die Ritter hatten ihre Bedeutung sehr schnell erkannt und eine wahre Meisterschaft im Bau von Teichen, Zu- und Abflüssen wie Mühlen selbst entwickelt. Der Lauther Mühlenteich mißt 90 Hektar. Er ist damit fast dreimal so groß wie der Königsberger Oberteich. Zu einem wesentlichen Teil bildete er seit 1939 die Stadtgrenze von Königsberg.

Den schönsten Blick auf den fünf Kilometer langen, schmalen See hatte man einst vom Gut Lapsau, am südlichen Ostufer gelegen. Heute ist es sicher die Aussicht vom Hochhaus-Motel. Auch einige Gebäude von Dorf und Siedlung Lapsau sind noch auszumachen. Das schöne Herrenhaus mit Säulenvorbau und Mittelgiebel gibt es nicht mehr. Vom Gutshof blieb ein Wirtschaftsgebäude erhalten.

Gegenüber ist Lauth/Isakovo weithin erhalten. An der Dorfstraße stehen die Häuser fast so in der Reihe wie ehedem. Nur im westlichen Ortsteil sind einige Neubauten hinzugekommen. Lauth hatte bereits 1404 die Handfeste erhalten. Seine Geschichte reicht erheblich weiter zurück. Seit der Zeit um Christi Geburt wohnten dort die Aestier, wie Tacitus die Prußen nannte. Ihr heidnisches Flachgräberfeld wurde 1929 bei Ausgrabungen freigelegt.

Auf der Rückfahrt biegen wir am Sackheimer Tor nach rechts in den Litauer Wall/Litovskij val ein. Das Gebiet zur Linken gehört zu den am meisten zerstörten Stadtteilen. Bülow-, Yorck- und Friedmannstraße sind nicht wiederzuerkennen.

Nur wenige alte Häuser stehen noch. Dazu gehört die Feuerwache 2 (Ost) in der Yorckstraße, die weiter Feuerwehrhaus ist. Die 1913 errichtete Friedenskirche an der Ecke zur Königstraße, auch Hofkirche genannt, weil sie in einem hofähnlichen Garten stand, ist nicht mehr vorhanden. Dort sind Neubausiedlungen entstanden.

Wir sind nun am Königstor angelangt. Das 1850 erbaute Portal gehörte zu bekanntesten und künstlerisch wertvollsten alten Stadttoren. Sein besonderer Schmuck waren die Figuren König Ottokars von Böhmen, dem zu Ehren die Stadt ihren Namen Königsberg erhielt, Friedrich I. und Herzog Albrechts sowie deren Wappen und die der Nachbarkreise Samland und Natangen. Diese Zierde gibt es nicht mehr. Die „Fürstenköpfe" wurden abgeschossen und abgeschlagen, ebenso die Wappen. Heute wird darüber diskutiert, sie zu restaurieren.

Wir biegen rechts in die Labiauer Straße/Jurija Gagarina ein. Trostlos sieht das Gelände der ehemaligen Friedhöfe aus. Etwa nach einem Kilometer biegt rechts die Radziwillstraße/Malojaroslavskij ab. Vor dem Eingang der Pionierkaserne, benannt nach General Fürst Radziwill, von 1860–1866 Chef der Pioniertruppen, steht noch das Denkmal zur Erinnerung an die Gefallenen dieses Regiments im Ersten Weltkrieg. Das Besondere: Es wurde 1992 von russischen Restauratoren wiederhergestellt; ein Ergebnis der Bemühungen des deutsch-russischen Vereins „Gedenkstätten Königsberg e. V.". Nun sind die Inschriften wieder klar zu lesen: „Unseren gefallenen Kameraden 1814–1918" (Vorderseite) und „Pionier-Bataillon Fürst Radziwill Ostpr. No 1, Samland. Pio-

nier-Bataillon No 18, 2. Westpr. Pionier-Batallon No 23, Eisen-
bahn-Regiment No 1, Eisenbahn-Bataillon No 4, 622 Feldforma-
tionen vorst. Truppenteile" (Rückseite).

Kurz hinter den Kasernen liegt, ebenfalls auf der rechten Seite, der
Kalthöfer Park, auch Kleistpark benannt, nach dem letzten Besit-
zer des Gutes Kalthof, das 1905 eingemeindet wurde. Kalthof war
ein Vorwerk des Ordens, mit Wassermühle, gewesen. Berthold
Kleist (1848–1925), der letzte Besitzer des Gutes, hatte auch die
Kalthöfische Kirche gestiftet, die 1907 als Kaiser-Friedrich-Ge-
dächtnis-Kirche geweiht worden war. Nach dem Krieg wurde sie
Klubhaus.

Anschließend folgt Devau. Der Name für einen ursprünglichen
Gutshof war in den letzten Jahrzehnten jedem Königsberger und
weit darüberhinaus bekannt. Hier, östlich des Gutes, war 1919
unter der Leitung von Hans Hopp der erste zivile Flughafen
Deutschlands entstanden. Waren es zuerst wenige hundert Passagiere und knapp 500 000 Flugkilometer, so stieg die Zahl auf über
30 000 beziehungsweise zweieinhalb Millionen. 1939 wurde
Devau von 1173 Maschinen angeflogen. Regelmäßige Verbindung bestand mit den Städten Berlin, Danzig, Tilsit, Helsinki,
Kowno, Riga, Reval, Leningrad und Moskau.

Devau war Drehscheibe des mittelosteuropäischen, ständig
wachsenden Flugverkehrs. Die Größen ihrer Zeit benutzten auf
diesen Strecken den Flughafen Königsberg. Flugtage, auch mit
populären Kunstfliegern wie Ernst Udet und Gerhard Fieseler,
machten Devau für ein breiteres Publikum attraktiv. Tausende
strömten dann auf das Flugplatzgelände. Massenbesuch gab es
auch, als am 24. August 1930 das Luftschiff „Graf Zeppelin"
Königsberg besuchte. (Von 1913 bis 1919 hatte im nördlichen
Amalienau eine Zeppelin-Luftschiffhalle gestanden.) Schon
1913 hatte der französische Flugpionier Louis Blériot, der am
25. Juli 1909 als erster den Ärmelkanal überflogen hatte, in Königsberg für Aufsehen gesorgt.

Heute dient der alte Flughafen nur noch dem Nahverkehr und Maschinen für spezielle Einsätze, zur Schädlingsvernichtung, bei der Brandbekämpfung und ähnliches. Der übrige Flugverkehr wird auf dem neuen Platz Powunden/Chrabrovo im Samland abgewickelt. Neuerdings gibt es Bemühungen, auch Devau wieder für den Liniendienst zu nutzen. Weiter in Betrieb ist in Devau die Ostmark-Brauerei, Königsallee 217. Nördlich davon liegt das 1927 eingemeindete Dorf Kummerau/Vostocnoe. Geradeaus ist, in Richtung Neuhausen/Gur'evsk – Labiau/Polessk, bald die Stadtgrenze erreicht.

Zur Rückfahrt nehmen wir die gleiche Strecke. Jetzt erscheint das Königstor klein im Umfeld der Neubau-Kolosse. Dahinter geradeaus weiter in die Königstraße/Frunze. Wieder das deprimierende Bild von Zerstörung und disharmonischer Bebauung. Freie Flächen mit wenig gepflegten Anlagen oder gar wucherndes Unkraut und Gebüsch. Nur vereinzelt noch alte Gebäude, die aus der tristen Zone des völligen Umbruchs herausragen.

Ruine des Königsecks.

Gleich am Anfang, auf der rechten Seite, ist das Gebäude der Feuersozietät, Königstraße 93–95, erhalten. Es wird als Krankenhaus genutzt. Etwas weiter stehen die Reste des Königseck/Uglovaja mit der Kreuz-Apotheke. Noch als Torso zeugt der einst stilvolle Komplex mit 15 Wohnungen von damaliger baulicher Vielfalt und Schönheit.

Von hier aus sind auch die bereits auf der Hinfahrt besichtigten Gebäude leicht zu erreichen, wie das Standort-Lazarett, das danebenstehende Landeshaus, in dessen Garten um die 3500 im benachbarten Infektionskrankenhaus I (früher Standort-Lazarett) nach Kriegsende verstorbene Patienten in Massengräbern ihre letzte Ruhe gefunden haben. Es folgt das Elisabeth-Krankenhaus in der Ziegelstraße und in der Landhofmeisterstraße die Königin-Luise-Schule (jetzt Schule Nummer 41) sowie der Bau der Ostpreußischen Landschaft. Gegenüber, Königstraße 56, befand sich das Landratsamt (heute Behörde) und Königstraße 57, Ecke Jägerhof/Rizskaja, war früher die Kunst- und Gewerbeschule, zuletzt „Meisterschule des deutschen Handwerks", deren Tradition bis 1790 zurückreichte.

Über den Roßgärter Markt – links, etwas zurückgebaut, die Bessel-Oberrealschule – und die Französische Straße/Smolenskaja geht es zurück zur Uliza Sevcenko und zum Ausgangspunkt.

Vom Zentrum in den Westteil der Stadt und in den Hafen

Für die Fahrt in Richtung Westen nehmen wir wieder die Auffahrt südlich des Hotels, etwa am Südwestende des nicht mehr vorhandenen Kaiser-Wilhelm-Platzes. Der Moskau-Prospekt folgt hier etwa noch ein Stückchen der Altstädtischen Langgasse, dann Unter- und Oberlaak. Das Bild gleicht den schon bekannten Ansichten der Innenstadt: verödete Flächen, mächtige und eintönige Hochhaus-Komplexe, vereinzelt Altbauten, fast nichts mehr vom Königsberger Zentrum.

Rechts, auf Höhe der Drummstraße/Bol'nicnaja, laufen weitere zwei der insgesamt vier Straßen parallel, die ihren Namen behalten haben: die Richard-Wagner-Straße/Vagnera und die Copernicusstraße/Kopernika.

Die letzte erinnert daran, daß auch hier ganz nahe bedeutende Männer den Himmel erforschten, so wie der weltberühmte Frauenburger Astronom es am nahen Frischen Haff tat. Der bekannteste von ihnen gab früher ebenfalls einer Straße den Namen: Friedrich Wilhelm Bessel. Heute heißt sie Musejnaja.

Dort, wo diese Straße mit dem Steindammer Wall/Generala Galickogo zusammentrifft, stand die Sternwarte, die 1811 bis 1813 auf einem Hügel beim späteren Volksgarten errichtet wurde. Selbst Napoleon staunte, als er 1812 diesen Neubau für die moderne Wissenschaft besichtigte: „Mein Gott, hat der König von Preußen denn noch Zeit, an solche Sachen zu denken?"

Der 1784 in Minden geborene und 1810 nach Königsberg berufene Begründer der Sternwarte begann schon ein knappes Jahr später, am 12. November 1813, mit seinen schließlich bahnbrechenden Beobachtungen. Er bestimmte unter anderem die Größe des Vorrückens der Tag- und Nachgleiche, die Schwankung der Erdachse und die Aberration und Schiefe der Ekliptik. Am 16. April 1829 machte er mit dem nach Rußland reisenden Alexander von Humboldt magnetische Beobachtungen. Seit 1827 wurden regelmäßig Wetterbeobachtungen durchgeführt. 1899 wurde ein neues Observatorium mit drehbarer Kuppel in Betrieb genommen. Bessel verstarb 1846 in Königsberg. Sein Assistent, der in Memel geborene Friedrich Wilhelm Argelander, der das Werk seines Lehrers fortsetzte, erwarb sich ebenfalls große Verdienste. Er wirkte später in Helsinki und Bonn. Auch in der Stadt von heute ist das Wirken dieser Männer bekannt und wird entsprechend gewürdigt. Gegenüber, im Dreieck Deutschordenring/Gwardejskij pr und Franz-Seldte-Straße/Gornaja, steht noch die Bastion Sternwarte. Sie wurde unter Denkmalschutz gestellt.

Am Deutschordenring, weiter in Richtung Hansaplatz, sind zwei der zahlreichen Gedenkstätten zur Erinnerung an den Kampf um Königsberg 1945 und seine Opfer zu sehen. Das Ehrenmal, das erste, das die Sowjets nach dem Krieg schufen, trägt die Namen von 1200 gefallenen Gardisten auf stilisierten marmornen Grabhügeln.

Der Sockel eines großen Obelisken hat eine Medaille mit der Inschrift „Für den Sieg über Deutschland". An der Ecke Kniprodestraße/Teatral'naja, gegenüber der noch erhaltenen Baptistenkapelle, stehen zwei steinerne kolossale Rotarmisten in Siegerpose, der eine die Maschinenpistole schwingend, der andere die Fahne vorstreckend.

Zurück zur Kreuzung Deutschordenring–Franz-Seldte-Straße. Im südöstlichen Dreieck fällt ein markanter Backsteinbau mit viereckigem Turm auf. Vom Moskau-Prospekt aus, der hier endet, fährt man direkt auf ihn zu. Das war das Landesarbeitsamt. Heute ist dort eine Polizeischule untergebracht. Hier unterbrechen wir unsere Fahrt und wenden uns einem besonderen Kapitel der Stadt zu, nämlich dem Hafen.

Der Hafen – Große Kapazitäten mit Zukunftshoffnung

Der Hafen ist vom Süden über die Reichsstraße 1 oder über die Berliner Straße und eine der Triftstraßen/Drambovaja zu erreichen. Vom Norden fahren wir von unserem Standpunkt den Deutschordenring südlich bis zum Ende, dann über die Reichsbahnbrücke. Die am 28. August 1926 eingeweihte rund 200 Meter lange Brücke wurde im Krieg beschädigt. Bei der Wiederherstellung wurde der auf dem „Königsstuhl" ruhende zweiarmige Drehteil befestigt.

Auf der anderen Seite, gleich links an der Friedrichsburgstraße/ Portovaja, sind die Reste des Friedrichsburger Tors an der früheren Feste Friedrichsburg am alten Güterbahnhof zu sehen. Der Große Kurfürst hatte sie 1657 erbauen lassen, um hier im Falle der Gefahr den Pregel am Holländer Baum sperren zu können. Die dann 1796 errichtete kleine Zitadelle mit Rundtürmen steht noch wie ein Erinnerungsmal an längst vergangene Zeiten.

Zur rechten Hand geht es über die Hafenstraße/weiter Portovaja zu den Zuwegen an den Hafenbecken mit den Namen der Hansestädte Stettin, Kiel, Hamburg und Bremen. Jetzt sind es die 1. und 5. Prical'naja. Die am 13. Juni 1924 in Betrieb genommenen drei Hafenbecken sind weiter das Herz eines ausgedehnten und vielbesuchten Hafens.

Beherrschend in dem Meer von Schiffen und Kränen am Hafenbecken IV. wie früher der Gruppen- und Turmspeicher. 5600 zehn bis fünfzehn Meter lange Pfähle tragen den einst größten Getreidespeicher Europas (siehe auch Farbbildteil). Hier, von der Ham-

Kräne am Hafenbecken IV.

Papier- und Zellstoffwerke mit Abwässern.

burger Straße, ist auf der anderen Seite des Pregels, am Holsteiner Damm, auch das Königsberger Lagerhaus zu sehen, das 1897 erbaut wurde und zu der Zeit mit einem Fassungsvermögen von rund 60 000 Tonnen der größte Silospeicher des Kontinents war. Von ihm ist allerdings im wesentlichen nur der Mitteltrakt erhalten. Erweitert hingegen wurde die Königsberger Walzmühle etwas weiter stromaufwärts.

Von einem etwas erhöhten Standpunkt hat man einen weiten und schönen Überblick über den Hafen und bis hin zum Turm der Luisenkirche auf den Hufen. Direkt gegenüber ist die Einmündung der Arndtstraße/Wagonostroitel'naja. Rechts davon geht, wie der neue Name verrät, die Arbeit auf dem Gelände der Waggonfabrik Steinfurth weiter. Seit dem Anfang des Jahrhunderts (1903) stellte das 1830 am Weidendamm gegründete Unternehmen Zigtausende Eisenbahnwagen her. Mit mehr als 1000 Beschäftigten war es eines der bedeutendsten Industrieunternehmen

96

Ostpreußens. Nach dem Kriege machte das Werk von sich reden, als es 1963 sogenannte Dumperwagen konstruierte, selbst entladende Waggons mit 180 Tonnen Hebekraft.

Noch weiter westlich, wo der Lawsker Deich in den Holsteiner Damm mündet, arbeiten auch die alten Papier- und Zellstoffwerke der Feldmühle weiter. Davor steht ebenso noch der auffällige Verwaltungsbau. Das Holzlager dahinter wird von Archangelsk aus versorgt. Der große Fabrikkomplex wird überragt von einem hohen Schornstein, aus dem schwarzer Rauch quillt. Noch stärker verrät der breite Ausstoß von milchiggrauem Abwasser direkt in den Fluß, daß hier einer der größten Umweltverschmutzer der Gegend seinen Platz hat.

Flußabwärts sind an jenem Ufer einige alte Häuser zu sehen, wie die frühere Gaststätte des Ruderklubs Gut Holstein und ein hochragender Ziegelbau, in dem jetzt eine optische Fabrik arbeitet. Schließlich führt der Holsteiner Damm, schon nahe an der Stadt-

Schloß Holstein.

grenze, bis zum Schloß Holstein. 1693 hatte Kurfürst Friedrich III. das Jagdschloß erbauen lassen. Friedrich Wilhelm I., der Soldatenkönig, schenkte es 1719 seinem Vetter, dem Herzog Friedrich Wilhelm von Holstein-Beck, der es in Form eines „H" erweitern ließ. Heute ist es in dieser Gestalt noch zu erkennen; aber die heiterbeschwingte Art mit den großen rundbogigen Fenstern im Mitteltrakt ist verlorengegangen. Gleichmäßige Fenster und Flachdach schaffen blockartige Nüchternheit. Auf dem Gelände hat ein Bohrtrupp sein Quartier.

Von hier an flußaufwärts ist der Pregel dicht bestückt; Schwimmdocks und Kräne einer Marinewerft, eine Reparatur-Meile, dann die schließlich unübersehbare Menge von Schiffen, Kränen und Hafenanlagen aller Art. Marine-Einheiten, Hochsee-Fischerflotten mit Fabrikschiffen, Frachter, Container, Fahrgastschiffe und oft auch Großsegler bevölkern die Kais der Hafenbecken.

Das Bild täuscht: Der Hafen nutzt seine großen Kapazitäten längst nicht voll aus. Vor dem Krieg galt der Königsberger Hafen als der modernste der Ostsee. 1938 wurde er von 4210 Schiffen angelaufen. Der zuerst 1339 erwähnte Hafen war zuletzt 1921 von Stadtbaumeister Cornelius Kutschke erheblich erweitert und auf den neusten Stand gebracht worden. Als der verdienstvolle Oberbürgermeister Lohmeyer ihn 1924 eröffnete, waren seine Ausmaße: 7,8 Kilometer Kaimauern, 8 Meter Kaitiefe, 100 000 Quadratmeter Speicherraum, 30 Kräne.

Auch die abermalige Ausbaggerung des Königsberger Seekanals 1930 auf acht Meter Tiefe und eine Sohlenbreite bis 70 Meter erhöhte seine Bedeutung. Diese wichtige Verbindung zwischen den eisfreien Häfen Königsberg und Pillau (und damit der Ostsee) war schon 1540 erstmals vertieft worden. Der Große Kurfürst ließ die Fahrrinne (1681 – 1683) auf vier Meter Tiefe bringen. Der 1891 begonnene Ausbau ergab 1901 eine Tiefe von 6,50 Meter für den 34,5 Kilometer langen Kanal, die meistbefahrene Wasserstraße Ostpreußens (wir werden ihn auf unserer Etappe nach Pillau erneut besuchen).

Lange Jahre war der Königsberger Hafen auch zur sowjetischen Zeit sehr hervorgehoben worden: dritter Platz (nach Murmansk und Waldiwostok) in der Liste der Fischereihäfen, zweiter Platz sogar nach der Kapazität, Zentrale von sechs Fischfang-Genossenschaften, Standort für fischverarbeitende Industrie, Heimat für Werften, Schiffsmontage– und Schiffsreparaturbetriebe, für Maschinenbau und Metallverarbeitung. Die Entwicklung der letzten Jahre hat jedoch gezeigt, daß zum einem diese Angaben teilweise erheblich übertrieben waren, jetzt aber auch dieser bedeutende Wirtschaftszweig bedenklich ins Stocken geraten ist.

Nun sind große Anstrengungen im Gange, den Hafen für die kommenden Zeiten konkurrenzfähig zu machen. Auch unter Beteiligung deutscher Firmen und Fachkräfte soll er auf den neusten Stand der Technik gebracht werden. Große Hoffnungen begleiten diese Anstrengungen. Sie sind nicht unberechtigt; denn die exponierte Lage des ganzen Gebiets wie des Hafens im besonderen bieten beste Voraussetzungen für einen künftigen freien Handel zwischen West und Ost. Die Bemühungen um eine Freihandelszone großen Ausmaßes sind daher verständlich und von ganz wesentlicher Bedeutung für die Region.

───────

Die Rückfahrt führt wieder über Hafenstraße, Reichsbahnbrücke, Deutschordenring bis zur Franz-Seldte-Straße/Gornaja, in die wir links einbiegen. Nur ein Stückchen weiter geht es wieder links in die Alte Pillauer Landstraße/Dmitrija Donskogo. Bald erreichen wir die schönere Gegend von Hufen, Amalienau und Ratshof, die wir schon auf unserer Fahrt in die nördlichen Stadtteile kennengelernt haben.

Gleich hinter den Anlagen, unmittelbar nach der rechtwinklig abbiegenden Goethestraße/Puskina, kann ein Abstecher in die Ottokarstraße/Ogareva gemacht werden. Dort steht in einem schönen Garten die gelbe Villa des damaligen Gauleiters Erich Koch. Ein Besuch lohnt sich aber deswegen, weil jetzt dort eine Musikschule untergebracht ist, die nach dem Rußlanddeutschen

Musiker Glier benannt ist. Ihm ist auch ein kleines Museum gewidmet in den etwas veränderten Räumen.

Die Alte Pillauer Landstraße endet an der nächsten Straßenkreuzung. Dort beginnt die Lawsker Allee/Pobedy pr.. An der Kreuzung links ist wieder die katholische St.-Adalberts-Kirche zu sehen. 500 Meter weiter beginnt der Stadtteil Ratshof. Seit 1907 war
in dem einstigen Vorort eine vorbildliche Gartenstadt entstanden.
Sie lag im wesentlichen zwischen der Lawsker Allee und der
Bahnlinie nach Pillau. Auch heute ist sie noch gut zu erkennen.
Wer am Anfang links die Arndtstraße/Wagonostroitel'naja her-
unterfährt, kommt, vorbei am Bahnhof Ratshof über die Brücke
mit dem markanten Bogen, bis an den Pregel, an dessen Ufer der
Holsteiner Damm/Pravaja nabereznaja entlangführt. Links an der
Einmündung der Arndstraße wieder das Gelände der Waggonfa-
brik Steinfurt. Auf der anderen Straßenseite sind neue Gebäude
auf den Pregelwiesen zu erkennen. Von hier ist der Blick auf den
Hafen und besonders das gegenüberliegende Gelände mit dem
Gruppen- und Turmspeicher ebenso interessant wie umgekehrt,
als wir beim Speicher standen.

An der Ecke Arndtstraße-Wiebestraße/Radisceva steht die
Scheffnerschule. Sie ist allerdings fast bis zur Unkenntlichkeit
umgebaut und hat einen Säulenvorbau. Als Schule Nummer 14
dient sie weiter dem Unterricht. Auch die Ratshöfer Kirche blieb
erhalten. Sie wurde jedoch lange Jahre als Klubhaus zweckentfremdet. Der moderne Neubau mit dem schlanken Turm wurde
1937 als Christus-Kirche geweiht. Sie war der letzte Kirchenbau
Königsbergs.

Kirche Juditten.

Die nächsten gut 1000 Meter führen durch das kleine Siedlungsgelände von Laswken, das seinen Namen nach der prußischen Siedlung Lauxken hat. Es war auch als Storchendorf bekannt. Noch um die Jahrhundertwende nisteten dort viele Adebare.

Wo die Lawsker Allee in die Juditter Allee/noch Pobedy pr. einmündet, biegen wir halblinks in die Juditter Kirchenstraße/Tenistaja Alleja ein.

Schon ist auf einem Hügel die Juditter Kirche zu sehen, ein markanter und schöner Bau. 1288 errichtet, war sie die älteste Kirche des Samlands. Der freistehende, kantige Turm mit seinem spitzen Hut stammt aus den letzten Jahren des 14. Jahrhunderts. Zum reichlichen Innenschmuck gehörten die Mutter Gottes auf dem Halbmond, das großartige Werk eines unbekannten Meisters aus der Mitte des 15. Jahrhunderts, Fresken im Chor mit Darstellungen von Rittern, darunter die des Hochmeisters Ulrich von Jungingen, und Fabelwesen, Taufengel von 1769 und Kruzifixus um 1520.

Heute ist die wichtigste Innenausstattung eine Ikonastase, die Turmspitze trägt eine goldglänzende Kugel und Kreuz mit Querbalken – Zeichen dafür, daß das altehrwürdige Gebäude Gotteshaus der russisch-orthodoxen Kirche ist. 1987 wurde er als erster Sakralbau auf Königsberger Gebiet wieder seinem ursprünglichen Zweck zugeführt.

Auch das Pfarrhaus mit dem gewalmten Dach und Querhaus zur Kirche hat den Krieg und die Folgezeit gut überstanden. Das kann man leider – wie nahezu überall in der Region – nicht vom Friedhof sagen. Nur einige Reste von Grabsteinen und -einfassungen sind noch im Grund ausgedehnter Grünanlagen zu finden, wo einst eine würdige, gepflegte Ruhestätte der Toten war, auch für Stanislaus Cauer, den großen Bildhauer. Zwei schlichte Holzkreuze sollen an sie erinnern.

An der Westseite führt die Gottschedstraße/Serzanta Misina vorbei, die 600 Meter nördlich den Gottsched-Platz quert. Beide erinnerten an Johann Christoph Gottsched. Das tat auch eine Gedenktafel am Pfarrhaus. Denn dort war der Sohn des Pfarrers von Juditten am 2. Februar 1700 geboren. Er wurde später in Leipzig als Reformer der deutschen Bühne und Erneuerer der Literatursprache bekannt. Sein Übereifer brachte ihm schließlich den Spitznamen eines „Literaturpapstes" ein. Dennoch erwarb er sich durch sein Eintreten für die Geisteskultur bleibende Verdienste. Er starb am 12. Dezember 1766.

Eine Erinnerungsstätte an einen anderen berühmten Königsberger, den berühmtesten überhaupt, wartet bald wieder auf der Weiterfahrt über die Juditter Allee nach gut zwei Kilometern in Moditten. Es ist das Kant-Häuschen. Der kleine Fachwerkbau des Oberförsters Wobser, 1763 errichtet, war ein bevorzugter Platz des Philosophen für innere Sammlung und ungestörte Arbeit. Hier entstand sein Werk über das Schöne und Erhabene. Das 1929 als Gedenkstätte hergerichtete Häuschen wurde durch Initiative des Kaliningrader Kulturfonds (siehe Anhang) restauriert. Dann stellten deutsche Experten fest, daß die anerkennenswerten Bemühungen am falschen Platz und falschen Objekt geübt wurden. Statt dieses ähnlichen Baues in Spittelkrug soll nun ein Original-Nachbau des historischen Kanthäuschens an der richtigen Stelle im rund zwei Kilometer entfernten Wald nahe der Moditte errichtet werden. Auch ein Gasthaus im Stil des alten Forsthauses soll wieder entstehen.

Ebenso wie Moditten wurde auch das nahe Metgethen 1939 eingemeindet. Der 1278 erstmals urkundlich erwähnte Ort in der Kaporner Heide entwickelte sich seit Anfang des Jahrhunderts zu einer ständig wachsenden Villenkolonie und einem beliebten Ausflugsziel. Seit 1912 gab es die Landfrauenschule Metgethen. Begründerin war Elisabeth Boehm aus Lamgarben im Kreis Rastenburg, die auch die heute weitverbreitete Landfrauenbewegung ins Leben gerufen hatte. Ebenso war die Feuerwehrschule dort. Trotz der schweren Kämpfe während des Angriffs auf Königsberg, bei denen die Zivilbevölkerung Grausames erleiden mußte, blieb das Bild der schönen Ortschaft an der westlichen Stadtgrenze weithin erhalten. Der frisch in den neuen, kräftigen Farben gestrichene Bahnhof gehört dabei zu den ansehnlichsten Gebäuden. Immer noch fahren von hier die Züge in Richtung Hauptbahnhof und Pillau.

„Alles Streben und Ringen im Leben des Einzelnen gewinnt nur dann eine wahre und wirkliche Bedeutung, wenn es in bewußter Beziehung steht zur Allgemeinheit."

Elisabeth Boehm, Begründerin der Landfrauenbewegung

Von Königsberg nach Pillau, Palmnicken und Rauschen

Das Samland war und ist immer noch das nächste und attraktivste Ziel vor den Toren Königsbergs. Am meisten besucht werden nach wie vor die Ostseebäder an der Steilküste, die als Bernsteinküste weltweiten Ruf hat. Drei Bahnlinien und ebensoviel Hauptstraße führen dorthin; im Westen nach **Pillau/Baltijsk**, im Nordwesten nach **Rauschen/Svetlogorsk** und im Norden nach **Cranz/Selenogradsk**. Diese Städte wiederum sind durch Eisenbahnlinie und Straße, beides in Küstennähe, miteinander verbunden. Dabei werden die übrigen größeren Orte mit einbezogen. Mit Pillau besteht noch eine besondere Verbindung über den Königsberger Seekanal.

Das Samland

Der Landkreis Samland ist erst am 1. April 1939 aus den Landkreisen Fischhausen und Königsberg gebildet worden; er umfaßt eine Fläche von 1923 qkm und hat 120 246 Einwohner, das sind 62,5 Einwohner auf einen qkm. Er war der Fläche nach der größte Landkreis Ostpreußens, auch hatte er die höchste Einwohnerzahl eines Landkreises. Das Kreisgebiet Samland erstreckt sich fast über die ganze Halbinsel Samland. Possindern und Groß-Lindenau sind die östlichsten Orte, im Süden reicht er über den Pregel hinaus bis ins Frischingtal, wo Kobbelbude und Dopsattel die südlichsten Ortschaften sind. Auch Teile der Frischen und der Kurischen Nehrung gehören zu ihm. Von der Natur ist er überaus reich ausgestattet. Seiner Kliff- und Flachküste ist ein genügend breiter Strand mit feinem

Seesand vorgelagert. Deshalb haben sich besonders an der nördlichen Küste Ostseebäder und ideale Fremdenverkehrsorte (Cranz, Rauschen, Georgenswalde, Groß- und Klein-Kuhren, Neukuhren) entwickelt, die wie die beiden Nehrungen mit ihren Sandwüsten, Wäldern und altertümlichen Fischerhäusern in jedem Jahr Tausende von Besuchern anzogen. Reizvoll ist auch das Landesinnere mit seinen anmutigen Landschaftsformen und uralten Dörfern. Das Alkgebirge mit seinen waldbestandenen Höhen und Kuppen, Schluchten und Tälern, sehenswerte Kirchen und Burgruinen waren beliebte Ausflugsziele der Königsberger, aber auch von Bewohnern der Provinz und Fremden. Der 110 m hohe Galtgarben, der 89 m hohe Große Hausen nördlich Germau und andere Erhebungen sind geschichts- und sagenreich. Eine Fülle von urgeschichtlichen Funden beweist, daß das Samland uraltes Kulturland ist. In der Bronzezeit bestanden zwischen den samländischen Bewohnern und denen des Weichselmündungsgebiets enge Beziehungen, in der nachchristlichen Zeit zwischen den Prußen und den nordischen Ländern, besonders mit den Dänen und Wikingern. Eine Menge prußischer Orts- und Flurnamen wie ur- und frühgeschichtliche Gräberfelder lassen auf eine dichte Besiedlung des Samlands schließen. Der große Wikingerfriedhof in Wiskiauten bei Cranz beweist, daß die Wikinger im 9. und 10. Jahrhundert am später versandeten Seetief bei Cranz ansässig gewesen sind. Der Deutsche Orden, der in der Mitte des 13. Jahrhunderts im Samland Fuß faßte, knüpfte an die geschichtsreiche Vergangenheit an, beließ den Prußen ihre Felder, erbaute Burgen und Städte, belehnte Prußen sowie Deutsche und schuf wenige deutsche Bauerndörfer. Seit Jahrtausenden ist das Samland das Bernsteinland.

(Ostpreußen in 1440 Bildern)

Beim Besuch des westlichen Samlands geht die Strecke nach Pillau (oder bis in die Nähe; denn die Stadt ist noch für den Touristenverkehr gesperrt), dann die westliche Küste nordwärts bis in den äußersten Zipfel (soweit zugänglich) und schließlich ostwärts bis Rauschen und zurück nach Königsberg.

Auf der Straße verlassen wir Königsberg bei Moditten, wo unsere Tour durch die Stadt endete. Auf der alten, hier aber teilweise ausgebauten Reichsstraße 131 geht es durch die Kaporner Heide. Rechts ist bald der neue, riesengroße Stadtfriedhof zu sehen. Das ausgedehnte Waldgebiet zieht sich bis Fischhausen hin, trägt aber nur hier diesen Namen. Heide und Wacholder sind noch gelegentlich zu sehen. Einst war das ein beliebtes Jagdrevier, in dem auch Elche zu Hause waren. Das war mit eine Ursache für den Bau des Jagdschlossses Gr. Holstein, südlich am Pregelufer. Pilze und Beeren gibt es immer noch in Hülle und Fülle.

Elchjagd in der Kaporner Heide

Zu Beginn des 18. Jahrhunderts beherbergte die Provinz trotz sehr rücksichtsloser Bejagung durch die Landesherren noch so beachtliche Bestände, daß bei einer Jagd, die Friedrich I. zu Ehren Peters des Großen veranstaltete, in der Capornschen Heide und den Fischhausenschen Forsten (südliches Samland) viele hundert Elche erlegt worden sein sollen. Wenn die Angabe auch stark übertrieben erscheint, so muß die Strecke doch sehr hoch gewesen sein. Auf einer Hofjagd zur Zeit König Friedrich Wilhelms I. wurden in denselben Forsten 1718 vierzig Stück Elchwild erlegt. Man kann annehmen, daß der Elchbestand Ende des 17. Jahrhunderts noch 2000 Stück überstieg. Dieser hohe Bestand wurde durch übermäßige Bejagung, Fang von Elchkälbern, Wilderei, aber auch durch Wölfe und Seuchen stark vermindert.

(Hans Kramer: Elchwald)

Eine begehrte Station war früher der Vierbrüderkrug, etwa vier Kilometer hinter der Stadtgrenze. Scharen von Studenten pilgerten dorthin, und im Winter trafen sich die Schlittenfahrer. Gegenüber stand die Vierbrüdersäule, die an die Opfer eines Überfalls in der ersten Ordenszeit erinnerte. Von alledem ist nichts mehr übriggeblieben. Ein Imbißkiosk in der Nähe markiert den ungefähren Platz. Unangenehme Düfte in dieser Gegend stammen vom Königsberger Abwässerkanal. Der am Volkspark beginnende 30 Kilometer lange Kanal fließt seit mehr als 100 Jahren (1890 begonnen) unverändert ab Moditten bis ins Haff als offener Graben. Der Versuch, wenigstens den Abfluß zu reinigen, ist vorerst gescheitert. Das große Flachdachhaus für eine Umweltanlage zur Gewässerreinigung am Haffufer ist eine der zahlreichen Bauruinen. Noch gibt es in ganz Nord-Ostpreußen keine fertiggestellte Kläranlage.

In dieser Gegend existieren nur noch Reste von den meisten alten Ortschaften **Nautzwinkel/Zukovskoe, Margen/Zukovskoe** und **Kaporn/Spasskoe**, wo sich eine Datscha-Siedlung ausgebreitet hat. Ähnlich sieht es auf der anderen Seite der Hauptstraße aus. Hier tobten bei der Einschließung Königsbergs schwerste Kämpfe. So stehen im einst ansehnlichen Dorf **Bärwalde/Vaselovka** am Nordrand der Kaporner Heide nur noch wenige Häuser. Wenig anders ist das Bild im nahen **Seerappen/Ljublino.** Ein paar Gebäude an der Straße zum Flugplatz, den es nicht mehr gibt, hier und da noch ein Altbau, zerstört die achtklassige Schule, traurige Reste vom alten Bahnhof und seinen Nebengebäuden. Ein neues kleines Häuschen dient der Fahrkartenausgabe.

Der Nachbarbahnhof **Groß Lindenau/Ozerki** ist dagegen erhalten und in gutem Zustand. Auch in der Ortschaft stehen noch zahlreiche Häuser, so die Schule und die allerdings verfallene Neuapostolische Kirche.

Wieder auf der Hauptstraße sind wir nach zwei Kilometern in **Großheidekrug/Vsmor'e.** Auch dieser alte Fischerort am Frischen Haff ist nur noch in Teilen zu erkennen. Zu den vielen

Vierbrüderkrug, ein mit einigen Logierhäusern mitten im Fichtenwalde gelegenes Gasthaus, dessen waldige Umgebung schon an sich anziehend genug ist, besitzt außerdem noch eine historische Merkwürdigkeit. Jenseits der Straße, dem Gasthause gegenüber, steht eine Säule, über deren Bedeutung die Jetztzeit nicht mehr völlige Klarheit besitzt. Nach der Sage sollen hier vier Anhänger des Ordens von aufständischen Samländern erschlagen worden sein. Ihr Anführer Martin von Golin, der mit dem Leben davonkam, errichtete an der Stelle, wo sie fielen, ein schwarzes Kreuz, das noch unter Herzog Albrecht vorhanden gewesen sein soll. Daneben soll später der Landmeister Meinhard von Querfurt ein schlichtes Denkmal errichtet haben, das noch im 18. Jahrhundert aus einer Holzsäule bestand, auf deren vier Armen je ein behelmter Kopf vorhanden war. Von den Gefallenen erzählt die folgende Inschrift der Tafel an der neuerdings renovierten Säule:

Zwölfhundertfünfundneunzig – die Chronik nennt dies
*   Jahr,*
Zur Zeit als Ordensmeister Meinhard v. Querfurt war,
Da ruhten hier im Haine vier Waffenbrüder aus,
Von Sudau'n siegreich kehrend zurück nach blut'gem
Strauß,
Da war der wack're Dyvel, der rüst'ge Kobenzell
Und Stobemehl und Reder, ein mutiger Gesell.
Die Treue, die dem Orden sie hatten angelobt,
War schon in Gau'n voll Aufstands im Kampfe oft erprobt.
Sie saßen froh beim Mahle, nah' Konowedits Schloß;
Da stürzte aus dem Dickicht hervor der Feinde Troß!
Mit Schwert und Spieß und Keule streckt nieder er die
Vier;
– Und zum Gedenk der Toten steht diese Säule hier.

(Reisebücher von Anno dazumal – Samland)

zerstörten Gebäuden gehören die neue Schule und die Kirche, von der hinter dem erhaltenen Pfarrhaus noch Trümmerstücke zeugen. Sie hatte den Krieg ohne großen Schaden überstanden.

Gleich nebenan auf dem alten Friedhof gibt es eine hoffnungsvoll stimmende Besonderheit. Dort steht der große Findlingsblock zur Erinnerung an die Gefallenen der ersten Weltkriege. Er ist restauriert, und unter der alten Inschrift „Den 1914–18 gefallenen Helden des Kirchspiels Gr. Heydekrug – Der Kriegerverein" befindet sich eine neue Tafel mit den Worten, in deutsch und in russisch: „Allen Opfern von Gewaltherrschaft und den Menschen, die bis 1945 hier ihre Heimat hatten, zum Gedenken". In vorbildlicher Zusammenarbeit zwischen Russen und Deutschen war der Stein wiederhergerichtet und am 6. Juni 1991 feierlich eingeweiht worden. Auch der Friedhof wurde gesäubert. Drei alte deutsche Grabstätten und eine neue russische befinden sich darauf, ein Anblick mit starker Symbolkraft.

Daß der 1500-Einwohner-Ort seinen Namen Vsmor'e = die Küste zu Recht trägt, ist immer noch am Haffufer zu erkennen. Auch wenn die Idylle einstiger Jahre vorüber ist, so ist der Blick auf wuchernde Binsen- und Schilfflächen, auf langsam vorbeiziehende Schiffe, den grünbewachsenen oft mit Erlen bestandenen Leitdamm jenseits des Seekanals und das glitzernde Wasser des Haffs ein Erlebnis. Statt Badebuchten und unberührter Natur allerdings Baggerarbeiten, Reparaturdocks, Fangboote und die ganze Welt eines Fischkombinats, zu dem auch eine Konservenfabrik gehört.

Noch deutlicher ist die Veränderung bei einer Fahrt auf dem Seekanal auszumachen. Weithin scheint das ganze Ufer von Schiffen und industriellen Anlagen bedeckt, alles meistens nicht gerade in gutem Zustand. Brauner Rost vorherrschend. Tröstlich der Blick in die Landschaft jenseits der Ufer, der im Norden bis zum breitbuckligen Galtgarben geht und im Süden das malerische Brandenburg ahnen läßt. Auf grünen Wiesen der Pregelniederung schöner Baumbestand. Manchmal ist sogar eine Viehherde zu

110

Großheidekrug: Deutsches Ehrenmal und russisches Grab.

Fahrt auf dem Königsberger Seekanal.

Landschaft am Rande des Forsts Kobbelbude bei Zimmerbude.

entdecken. Etwas weiter in Fahrtrichtung dann wiederum eine stillgelegte Bunkerstation für den Ölumschlag.

Auf der Straße folgt **Widitten/Iževskoe** (zwei Kilometer hinter Großheidekrug), wo zahlreiche neue Häuser auffallen, überwiegend in moderner und schöner Bauweise. Kurz dahinter biegt links eine teilweise neue Straße ab. Sie führt durch landschaftlich schönes, oft sumpfiges Gelände am Rande des Forsts Kobbelbude in die neue Stadt **Svetlyj/Zimmerbude**, die mit **Peyse/Komsomol'skij** eine Verwaltungseinheit bildet. Mehr als 25 000 Menschen wohnen dort.

Beherrschend ein ausgedehntes Neubaugebiet, das sich vom Haff bis etwa zum einstigen Ortseingang hinzieht. Vier- bis achtstökkige Hochhäuser und ein weiträumiges Zentrum geben der Gegend ein völlig anderes Gesicht. Nur noch wenige alte Gebäude sind erhalten: so bei der Einfahrt aus Richtung Widitten. Die

Zimmerbude – Anstehen am Kwas-Wagen.

Kirche, mit einem Säuleneingang ausgestattet, ist Sporthalle; das Pfarrgelände ein Park.

Vom Seekanal sind besonders gut zu sehen: eine große Wohnanlage mit vierstöckigen Häusern im Vordergrund und achtstöckigen dahinter; die Pipeline einer Fernheizung, ein Jachthafen und die Anlegestelle, die auch für Touristenbesuche benutzt wird. Dann eine neue Anlage für Kohle- wie auch Sandverschiffung mit riesigen Kränen und ausgedehnten Lagerplätzen. Die Kohle kommt aus Sibirien. Der Sand ist für den Häuserbau bestimmt. Er stammt von Spezialschiffen, die das Kanalbett ausbaggern und gelegentlich auf der Fahrt zu sehen sind.

Auf Höhe Peyser Haken – oder von der Ausweiche in der kleinen Bucht dahinter – fallen zwei Komplexe ins Auge: die Schiffsan-

Blick vom Seekanal auf das neue Svetly mit Jachthafen und der Pipeline der Fernheizung.

114

Türme des Kraftwerks. Die bedeutende Anlage des Ostpreußenwerks wurde Anfang der siebziger Jahre von Kohle auf Öl umgestellt. Die Schiffe gehören zum Fischkombinat „Za Rodinu",
(„Für die Heimat"). Die Hochseeflotte mit den dazugehörigen
Anlagen für Räuchern und Konservieren ist die größte und bekannteste der ganzen Oblast (Königsberger Gebiet). Das Konser-
venwerk wurde als „Musterkombinat" ausgezeichnet. Auch ein
Schiffsreparaturbetrieb und ein Schiffsmotorenwerk sind hier
angesiedelt.

Zurück geht es wieder nach Widitten und von dort auf der Hauptstraße weiter Richtung Westen. Das bekannte Gasthaus Elends-
krug – wie auch den Ortskern – gibt es nicht mehr. Nach etwa fünf
Kilometern ist rechts ein Abbieger. Die Straße führt durch herrliche Waldungen, das fast völlig ausgelöschte **Gr. Blumenau/
Kremnevo** nach **Powayen/Sipovka**. Hier halten immer noch die
Züge auf der Fahrt nach Pillau oder Königsberg. Aber der Bahnhof steht nicht mehr. Das frühere Haus für die Bahnbediensteten
ist Abfertigungsgebäude. Es ist in gutem Zustand. Die Muna
(Munitionsanstalt) ist militärisches Gelände.

Zwei Kilometer weiter kann **Medenau/Logvino** besucht, besser
gesagt, gesucht werden. Denn von dem großen, schönen Kirchdorf ist kaum noch etwas zu finden. Die aus dem Anfang des 14.
Jahrhunderts stammende Kirche aus Feldsteinen mit kunstvollem
Sternengewölbe und reichem Innenschmuck lassen nur noch zwei
Mauerreste auf dem von Unkraut überwucherten Kirchhof erahnen. Der romantische Mühlenteich ist versumpft, der Weg zum
Wallberg nahezu unpassierbar. Natürlich auch kein Granitobelisk
mehr, der an den Besuch Kaiser Wilhelms I. anläßlich des Kaiser-
manövers 1879 erinnerte. Hier, wo schon eine altprußische Siedlung war, besiegte König Ottokar von Böhmen, Namensgeber für
die Stadt Königsberg. 1255 die Samländer. Auch von den umliegenden Ortschaften ist so gut wie nichts übriggeblieben. Versöh-
nend wirkt die herrliche und völlig erhaltene Natur am wunder-
schönen Badesee (siehe auch Farbbildteil) mit Blick auf die über

> Medenau ist ein wohlhabendes, anmutig gelegenes
> Kirchdorf mit mehreren Gastwirtschaften und einem an-
> grenzenden Rittergute. Der recht gut gebaute Ort enthält
> als Hauptsehenswürdigkeit eine aus dem Anfange des 14.
> Jahrhunderts stammende Kirche, einen nicht uninteres-
> santen Feldsteinbau mit Ziegelecken, dessen Inneres
> einige bemerkenswerte Überreste aus aller Zeit birgt.
>
> Unweit der auf einer Anhöhe liegenden Kirche hat vor
> Zeiten eine bischöfliche Burg gestanden, die gegen Ende
> des 13. Jahrhunderts erbaut sein dürfte, aber bereits in der
> zweiten Hälfte des 15. Jahrhunderts nicht mehr als solche
> vorhanden gewesen ist. Von ihr sind heute nur noch einige
> Wallreste übrig, die links von der Chaussee am Mühlen-
> teich sich bemerkbar machen.
>
> (Reisebücher von Anno dazumal – Samland)

60 Meter hohen Seeberge. Ein Besuch lohnt sich, besonders auch
für ein stimmungsvolles Picknick.

Wieder auf der Hauptstraße, der einstigen Reichsstraße 131, ist es
unmöglich, nach ungefähr fünf Kilometern durch **Bludau/Ko-
strovo** zu fahren, ohne es zu merken. Ein penetranter Gestank
macht unnachsichtig darauf aufmerksam. Er stammt von einer
Nerz-Farm, die fast das ganze Dorf ernährt. Ihm verdankt der Ort
zahlreiche neue Häuser, darunter Schule, Kindergarten und auch
ein kleines Bahnhofsgebäude. Das alte wurde bis auf die Grundmauern zerstört; ebenso die Molkerei.

Bis **Fischhausen/Primorsk** sind es gut fünf Kilometer. Ein Wiedersehen mit der einstigen Kreisstadt, falls es das überhaupt gibt,
ist ein Schock. Denn die 4000-Einwohner-Stadt wurde am
16. April 1945 in Schutt und Asche gelegt. Im Zentrum überstand

nicht ein Gebäude das Inferno. Nur bei genauer Ortskenntnis kann man noch den Platz der Kirche und – vielleicht – einen Mauerrest entdecken. Das etwa 1315 erbaute Gotteshaus mit herrlichem Sternengewölbe schmückten zu beiden Seiten des Haupteingangs die Standbilder des heiligen Adalbert, der 997 den Märtyrertod erlitten hatte, und des einzigen Bischofs von Preußen, Georg von Polentz. Er war als erster Bischof zum evangelischen Glauben übergetreten und hatte sein Gebiet und seine Residenz Herzog Albrecht übertragen.

Auch der nahe Hafen an der Fischhausener Wiek, der großen Haffbucht, ist verwaist und verödet. Nur ein paar Bootsschuppen sind zu sehen. Trampelpfade höchstens noch, wo einmal das Herz eines pulsierenden Gemeinwesens war. Die älteste Stadt des Kreises (seit 1266/68 Burg Schönewiek, 1299 Stadt) wurde auch nicht in Teilen planvoll wiederaufgebaut. Nur an dem erhaltenen und gepflegten Bahnhof sind noch einige Altbauten zu finden. Dort stehen auch Neubauten, Wohnblocks der üblichen Bauart. Der alte Wasserturm überragt, weithin sichtbar, das traurige Gelände. Er ist bis zum fernen Seekanal am Camstigaller Haken zu erkennen. Von den wenigen übrigen Alt- und Neubauten, die vereinzelt anzutreffen sind, ist die schöne „Villa Porr" mit ihren Türmchen im Park auszumachen. Sie dient als Offiziersheim.

Auf der Weiterfahrt ist am Stadtrand, wo die Straße nach Südwesten abzweigt, der Weg nach **Tenkitten/Tanketino** auszumachen. In Dorfnähe stand das 1831 auf einer Düne errichtete St. Adalbertkreuz. Das 8,87 Meter hohe eiserne Mahnmal trug die Inschrift: „Bischof St. Adalbert starb hier den Märtyrertod 997 für das Licht des Christentums, Wiepolska 1831." Der Name erinnert an die Stifterin, eine polnische Gräfin, die die Revolutionswirren 1830 nach Fischhausen verschlagen hatte. Auf der Rückseite war später zu lesen: „Erneuert am 23. April 1897 durch die evangelische Pfarrkirche Ostpreußen" sowie der Spruch aus Evangelium Johannes 15, Vers 13: „Niemand hat größere Liebe denn die, daß er sein Leben läßt für seine Freunde."

Die historische Stätte kann neuerdings wieder aufgesucht werden. Seit dem 2. Oktober 1991 steht auf dem erhaltenen Fundament ein provisorisches drei Meter hohes Holzkreuz. Es wurde auf Initiative der katholischen Gemeinde in Königsberg errichtet. Der Erzbischof von Moskau nahm an der Einweihungsfeier teil. Zum 1000jährigen Todestag 1997 soll ein Kreuz wie früher mit Gedenktafel errichtet werden.

Vom Dorf Tenkitten sind zwei Häuser übriggeblieben. Eine Teerstraße führt dorthin. Sie zweigt von der Strecke nach Pillau etwa einen Kilometer hinter Fischhausen, bei der Bushaltestelle „10. Kilometer", ab. Allerdings ist in diesen Bereichen Vorsicht angebracht. Denn in weiten Teilen der exponierten Küstenzonen ist militärisches Gelände, entweder totales Sperrgebiet oder mit Verteidigungsanlagen bestückt, so daß Abstand gewahrt werden sollte.

Das gilt in besonderem Maß für die nun vor uns liegende Halbinsel und die Nehrung auf der anderen Seite des Pillauer Tiefs. Etwa auf der Höhe von **Lochstädt**, acht Kilometer vor Pillau, durchzieht ein vielfach gesicherter breiter Grenzstreifen mit Doppelzaun den Kobbelbuder Forst. Wachbude, Posten, Schranke und Ampel auf der Straße zeigen ebenfalls nachdrücklich an, daß dieses Gebiet nur mit Sondergenehmigung betreten werden darf. Die Aufschriften „Willkommen" und „Glückliche Reise" (Rückseite) auf einem hochragenden Pfeiler sollten daher nicht wörtlich genommen werden. Vor dem Versuch, Pillau illegal zu betreten, muß dringend gewarnt werden.

Unbedenklich ist hingegen neuerdings ein Besuch des nahen Strandes nördlich von **Neuhäuser/Mečnikov**. Er ist breit, feinsandig, dünenbegrenzt und gewährt prachtvolle Ausblicke auf die schönen Küstenstreifen bis Pillau im Süden und nahe Palmnicken im Norden.

Vergeblich ist die Suche nach der Burg Lochstädt. Kein Blick mehr von Fischhausen auf die trutzige Ruine am hohen Ufer des Haffs im Nordwesten der Wiek. 1270 hatte der Bau der machtvol-

Der Strand bei Neuhäuser Richtung Norden.

len Feste am Einfallstor zum Samland begonnen. Sie hatte hohen baugeschichtlichen und künstlerischen Wert, besonders wegen ihrer Kreuzgewölbe und Friese über Portalen und Fenstern. Heinrich von Plauen, Retter der Marienburg, verbrachte hier seine letzten Lebensjahre von 1422 bis 1429. Bis 1581 war sie auch der Sitz des Bernsteinamts. 1700 wurden Nord- und Ostflügel abgebrochen, weil man Ziegel für den Festungsbau in Pillau brauchte. Schweden (1626) und Franzosen (1807) zerstörten die „kleine Schwester der Marienburg" weiter. Russen ließen während des Siebenjährigen Krieges (1760) die Kapelle erneuern, die 1869 für den Gottesdienst neu geweiht wurde. Im Remter mit Granitpfeiler und Palmengewölbe war bis Ende des 19. Jahrhunderts eine Schule untergebracht. Lange Jahre und Jahrzehnte war das herrliche Bauwerk Ziel unzähliger Besichtigungen. Schließlich war sie Hauptbollwerk des letzten Widerstands im Kampf um Ostpreußen. Vom 21. bis 23. April verteidigte die Marinebatterie Loch-

> Lochstädt, auf der Höhe des steil abfallenden Haffufers sich erhebend, ist der vornehmste Überrest ordensritterlicher Baukunst nicht bloß im Samlande, sondern in ganz Ostpreußen, eine nur teilweise notdürftig erhaltene Ruine zwar, aber dennoch ein treffliches Seitenstück zu der herrlichen Marienburg, an die es in seiner Bauart lebhaft erinnert. Leider hat von dem ursprünglich ziemlich umfangreich angelegten Schlosse nur ein verhältnismäßig geringer Teil die Zeiten bis auf unsere Tage überdauert.
>
> (Reisebücher von Anno dazumal – Samland)

städt mit den Resten der 18. Flakdivision die einzige noch besetzte Bastion vor Pillau. Übrig blieb von der einstigen Herrlichkeit ein Trümmerhaufen. Noch einmal machte er von sich reden, als dort – wie an manchen anderen Orten – nach dem verschwundenen Bernsteinzimmer gesucht wurde.

Wer die Möglichkeit hat, mit Erlaubnis **Pillau/Baltijsk** zu besuchen, steht vor einem besonderen Erlebnis, ob er mit dem Auto, der Bahn oder dem Schiff anreist. Am eindrucksvollsten ist die Anreise mit dem Schiff. Man hat fast den Eindruck, ein unzerstörtes Pillau zu besuchen. Erst an Land sieht man, daß Baltijsk eine weithin andere Stadt geworden ist.

Seine Geschichte reicht bis in das Jahr 1510 zurück, als nach dem Durchbruch der See zum Haff (1497) das Pillauer Seetief schiffbar wurde und die ersten Siedler kamen. Bedeutung erlangte die „Pille", Befestigung, erst, als Gustav Adolf von Schweden 1626

Pillau – Der Leuchtturm.

120

Der Pillauer Leuchtturm vom Seekanal aus. Davor Hebeschiff und Tonnenleger am Kurfürstenbollwerk.

hier landete, die günstige strategische Lage erkannte und eine Festung baute. Der Große Kurfürst war der eigentliche Schöpfer und Förderer Pillaus. 1679 begann er mit dem Aufbau einer Handels- und Kriegsflotte. So wurde Pillau zum Geburtsort der brandenburg-preußischen und damit auch der deutschen Flottenge-schichte. Die Bewohner der Stadt setzten ihm auf dem Platz vor dem Leuchtturm ein Denkmal (1913). Jetzt steht nur noch dessen Sockel in der Stadt, allerdings in der Plantage, und er trägt Lenin. Der Große Kurfürst wurde als einziges Denkmal aus dem Osten gerettet. Er fand in Eckernförde, der Patenstadt Pillaus, einen neuen Platz.

Die Stadt (seit 1725) wuchs, blühte aber erst auf, als 1901 der ausgebaute Königsberger Seekanal in Betrieb genommen wurde. Drei historische Ereignisse sind untrennbar mit dem Namen Pil-lau verbunden. 1732 die Landung von 66 Schiffen mit 10 000

Salzburger Glaubensflüchtlingen, die in Ostpreußen eine neue Heimat fanden; 1920 (Juli) das Eintreffen von 91 000 Abstimmungsberechtigten zur Volksabstimmung im südlichen Ostpreußen; 1945 (ab 18. Januar), als Pillau zum größten Fluchthafen der Weltgeschichte wurde. 625 000 Menschen (darunter 451 000 Zivilisten und 141 000 Verwundete) wurden bis zur Aufgabe der Stadt am 25. April in einer einzigartigen, opfervollen Großaktion der Kriegsmarine in den Westen verschifft.

Das Wahrzeichen Pillaus, der schlanke 32 Meter hohe Leuchtturm (nach einem Entwurf von Schinkel seit 8. Februar 1813), steht immer noch, weithin sichtbar; aber fast alle übrigen markanten Bauwerke gibt es nicht mehr, die Festungskirche, das Traditionslokal „Ilskefalle". Der Stadtkern ist nicht mehr vorhanden. Auf dem ehemaligen Marktplatz ist allerdings der Rest des Springbrunnens zu erkennen. Er ist für die früheren Bewohner ein guter Orientierungspunkt; denn außer Mühlenstraße und Oberst-v.-Hermannstraße ist im Zentrum keine Straßenführung mehr auszumachen.

Zu den erhaltenen Bauten gehören: das Amtsgericht, die Oberschule für Jungen, die reformierte Kirche (sie hat ein Kupferdach erhalten und ist Gotteshaus der Russisch-Orthodoxen), der Bahnhof, die Kaserne dahinter, das Hotel „Goldener Anker" (weiter Hotel), Jugendherberge (Funkstation), Marine-Standortverwaltung, Offizierskasino (Haus der Kultur), Zitadelle, die Stadt- und Marinesiedlung in Camstigall (das Dorf gibt es nicht mehr); in Pillau 2 die Mittelschule (nach Renovierung 1992 wieder als Schule benutzt), Himmelreich-Kaserne, einige alte Häuser. Beherrschend sind dort mehrstöckige Wohnbauten, auch dort, wo die Kirche stand. Das Friedhofsgelände wurde zum Park. Die Einwohnerzahl wird mit 30 000 angegeben. Das sind dreimal mehr als früher.

Von speziellem Reiz ist die Fahrt auf dem Seekanal an der Camstigaller Spitze vorbei bis in die Ostsee. Kleine Fahrzeuge der Baltischen Flotte, die hier einen Hauptstützpunkt hat, in den verschiedenen Becken, Hafenanlagen, dann der Leuchtturm, oft ein ankerndes Schiff davor, Kurfürstenbollwerk, Lotsenturm, Lotsenhäuser, Marinesignalstelle.

Auf der anderen Seite, im Süden, die braunen Mauern des Westforts, ein, zwei der einstigen Luftwaffenhäuser, Bäume, Gestrüpp, sonst nichts auf dem früher dicht bebauten Neutief. Der gesamte 38 Kilometer lange Nehrungsstreifen bis zur Grenze nach Polen bei **Narmeln** ist militärisches Sperrgebiet, in dem es keine Zivilisten gibt.

Nördlich kommt der gelbe Strand in Sicht; weit geht der Blick bis nach Neuhäuser, das auch heute bevorzugte Gegend der Einwohner ist. Das Schiff fährt im 361,6 Meter breiten Tief zwischen den 1100 Meter langen Süder- (1883) und Nordermolen (1887) und schließlich ins offene Meer hinaus. Die U-Boot-Sperre wurde 1991 eingezogen.

Zur Fahrt an die samländische Westküste nehmen wir ab Fischhausen nördlich die alte Provinzialstraße. An die Güter **Gaffken**/Perusnoe und **Godnicken**/Cechovo erinnern nur noch Alleen und verfallene Insthäuser. Auch **Germau/Russkoe** ist kaum wiederzuerkennen. Nur wenige Häuser des alten Dorfs, das schon im 13. Jahrhundert gegründet wurde und einmal Sitz des Bernsteinmeisters und Bernsteingerichts war, haben die schweren Kämpfe und die Jahrzehnte danach überdauert. Mauerreste verraten, wo die Kirche gestanden hat, die auf den Fundamenten der Ende des 13. Jahrhunderts gebauten Burg errichtet worden war.

Wer von hier nach rechts in Richtung Rauschen abzweigt, wird von den Gütern **Willkau**/Eniseevo und **Lengniethen**/Scorsovo kaum noch eine Spur finden. Höchstens der Dorfteich gibt – in Lengniethen – eine Orientierungshilfe.

Wir nehmen die Strecke nach Palmnicken/Jantarnyj, die westlich über **Sorgenau/Pokrovskoe** führt. Hier, schon an der Küste, sind mehr Gebäude erhalten, wenn auch im schlechten Zustand. Die Schule ist ein Wohnhaus. Eine Reihe großer Neubauten steht im

Wald. Die Wege zum Strand und der Strand selbst sind nahezu unpassierbar. Nur die Dittchenschlucht verrät noch etwas von der einstigen gepflegten Schönheit.

„Jantarnyj", ein künstlerisch gestaltetes klotziges Ortsschild, zeigt an: Wir sind in Palmnicken, dem berühmten Ort mit dem ersten und einzigen Bernsteinwerk, 94 Prozent der Weltproduktion kommen von hier. Das erste Ziel ist darum das Bernsteinwerk, in dem seit 1872 der kostbare Schatz bergmännisch gewonnen wird. Die Produktion hat mit rund 700 Tonnen Rohbernstein die Leistung der Vorkriegszeit wenig überschritten. Die 44 bis 70 Millionen Jahre alten Steine kommen in 250 Arten vor. Nur jedes 100 000. Stück weist die begehrten Inklusen auf, Einschlüsse von Insekten, Holzreste, Blüten und ähnlichem.

Eine Besichtigung des Werkes mit den Abteilungen der Bernsteinbearbeitung, Schmuckherstellung, dem Ausstellungsraum – nur mit Genehmigung – sollte nicht versäumt werden. Das gilt auch für die Abbaugrube, die etwa zwei Kilometer von der 1962

Palmnicken – Bernsteingewinnung im Tagebau.

stillgelegten Grube aus der deutschen Zeit entfern angelegt wurde. Aus 55 Meter Tiefe wird die „blaue Erde" ausgebaggert und ins Werk befördert. Die Vorräte reichen nach Auskunft der Werksleitung noch für 80 Jahre. Neuentdeckte Lager könnten sogar den Bedarf für 300 Jahre decken.

Das „Samländische Gebiet"

Was unser Samland in ganz besonderem Maße auszeichnet, ist ein Naturprodukt, das zwar nicht hier ausschließlich, aber doch gerade im Samlande – und namentlich an seinen Seeküsten – in solchen Mengen vorkommt, daß es zu einem besonderen Handelsartikel hat werden können. Wir meinen das „samländische Gold" den Bernstein, den bereits das älteste Handelsvolk am Mittelmeere, die Phönizier, teilweise wohl selbst direkt von hier geholt und nach dem Orient verschifft hat, wo er auch heute noch ein begehrter Artikel ist. Dieses wertvolle Harz entstammt, wie wir als bekannt voraussetzen dürfen, der sogenannten Bernsteinfichte, die in vorweltlichen Tagen in weiten Waldungen den Landstrich bedeckte, der heute den Boden unserer Ostsee ausmacht, und der sich auch noch über dessen heutige Ränder hin ausgedehnt haben mag. Spätere Umwälzungen haben die Wälder begraben und vernichtet und nur das zu großer Härte erstarrte Harz übrig gelassen, das nun schon seit Jahrtausenden als ein beredter Zeuge weit entlegener Weltperiode zutage gefördert wird.

Die Gewinnung des Bernsteins geschah in den älteren Zeiten und teils noch bis auf unsere Tage dadurch, daß man den mit dem Seetang von den Wellen des Meeres auf den Strand geworfenen Stein dort einfach aufsammelte. Erst sehr viel später suchte man ihn in der Nähe des Strandes von dem Grunde des Meeres durch „Schöpfen" und „Stechen" mit Hilfe von Netzen heraufzubefördern. Auch durch Abgraben der Uferberge und Tagebau bemühte man sich dann, den Bernstein auf dem Lande zu gewinnen; allein die Erfolge blieben meist hinter den Erwartungen zurück, und so wurde diese Art der Gewinnung bald wieder aufgegeben. Als dann aber vor mehr als 40 Jahren die Firma Stantien und Becker Hauptpächterin des Bernsteinregals geworden war, wurde mit bedeutender Energie an die Gewinnung des „samländischen Goldes" gegangen und dieses zunächst auf dem tieferen Meeresgrunde durch Taucher aufgesucht. Ein weiterer und hoch bedeutungsvoller Schritt wurde endlich von der genannten Firma unternommen, indem sie durch bergmännischen Betrieb den Bernstein aus den Ufergeländen zu gewinnen suchte und bei Palmnicken und Kraxtepellen großartige Anlagen ins Leben rief, durch welche die Produktion in bedeutendem Maße gesteigert wurde.

(Reisebücher von Anno dazumal – Samland)

Leider fehlt bei der Gewinnung die erforderliche äußerste Sorgfalt. So geht nach Meinung von Fachleuten ein hoher Prozentsatz des gewonnenen Bernsteins verloren, bevor er die Werkstätten erreicht. Rundherum hat sich im übrigen ein dunkles Gewerbe gebildet, das den ohnehin schon schwunghaften illegalen Handel bedenkliche Ausmaße annehmen läßt. Die kräftige Preiserhöhung, auch mit der Klassifizierung „Edelstein" begründet, macht das „samländische Gold" noch begehrenswerter.

Zu den erhaltenen oder wiederhergestellten bekanntesten Gebäuden des Ortes gehören: die evangelische Kirche (russisch-orthodoxes Gotteshaus), Schule (Wohnhaus – eine neue Schule wurde am Wald errichtet), Assessorhaus, Beamtenhaus (beide für Leitung und Beschäftigte des Bernsteinwerks), Schloßhotel (verfallen), Bahnhof, Wasserturm.

Ein Strandbesuch sollte nicht versäumt werden. Dieser ist so breit und ausdehnt wie kein anderer an der gesamten Samlandküste. Gewiß, es ist ein ungewohntes Bild; denn es gibt keine Burgen

Die Dirschkeimer Schlucht

„Ich blieb eine Nacht gerade an der Ecke der Küste in Dirschkeim, wo auf einer Art Vorgebirge eine Leuchte für die Seefahrenden ist, um die Klippen zu vermeiden. Ich ging noch die Nacht allein an den Meeresstrand. Es war schrecklich stürmisch, aber der Mond kam ununterbrochen zwischen den schwarzen Wolken hervor. Ich habe bis nach Mitternacht dagestanden. Es war ein sehr großes Schauspiel. Ich werde die Nacht nie vergessen, sie ist das Größte und Schönste, was ich seit meiner Abreise aus Italien erlebt habe."

Wilhelm von Humboldt

(Ambrassat: Die Provinz Ostpreußen)

und Strandkörbe mehr, keine Eisverkäufer, das ganze fröhliche Treiben fehlt – aber die Weite und Ruhe , die einsamen Sonnenplätzchen zwischen hohen Strandgrasbüschen auf kleinen Hügeln entschädigen für vieles.

Auf der Weiterfahrt besteht wiederum eine Möglichkeit, nordöstlich über **Heiligenkreuz/Krasnotorovka** den kürzeren Weg nach Rauschen zu nehmen. „Unsere" Straße in Küstennähe aber führt nördlich über Hubnicken, wo noch einige Altbauten stehen, nach **Gr. Dirschkeim/Donskoe.** Hier allerdings ist wieder Vorsicht angesichts zahlreicher militärischer Anlagen geboten.

Im Ortskern sind zu erkennen: die Post, die Schule, (Wohnhaus – daneben die 1978 erbaute neue Schule), Beamtenhäuser, Gasthaus zur Samlandküste, die meisten Häuser in der Siedlung. Auf dem Platz in Nähe der Post ist ein überdachter Gemüsestand. Auch fünfstöckige Wohnblocks zeugen von der neuen Zeit.

Genußvoll ist immer noch der Blick zur Kreislacker Schlucht. **Kreislacken/Bakalino** wie das Nachbardorf **Marscheiten/ Mar'inskoe** gibt es nicht mehr. Vergeblich ist auch die Suche nach dem Galgenberg. Die Anhöhe, auf der zur Ordenszeit Bernsteindiebe gerichtet worden sein sollen, war schon vor 1945 zum großen Teil abgestürzt. Er war der imposante Abschluß der Dirschkeimer Schlucht an der Seeseite gewesen. Sie war mit einem Kilometer Länge die größte Schlucht an der samländischen Westküste. Die eng nebeneinander steil aufragenden Wände verliehen ihr zusätzlichen landschaftlichen Reiz.

Nach einem Besuch im Oktober 1809 schrieb Wilhelm von Humboldt: „Ich habe bis Mitternacht dagestanden. Es war ein sehr großes Schauspiel. Ich werde die Nacht nie vergessen, sie ist das Größe und Schönste, was ich seit meiner Abreise aus Italien erlebt habe." Heute ist die Schlucht zugewachsen und unzugänglich.

Die alten Kasernen stehen noch in Gr. Dirschkeim, und sie sind ein Teil des Komplexes militärischer Anlagen in diesem Bereich, deren Besuch nicht gestattet ist. Dazu gehört auch das exponierte

Brüsterort/Taran mit seinem 1846 erbauten Leuchtturm an der äußersten Nordwestspitze des samländischen Rechtecks.

Vor dem noch einmal besonders eingegrenzten Gelände ist eine Wachbude, und das Eingangstor zeigt Extra-Verbotsschilder. Die Anlage selbst aber sieht friedlich aus wie eh und je. Vor dem hochragenden Turm steht der alte Ziegelbau, in dem wie früher der Leuchtturmwärter wohnt. Vergnügt spielende Kinder in einem Sandkasten des Gartens und Papageien im Käfig am Hauseingang erhöhen den gemütlichen Eindruck. Sieben Zivilpersonen arbeiten an den alten deutschen Anlagen und Einrichtungen.

Brüsterort bildet die Nordwestecke der samländischen Halbinsel, auf der sich der schlanke Leuchtturm erhebt. Unter 50° 57' 50" nördlicher Breite und 19° 59' 30" östlicher Länge gelegen, ist er in Ziegelrohbau in achteckiger Form aufgeführt und wurde im Dezember 1846 vollendet. In letzter Zeit hat das Licht des Turmes eine Erneuerung erfahren. Eine Notwendigkeit ist der Leuchtturm an dieser Stelle, weil sich hier ein Steinriff mehrere Kilometer weit ins Meer erstreckt, das der Schiffahrt Gefahr bringt. Ein großartiges Rundgemälde rollt sich vor den Blicken dessen auf, der den Turm besteigt und von der in Höhe des Leuchtfeuers angebrachten Galerie das Auge umherschweifen läßt.

(Reisebücher von Anno dazumal – Samland)

Über 108 Stufen führt der Aufstieg zur Plattform oben rund um den Leuchtturm, direkt unter dem Leuchtfeuer, das vor dem gefährlichen Steinriff warnt. Der Ausblick ist überwältigend. Unten im Vordergrund Rosenort, drei Häuser, die früher zum Gut Gr. Dirschkeim, später zu Albertshof gehörten. Dann in der Richtung dahinter die blaue See und die grünbewaldete Steilküste.

Brüsterort – Leuchtturm.

Brüsterort – Blick vom Leuchtturm über Rosenort (vorn) auf Steilküste bei Gr. Dirschkeim.

131

Dort lag einst die „Alte Gräberei", wo – noch vor Entstehen des Palmnicker Abbaus – nach Bernstein gegraben wurde. Auf der Höhe ist ein Wasserturm zu sehen. Er steht in der Nähe eines neuen Heizwerks in Gr. Dirschkeim, das den Ort mit Fernwärme versorgt. Hinter dem Turm lag die Dirschkeimer Schlucht.

Zur anderen Seite, in südöstlicher Richtung, geht der Blick zum unverwechselbaren Wachbudenberg. Die mit 61 Metern höchste Erhebung der samländischen Küste gehört ebenfalls zum militärischen Sperrbereich und ist daher nicht, wie früher, von **Klein Kuhren/Filino** zu erreichen.

Der Weg von Gr. Dirschkeim nach den gut drei Kilometer entfernten einstigen Fischerdörfern **Klein Kuhren/Filino** und **Groß Kuhren/Primor'e** führt durch eine stimmungsvolle Landschaft mit blütenreichen Wiesen und idyllischen Birkenwäldchen. Die westlichen Orte an der Nordküste sind – zusammen mit dem Gebiet des einstigen Gutes **Finken/Molodogvardejskoe** – zu einer Einheit zusammengeschmolzen. Zahlreiche Neubauten, auch mehrstöckige, haben zur Vergrößerung und dem Ausbau des Ostseebades Groß Kuhren beigetragen. Von der alten Bausubstanz ist viel erhalten. Auch die Kirche steht noch.

Das Bild der Natur hat sich stark verändert. Der Zipfelberg, einst Wahrzeichen Groß Kuhrens, verdient den Namen nicht mehr. Er wirkt, ohne Zipfel, eher wie ein trister Sandhügel. Zum Roseneck, früher vielbesuchter Aussichtspunkt, führt nur ein Trampelpfad. Die Rosentreppe existiert nicht mehr.

Die tiefen Einschnitte in die Steilküste geben vor allem der nördlichen Samlandküste ihr besonderes Gepräge, machen sie zu einer einzigartigen Landschaft überhaupt. Anfangs sind sie überwiegend kahl, dann schmückt sie zunehmend wuchernder Bewuchs. Verdienstvolle Männer hatten in mühevoller Arbeit die Verwilderung gestoppt und eines der schönsten und gesichertsten Naturschutzgebiete geschaffen und erhalten. Zu ihnen zählte Oberförster Gebauer, der im knapp drei Kilometer weiter östlich gelegenen **Warnicken/Lesnoe** die Wolfsschlucht dem Wanderer zugänglich machte und einen Park von grandioser Schönheit schuf.

„Warnicken mit seiner Wolfsschlucht ist das Großartigste und Schönste, was die Natur uns am samländischen Nordstrand zu bieten hat und dessen Ruhm schon längst über die Grenzen unseres provinziellen Gebietes hinausgedrungen ist", notierte der Reiseführer „Samland" 1926, Ferdinand Gregorovius (1821 – 1891), Klassiker der Reiseschriftsteller aus dem ostpreußischen Neidenburg, schrieb: „Ich sah manchen Park Deutschlands, doch keinen von einer derartigen Schönheit." Und Wilhelm von Humboldt schwärmte: „Die Schweiz ist romantisch, das Samland aber noch viel mehr."

Er sagte das angesichts der unbeschreiblichen Fernsicht über Küste und Meer von Jägerspitze und Königsstuhl nach dem Aufstieg durch die Schlucht über die Himmelsleiter mit den mehr als 100 Stufen.

Wanderung durch die Wolfsschlucht

Man steigt hinab in ein Blättermeer, dessen grüne Wogen über der Wolfsschlucht zusammenschlagen. An mancher Stelle scheint der Himmel kaum hindurch. Die Schlucht ist das im Sommer trockene, mit Geröll angefüllte Bett eines Wildbaches, über welches Brücken führen. Zerschmetterte Bäume sind hineingestürzt, andere hängen hinab, den Niedersturz drohend. Die üppigste Vegetation bedeckt die steilen Wände, die sich nach dem Meere zu erweitern. Man wandert in die Schlucht bergauf, bergab, immer längs des Baches in der grünen Walddämmerung, gewiegt von dem eintönigen Rauschen des Meeres, das man noch nicht sieht, bis plötzlich die blaue See hereinstrahlt und sich dem Blick die unendlich lichte Meerferne auftut, ein überraschender Kontrast zu der Enge der Schlucht und ihrem

Dunkel. Wir setzen uns auf einen der Granitblöcke nieder, die hier das Meer in großer Zahl an die Küste gewälzt hat. Der Naturforscher sagt Ihnen, diese Blöcke kommen vom Nordpol, eingeklemmt in Eisschollen, und wir lachen über die Eisschollen und die eingeklemmten Naturforscher. Wir betrachten die beiden steilen Wände der Schlucht und steigen dann den Jägersteig hinauf, den Blick bald auf das Meer, bald auf den mächtigen Waldwuchs neben, über, unter uns gerichtet. Nun gehen wir längs des Strandes des senkrecht abgestürzten Ufers bis zur Fuchsspitze, einem hohen, eingefaßten Vorsprung, von dem der Blick hinab fast schwindelerregend und der Prospekt ins Meer überraschend groß ist.

(Ferdinand Gregorovius, Idyllen vom baltischen Ufer, 1851.)

134

Georgenswalde – Brachert-Haus in der Gausupstraße.

Steilküstenabbruch bei Rauschen.

Heute ist diese Herrlichkeit nicht mehr zu bewundern. Die Himmelsleiter ist verschwunden. Die Wolfsschlucht ist – wie fast alle einst so schönen und begehbaren Einschnitte – zugewachsen und unzugänglich. Hier gibt es so gut wie keine Pflege einer Landschaft, von der ein Professor in den zwanziger Jahren allen Ernstes nachzuweisen glaubte, das da das Paradies gewesen sei.

Das trifft im wesentlichen auch auf **Georgenswalde/Otradnoe** zu, wo einst im Westen die liebliche Detroitschlucht (benannt nach ihrem Entdecker, dem Prediger der französisch-reformierten Kirche in Königsberg) auf erholsame Weise zu erwandern war, und im

Vorhergehende Doppelseite: Georgenswalde – Buhnenstrand mit Schutzmauer (Mitte) und Steinen.

138

Osten die malerische Gausupschlucht. Durch schattigen Dünen-
wald konnte man sich bis zu dem eigenartig geformten Wolfskessel
ergehen. Von alledem ist kaum noch etwas erhalten. Das Kurhaus,
das dort, in der Nähe des Wolfskessels seinen Platz hatte, steht noch
und ist in einem guten Zustand. Es beherbergt ein Kindersanatori-
um. Auch die stattlichen Ferienheime und Privathäuser in dem
früheren prächtigen Villenort sind zum großen Teil erhalten und
gepflegt. Einige neue Unterkünfte sind dazugekommen.

In der Gausupstraße verdient das Haus des Bildhauers Hermann
Brachert (1890 – 1972) Beachtung. Eine Gedenktafel und ein
Museum erinnern an den bedeutenden Bildhauer, der in Königs-
berg und besonders auch Rauschen herausragende Werke schuf.
Dazu gehören 20 überlebensgroße Plastiken, so an der Albertina,
dem Haus der Technik, der Mädchen-Gewerbeschule und dem
Stadthaus; in Rauschen am Strandbauwerk (am Schlängelweg)
und im Lärchenpark. Drei weitere Reliefs haben einen neuen Platz
im Garten des Museums in der Gausupstraße. Der Professor für
Bildhauerei und Goldschmiedekunst an der Kunst- und Gewerbeschule Königsberg war nach dem Krieg (1946 – 1953) Rektor der
Akademie der Künste in Stuttgart, seiner Geburtsstadt.

Wer heute, etwa durch den Wolfskessel, zum Strand hinab möchte, der sollte wissen, daß das kein leichter Gang ist. Die einst
bequemen Abstiege, oft über schön geformte Steintreppen, gibt es
nicht mehr. Wer dennoch eine riskante Kletterpartie wagt, erlebt
unten eine zweite, noch größere Enttäuschung. Der einst so schöne und in mühevoller Arbeit immer wieder gereinigte Strand mit
seiner wildromantischen Steilküste, etwa an der Badeanstalt, ist
von Steinen, Stämmen, Stubben und Ästen herabgestürzter Bäume übersät, teilweise unpassierbar. Die langen Buhnen-Reihen,
die früher die Macht das anstürmenden Wasser brachen (zwischen Rauschen und Warnicken wurden in den letzten Jahren
1926 bis 1928 sechzehn Buhnen gebaut), sind morsch und brüchig
geworden, teilweise zerrissen, mit Schlick überzogen und fast von
den Wellen überspült. Die Steilküste bröckelt; sie ist über weite
Flächen kahl und bedrohlich absturzgefährdet.

Vor einem – früher so herrlichen – Spaziergang nach Rauschen ist zu warnen. Die Zeit ist vorbei, da einmal der Königsberger Komponist Otto Nicolai seine Eindrücke hier im „Mondchor" seiner Oper „Die lustigen Weiber von Windsor" verarbeitete. Ganz nahe erscheint der Turm des hohen Aufzugs in Rauschen; aber der Weg dorthin ist nahezu unpassierbar. Eine ungefüge, hohe Mauer begrenzt den Strand auf häßliche Weise. Dahinter lagern Steine, von denen die meisten Findlingsgröße haben. Oft hat der „Wanderer" nur die Wahl, auf schmalem Grat oben auf der mehr als zwei Meter hohen Mauer zu balancieren oder durch schmutziges Wasser zu waten, in dem Steine jeder Größe lagern und beides mit einem dicken Algenteppich bedeckt ist. Übler Geruch kommt auch von Abwässern, die ungeklärt in die See fließen. Das Badeverbot ist mehr als verständlich. Unbegreiflich hingegen, daß jung und alt sich hier zu vergnügen scheinen, als ob das eine heile Strandwelt sei.

Der steinige Weg führt an der einst wunderbaren Gausupschlucht vorbei bis an das westliche Ende der neuen Strandpromenade. Sie ist wesentlich länger als ihre Vorgängerin, betoniert und teilweise mit einer bis zu fünf Meter hohen Steinmauer geschützt. Der monströse Bau, beherrscht das ganze Strandbild und erscheint wie ein riesiger Fremdkörper in der einst von Harmonie geprägten Badelandschaft. Dadurch wirkt der ohnehin kleiner gewordene Strand noch schmaler. Die schönste Stelle ist die östliche Seite mit der Venusschlucht. Aber auch hier sind Spuren von Wasserverschmutzung und Küstenabbruch (siehe auch Farbbildteil).

Die Strandzone wird im übrigen geprägt von einer Gondelbahn zwischen Fischerweg und Bahnhof Rauschen-Düne, einem Wurzelstock und einer Holzschnitzsäule, dem Turmlift an der Stelle der früheren Drahtseilbahn (für Sanatoriumsgäste), bunter Sonnenuhr und dem breiten Hauptzugang (Paradetreppe in der Venusschlucht).

Weitaus freundlicher ist der Anblick von Rauschen/Svetlogorsk, erreicht man es auf der Straße im Westend, wo „Die Badende",

140

Rauschen – Skulpturen von heute (links „Die Badende") und damals (Bracherts Brunnenfigur).

eine moderne Skulptur vor dem Sanatorium „Bernsteinküste", den Gast begrüßt. Rauschen-Düne/Svetlogorsk 2 ist immer noch das schöne Zentrum des Ostseebades mit dem besonderen Ruf, in vielen Teilen fast unverändert. Auch moderne Elektrozüge bringen bis zu dem gleichnamigen Bahnhof Tausende Gäste von Königsberg, auf den Gleisen der alten Samlandbahn, hierher.

Liebevoll gepflegt sind die alten Häuser an der Kurhaus-Promenade. Das Warmbad mit dem 30 Meter hohen Wasser- und Aussichtsturm (mit herrlichem Panoramablick) ist nach wie vor das Wahrzeichen. Es erschien sogar auf einer sowjetischen Briefmarke. Schließlich ist das malerische Ostseebad im ganzen Riesenreich als „Sotschi des Nordens" bekannt. Die Sonnenuhr unter dem Turmdach ist ein Werk des Svetlogorsker Künstlers Nikolai Frolow, der sich in der Tradition von Hermann Brachert sieht. Bracherts 1940 geschaffene Brunnenfigur, eine auch Wasserträgerin genannte Marmor-Skulptur, steht im Kurpark.

141

*Moderne Elektrozüge auf dem Bahnhof Rauschen–Düne/
Svetlogorsk 2.*

Auch in den übrigen Teilen ist Rauschen weithin erhalten und
gepflegt. Das gilt für die Kirche und viele der schönen alten Villen. Zu den zahlreichen Neubauten gehören Restaurants, Cafés,
Kino – alles, was einen Kuraufenthalt verschönert. Einer fällt aus
dem Rahmen, ein stufenförmiges, unvollendetes Hochhaus auf
dem Hügel westlich des Mühlenteichs. Wir fahren die Dorfstraße
Kalinigradskaja nach Rauschen-Ort/Svetlogorsk 1, wo auch der
gleichnamige Bahnhof ist.

Der Mühlenteich wirkt immer noch wie ein verwunschener See,
tiefblau gegen Munzwinkel und silbrigblitzend im Gegenlicht
gen Westen. Dort liegen am nun betonierten Ufer Ruder- und
Tretboote. Bei genauer Betrachtung sind Spuren von Wasserverschmutzung zu erkennen.

Der Teich hat seinen Namen von einer Mühle, die schon der Orden betrieb. Der Katzebach wurde zu dem Zweck gestaut. Viele

Rauschen – Warmbad mit Wasser- und Aussichtsturm.

143

Der an Naturschönheiten reichste Badeort an dieser Küste ist Rauschen. Die seltene Verbindung von Wald und See, Berg und Tal, die hochromantische, gesunde und geschützte Lage verleihen Rauschen zunächst die Eigenschaften eines klimatischen Kurortes. Aber auch als Seebad nimmt Rauschen eine beachtenswerte Stellung ein. Die Bäder sind des starken Wellenschlages wegen sehr erquickend. Luft- und Sonnenbäder auf dem geröllfreien Strande, Spaziergänge und längere Ausflüge in die nahen ozonreichen Laub- und Nadelwälder des Warnicker Forstes, auf der Dünenheide und am Strande bieten dem Badegast eine unvergleichliche Fülle von Heilmitteln. In der Mitte von „Alt-Rauschen" befindet sich ein mehrere Hektar großer Mühlenteich, in dessen tiefdunkler Wasserfläche sich die idyllische Umgebung freundlich widerspiegelt. (Der prächtige Fichtenwald auf dem Südufer des Teiches ist erst in den vierziger Jahren des vorigen Jahrhunderts, und zwar auf Veranlassung Friedrich Wilhelms IV. angelegt worden. Gelegentlich seiner Königsberger Huldigungsfahrt besuchte er auch den samländischen Strand.) Unter den mächtigen alten Linden, die am Ostende dieses Teiches in der Nähe einer klappernden Mühle stehen und als prächtige Naturdenkmäler gelten können, befindet sich der Lindenkorso. Hier ist besonders in den Abendstunden beim Konzert ein reges Leben und Treiben der Badegäste. Oben auf der Düne in dem an Villen reichen „Neu-Rauschen" zieht sich der Dünenkorso hin. Von ihm genießt man einen herrlichen Ausblick. Tief unten liegt das silberglänzende, schäumende Meer mit dem breiten weißen Sandstreifen davor, der von Badegästen, Touristen, Fischern manchmal geradezu wimmelt. Unmittelbar vor dem Beschauer sind aber die hohen, steilabfallenden, schluchtenreichen, zerklüfteten, oben grünbewaldeten Steilufer mit der unvergleichlichen Fernsicht auf die

Strandpartien von Georgenswalde, Warnicken und Brüsterort. Schön und äußerst abwechselungsreich ist auch die Umgegend von Rauschen. Bei einem dreiwöchigen Aufenthalte kann an jedem Tag ein neuer lohnender Ausflug unternommen werden. In Rauschen haben gern Gelehrte, Künstler, Dichter geweilt, um sich in stiller Abgeschiedenheit zu erholen oder ungestört an ihren Werken zu schaffen. Erwähnt seien vor allem: Ferdinand Gregorovius, der ein begeisterter Lobredner dieses Badeortes ist, Ernst Wichert, Felix Dahn, Hermann Sudermann, Bildhauer Reusch, Maler Schmidt u. a. Gregorovius sagt von Rauschen: „Berg und Tal gehen diesem Ort einen überraschend fremden, fast schottischen Charakter. Ich sehe weder im schönen Thüringen, noch im Harz eine so schäferlich romantische Gegend. Zumal wenn der Abendduft um die Höhen flimmert und der Hirt die Herden von den Bergen treibt, oder wenn im Mondlichte die Nebel auf dem Teiche tanzen, gewährt Rauschen einen entzückenden Anblick. Überall sprudeln die Quellen aus dem Boden und springen geschwätzig ins Tal hinab. Murmelnd eilt der Mühlbach dahin, säuselnd durchzieht ein frischer Hauch die Wipfel der Bäume. Aus der Ferne tönt wie dumpfer Orgelklang das Brausen des Meeres herüber. Man begreift, wie dieser Ort zu seinem Namen gekommen ist."

(August Ambrassat: Die Provinz Ostpreußen)

Jahrhunderte alt sind auch die Linden am Ostufer. Ihr größter Umfang hatte am Stamm acht und in den Kronen 23 Meter. Wie früher sind sie auch jetzt Ziel und Treffpunkt unzähliger Spaziergänger.

Nach gut zwei Kilometern auf der Straße zurück nach Königsberg, der früheren Reichsstraße 143, geht die Fahrt links ab in nordöstlicher Richtung wieder an die Küste nach **Neukuhren/**

Pionerski. Wer auf der Hauptstraße bleibt, sieht nach etwa einem Kilometer – rechts an der Abbiegung nach Palmnicken – in St. Lorenz/Sal'skoe die traurige Ruine der Kirche, die mit ihrem hochragenden Turm ein weithin sichtbarer Blickpunkt war. Ihre Anfänge reichten bis zum Jahre 1450 zurück.

Wir aber machen noch Neukuhren einen Besuch. Schon bei der Einfahrt zeigen zahlreiche Neubauten, daß der Ort erheblich gewachsen ist. Er zählt jetzt um 11 000 Einwohner. Eine Reihe von bekannten Häusern aus der Vorkriegszeit sind noch zu entdecken: der Bahnhof (aufgestockt), Kurhaus und Offiziersheim (beide Klinik für körperbehinderte Kinder), Schule (Lagerschuppen), Hotel Seestern. Der Friedhof ist überbaut. Der Militärflughafen wird weiter genutzt.

Der Großteil der Bevölkerung lebt von der Fischindustrie. Neukuhren ist eine wichtige Basis der Hochseefischerei. Mehr als 50 Trawler und Fabrikschiffe gehören zu der Flotte, die monatelange Fangfahrten bis nach Südamerika unternimmt. Der einzige Hafen zwischen Pillau und Memel war seit 1904 bis in die dreißiger Jahre ausgebaut worden, hatte 300 Meter lange Molen. Moderne Motorkutter fuhren von hier auf die See hinaus. Die Idylle von einst ist dahin. Lange Greiferarme gewaltiger Kräne, ausgedehnte Werftanlagen, große Schiffe, Fabrikgebäude bestimmen das Bild einer Hafenindustrie erheblichen Ausmaßes. Alles allerdings nicht gerade in einem vorbildlichen Zustand.

Auch der Strand läßt Pflege vermissen. Immerhin ist er breiter und auch ansehnlicher als im benachbarten Rauschen. Und der Blick zur Wanger Steilküstenspitze im Westen wie zur Rantauer Spitze im Osten ist immer noch ein Genuß. Wenn die Zeit es zuläßt, können diese einst bekannten Aussichtspunkte aufgesucht werden. Allerdings – das Gut **Wangenkrug** im Westen gibt keine Orientierungshilfe mehr; es ist verschwunden, und auch in der Gegend sind die Schluchten unzugängliches Gelände geworden. **Rantau/Zaostrov'e** hingegen erreichen wir sogar mit dem Auto auf der Rückfahrt.

Sechs Kilometer südlich geht es nach **Pobethen/Romanovo**. Das schön gelegene Kirchdorf gehörte einmal zu den bedeutendsten Ortschaften des Samlands. Heute zählt es zu den am besten erhaltenen Ansiedlungen. Viele Altbauten stehen noch. Der Dorfkern allerdings mit anheimelnden Gasthäusern, wo früher unzählige Ausflügler einkehrten, ist so gut wie nicht mehr vorhanden. Der romantische Mühlenteich reicht bis zum Pfarrhof.

Den traurigsten Anblick bietet die Kirche. Der Feldsteinbau aus dem 14. Jahrhundert mit wuchtigem, blendenverziertem Turm und spitzem Turmhut war ein sehenswerter Bau aus der frühen Ordenszeit. An ihr hatte in der Mitte des 16. Jahrhunderts Pfarrer Abel Will gewirkt, der den Lutherschen Katechismus ins Altpreußische übertrug. Herzog Albrecht hatte ihn dazu veranlaßt. Heute ist die Kirche eine Ruine. Ein Teil des eingeebneten Friedhofs dient als Viehweide.

Pobethen – Ruine der Kirche.

Vom Schloß gibt es keine Spur mehr. In den Resten der Molkerei wird wieder Milch verarbeitet. Zu den zahlreichen, oft mehrgeschossigen Neubauten gehört eine Schule. Im benachbarten **Goythenen/Geroiskoe** stehen noch einige Gebäude, darunter die gut erhaltene Baptistenkapelle. Die anderen Dörfer sind bestenfalls in Resten erhalten, so **Gardwingen/Panaevo, Ankrehnen, Mogaiten/**beide **Perovoa, Radnicken/Rodniki, Schupönen/ Sumnoe, Langehnen/Sorthenen, Paggehnen, Lauknicken, Diewenz.**

Nach zwei Kilometern in südwestlicher Richtung treffen wir wieder auf die Hauptstrecke Rauschen – Königsberg, biegen nach links ein und sind alsbald in einer herrlichen Landschaft mit sanften Hügeln und blauen Wäldern, durch die unverändert die mit alten Linden bestandene einstige 143 führt. Wir durchfahren das Alkgebirge und kommen in das zentralsamländische Hügelgelände mit seinen besonderen landschaftlichen Reizen und dem Galtgarben als höchsten und bekanntesten Berg.

Drugehnen/Pereslavskoe, der etwa sieben Kilometer entfernte größere Ort, war die nächste Eisenbahnstation für Besucher aus Königsberg (20 Kilometer) des südwestlich davon gelegenen Galtgarbens. Auch heute noch steht der Bahnhof in dem in Teilen erhaltenen Dorf. Ebenso einige andere alte Gebäude. Neue Wohnhäuser und Kleingärten am Ortsausgang. Kein Weg aber führt mehr auf den einst oft regelrecht bevölkerten Berg. Er ist militärisches Sperrgebiet. Wer auf der Straße westlich Richtung **Kumehnen/Kumačevo** nach einem Kilometer es wagt, links die geteerte Waldstraße zu benutzen, stoppt spätestens an einem Schild, das besagt: „Betreten verboten. Hier wird ohne Warnung geschossen."

Unerreichbar liegt der 111 Meter hohe Galtgarben hier vor einem. Er ist allerdings nur in den Umrissen auszumachen. Die steile Anhöhe ist überwuchert von dem üblichen Wildwuchs. Keine Spur mehr von Ostpreußenschanze, Denkmal (1818 nach den Befreiungskriegen errichtet, mit den Namen Scharnhorst, Yorck,

Der Galtgarben – überwuchert und gesperrt.

Gneisenau), Bismarckturm (1906). Auch die Gaststätte zu Füßen
des Berges gibt es nicht mehr. Erinnerungen bleiben erlebnisrei-
che Wanderungen, stimmungsvolle Sonnenwendfeiern, Rodel-
partien, Skilangläufe, Abfahrten auf tiefverschneiten Hängen und
Sprünge von der Schanze im Winter sowie vom 20 Meter hohen
Turm der „wundervolle Rundblick über das gesamte Samland, im
Norden und Westen bis zur Ostsee, im Süden bis zum Haff und
dessen jenseitigen Ufern, im Osten bis zu den Türmen Königsbergs" (Reisebücher von Anno dazumal – Samland).

Zwei Kilometer sind es bis zum einst so schönen Samland-Dorf
Kumehnen, ebenfalls Station auf dem Weg zum Galtgarben oder
von ihm zurück. Die Ortsmitte ist ausgelöscht. Von der bischöf-
lichen Kirche aus dem 14. Jahrhundert steht nur eine traurige
Ruine, die lange Zeit als Lagerraum genutzt wurde. Keine Spur
von dem reichen Innenschmuck, zu dem ein Altarschrein gehörte,
der um 1500 in Nürnberg unter dem Einfluß von Veit Stoß entstanden war. Das wüste Gelände rundum war der Friedhof.

Als der „Nabel" des Samlandes darf der etwa in der Mitte der Landschaft gelegene Galtgarben gelten, der sich 112 Meter über dem Meere erhebt. Er steht als das Wahrzeichen des Landes da und macht sich durch seine äußere Gestaltung schon auf weite Entfernungen bemerkbar. Auch ist er als der Ausgangspunkt für ein paar nach verschiedenen Richtungen verlaufende Höhenzüge zu betrachten. Nach Norden sendet er das sich scharf markierende Alkgebirge – der Samländer nennt die bescheidenen Hügel schon ein „Gebirge" –, neben dessen nördlichen Ausläufern westlich von Pobethen sich das ziemlich isolierte „Kleine Gebirge" erhebt. Nach Südwesten senkt sich das hügelige Gelände auf Fischhausen hin ab und findet in dem Seeberge und dem Kauster seinen Abschluß, und gen Westen ziehen die Höhen zum Seestrande und steigen in dem Großen Hausenberge noch einmal bis zu 89 Meter empor. Neben diesen Hügelreihen aber tritt im Samlande noch mancher andere Höhenpunkt hervor, wie z. B. der Schulmeisterberg (neuerdings auch Kaiserhöhe genannt), der Kleine Hausenberg und der Wachbudenberg.

(Reiseführer von Anno dazumal – Samland)

Der Rückweg bringt uns in Drugehnen wieder auf die Hauptstraße. Von dort sind es bis zum Stadtrand etwa 13 Kilometer. Die Fahrt geht durch eine schöne Landschaft, hügelig und mehr bestellt als sonst. In der Nähe von **Fuchsberg/Holmogorovka** hat sich eine Datscha-Siedlung (Kleingärten) ausgebreitet, wie auch an anderen Stellen des Stadtrands. Durch Tannenwalde und Charlottenburg geht es über Stresemannstraße/Sovetskij pr., Hansaplatz/pl. Pobedy und Steindamm/Leninskij pr. an den Ausgangspunkt zurück.

Von Königsberg nach Cranz, auf die Kurische Nehrung und ins östliche Samland

Wir fahren über Vorder- und Hinterroßgarten/Kliniceskaja oder Hintertragheim/Sergeeva und Wrangelstraße/Cernjachovskogo zur Cranzer Allee/Aleksadra Nevskogo und dort die frühere Reichsstraße 128 über Rothenstein/Kutzovo und Quednau/Servernaja Gora. **Trutenau/Medvedevka**, etwa drei Kilometer, ist das erste Dorf hinter der Stadtgrenze. Hier, schon im schönen Fritzener Forst, gab es in alten Zeiten eine Papiermühle. 1775 wandelte der Königsberger Buchhändler Kanter sie in eine Papier- und Preßspanfabrik um.

Nach weiteren drei Kilometern ist nach rechts der Abbieger zum Flugplatz **Powunden/Chrabrovo**. Nach vier Kilometern (auf der 128) sind wir in **Mollehnen/Kastanovka**. Die meisten Häuser sind verfallen. Enten schwimmen wie früher auf dem Dorfteich. Hier zweigt nach links eine Straße nach Rauschen ab. Auf dieser Strecke liegt hinter **Jaxen,** wo das Gutshaus noch steht, in knapp drei Kilometer Entfernung **Rudau/Mel'nikovo**. Das Kirchdorf mit der großen Vergangenheit hat schwer gelitten, ist aber in Teilen gut zu erkennen. Die Kirche ist eine Ruine. Reste von Molkerei und „neuer" Mühle. Von den schönen Gasthäusern ist lediglich der „Amtskrug" einigermaßen erhalten. In gutem Zustand die Schule. Der Amtsberg, Spielgelände der Kinder im Sommer und Winter, verwildert. Ein erfreulicher Anblick nur der Mühlenteich.

In Rudau hatten schon die Prußen eine Burg. Nahebei war das Schlachtfeld, wo am 17. Februar 1370 der Deutsche Ritterorden das Heer der eingedrungenen Litauer besiegte. Ordensmarschall Henning Schindekop wurde dabei tödlich verwundet. Eine Gedenksäule erinnert daran.

Nach wiederum gut drei Kilometern auf der Hauptstraße erreichen wir **Laptau/Muromskoe**. Das alte Kirchdorf, in dem die Bischöfe von Samland eine Burg (1351) besaßen, ist recht gut erhalten. Schule, Bahnhof, ein wesentlicher Teil des Ortskerns, Siedlungshäuser sind in recht gutem Zustand. Die Kirche, ohne Turm und Spitzdach, ist Turnhalle. Zahlreiche neue Häuser sind besonders in der Gegend des Bahnhofs entstanden. Das Kriegerdenkmal steht noch. Ein neuer großes Ehrenmal am Ortsausgang erinnert an die Eroberung 1945.

Im vier Kilometer nördlicheren **Bledau/Sosnovka** steht im recht verwilderten Park das Schloß. Dort ist ein Taubstummenheim untergebracht. Zwei Kilometer westlich davon liegt **Wiskiauten/ Mohovoe** mit dem großen Wikingerfriedhof. Seine Entdeckung hatte den Nachweis erbracht, daß dieser skandinavische Volksstamm im 9. und 10. Jahrhundert am später versandeten Tief bei Cranz ansässig gewesen ist.

Nach zwei Kilometern erreichen wir **Cranzbeek**. Auf der rechten Seite liegen im kleinen Hafen einige Boote. Vor hier fuhren einst die Ausflugsschiffe ins Haff, wo mit allen größeren Orten Liniendienst bestand. Nach knapp zwei Kilometern ist **Cranz/Selenogradsk** erreicht (32 Kilometer von Königsberg).

Die heutige Kreis- (Rayon-)stadt, ist für den normalen Autoverkehr gesperrt. Parkplätze vor dem Schulgelände. Die 1929 bezogene „Mittlere Schule" ist durch Erweiterungsbauten größer geworden. 1500 Schüler werden hier unterrichtet. Auf der linken Seite dahinter der gut erhaltene und gepflegte Bahnhof. Auch hier – wie in Rauschen – stehen moderne Elektrozüge, die auf der 28,20 Kilometer langen Strecke Königsberg–Cranz der am 8. Juli 1885 in Betrieb genommenen „Königsberg–Cranzer Eisenbahn" verkehren.

Noch weiter in dieser Richtung ist die Siedlung Westend gut erhalten und durch Anlagen verschönt. Dort ist auch ausgedehntes Neubaugelände. Im Zentrum rechts ist die Königsberger Straße/ Lenina die schönste im Cranz von heute.

Besonders auffällig die Gebäude hinter der Post. Das Gemeindeamt am Corso 2 ist erhalten. Hier in der Nähe steht auch der

152

auffälligste und größte Neubau, ein zehngeschossiges Hochhaus in Backstein, das „Sanatorium für prophylaktische Zwecke Tschaika, Möwe" heißt.

Die Veränderungen sind am meisten in der Strandzone zu merken. Eine zwei Kilometer lange betonierte Promenade statt der ein Kilometer langen holzbelegten Flanierstrecke einer bunten, fröhlichen Menschenmenge. Wenige Betonklötze, viele Ruinen, wo einmal übervölkerte Café-Stuben und gediegene Hotels waren. Nur noch in Umrissen zu erkennen die Hotels „Meeresblick" und „Zum Elch". Leidlich hergerichtet das „Café Atlantic". Einziger Neubau auf diesem Abschnitt (hinter Hotel „Zum Elch") das vielbesuchte Restaurant und Café Priboj (Brandung), das über die Promenade reicht. Wo einmal in entgegengesetzter Richtung, das beliebte Hotel „Monopol" war, steht nun ein Haus mit dem „Restaurant Cranz", in dem auch ausländische Touristen essen. Dahinter ein fünfstöckiger Neubau (Sanatorium). Der Strand selbst ist schmaler geworden. Vor der hohen Mauer der Promenade lagern Steine in jeder Größe.

Cranz – Betonierte Promenade mit den meisten zerstörten Altbauten und dem Cafè-Restaurant „Priboj".

153

Die Adalbertskirche aus dem Jahre 1897 und mit dem 42 Meter hohen Turm ist gut erhalten. Sie wurde zum „Sportkomplex", soll aber wieder Gotteshaus werden. Das Pfarrhaus ist Reparaturwerkstatt für Kett-cars. Die restaurierte katholische Kirche in der Kirchenstraße/Moskovskaja dient den Russisch-Orthodoxen. Von der Synagoge steht nur noch der Eingang. Die schönen Anlagen der Plantage, Tennisplätze, Dumkes Höhe, Waldhütte, Waldhaus und Fichtenheim gibt es nicht mehr.

Cranz ist das älteste Seebad an der Ostsee. Seit 1816 wuchs es zum meistbesuchten samländischen Kurort, der städtischen Charakter annahm und mondänen Flair hatte. Das heutige Selenogradsk gibt sich Mühe, diese Tradition fortzusetzen, zumal die Stadt Sitz des größten Rayons im Gebiet wurde. Aber das ist bisher nur sehr begrenzt gelungen. Wenn auch zahlreiche Häuser das Inferno überdauert haben und die alte Bausubstanz noch gut ist, so ist der Gesamteindruck sehr bescheiden und keinesfalls vergleichbar mit dem blühenden Strandbad von einst. Die Einwohnerzahl hat sich mit 11 000 etwa verdoppelt.

Cranz – Strand mit neuer Promenade Richtung Nehrung.

Cranz war immer auch der Ausgangspunkt für Ausflüge auf die Kurische Nehrung, deren geschwungener Küstenstreifen vom Strand aus zu sehen ist. Die einzigartige Wunderwelt der Wanderdünen liegt vor der Haustür. Das ist so geblieben.

Vom Parkplatz sind es nur wenige hundert Meter bis zur Umgehungsstraße, in die wir links einbiegen. Vorbei an einer Tankstelle (links) und dem neuen Krankenhauskomplex (rechts) erreichen wir bald den bewaldeten Anfang der 98 Kilometer langen bis Memel/Klaipėda reichenden Kurischen Nehrung/Kurschskaja kosa.

Dieses ist ein Naturschutzgebiet, das nur mit Genehmigung betreten werden darf. An einer Postenstelle werden die Papiere kontrolliert.

Auf der nun geteerten alten Poststraße geht es nordwärts, über das Schwendlunder Moor mit dem aufgesetzten Hochmoor, wo der „versunkene Wald von Cranz" bis in die Ostsee hineinreicht. Rastplätze laden zu erholsamem Verweilen ein. Nach etwa zehn Kilometern passieren wir die Stelle, wo 1981 während einer schweren Sturmflut die Nehrung durchgebrochen war und ein neues Tief erst nach zweitägigem Kampf gegen die Elemente wieder geschlossen werden konnte.

Sarkau/Lesnoe, der erste Ort, war zugleich die erste Ansiedlung auf der Nehrung überhaupt. Kuren hatten sie gegründet, Menschen des geheimnisumwitterten Stammes von Westfinnen im Lettischen, deren Namen hier und im Kurland (Lettland) weiterlebt. Fischer wohnten vor allem bis zuletzt dort. Die „Sarkauer Flundern" waren auf dem Königsberger Fischmarkt sehr begehrt.

Hier stand auch eine der vier Kirchen auf der Nehrung. Heute ist sie – ohne Turm – kaum noch zu erkennen. Das helle, lange Gebäude am Ortseingang rechts ist nun Kulturhaus. Am besten ist das alte Sarkau noch in den Straßen rechts zum Haff (Sarkauer Haken) wiederzufinden. Empfehlenswert auch der Besuch der anderen Seite, etwa über die Seestraße, wo es durch schöne Anlagen bis zum alten Bootsplatz und den Badestränden mit herrlichen Ausblicken geht. Wenig anheimelnd wirkt dagegen die

Hauptstraße, wo eher häßliche Neubauten und nicht besonders gut gepflegte alte Häuser wie Fremdkörper nebeneinander stehen.

Die Weiterfahrt führt nach wenigen Kilometern an dem neuen Ferienort „Düne" vorbei. Zwei Stationen sollte man auf der Tour nach dem 24 Kilometer entfernten **Rossitten/Rybatschij** nicht versäumen. Die erste ist das 1988 eröffnete „Museum Kurische Nehrung". Ein eindrucksvolles Relief veranschaulicht die Welt der erst rund 7000 Jahre alten Nehrung. Über Flora und Fauna wird aufgeklärt, und eine Bildwand ist der Vogelwarte Rossitten, der ersten überhaupt, und ihrem Begründer, Professor Johannes Thienemann, gewidmet. Das Obergeschoß ist wechselnden Gemäldeausstellungen vorbehalten.

Nur ein Stückchen weiter, beides in Nähe der früheren Beobachtungshütte „Ulmenhorst", hat die Beobachtungsstation der Biologischen Station Rossitten ihren Platz. Während des Vogelzugs

„Museum Kurische Nehrung" – Direktorin Larissa Smirnova vor Tafel „Vogelwarte Rossitten" mit Professor Thienemann.

lassen sich zur Herbstzeit täglich bis zu einer Million Vögel im Dünensand dahinter zur Ruhe nieder. Tausende verfangen sich in den Netzen. Bis zu 100 000 werden jährlich beringt. Um die 200 Rückmeldungen geben Auskunft über ihren Weg in den Süden.

Elf Kilometer sind es bis Rossitten. Rechts am Weg liegt das Möwenbruch. Möwen, deren Schwärme einst zu dem See gehörten, sieht man kaum. Kurz vor dem Ort führt links ein kaum befahrbarer Waldweg zum alten Rossitter Friedhof. Am Ende liegt die Grabstätte des 1938 verstorbenen Johannes Thienemann. Sie wurde wiederhergerichtet; ebenso das Grab des verdienstvollen Düneninspektors Franz Epha. Auch das übrige Friedhofsgelände, das in einem beklagenswerten Zustand war, soll würdiger gestaltet werden.

Rossitten – Grabstein für Johannes Thienemann.

Hinter dem blauen Forsthaus, in dem auch der Dünenwart wohnte (links), führt der Weg rechts, an dem idyllischen Teich Lunk vorbei, nach Rossitten hinein. Einfahrt ist hier verboten. Der Fußweg geht an tristen Alt- wie auch Neubauten vorbei. Man erkennt sofort: Das ist nicht mehr das Rossitten von einst. Besuchenswert auf jeden Fall die Kirche. Jahrelang war sie Trockenhalle für Netze der Fischerkolchose „Arbeiter der See". Nun ist sie wieder Gotteshaus (der russisch-orthodoxen Konfession). Die Innenausstattung ist noch sehr dürftig. Ein aufgestelltes Schild bittet um Spenden für den weiteren Ausbau. Vor der Kirche stehen ein Kreuz und ein Stein mit der Inschrift „Zum Gedenken an die ehemaligen Bewohner von Rossitten". Die Fischerkolchose ist der mit Abstand größte Arbeitgeber, und sie bestimmt auch wesentlich den Zustand des Ortes. Rund 1200 Leute wurden hier in besten Jahren beschäftigt. Rybatschij hat – wie einst Rossitten 900 Einwohner. Der Hafen liegt südlich der Mole. Zahlreiche Kutter und ein Pontonschiff mit Hebevorrichtung zum Löschen der Fänge sind dort beheimatet. Am Ufer stehen flache Hallen und Schuppen für Verarbeitung, Lagerung und Abtransport. Kaum vorstellbar, daß dort einmal malerische Kurenkähne mit reichem Fang heimkehrten, Feriengäste an der langen Mole aus den Dampfern strömten und trocknende Netze den sauberen Strand zierten.

Das Gebäude der Vogelwarte Rossitten, nur wenige Schritte hinter der Kirche, steht noch, ist aber zum Schuppen degradiert. Die „Biologische Station" hat ihren Sitz im aufgestockten Anbau des Gästehauses vom Kurhaus. Neben diesem Namen steht auch ein Schild mit der alten Aufschrift „Vogelwarte Rossitten". Am 1. Januar 1901 hatte Johannes Thienemann hier die Vogelwarte gegründet und sie schließlich zu Weltruf geführt. 1923 war sie eine Anstalt der Kaiser-Wilhelm-Gesellschaft geworden. Bis nach Sibirien und zum Kap der Guten Hoffnung trugen Hunderttausende von Zugvögeln den Namen „Vogelwarte Rossitten" auf den Ringen an den Füßen. Thienemann legte damit zugleich den Grundstein für ein ganzes Netz von Vogelwarten in aller Welt. Die Tradition seiner Vogelwarte wird in Radolfzell am Bodensee fortgesetzt – und hier auf der Nehrung. Auch das Wohnhaus Thienemanns, in der Nähe der jetzigen Station, blieb erhalten.

Der Name Rossitten ist ebenso untrennbar verbunden mit einem bedeutenden ersten Kapitel des Segelflugs. Die Wanderdünen erwiesen sich als ein ideales Gelände für diesen jungen Sport. Schon 1923 waren sie Schauplatz der ersten Deutschen Küsten-segelflugwoche. Ein Jahr später begann dort der Ostpreuße Ferdinand Schulz mit aufsehenerregenden Flügen in seiner „Besen-stiel-Kiste". Sie gipfelten am 3. Juni 1926 mit einem Weltrekord. Neun Stunden und einundzwanzig Minuten blieb er in der Luft.

Eine ganze Generation begeisterter Flieger genoß hier das unge-trübte Hochgefühl des lautlosen Schwebens in unberührter Natur, unter sich die Meere aus Sand und Wasser und immer wieder getragen von einer Thermik, wie sie nur der heiße Sand zwischen kühlen Wassern schafft. Später, kurz vor Kriegsende, kam Heinz Rühmann, alias „Quax der Bruchpilot", dorthin. Die Sandwüste sollte für den zweiten Teil des Erfolgsfilms, „Quax in Afrika", das passende Milieu bringen.

Am Fuße dieses großen und schönen Wanderdünengebiets setzen wir die Fahrt fort. 1761 war hier das Dorf Predin untergegangen, eines von acht verschütteten Ortschaften auf der Nehrung. Nach einigen Kilometern hört der abwechslungsreiche Hochwald plötzlich auf. Buschwerk und dünne Stämme junger Bäume auf großer Fläche. Hier hatte es bei der großen Sturmflut 1981 einen Wassereinbruch gegeben.

Nach elf Kilometer biegt von der Poststraße rechts ein Weg nach **Pillkoppen/Morskoje** ab. Auch hier ist der Zauber des alten Nehrungsdorfes verlorengegangen. Doch ist immer noch ein Hauch der traulichen Welt von einst spürbar. Neben den unüber-sehbaren Zeichen des Verfalls sind Versuche der Erneuerung erkennbar. Von den bekannten Gebäuden sind erhalten: Schule (Kaufladen), alte Schule (Wohnhaus), Traditionsgaststätte „Zur Hoffnung" (Kulturhaus). Der Friedhof auf der Düne am Haff wird wieder hergerichtet und mit einem Kreuz geschmückt. Schön ist

Wunderwelt der Kurischen Nehrung

Es gibt ein Land, da das Schweigen Sprache ist, ein Land, das wie eine Brücke durch die Fluten des Lichts sich spannt, in dem die Berge wandern, ein Land, aus dem es keine Rückkehr gibt. Du lässest dein Herz, wenn du einmal in die Tiefe seiner Einsamkeit getaucht bist, dort und einen Teil deiner Seele. Deine Gedanken ziehen immer wieder seinen Schweigensbergen zu, als müssest du ergründen, ob nicht versunkene Hütten und Dörfer darunter ruhen. Deine Gedanken kommen nicht los von den weißen Möwen, von denen man nicht weiß, ob sie nicht die eigentlichen Urbewohner dieses Landes sind, verzauberte Seelen, die da warten, daß die weißen Berge sich auftun und die alten Hütten sich wieder aus dem Sande heben. Licht und Lachen, aber auch Tod, Stürme und Finsternis ruhen dort beieinander, so wie Haff und Meer seine schmalen Flanken benagen, so wie Sand und Wald miteinander ringen und die hohe Düne ihre Schatten reckt über Haus und Hafen, über Acker und Wiese. Es ist ein seltsames, ein zauberisches Land. Wie ein Weib ist es, reif und herrlich, unergründlich in seiner Lockung. Und Haff und See kämpfen um seinen leuchtenden Leib. Sie lassen die Stürme über ihn hinwegrasen. Sie liegen und lauern und locken stumm. Der Meermann wellt im Abendlicht seinen tausendfarbenen Mantel. Das Haff breitet sich wie ein opalener Spiegel im heißen Mittag zu Füßen der fahlen Düne. Das Land aber lächelt dem Himmel zu und läßt sich von der Sonne umfangen.

Hansgeorg Buchholtz
(Ostpreußen, wie es war)

immer noch der Blick – etwa vom bröckelnden Haffufer – zur Epha-Höhe, so genannt nach dem aus Goldap stammenden Düneninspektor Franz Epha, der am Ende des vorigen Jahrhunderts Pillkoppen durch Festlegung der Düne rettete (und auf dem Rossitter Friedhof ruht). Der herrliche Blick von diesem einst so bekannten Aussichtspunkt ist aber (noch) nicht möglich. Dort ist Militärgebiet. Vor dem staunenden Auge aber erhebt sich links davon die weiße Düne, die ahnen läßt, was einmal eine Wanderung über alle diese wundersamen Sandberge von Sarkau bis **Schwarzort** bedeutete.

Selbst erleben kann der Besucher von heute diesen Hochgenuß der Natur bei einer Dünenwanderung von Pillkoppen nördlich bis zum Grenzbereich am Grabschter Haken, wo mit dem Blick nach vorn auf die Hohe Düne und zurück auf die Pillkopper Düne alle Schönheit der Nehrung an einem Punkt gipfelt, wo die gelbe Wüste in die Unendlichkeit wächst, Ostsee und Haff sich in einem Punkt zeigen, auf den Wellenfurchen des Sandes bizarre Gebilde, vom Windschliff gezeichnet, sich zu kurzlebigem Dasein erheben, wo der Steilhang aus sechzig Meter Höhe fast senkrecht in die Tiefe stürzt, wo der wandernde Koloß den Mergelboden aus

Die Düne

Die Düne ragt ins blaue Licht
und rührt sich nicht und regt sich nicht;
wie eine, die in ihr Gebet
mit ganzer Seel' versunken steht.

Wie eine frauensanfte Hand
streicht eine Wolke übers Land.
Und selig singt ein leiser Wind:
Wie groß doch Gottes Wunder sind!...

Fritz Kudnig
(Ostpreußen, wie es war)

dem Wasser preßt, wo der Elch Spuren in den leuchtenden Boden setzt, wo von der höchsten Erhebung die größte Erhabenheit sichtbar ist. Hier ist das Nehrungsglück vollkommen.

Weniger lohnend ist die Fahrt auf der Straße. Nach etwa sechs Kilometern kommt die Grenze mit Kontrollstellen beiderseits. Für den Besuch des litauischen Gebiets wird ein eigenes Visum benötigt.

Auf der Rückfahrt lohnt es sich, die abwechselungsreiche, herrliche Landschaft im Auge zu haben. Wer großes Glück hat, kann, vor allem auf der Strecke zwischen Pillkoppen und Rossitten, einen Elch entdecken. Pausen und kurze Wanderungen sind sehr zu empfehlen. Ganz besonders kann ein Sonnenuntergang an der Ostsee – wie auch ein Sonnenaufgang an der Haffseite – ein unvergeßliches Erlebnis sein.

In Cranz stoßen wir wieder auf die Hauptstraße nach Königsberg, biegen aber, wenn die Zeit reicht, in Bledau/Sosnovka nach links ab. Zweimal dann, jeweils nach etwa zwei Kilometern, nach

Der Elch, manchmal von der Straße aus zu beobachten.

rechts, und nach weiteren drei Kilometern erreichen wir Powunden/Chrabrovo, das durch seinen Flugplatz bekannt geworden ist und Ankunfts- wie Abflugsort vieler Touristen ist. Das internationale Abfertigungsgebäude steht auf dieser, nordwestlichen Seite, während der weitaus schönere Neubau für den inländischen Verkehr gegenüber, am südöstlichen Platzrand, liegt.

Das alte, schöne Kirchdorf selbst ist kaum wiederzuerkennen. Die Weiterfahrt ins östliche Samland geht über **Korreynen/Dubrava** und **Gunthenen/Privol'noe**, wo noch einige, auch gut erhaltene alte Häuser zu sehen sind, nach dem rund sechs Kilometer entfernten **Schaaken/Nekrasovo**. Zu den erhaltenen Gebäuden gehört die Schule. Zahlreiche Neubauten haben das lange Reihendorf verändert, verfremdet.

Wassertürme – wie hier bei Schaaken – gehören zum Landschaftsbild mit den Großbetrieben.

Dann die Burg Schaaken, deren Ecktürmchen den höher gewornenen Baumbestand überragen. Das 1270 errichtete Bauwerk war Sitz eines Pflegers, dann eines Herzoglichen Kammeramtes und eines Amtshauptmanns. 1525 eroberten es aufständische Samländer. 1606 vernichtete ein Feuer die Innenräume. Im Siebenjährigen Krieg war es Hauptquartier des russischen Generals Suworow. Schließlich war die Burg Gutssitz. Nach dem Krieg diente sie als Wohnhaus, bis 1975 der zunehmende Verfall das nicht mehr zuließ.

Die Kirche – am Ende dieser Straße – ist zerstört. Der schöne Bau aus der Mitte des 14. Jahrhunderts, der den Krieg unbeschadet überstanden hatte, ist zu einem gespenstischen Dohlenfriedhof geworden. Nur der hohe Turmrest läßt ein wenig die frühere Herrlichkeit ahnen.

Die Straße, auf die wir hier stoßen, führt rechts nach Neuhausen/ Gur'evsk über **Sudnicken/Pirogovo**, wo das Schloß verschwunden ist und auch der Bahnhof fehlt, aber sonst die meisten Häuser, auch Schule und Molkerei, stehen geblieben und zahlreiche neue hinzugekommen sind, und **Trömpau/Lazovskoe**, wo vom Gutshaus nur Mauerreste übriggeblieben sind, im Dorf aber fast alle Gebäude – auch Schule und Post – zu finden sind.

Wir nehmen die Strecke nördlich nach **Schaaksvitte/Kasirskoe** (drei Kilometer). Zahlreiche Häuser sind auch hier erhalten; aber die triste Ansammlung von Gebäuden hat nur wenig mit dem schönen und großen Fischerdorf am Kurischen Haff zu tun. Nur dort, wo die Wasserlandschaft fast unverändert ist, lohnt sich ein Aufenthalt: An der gemächlich, in sachten Windungen dahinfließenden blauen Beek, die von der Straßenbrücke auch in beiden Richtungen schöne Bilder gibt; und am Haff, wo der halbinselförmige Damm zum Spaziergang auf verschlungenen Pfaden einlädt mit Ausblicken auf verträumte Schilfbuchten, Seerosen und Rohrkolben, Weiden am Ufer und zur anderen Seite auf Hafen und die Weite des Wasser mit dem Landvorsprung Post am Horizont.

Trügerische Idylle bei der Burg Schaaken.

Auf der Rückfahrt biegen wir bei Sudnicken nach links ab. Über **Germehnen/Naumovka** an alten, verfallenen Häusern vorbei nach **Gallgarben/Marsal'skoe**. Zahlreiche alte Gebäude stehen noch. Schule und Molkerei sind verfallen. Beide Mühlen sind weg. Dort ist eine neue Siedlung entstanden.

Nach einem Kilometer geht es links in nördlicher Richtung nach **Perwissau/Rozkovo**; links eine neue, ausgedehnte Obstplantage. Vom Ort sind nur wenige Häuser übriggeblieben. Nach vier Kilometern ist links die Abbiegung nach **Jägertal/Zalivnoe**; aber der Ort ist bis auf ganz wenige Bauten verschwunden, der Weg nach **Steinort/Primorskoe** am Haff durch die schöne Gegend der Haffwiesen unbefahrbar geworden.

Auf der Hauptstraße einen Kilometer weiter erreichen wir **Postnicken/Zalivnoe**. Das war einmal das östlichste Fischerdorf im Samland, eine idyllische Siedlung mit arbeitsfrohen Menschen. Heute ist davon so gut wie nichts mehr übriggeblieben. Es gibt keinen Hafen mehr, kaum ein Boot. Die Kirche ist verfallen. Auf dem Friedhof wachsen Obstbäume. Nichts mehr zu sehen von der Mühle, den Siedlungen und den meisten schönen Bauten. Nur das Pfarrhaus ist in gutem Zustand. Sonst verfallene Bauten, in denen überwiegend alte Leute wohnen. Ein sterbendes Dorf.

Zurück fahren wir auf dieser Seite geradeaus weiter über **Neuendorf/Divnoe** (sieben Kilometer), wo die Molkerei steht, aber als Wohnhaus genutzt wird, und **Damerau/Sokolovka**, das, ebenso wie das zwei Kilometer rechts davon gelegene **Damerauhof** ausgelöscht ist. Nach acht Kilometern biegen wir links ab, wo nach zwei Kilometern **Knöppelsdorf/Rassvet** auftaucht. Zahlreiche alte Gebäude, auch Schule und Dorfkrug, sind zu erkennen.

Neuhausen/Gur'evsk ist – das letzte Stück auf der alten 126 – in vier Kilometern erreicht. Dem Ort im Grünen sieht man es nicht an, daß hier das Zentrum des zweitgrößten Rayons in der Kaliningrader Oblast ist. Teile der früheren Kreise Samland, Labiau, Wehlau und Königsberg wurden zu einer Einheit zusammengefaßt. Neue Siedlungen wurden in den Wald hineingebaut. Der Ort ist größer geworden, ohne einen erkennbaren Mittelpunkt zu haben.

Den schweren Kämpfen bei der Einschließung Königsbergs fiel auch das Schloß mit der großen Vergangenheit zum Opfer. Hinter den hohen Mauern ist der um ein Stockwerk niedrigere, trostlose Bau kaum als herzogliche Sommerresidenz zu erkennen. Die 1292 errichtete Burg des samländischen Domkapitels war von Herzog Albrecht zu einem standesgemäßen Herrschaftssitz ausgebaut worden. Am 20 März 1568 war in den Räumen seine zweite Gemahlin, Anna Maria, verstorben – am gleichen Tag, da auch der Herzog auf Schloß Tapiau verschied. Glanzvolle Tage erlebte das Haus, als Kurfürst Georg Wilhelm (1619 – 1640) es zu seinem Lieblingssitz erkor und fröhliche Gelage nach aufregenden Jagden in den herrlichen Revieren der Umgebung abhielt. Schließlich beherbergte das Schloß Domänenverwaltung und Justizamt. Nun sind in den Resten des Gebäudes eine landwirtschaftliche Verwaltung und ein Fuhrpark untergebracht.

Neue Hoffnung gibt es für die Kirche nahebei. Das Gotteshaus aus dem 14. Jahrhundert hatte den Krieg heil überstanden, wurde für einen Armeeklub genutzt und verfiel schließlich. Jetzt wird es restauriert und Gotteshaus der Neuapostolischen Kirche. Das Pfarrhaus steht, ebenso Pfarrwitwenhaus, Schule und Post.

In **Neuhausen-Tiergarten** sind manche Straßenzüge heil geblieben, andere wiederum schwer heimgesucht worden. Hier gibt es zahlreiche Neubauten. Verschwunden ist der Kleinbahnhof. Das Mühlenfließ ist versumpft, ebenso der Fußweg neben dem Bahndamm und der Wald an der Reichsstraße. Ursache: Die tiefen Straßengräben, die vor allem während der Schneeschmelze nötig waren, wurden zugeschüttet. – Eine Besonderheit gibt es: ein „deutsches Kulturhaus", eine Begegnungsstätte, die junge Rußlanddeutsche mit viel Tatkraft eingerichtet haben (Novo Gur'evsk).

Über die einstige 126 geht es durch das Gelände des untergegangenen Dorfes **Mandeln**, wo es auch eine Molkerei und eine Windmühle gab, bis zur nahen Stadtgrenze und weiter durch Devau und Kalthof, Königstor, Königstraße zurück zum Ausgangspunkt.

Von Königsberg nach Labiau, Tapiau, Wehlau, Friedland, Domnau

Die Fahrt nach Labiau und in das mittlere Ostpreußen beginnt, wie die letzte geendet hat: Königstraße, Königstor, Kalthof, Devau, Neuhausen und dann weiter auf der einstigen Reichsstraße 126, die fast unverändert ist und bis in die Nähe von **Kreuzingen** führt. Knapp sieben Kilometer hinter Neuhausen passieren wir **Konradswalde/Konstantinovka**. Das alte Dorfbild ist stark durchsetzt mit gewohnten Einheitsbauten. Dann beiderseits der Straße nur Gras, soweit das Auge blickt, hoch und wild wuchernd wie in der Steppe.

Nautzken/Dobrino, zwölf Kilometer weiter, trägt noch auf einem Bahngebäude in großer Schrift den deutschen Namen. Der Bahnhof selbst ist zerstört. Aber am Gleis und an der Straße sind zahlreiche Gebäude aus der alten Zeit vorhanden. Schule, Molkerei (die arbeitet) und Gastwirtschaft gehören dazu. An der Straßenkreuzung geht es links nach **Duhnau/Barsukovka** und **Mettkeim/ Novgorodskoe,** rechts nach **Kaimen (Kaymen)/Zareč'e.** Dort steht von der Kirche nur der Turm. Zu ihrem reichen Schmuck hatte ein Doppelbildnis Luther-Melanchthons von dem Cranach-Schüler Heinrich Königswieser (1564) gehört. Zahlreiche Gebäude aber sind erhalten. Pfarrhaus, Krankenhaus und Apotheke. Daneben der auffälligste Neubau: ein Kino mit Säulen am Eingang. Gepflegt das Gefallenenehrenmal mit der Inschrift: „Treue um Treue". Das Kirchdorf Kaymen hatte – ebenso wie Legitten – im samländischen Bauernaufstand von 1525 eine Rolle gespielt, als der Müller Kaspar aus dem Ort die Bauern aufwiegelte, die sich schließlich bei Lauth doch dem Herzog ergeben mußten.

Trostlos sieht es im benachbarten **Sielkeim/Veselovka** aus. Zu den wenigen leidlich erhaltenen Gebäuden gehören Schule (Wohnhaus), Gastwirtschaft und Forstarbeiterhaus.

Wer in Nautzken die Straße in nördlicher Richtung nimmt, wird im nahen Duhnau vergeblich nach dem schönen Herrenhaus und den Wirtschaftsgebäuden suchen. Der Ort, in dem um die 130 Menschen ihre Heimat hatten, ist ausgelöscht.

Am Ortsende von Nautzken geht die Fahrt über den Westkanal, der bis ins haffnahe **Postnicken/Zalivnoe** führt und ein beliebter Badeplatz für die Jugend war. Kurz danach endet der Rayon Gur'evsk, und der Rayon Polessk beginnt. Früher verlief die Grenze zwischen den Kreisen Fischhausen und Labiau drei Kilometer westlich. Nautzken war also bereits Kreis Labiau.

In **Gr. Droosden/Zuravlevka**, fünf Kilometer weiter, gibt es einige Gebäude aus der alten Zeit. Am auffälligsten sind das Gutshaus und der lange Kuhstall. Recht gut erhalten auch **Meyken/Majskoe**. Zahlreiche Neubauten sind in **Seith** zu sehen, auch in **Pronitten/Slavjanskoe**; der Bahnhof steht nicht mehr.

Von hier aus führt eine Straße ans Haff, über **Lablacken**, wo die Schule steht und die Siedlerhäuser fast wie früher aussehen, das Schloß aber fehlt und die Molkerei eine Ruine ist; dann das fast vollzählig erhaltene **Annenhof/Rybkino** und **Damm/Usakovka**, ebenfalls mit den meisten alten Häusern, bis nach **Kampken**. Die Dorfstraße geht durch wilde Einsamkeit. Schule und übrige Häuser sind weg. Zwei Erholungsheime für Kinder und Jugendliche lassen den Ort nicht ganz verlassen erscheinen. Auch am Haff ist kaum Leben. Die Molen sind von Unkraut überwuchert. Unverändert schön nur der Blick auf das silbrigglitzernde Wasser.

In **Gr. Legitten/Mordovskoe** fällt rechts die erschütternde Ruine der Kirche auf. Das um 1400 erbaute Gotteshaus war 1945 unbeschädigt. Eine Zeitlang wurde es als Lager benutzt. Dann war es nur noch Lieferant für Baumaterialien. Gelegentlich benutzen es junge Leute zum Kampieren am offenen Feuer. Der Turm, dessen

Gr. Legitten – Ruine der Kirche.

Spitze fehlt, diente in der ersten Hälfte des vorigen Jahrhunderts Friedrich Wilhelm Bessel, dem Begründer der Königsberger Sternwarte, als Fixpunkt für Vermessungen. Im Torso des Kirchenschiffs erinnern das Sterngewölbe des Chores, der spitzbogige Triumphbogen und einige alte Grabplatten an eine bedeutende Vergangenheit. Die Denkmalsfigur für die Gefallenen im Ersten Weltkrieg außen hat keinen Kopf mehr.

An der Kirchenmauer liegt Jenny von Guttstedt begraben. Die Tochter von König Jerome, dem Bruder Napoleons, und Diana Gräfin Waldner, war eine Freundin der deutschen Kaiserin Augusta und ein täglicher Gast im Hause Goethe in Weimar. Noch heute gibt es im dortigen Archiv 150 Briefe aus dieser Zeit. 1877 kam sie nach Lablacken, nahe Legitten, als ihr Sohn die dortige Gutsbesitzerstochter ehelichte. Ein Bibelspruch stand in goldenen Lettern auf einem eisernen Kreuz zu Kopfende ihres Grabes.

170

Ihre Enkelin Lily Braun setzte ihr mit dem Buch „Im Schatten der Titanen" ein literarisches Denkmal. Die Titanen waren Goethe und Napoleon. Lily Braun war, wie ihre Großmutter, sozial stark engagiert und eine Vorkämpferin der Frauenbewegung. Ihr zweibändiges Werk „Memoiren einer Sozialistin" (1909/11) spielt im ersten Teil überwiegend in Lablacken.

Aus Legitten stammt ein weiterer Träger eines berühmten Namens: Hans von Lehwald, der als General Friedrichs des Großen zu Ruhm und Ehren kam. Auch der Friedhof von Legitten ist in einem schlimmen Zustand. Er wird teilweise als Ruhestätte für die Toten der neuen Bewohner genutzt. Hinter dem Gelände ist eine neue Schule; die alte, gegenüber der Kirche, dient als Bibliothek.

Andere bedeutende Persönlichkeiten kamen von den Gütern der Umgebung. In **Bielkenfeld** bei Labiau wurde am 12. August 1843 der preußische Generalfeldmarschall und Militärschriftsteller Colmar Freiherr von der Goltz geboren. Der Ehrendoktor der Königsberger Universität (1903) erwarb sich internationalen Ruf als Reformer der türkischen Armee.

Wer eineinhalb Kilometer hinter Legitten rechts in die Straße einbiegt, die nach Tapiau führt, kommt nach knapp vier Kilometern nach **Kl. Scharlack/Ermolovo**. Es gehörte, ebenso wie **Gr. Scharlack/Nekrasovo** und **Schakaulack/Malaja Lipovka**, zu dem Besitztum der Freiherren von der Trenck. Einer von ihnen, Friedrich von der Trenck (1726 – 1794), fand auf besondere Weise Eingang in die Geschichtsbücher. Mit 13 begann er sein Studium an der Königsberger Universität. Mit 18 wurde er Kornett beim Garde du Corps Friedrichs des Großen. Mit 27 kam er in den Kerker, weil er angeblich mit seinem noch berühmteren Vetter, dem Anführer des Trenckschen Pandurenkorps, für die österreichische Seite konspiriert hatte. Schließlich geriet er in Paris in die Revolutionswirren und wurde als Letzter in einer Reihe von 30 Verurteilten enthauptet. „Wir sterben unschuldig, Franzosen!" rief er vom Schafott auf die Menge herab. „Stellt die Freiheit wieder her!"

Kl. Scharlack, das zuletzt eine Art Mustergut war, ist heute ein erfreulicher Anblick, fast ein Grund zum Staunen. Das Gutshaus macht einen gepflegten Eindruck. Es dient als Kulturhaus.

Wieder auf der Hauptstraße, fahren wir durch eine prächtige Lindenallee sechs Kilometer bis nach **Labiau/Polessk**. Rechts die Bahnanlagen mit den Resten des alten Bahnhofs, dem Wohnhaus für die Bediensteten, dem Rangierlokschuppen und dem Wasserturm. Auf der gleichen Seite dahinter der Hindenburg-Park mit dem schönen Teich, weithin der freiwuchernden Natur überlassen.

Auf der anderen Straßenseite der große, helle, stark veränderte Bau der Volks- und Mittelschule, die ihrem alten Zweck dient (siehe auch Farbbildteil). Die Königsberger Straße/Kaliningradskaja hat zahlreiche Häuser aus den Vorkriegsjahren . Aber die schlimme Zeit hat auch große Lücken gerissen, die Neubauten unterschiedlicher Größe und Gestalt ausfüllen. Am auffälligsten der etwas zurückgesetzte fünfstöckige Block mit dem größten Geschäft des Ortes.

Kaum wiederzuerkennen ist der Markt; eine weite, leere Fläche, eher Aufmarschgelände als lebendiges Stadtzentrum. Ein Ehrenmal am Rande von Anlagen. Von den alten Gebäuden zeigt sich nur das Hotel „Deutsches Haus", erbaut 1910, mit seinen Ziergiebeln in der Marktstraße in einstiger baulicher Schönheit. Ein fünfgeschossiger Neubaublock läßt nicht vermuten, daß er zum Teil auf den Fundamenten der gotischen Pfarrkirche aufgebaut wurde. Sie stammte aus der Mitte des 14. Jahrhunderts und war als chorlose, dreischiffige Hallenkirche neben dem Königsberger Dom einzig in dieser Gestalt im ganzen Bereich. An der Kanzel befanden sich die Figuren von Petrus und Johannes nach dem Modell des Peter Vischer in der Kirche St. Sebaldus in Nürnberg. Wer sich zur anderen Seite wendet und nach dem vertrauten Bild der beeindruckenden Ordensburg sucht, wird es nicht finden. Nur ein unansehnlicher Rest blieb nach Zerstörung und einem Brand lange nach Kriegsende übrig. Ein Maschinenkombinat arbeitet darin.

Labiau – Rest der zerstörten Ordensburg.

Aber nun soll ein kleines Museum an die bedeutende Vergangenheit erinnern.

Die Ordensburg wurde 1258 an Stelle einer Prußenfeste zum Schutz gegen Angriffe der Litauer errichtet. Die wehrhafte Wasserburg, von Deime/Dejma und Schloßgraben umgeben, war ein strategisch wichtiger Stützpunkt und Nachschubplatz. Der Sitz eines Komturs und später Pflegers wurde von Herzog Albrecht seiner Gemahlin, Dorothea von Dänemark, als Leibgedinge verschrieben. Auch die zweite Gemahlin, Anna Maria von Brandenburg, weilte häufig im Schloß. Ihr zu Ehren wurde der Remter mit Wandmalereien, Versen und Bildern künstlerisch ausgeschmückt.

Der Große Kurfürst nahm oft Quartier im Schloß, wenn er in den östlich von Labiau gelegenen Wäldern auf Wisentjagd ritt. Von hier aus unternahm der legendäre Herrscher auch seine berühmte Schlittenfahrt über das Kurische Haff. In Kuckerneese erhielt er die Nachricht vom Sieg seines Heeres bei Splitter über die Schweden (1679). Später war der stolze Bau Sitz von Landratsamt und Amtsgericht sowie schließlich Heimatmuseum.

Labiau war im 13. Jahrhundert aus einer Lischke – Siedlung von Fischern, Handwerkern und Krügern – hervorgegangen und erhielt 1642 das Stadtrecht. In Labiau wurde am 20. November 1656 ein Vertrag zwischen dem Schwedenkönig Karl X. Gustav und dem Großen Kurfürsten geschlossen, der Preußen die 1525 an Polen verlorengegangene Souveränität zusicherte. Im 18. Jahrhundert galt Labiau als wichtigste Landstadt Preußens nach Tilsit.

Ihren Rang bekam Labiau durch seine günstige Lage an verschiedenen Wasserstraßen. Schon 1400 wurde die Deime als Schiffahrtsweg ausgebaut, auf dem der Handel von Danzig und Elbing nach Litauen abgewickelt wurde. Der Große und der Kleine Friedrichsgraben (1679 – 1689), durch die der oft gefährliche Weg über das Haff vermieden wurde, brachten einen noch weit größeren Aufschwung. Auch für Ausflügler und Naturfreunde war die Stadt an den Wassern ein beliebtes Ziel.

Das Polessk von heute ist ein Schwerpunkt für die Fischerei. Es gibt dort den einzigen fischverarbeitenden Betrieb des Gebiets am Haff. Zur weiteren Industrie gehören: ein holzverarbeitendes Unternehmen, Brauerei (im alten Betrieb), Käserei. Zu den erhaltenen Gebäuden zählen noch: Post, Krankenhaus, Kreishaus (in sehr gutem Zustand), Haus Koppetsch. Für den Gast mögen die Restaurants „Labiau" und „Riff", beide Stadtmitte, von Interesse sein.

Schön ist immer noch der Blick auf Hafen, Friedrichsgraben und Deime, den Mündungsarm des Pregels. Von hier hat er es nicht mehr weit bis ins Haff. Ein Ausflug dorthin ist nicht uninteressant. Er führt nordwärts über die Haffstraße, wo Wasserturm und Schornstein der alten Fischmehlfabrik zu sehen sind, in die Haffniederung, in der auch größere Rinderherden (in schwarz-weiß) weiden. Vorbei am gepflegten Gutshaus **Reiken/Podsobnyj**, in dem das Standesamt war, führt der Weg nach **Haffwinkel (Labagienen)/Zalivino**.

An der Dorfstraße stehen die meisten Fischer-und Bauernhäuser von einst, oft mit trocknenden Netzen auf dem Staketenzaun. Der Zustand läßt – wie fast überall – zu wünschen übrig. Das Dorf ist mit **Rinderort** zusammengewachsen und bildet eine Verwaltungseinheit. In diesem nördlichsten Teil hat die Fischerkolchose „Der Freiwillige" ihr Reich. Dort, am Haff mit Blick in die Unendlichkeit des (einst größten deutschen) Binnengewässers, kommt ein Hauch von Romantik auf. Doch das vertraute Bild ist nur Erinnerung: schwere, schwarze Kurenkähne der Großfischer reihenweise vor dem lieblichen Ufer, wimpelgeschmückt und die Netze hochgezogen zum Trocknen. Immerhin steht der Leuchtturm noch.

Ein Stück Urnatur in einer besonderen Landschaft kann und sollte man in diesem Raum erleben; die Haffwelt im Elchwald und das Große Moosbruch. Dazu nehmen wir in Labiau die Straße nordöstlich über die Adlerbrücke, die ein altvertrautes Wahrzeichen der Stadt ist. Auch die Bronzetafel „Adlerbrücke, erbaut 1919 – 1922" ist noch da. Die schmale, jetzt geteerte Straße führt immer am Deich des Großen Friedrichsgrabens entlang, zuerst durch den kleinen Erlenwald. Von **Grabenhof** sind nur wenige Häuser übriggeblieben. In **Hindenburg (Gr. Friedrichsgraben)/Belomorskoe** gibt es die Schule, das Gasthaus, einige andere Gebäude und die Siedlungshäuser am Haff sowie das Schöpfwerk. Von **Ludendorff (Gr. Friedrichsgraben II)** sind nur wenige Häuser übriggeblieben. Statt der Drehbrücke („Krängelbrücke") führt eine neue Brücke über den Kanal.

Bei **Haffwerder (Agilla)/Krasno**, knapp sieben Kilometer hinter Labiau, kommen wir ganz nahe ans Wasser. Hier ist die schmalste Stelle zwischen Haff und Gr. Friedrichsgraben, ein besonders reizvoller Punkt. Aber von dem einst schönen Dorf fehlen die meisten Häuser. Im Sommer 1948 hat eine Feuersbrunst um die 90 Gebäude vernichtet. Das Schöpfwerk ist in Betrieb. Hier gibt es wieder eine Torfindustrie. Der früher begehrte Brennstoff wird in der Nähe des Labiauer Damms abgebaut.

Die nun folgende Strecke ganz dicht zwischen Haff und Kanal ist ein besonderer landschaftlicher Genuß. Hier ist gute Gelegenheit für Spaziergänge auf dem Deich mit schönen Aussichten auf die alte Wasserstraße, die stimmungsvolle Gegend dahinter und das weite Haff auf der anderen Seite, auch für eine Rast im Grün der Niederungswiesen. Kein Wunder, daß hier wieder Ferienquartiere angeboten werden.

Still liegt der Gr. Friedrichsgraben da, Seerosen und Mummeln blühen am Rand. Damals fuhren hier auf dem rund 40 Meter breiten Kanal viele Schiffe bis zur Memel. Die Liniendampfer „Lotte" und „Fina" gehörten dazu. Auch zahlreiche Boydacks, große Kähne von 20 bis 30 Meter Länge, beladen mit Holz, Kies und Sand , zogen ihre Bahn. Manche Boote wurden getreidelt, von kräftigen Männern an Land gezogen. Fischer aus Rinderort und Haffwinkel kamen vorbei und riefen: „Stint! Fisch, hol, hol, hol!" Vor 300 Jahren hatten Menschen den Kanal gebaut, ohne Maschinen. Die großen Steine wurden gesprengt, indem sie mit Feuer erhitzt und dann mit kaltem Wasser übergossen wurden.

Nach sechs Kilometern folgt **Möwenort (Juwendt)/Razino**. Dort fällt der gepflegte Schulbau auf. Die schmucke Kirche sucht man vergeblich. Auf ihren Fundamenten steht ein weißes Wohnhaus.

Elchwerder (Nemonien)/Golovkino hat sich nach Süden kräftig ausgeweitet. Die triste Neubau-Siedlung paßt allerdings nicht in die grüne, friedliche Naturlandschaft. Am Nemonienstrom ist dagegen die trauliche Atmosphäre des romantischen Haffdorfes von einst zu spüren. Die Häuser, meistens auf dem linken Ufer, lassen noch etwas ahnen von der Urwüchsigkeit dieses Fischerdorfes, das auch Ausgangspunkt für endlose Wasserwanderung im Nemoniengebiet war.

Die Fahrt mit der Fähre über den 250 Meter breiten Fluß ist ein kleines Abenteuer. Ein Pontonstück, auf dem Fahrzeuge und Passagiere Platz finden, wird an einem Stahlseil von einem Kutter herübergezogen. Alles ist uralt, rostig und brüchig; aber das Übersetzen ist gemütlich und durch das Landschaftserlebnis geradezu erbaulich. Schilfinseln, Mummeln, Seerosen, Wasservögel; sogar Vater Adebar hat ein fast trockenes Plätzchen gefunden und beobachtet interessiert das seltsame Gefährt.

Bald (?) soll dieses prickelnde Zwischenspiel ein Ende haben. Von der Südseite aus wird an einem Brückenübergang gebaut. Dringend erneuerungsbedürftig ist auch die knapp drei Kilometer lange Straße nach **Gilge/Matrosovo**. Ein halsbrecherisches Kopfsteinpflaster läßt nur Schrittempo zu. Am besten man unterbricht die Fahrt zu genußvollen Pausen oder gar Spaziergängen in der immer einsamer werdenden Landschaft.

Gilge, das Kirchdorf an der Mündung des gleichnamigen Flusses, ist eines der größten und gewiß das schönste Haffdorf. Immer noch stehen an den Ufern Vorratsschuppen wie aufgereiht nahe am gemächlich dahinfließenden Strom, hinter dem Deich anheimelnde Wohngebäude, manche in stattlicher Größe, setzen die Menschen in kleinen Booten über oder tuckern in größeren stromauf- und -abwärts (siehe auch Farbbildteil).

Die 900 Meter lange Mole am Haff bietet noch Schutz. Kurenkähne passieren sie nicht mehr auf ihren Fahrten zu den reichen Fang-

Gilge – ein Bild wie einst.

gründen im einst größten deutschen Binnengewässer. Aber die Fischer in neuzeitlicheren Kuttern oder privat auch in kleinen Motorbooten gehören weiter zum Bild dieser Gegend. Noch mehr als früher ist das Haff vor dieser Küste ihr Ziel; denn weiter nördlich beginnt bereits die Verschmutzung und damit der Tod der Fische.

Das Dorf hat 400 Einwohner. Dazu kommen in den Sommermonaten 600 Datschagäste, überwiegend aus Königsberg. Zur neuen Bevölkerung gehören auch zehn rußlanddeutsche Familien, die fast ausnahmslos aus Kasachstan kommen. Eine davon hat das verfallene Gebäude des Hotels Adomeit, in dem einst auch prominente Gäste wohnten, renoviert und 1993 das Hotel „Ehrlich" (nach dem Namen des Besitzers) eröffnet. Restaurant, Spielraum, Laden und Bootsverleih gehören dazu.

Gilge – neue Heimat auch für Rußlanddeutsche. Hier Helena Ehrlich vor ihrem Hotel (während des Umbaus).

Marienbruch – Zusammentreffen von Gilge und Seckenburger Kanal.

An den Flußufern stehen nur Häuser von damals, so daß der besondere Charakter dieses schönen Fischerdorfes erhalten geblieben ist. Die meisten sind allerdings reparaturbedürftig, einige fehlen ganz. Auch die Kirche soll wiederaufgebaut werden. Sie ist kaum mehr als eine Ruine. Pfarrhaus und Kriegerdenkmal sind noch auszumachen. Die Schule fehlt. Hier gibt es viele Plätze erholsamer Beschaulichkeit und genußvoller Ansichten. Der Höhepunkt ist eine Bootsfahrt auf der Gilge.

Sie kann zu einem endlosen und unvergleichlichen Unternehmen ausgedehnt werden. Denn die Gilge/Matrosovka ist Teil eines großen und engverknüpften Netzes von Wasserstraßen wie auch einer Landschaft, die früher das größte deutsche Naturschutzgebiet war, nämlich der Elchwald. Die Gilge gehört zum gewaltigen Memeldelta, das ebenfalls einmal in Deutschland an Größe unerreicht war. Von hier ist also auch eine „Reise nach Tilsit" möglich.

Sie führt über den 45 Kilometer langen südlichsten Mündungsarm und dann etwa gut zehn Kilometer auf der Memel bis Tilsit, der größten Stadt an diesem Fluß.

Näher und sehr empfehlenswert für jeden, der eine Gelegenheit dazu hat, ist das Große Moosbruch. Die Fahrt geht die Gilge aufwärts bis zum Seckenburger Kanal, der bei **Marienbruch/Sažency**, wo das Forsthaus noch steht, erreicht wird. Dann südlich bis zum Nemonienstrom und dort östlich. Etwa sieben Kilometer von der Haffküste entfernt beginnt das Große Moosbruch, mit 125 Quadratkilometern das größte Moorgebiet Ostpreußens.

Diese Niederungs- und Bruchlandschaft ist ein verwunschenes Paradies. Generationen haben sich abgemüht, es zu meliorieren und kultivieren, ohne den Urcharakter zu vernichten. Im harten Kampf gegen die Natur wurden Wohnstätten und nach und nach Ortschaften geschaffen. In den Jahren vor dem Krieg brachte der starke Einsatz des Reichsarbeitsdienstes größere Erfolge. Abgeschlossen konnten die Arbeiten noch lange nicht werden.

Nach dem Krieg war dies über Jahrzehnte eine vernachlässigte, teilweise gesperrte Gegend. So begannen in bedenklichem Maße Versumpfung und Verwilderung. Die Flüsse und Kanäle, vor allem die kleineren, waren davon stark betroffen. Ihr Wasser, das nicht mehr nach einem ausgeklügelten System reguliert wurde, färbte sich bräunlich; manche Wege wurden immer schwerer passierbar.

Nach gut drei Kilometern gilt es aufzupassen. Hier teilt sich der Nemonienstrom in (von Nord nach Süd) Wiepe, Laukne/Rzevka und Timber.

Die Wiepe ist die nördliche Grenze des Großen Moosbruchs. Die Fahrt geht an zwei gesprengten Brücken vorbei, die ehemalige mit dem Deichsystem in Verbindung stehende Schleusenbrücke und die Straßenbrücke zwischen Timber und Elchwerder. Nur an ein, zwei Stellen ist Grasland für die Heugewinnung. Von den Ansiedlungen **Wiepenbruch** und **Wiepenheide** sind lediglich vereinzelte Gebäude zu entdecken.

Schacktarp – Gefahr für den Elch

Große Verluste entstanden unter dem Elchwilde, und gerade in seinen Haupteinstandsrevieren, im Mündungsgebiet der Memel, fast alljährlich durch Hochwasser, Glatteis und Schacktarp (Morscheis). Oft wurden Elche vom Hochwasser überrascht und erreichten nicht mehr das hohe Land, gerieten in den Eisgang der Ströme, kamen auf Blankeis zu Fall und kugelten sich die Hinterläufe aus oder brachen auf der nicht tragfähigen Eisdecke ein...

In der Zeit des Schacktarps, zu Beginn und Ende des Winters, und bei Eisgang machten tags und nachts Forstbeamte und Waldarbeiter an den Flüssen Kontrollgänge und überwachten die bekannten Wechsel. Am Tage war das keine Schwierigkeit. Nachts mußten sich die Männer auf ihr Gehör verlassen. Zwei Stunden pflegt der Elch ruhig zu schwimmen, dann bei Ermüdung läßt er ein Stöhnen hören. War ein eingebrochener Elch zu hören, so wurde zur nächsten Försterei gelaufen, um Helfer mit Leinen, Brettern, Leiter und Laterne heranzuholen. Wenn das Eis auch den Menschen nicht trug, wurde ein Mann mittels einer von einem Brett bedeckten Leiter auf dem Eise bis an den Elch herangeschoben. Dieser legte dann eine bis zum Lande reichende, doppelt zusammengelegte Leine mit einem besonderen Knoten dem Elch um den Träger. Der Mann wurde mit der Leiter wieder eingeholt, und der angeseilte Elch mit vereinten Kräften auf das Eis und an Land gezogen... ·Noch reichlich verstört trollte das gerettete Wild fort; erst wenn die Dammkrone oder das Innendeichgebiet erreicht war, verhoffte es und äugte nach den Rettern zurück, als wollte es seinen Dank abstatten.

(Hans Kramer: Elchwald)

Großes Moosbruch – Wegweisung an der Wiepe.

Der Hauptfluß ist die Timber, die in einem Torfbruch in **Neu Lasdehnen**, Kreis Insterburg, entspringt und die auf einer Strecke von 21 Kilometern zwischen der Mündung und **Timberhafen** gebaggert und kanalisiert war. Dadurch war sie schiffbar und als Wasserstraße von erheblicher Bedeutung. Nicht nur Kartoffel- und Zwiebelkähne gehörten zu dem idyllischen Bild; große Transportkähne, Boydaks genannt, bildeten, von Schleppern gezogen, Schleppzüge bis zu vier Einheiten flußabwärts. Sie transportierten, mit Papierholz aus den umliegenden Forsten hochbeladen, diese Fracht kostengünstig über Timber, Großen Friedrichsgraben, Deime und Pregel zu den Papier- und Zellstoff-Fabriken der Königsberger Feldmühle. Entsprechende Verladerampen gab es in Timberhafen und **Wilhelmsrode**. Letztere ist noch in Umrissen zu erkennen. Aber von den heimeligen Ortschaften wie **Timber, Franzrode, Karlsrode, Friedrichsrode** ist kaum etwas übriggeblieben. Hier wird es am deutlichsten klar, daß es 26 Dörfer des alten Kreises Labiau nicht mehr gibt.

Timberhafen – fast nur ein Schornstein blieb.

Nach Karlsrode/Nebereznoe führt kein Weg mehr, nur ein Trampelpfad. Fundamentreste zeugen vom einst idyllisch gelegenen Dorf. Von hier zweigte ein Weg in nordöstlicher Richtung ab, der quer durch das Große Moosbruch ging. Wer jetzt die Reise wagt, sieht auch, daß es die vielen Kartoffeläcker nicht mehr gibt.

Hohenbruch (Lauken), nahe der Kreisgrenze, ist der erste Ort, in dem nennenswertes Leben herrscht. 400 Menschen wohnen dort. Davon sind mehr als die Hälfte Behinderte, die in einem Heim untergebracht sind. Während die Schule weiter genutzt wird, steht von der Kirche nur der Turm. Das Pfarrhaus ist ganz verschwunden. Die alte Brücke über die Laukne ist in sehr schlechtem Zustand. Die umliegenden Nachbarorte gibt es nicht mehr.

Der Weg südlich, nahe der Timer, führte nach **Friedrichsrode (Sussemilken)/Tarasovka**. Auch dieser Ort ist ausgelöscht. Allein das Ehrenmal gegenüber der Kirche ist zu erkennen.

Die Ansiedlungen sind fast ausnahmslos verschwunden. Der einer üppig wuchernden Natur mühsam abgerungene und kultivierte Boden fällt in die Wildnis zurück. So ist der wuchernde Buschwald- und Tierreichtum größer geworden.

Die Fahrt auf dem Timberkanal/Kanal Golovkinskij (siehe auch Farbbildteil) geht an großen Feldern weißer Seerosen und gelber Mummeln, unübersehbaren Schilfmeeren vorüber. Buschwerk aus Weichhölzern, dichter, mittelalter Laubmischwald, bei dem die Erle vorherrschend ist. Links der ehemalige Mehlauker - rechts der Sternberger Forst. Schwäne schwimmen majestätisch auf dem Wasser. Wildenten schaukeln lustig dahin. Manchmal taucht eine Wassernatter auf. Graureiher, Bussarde, Sperber und anderer Greife ziehen am Himmel ihre Bahnen. Im Herbst kommen Elche bis ans Ufer der Flüsse. Sogar der Wolf hat sich hier eingenistet.

Je näher es nach Timberhafen geht, desto beschwerlicher wird die Reise, die so weit nicht empfohlen werden kann. Schlingpflanzen legen sich um die Schraube, halbverrottetes Fallholz liegt kurz

184

unter der Wasseroberfläche. Immer wieder muß der Antrieb freigemacht werden.

Timberhafen bietet einen traurigen Anblick. Es gibt keinen Hafen mehr. Die Ortschaft ist bis auf drei armselige Häuschen ausgelöscht; keine Schule, kein Gasthaus, vom Schmiedegrundstück blieb nur der Schornstein, auf dem ein Storch sein Nest gebaut hat.

Auch die umliegenden Ortschaften sind fast ausnahmslos verschwunden. So **Auerwalde** mit seinem großen Gut und der schön gelegenen Försterei. Einige Reste von Hausfundamenten lassen nur erahnen, daß hier einst ein blühendes Dorf mit 150 Einwohnern stand. Von der großen Ortschaft **Lindenhorst** steht am Dorfausgang das Forsthaus.

Immerhin gibt es hier vereinzelt Neubauern, die sich mit Liebe und Energie gegen den totalen Untergang einer unter Schweiß und Tränen geschaffenen Naturlandschaft wehren. „Die Füchse stehlen unser Geflügel, die Wölfe reißen unsere Schafe und die Elche zerstören die Gärten", sagen sie; aber sie bleiben dennoch. Ihre Haupternährungsquelle ist die Viehzucht. Auch die in nächster Umgebung von Timberhafen paradiesisch einsam im Wald gelegenen Förstereien **Schmallenberg/Uglovoe, Florweg/Lesnoe und Eiche/Domschin** sind ausgelöscht.

Von Timberhafen fuhr einst eine Kleinbahn nach Insterburg, zweimal am Tag. Es führte eine gut ausgebaute Chaussee ins fünf Kilometer entfernte **Liebenfelde(Mehlauken)/Zalesje**, den wichtigsten Marktflecken der Gegend. Heute gibt es das eine überhaupt nicht mehr und das andere ist in sehr schlechtem Zustand. Auch ein trauriger Hinweis darauf, daß die schönen Zeiten vorbei sind, da die Bauern aus dem Großen Moosbruch ihre begehrten Erzeugnisse auf den vielbesuchten Markt brachten.

Die rote Backsteinkirche von Liebenfelde mit dem freistehenden vierkantigen Turm ist erhalten, aber in schlechtem Zustand. Sie war 1846 im Stile der Potsdamer Friedenskirche erbaut worden. Auf dem verwilderten ehemaligen Kirchenvorplatz steht ein Obelisk mit einem Sowjetstern und der Inschrift „Ruhm den

Der Elch liebt die Abwechslung

Der Elch tritt im Frühjahr, Sommer und Herbst vor Morgengrauen auf die Äsung. Gegen 9–10 Uhr ist er gewöhnlich gesättigt und bezieht seinen Tageseinstand. Hier gibt er sich dem Wiederkäuen und der Ruhe hin, tut sich dabei auch nieder, im Sommer gern in einem Moorloch, oder er steht, wie bereits erwähnt, in tiefem Wasser. Gegen 16 Uhr zieht er dann für gewöhnlich zur Abendäsung. Ein regelmäßiger Rhythmus scheint hierbei allerdings nicht zu bestehen. Der tägliche Nahrungsbedarf eines starken Elches wurde durch Wiegen (an verunglückten Stücken) mit 40 kg (unbelaubter) Weidentriebe ermittelt. In seiner Nahrung liebt der Elch Abwechslung. Als „Baumäser" bevorzugt er Blätter, junge Triebe und Rinde der verschiedensten Bäume und Sträucher. Besonders liebt er Weiden, deren Arten aber sehr unterschiedlich angenommen werden... Bevorzugt werden ferner Aspe, Birke, Eberesche, Pulverholz und Traubenkirsche, Eiche und Esche. Durch Schälen der jungen (Spiegel-)Rinde der beiden letzten Holzarten hat der Elch in Ostpreußen besonders großen Schaden angerichtet. Auch die Kiefer wurde gern geäst, die Fichte im allgemeinen nur dort, wo sie selten war, und hier die gepflanzte lieber als die angeflogene... Um an die begehrten Zweige der Krone zu gelangen, übertritt der Elch Bäume bis zu Armdicke, indem er sich auf den Hinterläufen aufrichtete und das Stämmchen zwischen den Läufen durch sein Körpergewicht herabdrückte... neben der Baumäsung nahm der Elch im Winter Kleinsträucher wie Brombeere, Himbeere, Preisel- und Blaubeere, Heidekraut und Kienporst an. Im Sommer stand bei der üppigen Vegetation seiner Einstandsgebiete unserem Wilde eine außerordentliche Fülle an Äsung zur Verfügung, und es

konnte sich wählerisch zeigen… Beim Äsen von Wasser-
pflanzen, insbesondere der sehr beliebten Wurzelstöcke
der Seerosen, tauchte unser Wild mit dem Kopf auch tief
unter Wasser. In den letzten Jahrzehnten hatte der Elch
sich in Ostpreußen auch mehr und mehr auf Feldäsung
eingestellt und richtete, besonders in den Haffdörfern, an
Kohl und Kohlrüben örtlich Schäden an.

(Hans Kramer: Elchwald)

Helden, die gefallen sind in den Kämpfen für die sowjetische
Heimat 1941 – 1945". Der Marktplatz ist nicht mehr wiederzuer-
kennen. Zerstörung und Verfall haben ihn völlig verändert. Den
Bahnhof gibt es nicht mehr. Liebenfelde ist nur noch Haltestelle.
Stehengeblieben sind Molkerei, Turnhalle der Schule, alte Schu-
le, Pfarrhaus, Forstkasse, Baptistenkapelle (noch mit der Inschrift
„Eben-Erzer Baptisten Gemeinde Alexen 1875") sowie Polizei-
gebäude mit Gefängnis.

Mit dem Auto ist Liebenfelde am besten über die alte Reichsstraße
126 zu erreichen, die von Labiau über **Groß Baum/Sosnovka**
dort hinführt. In umgekehrter Richtung sind **Alexen** (sehr zerstört) und **Löwenthal** (recht gut erhalten) die nächsten Orte. Die
Straße geht durch ein schönes, großes Waldgebiet, das vom Haff
bis nahezu an den Pregel reicht.

Im Neu-Sternberger Forst (etwa 10 Kilometer von Liebenfelde)
gibt es eine Besonderheit: das „Forsthaus II, Stätte der Begegnungen". Mit maßgeblicher Hilfe aus Deutschland wurde das frühere
Forstamtsgebäude zu einer modernen Unterkunft mit 16 Doppel-
zimmern umgebaut, die besonders als Hotel für Gruppenreisen
benutzt wird.

Das Dorf Groß Baum hat sehr gelitten. Viele Gebäude existieren
nicht mehr, so die Schule, andere sind kaum wiederzuerkennen.
Die Kirche aus dem Jahr 1926 wird als Kulturhaus genutzt. Ihre
Fenster sind zugemauert, das Denkmal davor ist verschwunden.

Acht Kilometer weiter in Richtung Labiau geht es links nach Tapiau und – an einer weiteren Abzweigung – nach Wehlau. Wer, wie wir, nach der Bootsfahrt durch das Große Moosbruch und zurück über Elchwerder nach Labiau aus der westlichen Richtung kommt, erreicht nach etwa acht Kilometern die Abfahrt und kurz danach **Laukischken/Stranskoe**. Der Ort war einmal bekannt durch eine kleine Burg, die zum Schutz gegen die Schalauer erbaut wurde und später herzogliches Jagdschloß wurde, sowie durch „Ännchen von Tharau", die dort 36 Jahre ihres Lebens verbracht hatte. Sie war die Ehefrau der drei Pastoren Johann Partatius, Christoph Grube und Melchior Beilstein, die sie allesamt überlebte, schließlich zu ihrem Sohn nach Insterburg zog und dort verstarb.

Auf dem Grabstein ihres ersten Gemahls war zu lesen: „Johann Partatius, geb. um 1610 in Reinerz, Pfarrer in Laukischken von 1641 bis 1646, Ehegatte des Ännchen von Tharau, Anna, geb. Neander". Von dem Stein und dem ganzen Friedhof ist nichts mehr zu sehen. Und nur der Kundige entdeckt in dem unauffälligen Bau den Rest der Kirche. Mit dem schlanken Turm und der legendären Vergangenheit war sie eine Zierde des Ortes. Jetzt fehlt der Turm, und das Gotteshaus ist zu einer Diskothek mit Veranstaltungsraum geworden. Die Schule wurde Magazin. Dem Unterricht dient das um einen Anbau erweiterte Gutshaus Bieberstein. Das schöne alte Dorf scheint sich aufgelöst zu haben. Verstreut ein paar Häuser, wo einmal der Markt mit drei Gastwirtschaften, Ausspann, Geschäften und Bauernhäuser gewesen war. Trauriger Abschiedsgruß auch am Ortsende: die Mühle ist zerborsten.

In **Alt-Gertlauken/Novaja Derevnja** biegen wir nach rechts ab. Das verträumte Köhlerdorf sieht in Teilen fast so aus, wie es nach dem großen Brand neuerstanden war. In gutem Zustand auch die zweistöckige Schule, die weiter Unterrichtszwecken dient. Weiter geht es durch die herrlichen Wälder der Forsten von Gertlauken und Leipen. In **Grünlinde/Ersovo** sind noch einige alte Häuser am Wald zu sehen. Grünlinde selbst hat nur wenige Gebäude. In der Nachbarschaft zur Rechten (etwa drei Kilometer) gibt es von **Nickelsdorf/Strel'nicovo** kaum noch eine Spur. Das gilt auch für **Michelau/Volkowo.**

Anders **Poppendorf/Zorino,** kurz vor der alten Reichsstraße 1 und rund fünf Kilometer vor Wehlau. Dort stehen nicht nur die meisten alten Häuser; es sind viele Neubauten hinzugekommen. Dazu gehört ein größeres Warenhaus. Die Schule wird als Kindergarten genutzt. Am Dorfende gibt es ein Freibad. Der Dorfteich ist so schön wie früher. Der ganze Ort ist gepflegt.

Trostlos sieht es wieder aus, wenn wir die Straße nach rechts nehmen, die in einem Bogen in Richtung Westen zurück in Richtung Laukischken führt. Der nächste Ort **Grünhayn/Krasja Gorka** existiert nicht mehr. Von der Kirche gibt es Mauerreste. Im ehemaligen **Köthen** fällt nur ein Ölbohrturm auf einem Berg auf. In der Nachbarschaft ist **Friedrichsthal/Soldatovo** fast unversehrt, während **Leipen** ausgelöscht ist. In **Freudenberg/Ratnoe** stehen einige alte Bauten, sogar das Gutshaus. Die folgenden Ortschaften sind nahezu spurlos verschwunden: **Rockeimswalde, Balzerhof (Gr. Balzerischken), Gr. Birkenfelde/Crigor'evka** und **Rathswalde/Izobil'noe,** wo das Gutshaus ohne Turm und in verwahrlostem Zustand sowie einige andere Gebäude auszumachen sind. In **Kl. Fließ/Isoviel'noe** sind die Försterei und mehrere andere Häuser erhalten, neue sind hinzugekommen. Vom Friedhof zwischen Rathswalde und Mühle stehen die Torpfosten mit den Inschriften „Unsteter Wanderer halte Rast, wer weiß, wie lange Zeit noch hast" (links) und „Und auch Du findest Deinen Frieden, Deine ewige Ruh".

In unserer Hauptrichtung geht es, eineinhalb Kilometer hinter Poppendorf, rechts auf die Hauptstraße Königsberg–Insterburg, die frühere Reichsstraße 1. Nach weiteren zehn Kilometern sind wir in **Tapiau/Gvardejsk.** Das letzte Stück verläuft die Straße neben der Deime, deren Abzweigung vom Pregel schließlich zu sehen ist.

Gerade vor uns, auf der anderen Straßenseite, fällt ein großer Gebäudekomplex mit hochragenden Stufengiebeln auf: die frühere Provinzial-Besserungs-Anstalt auf dem Gelände der Vorburg der Ordensburg. Die Landespflegeanstalt, deren Anfänge bis zum Ende des 18. Jahrhunderts in die Zeit von Königs Friedrich Wilhelm II. zurückreichen, war eine für damalige Zeit beispielhafte soziale Einrichtung und Rettung für unzählige Alleingelassene.

Die Burg hatte vorher große militär-strategische Bedeutung für den Orden gehabt. Im Winkel zwischen Pregel und Deime errichtet (1280 – 1290), war sie die Schutzfeste für das Samland gegen die immer wieder ins Land einfallenden Litauer. Man sagte ihr von der Anlage Ähnlichkeit mit den Bauplänen des Hochmeistersitzes Marienburg nach. Zeitweilig residierte hier Herzog Albrecht. Am 20. März 1568 starb er auf der Burg. Heute ist dies eine Strafanstalt. Kleinere An- und Umbauten haben nicht gerade zur Verschönerung beigetragen.

Links führt die Straße zum Bahnhof, der in einem ausgezeichneten Zustand ist, rechts – über die Brücke – und die Bahnhofstraße in Zentrum. Dies ist ein Lichtblick unter den urbanen Ansichten der überwiegend zerstörten nordostpreußischen Städte. Hier ist, wie in wohl keinem anderen Ort, das Bild eines gewohnt schönen Marktplatzes von damals erhalten: weitläufig, sauber, von vertrauten, ansehnlichen Häusern umgeben. Die wenigen neuen Gebäude fügen sich gut ein. Der Marktgarten ist ein Heldengedenkplatz.

Beherrschend an der Nordwestecke unverändert die Pfarrkirche, die aus dem Anfang des 16. Jahrhunderts stammt (siehe auch Farbbildteil). Vorher wurde der Gottesdienst in der Burg abgehalten. Feuersbrünste hatten sie 1616 und 1689 heimgesucht. 1694 wurde sie neu errichtet, 1768 nach Osten zu erweitert. In der Sakristei auf der Nordseite war seit 1910 das dreiteilige Altarbild „Golgatha” von Lovis Corinth, dem größten Sohn der Stadt, zu sehen. Das 1914 durch Granatsplitter beschädigte Triptychon, ein Geschenk des Künstlers an seinen Heimatort, ist seit der Auslagerung 1944 verschollen.

Lovis Corinth wurde am 21. Juli 1858 geboren. Er studierte in München und Paris, lebte in Berlin und am Walchensee und starb am 17. Juli 1925 in Zandvoort. Er entwickelte sich zum führenden deutschen Impressionisten mit Weltgeltung. Religiöse Szenen, Bildnisse, Akte, Stilleben und Landschaften waren seine bevorzugten Werke. Sie waren von großer Eindringlichkeit und zuweilen kühner Maltechnik geprägt, die ihn schließlich zu expressionistischer Tendenz drängte. Sein unscheinbares Elternhaus nahe der Deime und an einer kleinen freien Fläche gelegen, die später Lovis-Corinth-Platz genannt wurde, steht noch. Es wird renoviert und soll wieder dem Andenken an den großen Künstler dienen.

Umfangreiche Erneuerungsarbeiten wurden auch an der Kirche durchgeführt. Besonders Turm und Dach waren beschädigt. Nun wird dort wieder Gottesdienst abgehalten. Sie gehört zur russisch-orthodoxen Konfession.

Tapiau – Rathaus in der Altstraße.

Zu den erhaltenen Gebäuden zählt das Rathaus in der Altstraße. Der Neubau mit dem mächtigen Frontgiebel wurde nach dem Ersten Weltkrieg trotz drückender Inflation errichtet und 1922 zum 200jährigen Stadtjubiläum seiner Bestimmung übergeben. In der Neustraße steht der hohe Ziegelbau mit dem Türmchen, der die Verwaltung der Heil- und Pflegeanstalt beherbergte. Zwischen Alt- und Neustraße, wo noch Villen in unterschiedlichem Zustand zu sehen sind, wurden einige der bekannten Einheitsbauten hochgezogen. Sie stehen zwischen hinfälligen Altbauten, Ruinen und Schuppen. Am Rande ein kleines Restaurant. Den Krieg überstanden haben auch Schule mit Turnhalle, Wasserturm, Schlachthof (Fleischkombinat).

Tapiau ist Rayon-Stadt. Der frühere Kreis Wehlau wurde im Süden und Osten verkleinert. Während sich die Einwohnerzahl Tapiaus fast verdreifacht hat (früher über 9000, heute rund 25 000), wurde die von Wehlau (früher 8500) mehr als halbiert. Die ehemalige Kreisstadt ist gar zu einer „Siedlung städtischen Typs" herabgestuft worden. Der Grund ist leicht erkennbar, wenn man den Ort heute sieht.

Wehlau – Pregelbrücke.

Unterschiedliche Eindrücke vermittelt die Fahrt dorthin durch die Pregelniederung. Wiederaufgebaut ist das Herrenhaus der Domäne **Kleinhof**. In **Schaberau/Istrovka** fällt der gepflegte Kindergarten in der Schule von einst auf. Einige neue Häuser gibt es in dem Ort. Erheblich vergrößert ist **Sanditten/Lunino**. Zu den meisten erhaltenen Altbauten gehört die Schule (Wohnhaus). Vom herrlichen Schloß blieben nur Schutthaufen. Es galt als eines der schönsten in der Provinz und hatte in 15 Generationen der Familie von Schlieben gehört. Ganz oder nahezu untergegangenen sind die Nachbarorte **Oppen/Progorki, Götzendorf/Detskoe, Ripkeim** und **Alt-Wehlau/Prudnoe**.

Bei der Einfahrt von Norden (zwölf Kilometer östlich Tapiau) zeigt sich **Wehlau/Znamensk** noch bedingt erhalten. Jedenfalls steht die 300 Meter lange Pregelbrücke wahrzeichenartig vor einer begrünten Stadtkulisse. Der am 11. Dezember 1880 in Betrieb genommene Überweg trägt Asphalt. Früher war der Bohlenweg nicht ohne Gefahren, besonders für die Pferde, die Wehlau zu großer Berühmtheit verholfen hatten. Viele stürzten, manche verletzten sich. So entstand die Redensart: „Wer nicht wagt, kommt nicht nach Wehlau." Manche meinten aber auch, der Spruch stamme aus der Zeit vor dem Brückenschlag, als Überschwemmungen Wehlau oft unerreichbar machten. Die Fortsetzung des geflügelten Wortes jedenfalls lautete: „Wer zuviel wagt, kommt nach Tapiau." Das war eine Anspielung auf die dortige Heil- und Pflegeanstalt, die im Volksmund „Irrenanstalt" hieß.

In der Straße Kleine Vorstadt lassen die Altbauten mit roten Ziegeldächern nicht ahnen, daß das nahe Zentrum Wehlaus ausgelöscht ist. Markt, Klosterplatz, die vielen Häuser an den gradlinigen Straßen – nichts mehr von alledem. Eine einzige Fahrstraße, wohl im Verlauf von Kloster- und Kirchenstraße, führt über eine weite, öde Fläche.

Das einzige deutliche, aber trostlose Erkennungszeichen ist die bejammernswerte Ruine der St.-Jacobi-Kirche. Gestrüpp und Unkraut überwuchern die Mauerreste mit dem stumpfen Turm.

Wehlau – Ruine Kirche St. Jacobi.

Im Inneren steigt eine Ahnung davon auf, daß hier einmal eine der
schönsten Schöpfungen der Ordensgotik war. Die Doppelreihe
der Pfeiler, die das Haupt- von den Seitenschiffen trennt, ist noch
leidlich erhalten.

Das Gotteshaus war 1380 unter dem Hochmeister Winrich von
Kniprode errichtet worden. Die Reformation vertiefte die Fröm-
migkeit der Wehlauer. Aus Dankbarkeit stifteten sie für eine kostbare Innenausstattung ihrer Kirche. Dazu gehörte besonders der
Altar. Er vereinigte Elemente der Spätrenaissance und des Barock
und war eine Versinnbildlichung des Jesus-Wortes „Ich bin der
Weinstock, ihr seid die Reben". Der Platz des Altars mit hohem
künstlerischem Wert ist noch zu erkennen: Blindfenster, vor denen
er stand, markieren ihn. An der Stelle, da Christus, den Weinstock
symbolisierend, lag – eine Seltenheit –, hat sich Buschwerk em-
porgerankt. Trümmer machen den Vorraum unter dem einst 52,5
Meter hohen Turm nahezu unbegehbar.

194

Am nahen Marktplatz bleibt nur die Erinnerung. Hier stand das 1380/82 errichtete Rathaus, in der Mitte des rechtwinkligen Platzes der 1336 gegründeten Stadt mit dem rechteckigen Grundriß. Hier schloß der Große Kurfürst am 19. September 1657 mit Polen den „Vertrag von Wehlau", in dem der polnische König auf die seit 1525 bestehende Oberlehnshoheit verzichtete und die volle Souveränität Preußens anerkannte.

Eine Gedenktafel zierte seit 1907, dem Tag der 250. Wiederkehr dieses denkwürdigen Ereignisses, das Rathaus. Schon Herzog Albrecht hatte die Stadt oft besucht und sie seine „liebe Rose" genannt. Später machte Napoleon hier zweimal Quartier, 1807 im Unglücklichen Krieg und 1812 auf dem unheilvollen Weg nach Rußland. Königin Luise und ihr Gemahl Friedrich Wilhelm III. weilten im Dezember 1806 dort.

Auf der anderen Seite der Kirche, wo auch das Schulgebäude verschwunden ist, haben Unkraut und Gestrüpp eine andere Traditionsstätte überwuchert: die Schanzenwiesen. Dort war seit dem 19. Jahrhundert der Platz eines Pferdemarkts, der in Europa nicht seinesgleichen hatte. 9000 Pferde und 300 Rinder wurden durchschnittlich aufgetrieben. In den besten Zeiten, vor dem Ersten Weltkrieg, waren es sogar bis zu 20 000. Von Montag bis Mittwoch, manchmal auch bis Donnerstag, stets in der ersten Juli-Woche, war dort Hochbetrieb. Anschließend war bis Montag Krammarkt, der am „goldenen Sonntag" seinen Höhepunkt hatte. Die Anbieter mit Pferden, die nicht mit der Bahn kamen, hatten Planwagen, an die die Pferde angebunden waren. Auf dem Wagen schlief man auch. Manche zogen in die Scheunen und Stallungen der umliegenden Dörfer, die mitunter zehn oder zwölf Kilometer entfernt waren.

Hinter der Alle-Brücke wird das Bild freundlicher. Dort, wo Freiheit und Hammerweg nach Süden führen, sind zahlreiche Häuser erhalten geblieben. Einige neue sind hinzugekommen. Der Teil um Pinnauer Straße, Neustadt und Parkstraße hat die schlimme Zeit gut überstanden. Dort steht auch noch der Wasserturm.

Mächtigster Bau der Gegend ist die 1929 bezogene Deutschordensschule. Ein stolzes Unterrichtsgebäude, wie es in der ganzen Provinz selten war. Sehr gut sieht – wie alle Stationsgebäude an der Hauptstrecke Königsberg – Minsk – Moskau – der Bahnhof aus. Auch das Krankenhaus dient dem alten Zweck.

Bekannt war Wehlau auch durch die hier angesiedelte Industrie, die Pinnauer Mühlenwerke und die Papierfabrik. Sie sind weiter in Betrieb. Margarine und Nudeln werden ebenfalls dort produziert.

Drei Kilometer weiter südlich auf der damaligen 142, die über Friedland nach Bartenstein führte, liegt **Paterswalde/Bal'saja Poljana**. Die Kirche rechts auf kleiner Anhöhe stammt aus den Anfängen des 1364 gegründeten Dorfes. Als sie 1869 abgerissen werden mußte, folgte ihr ein stolzer Neubau im neuromanischen Stil. 1877 wurde sie feierlich eingeweiht. Von der Vorgängerin verblieben nur Kanzel (1591) und Altar (1703).

Die von Geschoßeinschlägen gezeichnete Kirche hat sehr gelitten. Die hohen Fenster mit Rundbögen sind zugemauert. Eternit macht das Dach unansehnlich. Staubiges Grau an den Wänden verrät, daß das einstige Gotteshaus zum Düngemittellager wurde. Das Dorf macht einen verlassenen Eindruck.

Als Sohn eines Pfarrers an dieser Kirche war hier 1883 Johannes Blaskowitz geboren, der als Generaloberst der Wehrmacht bekannt wurde. Er fiel bei Hitler in Ungnade, als er sich gegen die Brutalität von Partei und SS in Polen einsetzte. Nach dem Krieg wurde er in Nürnberg als Kriegsverbrecher angeklagt. Am 5. Februar 1948 stürzte im Treppenschacht des Gerichtsgefängnisses zu Tode. Zeugen für den bis heute ungeklärten Vorfall gab es nicht.

Die Weiterfahrt führt durch eine fruchtbare Gegend. Bestellte Äcker lassen schwache Erinnerungen an die „Kornkammer des Reiches" aufkommen. Leider sind solche Anblicke selten. Und wer die Arbeit mit den Großmaschinen verfolgt, deren Pflüge dicke Schollen von klafterhafter Größe aus dem verhärteten Boden brechen, der wundert sich, daß überhaupt noch etwas gedeiht.

Östlich der Strecke waren einmal **Groß Nuhr/Zavetnoe** und **Klein Nuhr/Suhodol'e** wegen ihrer schönen landschaftlichen Lage bekannt. Heute haben auch hier Verfall und Verwilderung deutliche Veränderungen gebracht. Während die Straße geteert ist, gibt es die Eisenbahn nach **Allenburg** nicht mehr. Der Bahnhof Klein Nuhr ist verschwunden. In der Schule ist ein Magazin untergebracht. Auf dem Friedhof steht der Gedenkstein für die Gefallenen des Ersten Weltkrieges. Die Ziegelei existiert nicht mehr. Der Mühlengraben hat sich zu einem Sumpfgebiet entwickelt. In Groß Nuhr und in **Richau/Tel'manovo** gibt es einige alte Häuser, darunter die Schule.

Leißienen/Rodniki, einige Kilometer Richtung Allenburg, hat eine neue Brücke über die Alle/Lava. Während hier das schöne Schloß der Familie von Boddien zerstört ist, blieb das Gutshaus im nahen **Plauen** erhalten. Es ist ein Krankenhaus.

Eine Fahrt rechts nach **Groß Engelau/Dem'janovka** und **Klein Engelau/Pavenkovo** ist nicht zu empfehlen. Dort ist militärisches Sperrgebiet. Von den Häusern, die fast sämtlich den Krieg überstanden hatten, gibt es noch zwei Gebäude (in Klein Engelau), sonst höchstens Mauerreste. Die Kirche von Groß Engelau ist eine Ruine. In **Schallen/Berezniki** steht ein Ehrenmal auf einem neuen Friedhof, wo vorher sich das Kriegerdenkmal erhob. Auch hier gibt es eine neue Alle-Brücke.

Nach rund zwölf Kilometern ist **Allenburg/Družba** erreicht. Auch diese Stadt gibt es nicht mehr. Fast noch verheerender als in Wehlau hat hier der Krieg mit seinen Folgen gewütet. Als der Ort am 24. Januar 1945 erobert wurde, war er nur noch ein qualmendes Ruinenfeld. Heute erhebt sich allein die Kirche über eine trostlose Einöde.

Das Gotteshaus stammt ursprünglich aus den Jahren 1400 bis 1405. Lediglich der Ostgiebel blieb vom ersten Bau erhalten. Die

Nordmauer war in die Stadtmauer einbezogen. Die im Ersten Weltkrieg schwer zerstörte Kirche wurde im alten Ordensstil wiederaufgebaut und 1935 geweiht. Ihr 38 Meter hoher Turm war ein weithin sichtbares Zeichen in der flachen Landschaft.

Auch dieser Sakralbau wurde zum Getreidespeicher. Für die Zufahrt wurde das Mauerwerk an der Stelle aufgerissen, wo einst der Altar stand. Neben der Kirche ist das zweite Pfarrhaus auszumachen.

Vergeblich ist die Suche nach dem Rathaus mit Erkerturm, Firsttürmchen, Stufengiebel und Laubenbögen. Auch sämtliche Geschäfts- und Wohnhäuser in der Nachbarschaft sind im Inferno untergegangen. Nur das alte Pflaster der Durchgangsstraße erinnert an Allenburg mit seiner wechselvollen, oft unglücklichen, mehr als 600jährigen Geschichte.

Allenburg – früherer Marktplatz.

Schon die Gründungsstätte, die erste Erdwallbefestigung, aus der das Wildhaus auf dem östlichen Alle-Ufer entstand (1272 vom Orden erbaut), wurde vernichtet. 1455 zerstörte der Orden selbst seinen Bau, weil die Einwohner sich dem aufständischen Preußischen Bund anschlossen. 1667 suchte eine Feuersbrunst den Ort heim. 1711 wütete die Pest; nur elf Menschen überlebten. 1679 litt die Stadt unter den Schweden, 1757 bis 1762 unter den Russen, 1807 unten den Franzosen. 1875 gab es neue Brände. Im Ersten Weltkrieg wurde der Ort in Mitleidenschaft gezogen. Er wurde schöner als vorher wiederaufgebaut. Doch die neue Stadt stand nur zwei Jahrzehnte. Dann wurde fast alles ausgelöscht.

Zu den ganz wenigen erhaltenen Gebäuden zählt die Volksschule, die erweitert wurde. Auffälligste Neubauten: Verwaltungs- und Kulturzentrum, größerer Wohnblock und Lagerhäuser. Einige der wenigen Neubauten und vereinzelt alte Häuser sind in der Nähe der Alle-Straße und bei der Ausfahrt auf der Gerdauer Straße zu sehen. Doch verschwunden sind hier die Scheunen und Salzspeicher aus der friderizianischen Epoche. Freundlicher ist das Bild erst wieder stadtauswärts, wo eine Siedlung von damals, gegenüber dem früheren Friedhof, an schönes Wohnen im eigenen kleinen Reich erinnert.

Von Allenburg ist auf der hier abzweigenden früheren Reichsstraße 141 in 15 Kilometer **Gerdauen/Zeleznodoroznyj** zu erreichen. Wir bleiben aber auf der 142 und steuern in südwestlicher Richtung Friedland/Pravdinsk (zwölf Kilometer) an. Auf halber Strecke liegt **Gr. Wohnsdorf/Kurortnoe**, ein Ort mit bemerkenswerter Geschichte. Hier hatten schon die Prußen auf dem rechten Alle-Ufer ihre Feste Capostete errichtet. Der Orden baute an der Stelle ein Wildhaus. Der dreigeschossige Torturm blieb bis in die Gegenwart im Park erhalten. Von 1702 bis zur Vertreibung gehörte das Gut der Familie von Schrötter, die besonders auch die Pferdezucht pflegte.

Das 1868 im spätklassizistischen Stil erbaute Gutshaus hat den Krieg überdauert und ist in einem ungewöhnlich guten Zustand.

Es ist Sitz der Direktion einer Sowchose. Der historische Tortum ist ausgebrannt.

Nach dem Ersten Weltkrieg, 1922/23, wurde in der Nähe des Dorfes eine Talsperre gebaut. Das Alle-Kraftwerk arbeitet nicht mehr. Der Stausee ist geblieben. Das Wasser rauscht über das Sperrwerk.

Die Fahrt geht durch schönes Waldgebiet. Kurz vor der Stadt ist am Horizont links der Kirchturm der alten, jetzt verfallenen Kirche von **Allenau/Porec'e** zu erkennen.

Friedland/Pravdinsk begrüßt den Besucher mit freundlichem Gesicht. Fast ist es die Idylle von einst. Von der Alle-Brücke am Ortseingang geht der Blick auf eine heile Welt, so scheint es. Lieblich die Flußlandschaft zur Linken wie zur Rechten, anheimelnd die Allenauer Vorstadt. Der Baum- und Buschbestand ist hoch geworden; aber vieles ist noch zu erkennen: das große Gebäude der alten Volksschule an der Kasernen Straße, Seufzerbrücke, Wasserturm und Speicher.

Altvertraute Bilder auch bei der Fahrt in die Stadt. Einen einladenden Eindruck macht ebenso der Markt. Zahlreiche Bauten sind erhalten und in gutem Zustand. Beherrschend und fremd der klotzige Neubau für die Verwaltung von Stadt und Rayon, der fast die gesamte Westseite einnimmt. Von hier regieren die Behörden die rund 5000 Einwohner der Stadt wie auch den 1283 Quadratkilometer großen Landkreis. Dieser umfaßt nicht nur den nördlichen Teil des damaligen Kreises Bartenstein, sondern auch fast die gesamte Nordhälfte des Kreises Gerdauen. Fast nach 100 Jahren ist Friedland damit wieder Kreisstadt geworden. 1844 hatte es – nach nur 25 Jahren – die Zentralgewalt an Domnau und schließlich 1902 an Bartenstein abgeben müssen. Heute liegt diese letzte Kreisstadt im polnischen Teil Ostpreußens und heißt Bartoszyce.

Friedland – Kirche St. Georg.

Zu den nicht mehr vorhandenen Kauf- und Wohnstätten am Markt gehört das schönste und älteste Gebäude, das Fachwerk-Vorlaubenhaus Markt 16. Am sympathischsten ist der Anblick der Nordwestecke. Zu den erhaltenen Bauten dort zählt das Haus von Kaufmann Joseit. Auf der Wand zwischen den Fenstern sind die Worte zu entziffern „Hufeisen, Nägel, Baubeschläge, Streichbretter, Briketts, Heizkohle".

Nur ein paar Schritte sind es bis zur St.-Georgs-Kirche. Der mächtige Bau beherrscht immer noch das Stadtbild. Je näher man ihm kommt, desto deutlicher sind jedoch die Spuren des Verfalls zu erkennen. Jahrzehntelang war das Gotteshaus Konzertsaal und Lagerhalle. Nun wird versucht, das historische Gebäude durch umfangreiche Renovierung zu retten. Es ist jetzt Kirche der Russisch-Orthodoxen.

Die spätgotische Hallenkirche aus dem 14. Jahrhundert war einer der bemerkenswertesten Sakralbauten der Provinz. Seine Innenausstattung war reichhaltig und wertvoll. Dazu gehörten der geschnitzte Barock-Altar und vor allem das Holzschnitzwerk „Wurzel Jesse" mit Rahmen und Bekrönung von Isaac Riga.

Auf dem Turm, hoch über dem erneuerten kegelförmigen Aufsatz, hat das Kreuz die Stürme der Zeit überstanden. Dort oben, auf den wehrhaft wirkenden Mauern mit dem zinnenartigen Abschluß, stand am 14. Juni 1807 der Oberkommandierende der Russischen Truppen, General v. Bennigsen, und leitet die Schlacht bei Friedland gegen Napoleons Armee. Fast 30 000 Tote forderten die schweren Kämpfe; an die 20 000 allein auf russischer Seite. Einer davon war der Kommandeur des Petersburger Grenadierregiments, General Makowsky. Auf Befehl französischer Offiziere war er erstochen und nackt auf die Straße geworfen worden. Friedländer Bürger bestatteten ihn mit anderen gefallenen Russen auf dem St.-Lorenz-Friedhof. Sie errichteten zu seinem Gedenken eine drei Meter hohe Sandstein-Pyramide.

Eine besonders schöne Ansicht bietet sich dem Besucher von Mühlenteich unterhalb der Kirche aus (siehe auch Farbbildteil).

Auf der Anhöhe hinter dem schilfbestandenen Ufer, dem Wollberg, thront St. Georg. Der Ostgiebel ist markanter Blickfang. Er ist eine auffällige Gestalt mit Strebepfeilern, Windlöchern und Fensterhöhlen noch aus dem 14. Jahrhundert, als die Stadt hier – vermutlich 1335 – ihren Anfang nahm. Vorher war an dem Platz eine prußische Siedlung.

Auf der anderen Seite des Mühlenteichs, wo die Straßen nach Königsberg und Tapiau abzweigen, stehen noch viele alte Gebäude. Das gilt auch für den inneren Stadtbereich wie für die Ausfallstraßen, so die Aachener Straße, die wir für die Weiterfahrt in Richtung Südwest nehmen.

Die alte Reichsstraße 142 führt bald hinter der Stadtgrenze nahe am großen Ostpreußenwerk vorbei, das der Hauptstromlieferant für die ganze Provinz war. Ganz nahe liegt es auf der linken Seite, wo die Alle eine elegante Schleife macht, und am Kopfende eines 30 Kilometer langen Stausees, alles zusammen in herrlicher landschaftlicher Umgebung. Fast 18 Meter hoch und 800 Meter lang ist der Staudamm des von Sommer 1920 bis November 1923 erbauten Kraftwerks. Lange Jahre war es noch in Betrieb. Der Strom ging allerdings nur in die nördliche, russische Hälfte des Landes von einst.

Die gesamte Anlage hatte aber schwer gelitten, schon bei der Eroberung und auch in der Folgezeit. Einmal brach sogar der Damm. Das frühere **Gut Sortlack** soff ab. Die Gegend versumpfte. 1991 wurde das Kraftwerk stillgelegt. Das Gebiet ist abgesperrt. Ersatzstromlieferant ist ein Braunkohlekraftwerk im Königsberger Hafen.

Nach sechs Kilometern – der Stausee ist auf der linken Seite immer noch ein unsichtbarer Begleiter – nehmen wir in **Deutsch Wilten/Ermakovo** rechts die Abzweigung nach **Domnau**. Bleiben wir auf der 142 geradeaus, kämen wir (sechs Kilometer) nach **Schönbruch**, das nun **Sirokoe** genannt wird, oder auch **Szczurkowo**. Denn dies ist ein geteiltes Dorf. Mitten hindurch geht die

Grenze zwischen Rußland und Polen. Auf dieser Seite allerdings gibt es kein einziges Haus mehr von damals. Nur zwei neue Gebäude der Grenztruppen sind dort. Die Kirche stand im Niemandsland. Von ihr sind lediglich Trümmer vorhanden.

Wir aber fahren in westlicher Richtung durch eine liebliche Landschaft. Dunkler Fichtenwald reicht bis an die Straße heran. Sanfte Hügel beleben die Flur wie leichter Wellenschlag die Weite des Wassers. Hin und wieder ist das Land bestellt. Störche stelzen durch grüne Wiesen. In **Pr. Wilten/Znamenskoe** fällt der alte lange Ziegelbau des Gutsstalls neben einem „neuen" Einheitsbau auf.

Eine prächtige Lindenallee führt fast bis **Domnau/Domnovo**. Bei der Einfahrt durch die Lüdinghausenstraße sind einige vertraute Bauten zu entdecken. Dann aber ein verloren dastehendes Eckhaus an ihrem Ende. Sogleich folgt der Schock: Das alte Domnau hat aufgehört zu existieren. Wäre das Kriegerdenkmal nicht noch zu erkennen, man wüßte überhaupt nicht mehr, wo einmal das Herz der 3000–Einwohner–Stadt schlug. Am Markt ist ein einziger Bau übriggeblieben. Baumstämme lagern, Unkraut wuchert, wo einmal sich Haus an Haus drängte, das Rathaus stand und Neuer Markt war.

Kühe weiden im hohen verunkrauteten Gras, wo die Traditionsgaststätte Mintelowski stand. Die Alte Schule dahiner, zuletzt Mittelschule, steht grau und verlassen da. Ein paar Mauerreste dahinter erinnern an das Schloß, in dem seit altersher die Grafen Kalnein saßen. Ihr 776 Hektar großes Gut wurde 1935 aufgesiedelt. Das Schloß war zuletzt Unterkunft für den weiblichen Arbeitsdienst.

Domnau, auf zwei Hügeln und an dem Flüßchen Gertlack erbaut, war eine schöne Stadt. Um 1300 hatte der Orden eine Burg angelegt. Die Siedlung in ihrem Schutz erhielt 1400 das Stadtrecht. Siebenmal wurde sie in ihrer langen Geschichte niedergebrannt. Siebenmal war sie wiedererstanden. Der achte Schlag war tödlich.

Ein wenig Erinnerung ist auf der östlichen Seite zurückgeblieben. Dort scheinen Kriegerdenkmal, Kirchenhang, das Grün der Büsche und Bäume, ein paar alte Häuser und alles überragend der Turm der Kirche dem Bild von einst zu gleichen. Aber – das Ehrenmal hat statt der Säule mit dem Eisernen Kreuz einen marmornen Stein, und es erinnert nicht an die Toten des Ersten Weltkriegs, sondern an die russischen Opfer im Krieg mit Napoleon: „Ewige Ehre den russischen Soldaten, die in der Schlacht bei Friedland gefallen sind – 1807". Und die Kirche wurde – wie überall in dem Gebiet – zweckentfremdet, soll aber wieder Gotteshaus werden.

Der in den Anfängen aus dem Jahre 1321 stammende Bau ist eine typische Ordenskirche. Ihr gotisches Westportal, der Stadt zugewandt, ruht auf einem Sockel von Feldsteinen. Ein Spitzbogen aus Granit umrahmt den Eingang. Von der Spitze des hochragenden Turms waren bei klarem Wetter die Kirchtürme Königsbergs zu sehen.

Domnau – Blick vom ehemaligen Markt auf Kriegerdenkmal und Kirche.

Mit besonderer Inbrunst wurden hier die Lieder gesungen, die in Domnau ihren Ursprung hatten und in aller Welt erklangen und immer noch zu hören sind: „Macht hoch die Tür, die Tor macht weit", „Such wer da will ein ander Ziel", „O Tod, wo ist dein Stachel". Sie alle stammen von Georg Weißel, der 1590 in Domnau geboren wurde und später in Friedland als Rektor und in Königsberg als Geistlicher wirkte. Er war der erste Pfarrer an der Altroßgärter Kirche und Mitglied des Königsberger Dichterkreises. Insgesamt schuf er 20 Kirchenlieder. 1635 starb er in Königsberg.

Um 1550 war hier Kaspar Henneberger Pastor. Er zeichnete die ersten Landkarten in Preußen. Domnau hatte eine bedeutende kulturelle Tradition. Schon 1400 wurde die erste Schule eingerichtet, und ab 1525 gab es eine Lateinschule. Da konnten die Domnauer mit Würde die Rolle der „Schildbürger Ostpreußens" tragen. Der Spruch „Quer wie die Domnauer" war in der ganzen Provinz gebräuchlich, und die Geschichten vom Rathaus mit den vergessenen Fenstern, in die das Licht mit Scheffeln getragen wurde, von der Bürgermeisterwahl nach der Zahl der Splitter im Allerwertesten beim Rutschen auf dem ungehobelten Brett wurden in allen Häusern erzählt.

In Richtung Ausfahrt Königsberg gibt sich die Stadt von einst zu erkennen. Die Gebäude von Raiffeisenkasse, Post, Amtsgericht (Kulturhaus) stehen noch zwischen den meisten erhaltenen Altbauten. Ein besonderer Blickfang sind am Ende der Poststraße die großen Gebäude der Mühlenwerke Scherwitz. Am Wohnhaus für die Bediensteten dieses bedeutenden Unternehmens sind die Wörter zu entziffern „Mühlenwerke Scherwitz Getreidehandlung Lager von Saatgetreide Futter und Düngemitteln".

Nach gut sechs Kilometer erreichen wir die alte 131, die von Königsberg bis Arys führte. Fast an der gleichen Stelle beginnt der Kreis Pr. Eylau, heute Rayon Bagrationovsk, zu dem auch der frühere Kreis Heiligenbeil gehört. Er reicht von diesem östlichsten Zipfel bis an das Frische Haff.

Von hier, kurz vor **Abschwangen/Tišino**, ist rechts der Kirchturm von **Almenhausen/Kastanovo** zu sehen. Wer auf der 131 in Richtung Friedland abbiegt, erreicht nach drei Kilometern das Dorf und muß feststellen, daß das einst sehenswerte Gotteshaus sehr verwahrlost, fast zur Ruine geworden ist. Die bald nach der Dorfgründung (1365) errichtete Ordenskirche mit schön geschnitzter Eingangstür (um 1400) hatte wertvolle Ausstattung, die zum erheblichen Teil aus der Kirche von Mühlhausen stammte und nach deren Erneuerung durch Schenkung des Christoph Albrecht von Kalckstein hierher kam. Dazu gehörte der prächtige Flügelaltar von 1596 mit Gemälden – im Mittelteil die Hochzeit von Kana – aus der Schule Lucas Cranachs des Jüngeren. Eindrucksvoll auch die Kanzel aus dem 17. Jahrhundert.

Im sechs Kilometer entfernten **Stockheim/Zajcevo** ist die Kirche ganz verschwunden. Zu den erhaltenen Gebäuden gehört die Schule. **Schwönau/Perevalovo**, das nächste Dorf, hat aufgehört zu existieren. An der Stelle steht ein Schild mit der Aufschrift „Der sechste Kilometer" (soweit ist es bis Friedland). Keine zwei Kilometer nördlich von hier liegt, im Nordostzipfel des Kreises Pr. Eylau, das Zehlau-Bruch. Das einzige wachsende Hochmoor Deutschlands wurde 1910 unter Naturschutz gestellt. Die ungewöhnliche Welt dieser 23 Quadratkilometer großen „ostpreußischen Tundra" mit ihren Moordecken, Moosen, Blänken, seltenen Pflanzen und Tieren, der Stille und Einsamkeit war ein gernbesuchtes, nicht ungefährliches Gelände für Naturkundler, Wandervögel und Schulklassen. Nach dem Krieg wurde das Zehlau-Bruch militärisches Sperrgebiet.

Auf unserer Strecke Richtung Königsberg erreichen wir kurz nach der Einbiegung in die 128 Abschwangen/Tišino. Traurig auch hier der Anblick der Kirche, die gleich nach der Ortsgründung 1365 entstanden war. Noch zu erkennen der spitzbogige Eingang an der Südseite, der aus dem Mittelalter stammt. Die Strebepfeiler an der Westseite stehen frei. Denn den 1858 erbauten Holzturm gibt es nicht mehr. Seinen Platz hat ein Schuppen eingenommen. Eine Lagerhalle, wo früher der Schnitzaltar aus

Das Zehlau-Bruch

Das Zehlau-Bruch, oder kurz nur „die Zehlau" genannt, lag etwa 30 km südöstlich von Königsberg in der nordöstlichen Ecke des Kreises Pr. Eylau auf lehmigem Untergrund in 30 bis 35 m Höhe über dem Spiegel der Ostsee. Mit seinen 2360 ha Flächeninhalt war es zwar bei weitem nicht das größte ostpreußische Hochmoor, aber es war das einzige lebende und weiterwachsende Seeklima-Hochmoor nicht nur Ostpreußens, sondern ganz Deutschlands. Schon aus diesem Grunde war es zu begrüßen, daß es am 10. 3. 1910 vom preußischen Landwirtschaftsministerium zum Naturschutzgebiet erklärt wurde und so als Naturdenkmal erhalten blieb.

Wie ein gewaltiges Uhrglas stieg das Moor aus seiner Umgebung gewölbt zu etwa 8 m Höhe an, ein riesiger Wasserschwamm, der durch die Moordecke zusammengehalten wurde. Man hat errechnet, daß die Zehlau 725 Millionen cbm Moos mit 18 Millionen Liter Wasser enthielt. Stellenweise war die Moordecke geborsten, und diese Stellen nahmen die einsamen Blänken ein, bis zu einem halben ha große Teiche, die als klare „Mooraugen" die Landschaft belebten. Bei den Naturkundlern wurde die Zehlau zuerst berühmt, als 1895 der hochnordische Tagschmetterling „Oeneis jutta" durch Sturmhöfel neu für Deutschland hier nachgewiesen wurde.

Es gab auf unserer Zehlau viel Schönes und Interessantes zu entdecken. Am schönsten war die Zehlau im Spätsommer bei Tagesbeginn, wenn die Kraniche zum Moor heimkehrten von ihrem Morgenflug. Wenn über den stillen Moorteichen, den Blänken, der erwachende Wind aus Nebelfetzen flüchtige Gestalten formte und neben den dunkelpurpurnen Moosbeeren glitzernde Tautropfen auf den braunen Torfmoorpolstern lagen. Dann ruhte über unserer ostpreußischen Tundra weltfremde Einsamkeit.

Es war ein seltsames Wandern über das Moor. Prof. Steinecke hat es einmal sehr treffend geschildert: „Schritt für Schritt sinkt der Fuß tief in das weiche Moos, das Wasser quillt hervor, und nur mit einer gewissen Anstrengung läßt sich der Fuß wieder aus dem feuchten und festhaltenden Schlamm herausziehen. Ganz ungewohnte Muskelpartien werden angestrengt: Das Wandern gleicht mehr dem Bälgetreten einer Orgel oder einem Parademarsch auf Kissen."

Wenn wir erst anderthalb Kilometer geschafft hatten, näherten wir uns einem dichteren Bestande von Moorkiefern, untermischt mit zahlreichen Birken. Stille Teiche liegen darinnen, umgeben von freudigem Grün. – Wir haben die ersten Blänken erreicht. Mehr als 100 fanden wir auf der gesamten Zehlau zerstreut, an fünf Stellen aber bildeten diese stillen Moorseen dichtere Gruppen, und an der nördlichsten machten wir stets eine kurze, erholsame Rast.

Fern ist das Getriebe der Welt. Ein einzigartiges Stück Einsamkeit liegt vor uns. Eine Haubenlerche singt in blauer Weite ihre kurzen Strophen. Vom Süden her schallt der Trompetenton der Kraniche. Metallischglänzende Libellen jagen über uns hinweg. Einige wenige Schmetterlinge, zumeist Bläulinge, bisweilen auch der gelbe Moorfalter Colias palaeno, flattern über das Moor. Aber keine Biene summt, keine Mücke belästigt uns, kein Fischlein tummelt sich im Blänkenwasser. So einzigartig konnte die Heimat unseres Elches sein!

(Horst Schulz: Der Kreis Pr. Eylau)

der Werkstatt von Meister Isaac Riga in Königsberg war, die schöne Kanzel aus dem 18. Jahrhundert, die kleine Orgel, die Emporen mit bäuerliche bemalten Füllungen und die Trapezdecke.

In der Nachbarschaft, auch an der Hauptstraße und in den anderen Ortsteilen stehen ein paar alte Häuser neben einigen Neubauten. Vergeblich sucht natürlich der Gast das früher in der ganzen Provinz bekannte ungewöhnliche Denkmal zur Erinnerung an den schrecklichsten Tag des Dorfes in der damaligen Geschichte: den hohen Schornstein eines abgebrannten Hauses mit Storchennest und einer Gedenktafel für 65 Zivilisten, die im Ersten Weltkrieg, am 29. August 1914, von russischen Truppen erschossen worden waren. Es war ein Racheakt für den Angriff deutscher Kürassiere auf ein russisches Militärauto am Dorfrand, bei dem ein hoher Offizier, Fürst Trubetzkoi, getötet wurde. 28 Einwohner und 37 Flüchtlinge aus anderen Ortschaften wurden getötet, 84 Gebäude niedergebrannt. Kaiserin Augusta Viktoria, Generalfeldmarschall von Hindenburg und viele andere hohe und höchste Besucher ehrten später diese Stätte.

Uderwangen – Altbau mit Fachwerk.

Hinter der Kirche ist links die Abzweigung nach Pr. Eylau. Die 20 Kilometer lange einstige Landstraße I. Ordnung hat eine Teerdecke erhalten. Zwei Kilometer entfernt liegt **Bönkeim/Il'jušino**. Dort stehen einige Häuser aus der Vorkriegszeit. Dann aber ist bis zu dem rund zehn Kilometer weiten **Gr. Sausgarten/Berezovka** keine Ortschaft mehr zu finden. Die Fahrt geht durch den schönen Bönkeimer Wald und eine von wildem Graswuchs bestimmte Landschaft.

Das nächste Dorf auf der Hauptstrecke, Richtung Königsberg, ist nach gut fünf Kilometern **Uderwangen/Čehovo**. Der Marktflecken im Nordostzipfel des Kreises Pr. Eylau war ein blühendes Gemeinwesen mit kleinstädtischem Charakter. Das läßt der Ort heute kaum ahnen. Er wirkt zerrissen, ungepflegt, verfremdet. Von der Molkerei blieb der hohe Schornstein. Ein Fachwerkbau zeugt von einstiger gediegener Bauweise. Ein Lichtblick auch das große Mühlengebäude im lieblichen Frischingtal. Es ist gepflegt, gestrichen – hier wird weitergearbeitet.

Einen guten Eindruck macht ferner die Schule etwas weiter dahinter. Der große Ziegelbau, der aus einer Kirchschule hervorgegangen war, dient dem Unterricht in acht Klassen. Recht gut erhalten dahinter das Pfarrhaus. Schockierend dagegen der Anblick des Platzes, da das schöne Gotteshaus stand. Hoch und wuchtig ragt allein der zerklüftete Turm in den Himmel, grausam-trauriger Rest einer eindrucksvollen, großen Ortenskirche. Der viergeschossige Bau mit achteckiger Spitze trägt immer noch das Kreuz. Aber er ist brüchig, geborsten; junge Bäume sprießen aus Dach und Wänden. Von dem aus Feldsteinen errichteten Langhaus und dem Chor aus Ziegeln sind nur kümmerliche Mauerreste und eine Zwischenwand an der östlichen Turmseite übriggeblieben. Keine Spur von der Bretterdecke mit Darstellungen aus der Bibel, von der Orgelempore mit musizierenden Engeln, vom prächtigen Kanzel-Altar.

Borchersdorf/Zelenopol'e, zehn Kilometer weiter, liegt bereits im früheren Kreis Fischhausen, jetzt Rayon Gur'evsk. An der

Straße fällt die Kirche mit dem halb zerstörten Turm auf. Das Gotteshaus aus dem Jahre 1735 mit Barockaltar aus der Schule des berühmten Isaac Riga wurde ebenfalls zur Lagerhalle. Auf der Südseite ist das Bild vom Sämann zu sehen, das der Stifter der Kirche, Graf Dohna, malen ließ.

Von Borchersdorf geht es zuerst links über **Schönmohr/Partizanskoe** nach **Wittenberg/Nivenskoe** an der früheren Reichsstraße 128 Königsberg – Pr. Eylau und dann rechts in die Pregelniederung. Sie wird von der Eisenbahnlinie Königsberg – Insterburg – Eydtkau und von der ausgebauten Straße Königsberg – Tapiau durchkreuzt. Die einst blühende Gegend ist weithin dem Verfall preisgegeben.

Schloß Friedrichstein

Wenn man die schwere Haustür öffnete, sah man in eine große Halle, über deren drei Türen als Supraporten die von Friedrich dem Großen geschenkten Gemälde seiner Hunde hingen. Rechts und links zwei riesige Danziger Schränke. Die mittlere Tür führte in einen hellen, stuckdekorierten Gartensaal. Wenn hoher Besuch kam, wurden alle Türen geöffnet: die schwere Hallentür, dann die zum Saal und schließlich die hohe Flügeltür, die vom Saal auf einen säulengefaßten Balkon führte, der den Blick auf einen großen, von Hecken umsäumten Rasenplatz freigab. Am Ende des Rasens begannen zwei parallel verlaufende Alleen, die bis in die grüne Unendlichkeit der Pregel-Wiesen reichten. Die Reaktion der Besucher angesichts dieses Anblicks war stets staunende Verblüffung: „Schöner als Versailles", sagte einmal einer. In der Tat war der Effekt, durch das Schloß hindurch auf eine prachtvoll gepflegte Landschaft zu blicken, ein ungewöhnliches Vergnügen.

(Marion Gräfin Dönhoff: Kindheit in Ostpreußen)

Das ist in **Löwenhagen/Komsolmol'sk** (vier Kilometer gerade-aus, dann zwei Kilometer nach rechts) ebenso zu sehen wie in **Fuchsberg/Semenovo**, wo nur ein Drittel der Häuser übrigge-blieben ist. In **Gr. Lindenau/Ozerki**, an der östlichen Kreisgren-ze gelegen, regt sich Leben. Auf der Strecke nach Schloß **Kap-keim/Visnevoe**, schon Kreis Wehlau/Rayon Gvadejsk, stehen viele Neubauten, auch eine Schule. Zu den erhaltenen Gebäuden gehören; Molkerei, Baptistenkapelle, Neuapostolische Kapelle, Gasthaus (jetzt Laden). Die Zementfabrik arbeitet noch – eine Seltenheit! Viele Altbauten sind allerdings zerstört. Auf dem Sportplatz steht ein Ehrenmal.

Von hier sind es 30 Kilometer bis Königsberg. **Friedrichstein/Kamenka**, ungefähr auf halber Strecke, war wegen seines herrli-chen Schlosses berühmt. Der Prachtbau in idyllischer Landschaft war 1709 – 1714 entstanden. Generationen der Grafen Dönhoff wohnten darin. Er beherbergte wertvolle Kunstschätze. Graf August Dönhoff, vorletzter Besitzer, war ein großer Förderer der Berliner Museen. Die letzte Besitzerin, Marion Gräfin Dönhoff, leitete eine gründliche Restaurierung des Schlosses. Nach ihrem Abschluß brach der Krieg aus. Nach der Flucht wurde sie in Ham-burg als Publizistin und Schriftstellerin bekannt. Als sie 45 Jahre später an ihren Heimatort zurückkehrte, war alles zerstört. Nicht einmal Trümmer erinnerten an die Pracht und Herrlichkeit. So schildert sie selbst diesen Augenblick:

„Nun war ich also nur eine halbe Stunde von diesem Ort entfernt – sollte ich ihn besuchen oder ihn lieber so im Herzen bewahren, wie er für mich zum Inbegriff von Heimat geworden war? Ich schwankte. Schließlich war die Anziehungskraft stärker als das Bedenken. Wir fuhren. Als wir nach Löwenhagen kamen und links nach Friedrichstein einbogen, hielt ich den Amt an: ob die Allee noch stand? Ja, sie steht… Rechts der Waschhausteich ist vollkommen verkrautet, man sieht kein Wasser mehr. Das Waschhaus selbst ist verschwunden, und auf dem Begräbnisplatz sind die Gräber eingeebnet. Weiter nach Friedrichstein den Hohlweg hinunter. Der erste Blick fällt auf den verträumten See, schön wie eh und je, zumal jetzt, da die Baumkulissen, die ihn einrahmen, vom ersten herbstlichen Glanz verklärt sind. Aber was man dann sieht oder vielmehr nicht sieht, ist unfaßlich: Das riesige Schloß ist wie vom Erdboden verschluckt, nichts ist davon geblieben, nicht einmal ein Trümmerhaufen… Die alte Mühle – einfach weg, der lange Pferdestall – weg auch er. Alles ist überwuchert von Sträuchern, Brennesseln, heranwachsenden Bäumen. Ein Urwald hat die Zivilisation verschlungen."

(„Die Zeit" – Reise ins verschlossene Land, oder: eine Fahrt für und mit Kant)

Auch die weiteren Dörfer in der näheren und ferneren Nachbarschaft sind entweder ausgelöscht oder kaum noch zu erkennen, so **Gr. Hohenhagen/Kaštanovka**, **Marienhagen/Semenovo,** die beide nicht mehr existieren und **Kraussen/Borisovo**. Vom 300-Einwohner-Dorf stehen fünf Häuser. Zahlreiche Neubauten, überwiegend für das Militär, bestimmen das Ortsbild.

Hier stößt die Straße wieder auf die alte 131, die über **Gutenfeld/ Lugovoe** hierher führt. Dann geht es rechts auf die Ringchaussee, über die Pregel-Brücke („Berliner Brücke"), links auf die Tapiauer Straße und Sackheim/Moskovskij Prospekt zurück zum Ausgangspunkt.

Von Königsberg nach Pr. Eylau, Kreuzburg und Tharau

Die Fahrt in das Gebiet südlich von Königsberg, das überwiegend den Rayon Bagrationovsk (die Kreise Pr. Eylau und Heiligenbeil) umfaßt, geht über Mühlenberg/Mel'nicnaja, Lindenstraße und Weidendamm/beides Oktjabr'skaja, oder über Vorstädtische Langgasse/Lenininski pr. und Österreichische Straße/Kalina pr. oder Unterhaberberg/Bagrationa zum Friedländer Torplatz und in die Schönfließer Allee/beides Dzeržinskogo. Dann **Ludwigswalde/Lesnoe** und **Wickbold/Otvažnoe**, die nicht mehr wiederzuerkennen sind.

Nach etwa zehn Kilometern kündet rechts neben der Straße ein hoher Pfeiler, auf der Spitze ein Storchennest, daß hier der „Rayon Bagrationovsk" beginnt. Kurz danach der erste Ort: **Wittenberg/Nivenskoe**. Das frühere 900-Einwohner-Dorf ist eine größere Ansiedlung geblieben. Die alten Bauten beherrschen das Bild im Ortsbereich, auch in der Siedlung, die an der links abbiegenden Straße in Richtung Schönmohr/Partizansloe liegt. Dagegen hat sich auf der gegenüberliegenden Dorfseite, an der Straße nach Tharau, der „Kolchos Nivenskoe" mächtig ausgebreitet. Statt des Bahnhofs steht ein kleines Stationsgebäude. Die Gartenbauschule ist erhalten geblieben. Eine Gastwirtschaft wurde zur Mittelschule. Am Ortsende rechts liegt der neue Friedhof.

Die alte Reichsstraße 128, die immer noch die prächtige Lindenallee ziert, macht, ungefähr bei dem nicht mehr existierenden gut **Marienhöh**, einen großen Bogen nach rechts, der fast bis an den Frisching/Prochladnaja reicht und erst bei **Luisenhof**, wo nur noch ein Haus steht, zur alten Straße zurückführt. Der Grund ist eine verlängerte Startbahn für moderne Düsenmaschinen auf dem – 1935 in Betrieb genommenen – Militär-Flughafen.

Der Ort **Jesau/Južnyj** hat sich wesentlich verändert. Viele Neubauten fallen auf, darunter fünfstöckige Wohnblöcke. Von den erhaltenen Gebäuden macht die Schule (jetzt Musikschule) den

besten Eindruck. Ein Wohnhaus steht auf dem Platz der Kirche, deren Geschichte bis in die Mitte des 15. Jahrhunderts zurückreichte. Der letzte Bau war 1726 errichtet worden. Die Innenausstattung war einfach. Auf dem Beichtstuhl aus dem 17. Jahrhundert standen die Büsten der Könige Friedrich Wilhelm III. und Friedrich Wilhelm IV. aus der Zeit um 1850. Erhalten ist das Gemeindehaus in der Nachbarschaft. Vom **Gut Jesau** gibt es keine Spur. Auch **Gut Bögen**, auf der anderen Seite der 128, gibt es nicht mehr.

Gr. Lauth/Nevkoe, sechs Kilometer weiter, ist recht gut erhalten. Hinter dem Dorf zweigt rechts eine Straße ab, die zum Bahnhof **Schrombehnen/Moskovskoe** und über **Dollstädt/Krasnoznamenskoe** bis in das Gebiet des Stablacks führt. Gut sechs Kilometer weiter geht links eine gut befahrbare Straße nach **Vierzighuben/Tambovskoe, Lewitten/Soldatskoe** und Uderwangen/Cehovo. Dies ist der kürzeste Weg von Königsberg nach Uderwangen.

Nach sechs Kilometern erreichen wir **Mühlhausen/Gvardejskoe**. Wir folgen der Abzweigung nach links in den Ort und kommen zu der Kirche, die in mehrfacher Hinsicht eine Besonderheit ist. Sie galt als schönste Landkirche Ostpreußens; in ihr ist Luthers Tochter, Margarete von Kunheim, begraben; sie soll wieder als evangelisches Gotteshaus hergerichtet werden.

Vorhergehende Doppelseite:
Straße Königsberg – Pr. Eylau –, immer noch mit prächtiger Lindenallee.

Rechts: Mühlhausen – Kirche mit großer Vergangenheit.

Der imposante Bau aus der Mitte des 14. Jahrhunderts hat schnelle Hilfe dringend nötig. Das Mauerwerk bröckelt überall. Die Jahre der Vernachlässigung und der Nutzung als Geflügelfutterlager haben tiefe Spuren hinterlassen. Hinfällig die einst schmückenden Vorbauten, vom Verfall gezeichnet Strebepfeiler, Windlöcher, Fenster, Blenden, der stattliche Turm, das Kirchenschiff mit dem dreifachen Saal.

Im Inneren läßt nur die Decke etwas von der Herrlichkeit einstiger Zeiten ahnen. Verblassende Reststücke einst markanter Ornamente und bildlicher Darstellungen sind am einmal behaglichen Tonnengewölbe zu erkennen. Die Figur „S. Jacobus major" gehört dazu. Die gesamt Ausstattung war prachtvoll und von bestechender Einheit und Harmonie. Sie war das Werk von Isaac Riga, der die Barock-Schnitzarbeiten schuf, und von Gottfried Hintz, der für die Ausmalung sorgte. Beide waren Königsberger Künstler.

Auch die Bilder von Martin Luther und Tochter Margarete, von Lucas Cranach d. Ä. beziehungsweise Lucas Cranach d. J., hingen in der Kirche. Margarete war mit Georg von Kunheim verheiratete gewesen, dem Sohn Daniels von Kunheim, Freund und Berater Herzog Albrechts und maßgeblich beteiligt an der Umwandlung des Ordensstaates und der Einführung der Reformation. Darum ließ der Herr von Knauten und Mühlhausen auch hier früher als fast überall die neue Lehre verkünden. Georg hatte Margarete während seines Studiums in Wittenberg kennengelernt und liebgewonnen. 1570, erst 35 Jahre alt, starb sie und wurde, wie auch ihr Mann und ihre sechs Kinder, vor dem Altar in dieser Kirche beigesetzt.

Auch Pfarrhaus (Gemeindebüro), Pfarrwitwenhaus (Wohnhaus) und zahlreiche andere Altbauten stehen. Lückenhaft wird das Dorfbild bei der Weiterfahrt in Richtung Romitten. Die alte Wassermühle existiert nicht mehr, und es gibt keine, bis an den Straßenrand reichende aufgestaute Beisleide/Režwaja mehr. Auch dieser Fluß ist, wie die meisten in dem Gebiet, zu einem Rinnsal geworden.

Nach zwei Kilometern kommen rechts die Dächer einiger Gebäude in Sicht. Dort steht der Rest des einst großen Gutes **Knauten**, das in der Geschichte eine bemerkenswerte Rolle gespielt hat. Dort hatte Margarete von Kunheim, Luthers Tochter, gelebt. 1643 folgten den verdienstvollen, hoch angesehenen Kunheims die kaum weniger namhaften Kalcksteins. Der erste von ihnen, Albrecht von Kalckstein, ist ebenfalls in der Kirche von Mühlhausen beigesetzt. Sein Sohn, Christian Ludwig von Kalckstein, ist als „Rebell von Knauten" in die Geschichtsbücher eingegangen. Erbstreitigkeiten und Denunziationen brachten ihn, wie er meinte, unschuldig in Konflikt mit dem Großen Kurfürsten. Nach schmachvoller Festungshaft, aber auch nachsichtiger Begnadigung, floh er nach Warschau und konspirierte dort gegen seinen Souverän. Der preußische Gesandte überlistete ihn und ließ ihn, in einen Teppich gerollt, entführen. In Memel wurde er zum Tode verurteilt und am 10. November 1672 enthauptet.

Zu den späteren Besitzern Knautens gehörte der Sieger der Schlacht von Nollendorf (1813), Generalfeldmarschall Friedrich von Kleist, der in der Potsdamer Garnisonkirche ruht. Sein überlebensgroßes Bild auf dem Schlachtfeld von Nollendorf hing im Saal des Herrenhauses. Im Eßzimmer stand ein von König Friedrich Wilhelm III. geschenktes Tafelservice mit dem Kleistschen Wappen auf jedem Tellerrand. Das etwa in der Mitte des 17. Jahrhunderts erbaute Gutshaus wurde beim Einmarsch der Roten Armee zerstört.

Zu den Gütern derer von Kalckstein gehörte auch das zwei Kilometer entfernte **Romitten/Slavjanovka**. Das stolze Schloß hat seine Gestalt fast bis zur Unkenntlichkeit verändert. Der zweiflügelige imposante Bau mit dem abgewalmten Dach ist zu einem schmucklosen Wohnblock geworden, in dem mehr als 25 Familien eine Unterkunft haben. Ein Brand in den siebziger Jahren war dafür mit eine Ursache.

Während am Ortseingang zahlreiche Kolchos-Einheitsbauten im wahrsten Sinne das (ehemalige) Feld beherrschen, ist hinter dem

Sossehnen – Notübergang über die Beisleide.

Schloß das alte Romitten zu erkennen. Auch die Schule steht noch. In der Kurve vor der Beisleide wecken heimelige Häuser hinter üppigen Vorgärten die stärksten Erinnerungen. Hier sollte die Fahrt abgebrochen werden. Denn zum einen wird die Straße immer schlechter, und im untergegangenen **Sossehnen** macht ein Notübergang über die Beisleide das Passieren fast unmöglich; zum anderen ist keine der benachbarten Ortschaften mehr erhalten. Das nächste noch existierende Dorf ist **Gr. Sausgarten**. Das aber ist sicherer von Pr. Eylau aus zu erreichen.

So fahren wir nach Mühlhausen zurück und auf der alten 128 weiter in südlicher Richtung. Die Tour geht durch schönes Waldgebiet. **Perkuiken/Solncevo**, einst Vorwerk von Knauten, und **Leidtkeim/Bol'šakovskoe** geben sich kaum noch zu erkennen. Dagegen sind in **Schmoditten/Rjabinovka** zahlreiche Bauten erhalten, auch das Gasthaus. Aber die Kirche gibt es nicht mehr. Nur die Friedhofsmauer zeigt den Platz an, wo der erhabene Bau

222

aus der Mitte des 14. Jahrhunderts stand. Silos des Kolchos haben seine Stelle eingenommen. Der verputzte Feldsteinbau hatte eine beachtenswerte Innenausstattung. Dazu gehörten: der geschnitzte Kanzelaltar, Altargerät aus dem 17., 18. und 19. Jahrhundert sowie besonders die „Schöne Madonna", eine Holzstatue aus der Ordenszeit, die zuletzt im Königsberger Prussia-Museum zu sehen war.

Bis Pr. Eylau sind es noch drei Kilometer. Nach dem Bahnübergang folgt rechts eine Abzweigung nach Kreuzburg. Die Straße ist in keinem guten Zustand. Sie führt über **Schloditten/Zagorodnoe** (noch überwiegend erhalten), **Althof/Orehovo** (weiter ein großes Dorf), **Wogau/Lermontovo** (zum Teil erhalten), **Posmahlen/Puškino** (Schule und einige andere Gebäude stehen), **Dollstädt/Kraszoznamenskoe** (Kirche und die meisten anderen Gebäude zerstört, Schule steht, neue Häuser am Dorfrand), **Sollau/Krasnoarmejskoe** und **Kilgis/Zareč'e** (beide nur wenig erhalten).

Auf der alten 128 folgt **Karlshöfchen**, wo einige alte Häuser stehen. Auf der linken Seite fällt der erhaltene Komplex der großen Gebäude des 1936/37 errichteten Heeres-Verpflegungsamtes auf.

Nach einem knappen Kilometer beginnt **Pr. Eylau/Bagrationovsk.** An der Königsberger Straße gibt es nicht mehr das große Kreiskrankenhaus. Der Schlachthof ist in Betrieb. An der Ecke zur Bahnhofstraße steht ein Findlingsblock mit der Aufschrift „Diese Stadt wurde 1336 gegründet" (tatsächlich stammt die Burg aus den Jahren 1325/26). Der Gedenkstein wurde von Balga hierher gebracht, wo er 1939 zur Erinnerung an die Landung der Ordensritter auf ostpreußischem Boden vor 700 Jahren, 1239, aufgestellt worden war. Ganz in der Nähe ist die katholische Kirche (1907 erbaut) zu finden, die zum Wohnhaus wurde. Erhalten an der Königsberger Straße auch Amtsgericht und Post (rechts), gegenüber Kreisjugendamt, etwas weiter links Landratsamt (erbaut 1907) und Kreissparkasse (rechts).

Die Kasse (1930 erbaut) blieb als einziges Gebäude in Marktnähe stehen. Die Südseite wird von einem vierstöckigen Neubaukomplex eingenommen. Gegenüber, zurückgesetzt, ebenfalls ein größerer Neubau. In ihm befindet sich das „Café Pr. Eylau". Ein Restaurant ist auf der Westseite, Ecke Landsberger – Obere Schloßstraße. Auf dem Markt steht etwa an der Stelle, wo früher der Wegweiser war, ein Denkmal für Fürst Bagration, einen Feldherrn der russischen Truppen in der Schlacht bei Pr. Eylau gegen Napoleon. Seinen Namen trägt die Stadt. Auch ein Hotel auf der Ostseite, Ecke Domnauer Straße, wurde nach ihm benannt (siehe auch Farbbildteil).

Etwa in Fahrtrichtung weiter fällt in der Landsberger Straße links der Kaufhaus-Neubau „Družba" auf. Rechts stehen ein paar kleine alte Häuser. Weiter links der unverwechselbare Bau der Scharnhorstschule, Oberschule für Jungen in Aufbauform (1861 errichtet), heute Sitz von Rayon- und Stadtverwaltung wie der Miliz. Auch Volksschule (1927) und Altenheim (1907) sind vorhanden. Der Hindenburg-Sportplatz ist weiter „Sportstadion". Kurz dahinter beginnt das Sperrgebiet. Zugang zum Warschkeiter See, wo früher die schöne Badeanstalt war, ist nicht gestattet.

Links führt der Weg in die Warschkeiter Straße (Finanzamt steht) und die Scharnhorststraße, wo die Beamtenhäuser in gutem Zustand sind und der Lange See zum Badesee geworden ist. Auf der Nordseite sind einige Datschas auf der Wiese entstanden. Hier, zwischen Langem und Warschkeiter See, sind die Massengräber mit den Opfern der Schreckenszeit nach dem Krieg.

Nur mit viel Fantasie ist hinter der hohen Mauer in einem ungefügen Bau die Kirche zu erkennen. Sie hatte den Krieg gut überstanden, diente den verbliebenen Deutschen sogar zu sonntäglichen Gottesdiensten, war dann Pferdestall, Lagerplatz und Panzerhalle. In den siebziger Jahren wurde sie, mit gestutztem Turm, Fabrikhalle. Fast nur der Rest des spitzbogigen Portals verrät den eigentlichen Bestimmungszweck. Gut erhalten ist davor das Superintendentenhaus. Ungefähr an der Stelle, wo das Kriegerdenkmal war, ist eine Büste von Karl Marx zu finden.

Bildlegende für den Farbbildteil

Die in den Anfängen wohl schon aus dem Jahre 1325 stammende, 1348 erstmals urkundlich erwähnte Kirche hatte einen reich geschnitzten Altar und in der Sakristei ein Kruzifix „Christus am Astkreuz" aus der Zeit vor 1500. Die übrige, ebenfalls sehr wertvolle alte Ausstattung ging verloren, als die Franzosen dort im Februar 1807 ein russisches Gefangenenlager einrichteten. Die Schlacht bei Pr. Eylau hatte bis zuletzt Spuren hinterlassen. Im Giebel der Sakristei steckten Kanonenkugeln.

Napoleon leitete am 8. Februar 1807 vom Turm aus die Bataille. Nach der Legende war der Küster versucht, den großen Korsen einzuschließen und den anstürmenden eigenen Truppen auszuliefern. Aus Furcht vor Entdeckung und Angst um seine Familie ließ er von dem Vorhaben ab, das die europäische Geschichte hätte wenden können.

Nicht weit von hier, an der Bartensteiner Straße, erinnert immer noch auf einem Hügel im schönen Buchenhain das „L'Estocq-Denkmal" an die Schlacht am 7. und 8. Februar 1807, als Preußen

Pr. Eylau – Kirche, jetzt Fabrik.

Napoleon auf dem Schlachtfeld von Eylau   (Musée de Louvre)

und Russen dem großen Napoleon ein Unentschieden abtrotzen, das fast zum Sieg gereicht hätte. Am 12. September 1865 war in Gegenwart von König Friedrich Wilhelm IV. der Grundstein zu dem 10,60 Meter hohen Denkmal gelegt worden. Zur Einweihung 1857 erschienen auch Abordnungen russischer Regimenter.

Der kunstvoll gegliederte gotische Turmbau aus Sandstein, der auch das Bildnis des russischen Befehlshaber, General von Bennigsen, trägt, hat die Inschrift: „Dem glorreichen Andenken L'Estocqs, Diereckes und ihrer Waffengefährten". L'Estocq war der Oberbefehlshaber der preußischen Truppen. Sein Generalstabschef hieß Gerhard von Scharnhorst, der später als einer der großen Reformer berühmt wurde. An die Beteiligung der russischen Verbände erinnert jetzt eine in Stein gehauene Tafel am Denkmal mit der Inschrift: „Zum Andenken an die Schlacht bei Pr. Eylau 7. – 8. Februar 1807. Der Mut und das Heldentum russischer Soldaten in dieser Schlacht haben den Vormarsch der napoleonischen Truppen zu den Grenzen Rußlands gestoppt."

Pr. Eylau – L'Estocq-Denkmal.

In Paris trägt eine Straße immer noch den Namen Rue d'Eylau, und im Louvre hängt ein Gemälde von dieser Schlacht. Sie war eine der blutigsten in der bisherigen Geschichte. 55 000 Soldaten, 30 000 Franzosen sowie 25 000 Preußen und Russen, ließen ihr Leben.

Nur einige hundert Meter weiter ist der neue Grenzübergang nach Polen. Die mit erheblichem Aufwand eingerichtete Paß- und Zollstelle soll als vorläufig wichtigste und einzige Passage für den Touristenverkehr innerhalb des ehemaligen Ostpreußen dienen.

Wie ein Wahrzeichen aus der Zeit von damals ragt in dieser Gegend der Wasserturm über seine Umgebung mit Patenschafts- und Reichshaus hinaus. Diese waren nach dem Ersten Weltkrieg aus Patenschaftsmitteln errichtet worden. Über die Umgehungsstraße nordwärts geht es bis zur Kreuzung Domnauer Straße, wo rechts das Wilhelm-Augusta-Siechenhaus, vom Kaiserpaar 1882 gestiftet, als Rayon-Krankenhaus dient. Der Anblick des Bahnhofs einige hundert Meter weiter, gehört zum Angenehmsten, was

Pr. Eylau – Grenzübergang.

Bagrationovsk zu bieten hat. Der freundliche Anstrich betont die gefällige Gestaltung des Baus aus den Jahren 1938/39. Von hier fahren unverändert Züge nach Königsberg, nicht mehr jedoch nach dem nur 18 Kilometer entfernten Bartenstein. Die Nachbar-Kreisstadt im Süden liegt im polnischen Bereich.

Auf der anderen Straßenseite ist ein Magazinladen auf dem Gelände der Faßfabrik Max Taulien, Bahnhofstraße 18. Sie war das größte Unternehmen dieser Art im ganzen Ostcn. 800 Butterfässer gehörten zur Tagesproduktion.

Dem Bahnhof gegenüber, hinter den Gleisen, ist die Stadtrandsiedlung (Erich-Koch-Siedlung) aus der Mitte der dreißiger Jahre erhalten. Daran vorbei führt die Straße nach Abschwangen. Die frühere Provinzialstraße I. Ordnung ist gut ausgebaut. Das stadtnahe Gutshaus von **Auklappen**, etwas abseits auf der rechten Seite, ist fast eine Ruine. Vor den Dörfern **Kutschitten/Znamenskoe** und **Lampasch/Nadeždino**, die zum Teil erhalten sind, stehen in langen Reihen kleine einheitliche Wohnhäuser der Kolchosen.

Gr. Sausgarten/Berezowka ist das größte Dorf auf dieser Strekke. Zu zahlreichen erhaltenen Gebäuden sind viele neue hinzugekommen. Dazu gehört eine kleine Siedlung am Ortsanfang links. Alle aber stehen nur an der Durchgangsstraße. An den anderen Wegen gibt es kein Haus mehr. Auch die bekanntesten Gebäude des Dorfkerns sind verschwunden: Molkerei (nur der Schornstein steht), Laden mit Gaststube, Herrenhaus mit Baptistensaal. Das schönste Haus, Villa Zuch mit Poststelle, wurde zum Viehstall.

Schon 1343 wurde der prußische Ort „Sausekart" erwähnt, der schnell zu einer größeren Ortschaft heranwuchs. Die Schäferwiese war Ort kostbarer historischer Funde. Ein Silberhalsring aus der Epoche der Völkerwanderung und eine große Münzsammlung aus der Ordenszeit wurden hier entdeckt. Beides waren Zierstücke des Prussia-Museums in Königsberg.

Das fast zwei Kilometer lange Reihendorf an der Beisleide/ Rezwaja, kaum noch mehr als ein Graben und total verwildert

Gr. Sausgarten – Gemeindeteich.

(siehe auch Farbbildteil), ist die letzte verbliebene Ortschaft in Richtung Norden. Sieben Dörfer sind spurlos verschwunden: **Naunienen, Pieskeim, Tollkeim, Sossehnen, Kniepitten** und **Storkeim**. Auch von den benachbarten Dörfern im Kreis Bartenstein blieb kaum etwas übrig, so von **Genditten/Kuznečnoe, Guwöhnen/Rjazanskoe, Gallitten/Pesočnoe**, wo immerhin einige Häuser erhalten sind. Auch in **Palpasch/Pesocnoe** (Kreis Pr. Eylau) gibt es noch Altbauten.

Wieder in Pr. Eylau zurück, fällt in der Domnauer Straße der hohe Schornstein der Molkerei auf. Ein Blick von der Ecke zum Markt nach links zeigt, daß in der Kirchenstraße (bis zur Kirche) nicht ein Haus stehengeblieben ist. Bis zu fünfstöckige Neubauten sind dort, wo früher vertraute Geschäfte, Rathaus, Rathaus-Café und Capitol-Lichtspiele waren. Ganz vornean auf der rechten Seite das Gesundheitsamt des Rayons Bagrationovsk.

230

Zu seinem Gebiet gehört auch der frühere Kreis Heiligenbeil. Unter den 13 Landrayons ist er mit 1146,1 Quadratkilometern nach Neuhausen/Gur'evks (1436,6) und Heinrichswalde/Slavsk (1350,8) der drittgrößte. Mit elf, früher Dorfsowjets bezeichnete Großgemeinden liegt er an der Spitze. Das gilt auch für seine Einwohnerzahl. Sie wird mit 40 000 angegeben. Die Kreisstadt hat 6000 Einwohner (1939: 7500).

Wenn wir von der Landsberger Straße rechts in die Untere Schloßstraße Richtung Kreuzburg/Slavskoe abbiegen, erinnert rechts eine gewaltige Mauer immer noch an die in den Jahren 1325 bis 1330 entstandene Ordensfeste. Sie ist der Rest des Stalls der zerstörten Burg. Das auf ihren Grundmauern erbaute Gutshaus war seit 1932 Heimatmuseum. Nun soll auf dem Gelände, das zum **Gut Henriettenhof** des bekannten Vieh- und Kaltblutzüch-

Gr. Sausgarten – Wildwuchs,wo einmal fruchbare Äcker und saftige Wiesen waren.

Pr. Eylau – Reste des Stalles der Ordensfeste.

ters Arthur Valentini gehörte, wieder ein Museum eingerichtet werden. Noch erstaunlicher: Auf den Fundamenten der Burg wird an einer Art Restaurierung gearbeitet. Dort soll ein „Schloßhotel" entstehen.

Die Weiterfahrt auf guter Straße führt nach zwei Kilometern an der Stelle vorbei, wo einmal **Storchnest** war, und kurz dahinter einige Häuser von **Strobehnen/Širokoe** zu sehen sind, nach **Roditten/Nagornoe**, das teilweise erhalten ist. Dort ist links eine Abzweigung nach dem eineinhalb Kilometer entfernten **Kl. Dexen/Furmanovo**. Hier ist, nahe der früheren Kirche, eine Gedenkstätte für die im Kriegsgefangenenlager Stalag I A Stablack verstorbenen Russen, Polen, Belgier und Franzosen.

Weiter auf der Hauptstraße folgt **Görken/Dubrovka**, das zum größten Teil weiter existiert. Nach zwei Kilometern ist die Gartenstadt **Stablack/Dolgorukovo** erreicht. Der Ort am Rande des

232

Truppenübungsplatzes Stablack, der weiter militärisch genutzt wird, ist fast vollständig erhalten und zum Teil ausgebaut. Die Kirche (ohne Turm) ist Kulturhaus. Die Schule wurde durch einen Anbau erweitert. Die Eisenbahnlinie Stablack – Pr. Eylau ist dem Militär vorbehalten. Buslinien führen nach Pr. Eylau sowie über Kreuzburg und Tharau nach Königsberg.

An dem etwas abseits gelegenen Ort macht die Straße eine Biegung nach rechts und geht weiter durch das landschaftlich reizvolle Gelände des hügeligen Stablack. **Pompicken** gehört zur Verwaltungseinheit **Dolgorukovo**. **Krücken/Kamenka** und das nahe **Penken/Podgornoe** sind nur schwer wiederzuerkennen. Dagegen ist **Kissitten/Grigor'evo** noch ein großes Dorf aus der alten Zeit, wenn auch, wie überall, gezeichnet von Verfall und Vernachlässigung.

Kreuzburg/Slavskoe ist nach zwei Kilometern erreicht. Der Stadtgrund vor dem Ort auf der linken Seite, einst beliebtestes Ausflugsziel, ist zur Wildnis geworden. Der Gedenkstein für Hermann von Boyen steht noch an seinem Platz. Das Bildnis des am 23. Juni 1771 geborenen Generalfeldmarschalls ist verschwunden; aber die steinerne Tafel mit der Inschrift erinnert weiter an den Mitarbeiter Scharnhorsts und Reformers des preußischen Heeres.

Gut erhalten sind die meisten Häuser in der Schulsiedlung, ebenfalls auf der linken Seite. Vergeblich ist die Suche nach der Stadtschule aus dem Jahre 1929, der Schloßruine und dem Kriegerdenkmal – in der Gegend ist ein Soldatenfriedhof. Die Molkerei ist verfallen. Eine zusammenhängende Häuserfront gibt es noch in der Straße Vorstadt mit Amtsgericht und Gefängnis.

Der Kern der ältesten Ortschaft im Kreis Pr. Eylau ist ausgelöscht. Am Markt steht kein einziges Haus mehr von früher. Hier beherrscht ein neuer Schulbau das Bild. Sonst nur ein paar Bäume, Bauschutt und am Rand einige kleinere Einheitsbauten. Zwei alte Häuser sind am Ende der Kirchenstraße erhalten, Pfarr- und Pfarrwitwenhaus.

Kreuzburg – Turmruine der Kirche.

Von der ältesten Kirche des Kreises blieben der Unterteil des Turms und ein kleines Stück Mauer des Kirchenschiffs. Die einst in die Befestigung der Stadt einbezogene Kirche aus den Anfängen der 1315 gegründeten Stadt hatte ein vierjochiges Schiff von 33 Meter Länge und 14,5 Meter Breite. Zu ihren Kunstschätzen von hohem Rang, darunter wertvolle Arbeiten von Meister Isaac Riga, gehörten eine goldverzierte Kanzel aus dem Ende des 16. Jahrhunderts, Ratsgestühl und Orgel ungefähr aus der gleichen Epoche.

Der Turmrest erinnert ein wenig an die große Vergangenheit. Seinen geschwungenen Helm trägt er nicht mehr: aber der quadratische Feldstein-Unterbau aus dem 14. Jahrhundert und der achteckige Oberbau (1590) haben alle Stürme der Zeit überstanden.

Schon 1253 hatte der Orden im Mündungsgebiet des Keyster in den Pasmar/Majskaja die Kreuzburg angelegt. Die Stadt hatte einen rechteckigen Grundriß. Zuletzt wohnten in ihr 2000 Menschen. Aus Kreuzburg stammten auch der Barockdichter Michael Kongehl (1646 – 1710), der Heimatdichter Wilhelm Reichermann (1845 – 1920) und der Heimatforscher Wilhelm Sahm (1873 – 1944). Der in den schweren Kämpfen im Heiligenbeiler Kessel vernichtete Ort wird nicht mehr als Stadt geführt, sondern nur noch als Ansiedlung, früher Dorfsowjet.

Kaum ein Haus ist auch auf der Ausfahrt zu entdecken. Reste der Neuapostolischen Kapelle und des Ostpreußenwerks stehen noch. Von Mühle Podehl und Bahnhof keine Spur mehr. Links biegt die Straße Richtung **Kobbelbude/Svetloe** ab. Sie ist in schlechtem Zustand und führt über **Cavern** (existiert nicht mehr) durch eine freundliche Gegend mit grünen Wiesen, stillen Hainen und Ketten von kleinen Hügeln. Störche auf hohen Masten, ein Dorfteich – auch in der Verwilderung noch schön.

Globuhnen, Tykrigehnen und **Sollnicken** wurden zu dem Ort **Medovoe** zusammengefaßt. Viele Häuser stehen nicht mehr; aber die erhaltenen Bauten machen überwiegend einen recht guten Eindruck, und die neuen Gebäude stören kaum den Gesamtein-

Globuhnen – dörfliche Idylle.

druck. Wo Straße, Autobahn und Stradick/Kornevka nahe zusammenkommen, endet der alte Kreis Pr. Eylau. Die übrigen Ortschaften in der Gegend abseits von dieser Straße, wie **Kusitten, Liepnicken/Ostrovnoe** und **Tiefenthal/Vysokoe**, sind mit normalem Fahrzeug nicht zu erreichen und fast völlig ausgelöscht.

Nahezu nicht mehr vorhanden ist auch **Arnsberg/Pobeda**, das wir nach dreieinhalb Kilometern auf der Straße Richtung Tharau erreichen. Das alte, beeindruckende Herrenhaus und der gesamte Komplex mit 17 großen Gebäuden existieren nicht mehr. In einigen neuen Häusern wohnen Arbeiter einer Kolchose. Im nahen Vorwerk **Heyde** gibt es nur ein paar neue, kleine Häuser. Die Gebäude von einst, auch die Schule, sind verschwunden.

Wie eine Idylle aus alter Zeit erhebt sich bald danach der Kirchturm von **Tharau/Vladimorovo** über die liebliche Frischingsau. Aber wer den Kirchenhang hinauffährt, steht vor einer Ruine, beeindruckend und herzergreifend. Das gewaltige Ostportal mit hohen Strebepfeilern und lichtdurchfluteten Windlöchern ist um den Eingang weit aufgerissen. Das Mauerwerk bröckelt. Das Dach ist an verschiedenen Stellen eingebrochen. Durchlöchert auch Wände, Boden, Turmausgang.

Unwiederbringlich verloren die prächtige und wertvolle Ausstattung, der reichgeschnitzte Altar des Königsberger Bildhauermeisters Döbel aus dem Jahre 1688, die aus der gleichen Werkstatt stammende Kanzel, die ansprechende Bemalung, der Orgelprospekt, die nach einem Brand 1911 vom Erbauer Novak 1917 fertiggestellte Orgel.

Dennoch gibt es Hoffnung: Die um das Jahr 1350 errichtete Kirche soll wiederhergestellt werden. Der Grund: das „Ännchen von Tharau", das in die deutsche Liedgeschichte eingegangen ist.

Frischingsau mit Blick auf die Kirche von Tharau.

1619 wurde die Tochter des Pfarrers Andreas Martin Neander, Anna, hier getauft. Am 10. Juni 1990 wurde mit einem feierlichen Singen das Zeichen für den Wiederaufbau des bedeutsamen Gotteshauses gesetzt. Leider hat die praktische Arbeit noch nicht begonnen. Das Geld fehlt.

Nach den Plänen und guten Vorsätzen soll auch das Pfarrhaus restauriert werden. Gutsherr von Braxein (1760 – 1798), dem fast alle herausragenden Gebäude hier zu verdanken sind, hatte es nach einem Brand 1630 oder 1631 neu errichten lassen. Es war also nicht mehr das Geburtshaus von Anna Neander. Nun soll an dieser Stelle ihrer besonders gedacht werden. Auch Simon Dach, dem das unvergängliche Volkslied zugeschrieben wird, soll in dem Museum seinen gebührenden Platz erhalten.

Tharau, das einst schöne und bekannte Dorf, hätte auch sonst eine Generalkur nötig. Aus dem Traditionskrug „Zum goldenen Kürbis", unterhalb der Kirche, ist ein trister, hinfälliger, stallähnlicher Bau geworden. Verschwunden ist gegenüber die Dorfschmiede, die zu den schönsten im Lande zählte. Das ganze Frischingstal ist verwildert (siehe auch Farbbildteil). Einige Häuser stehen noch jenseits des Flusses. Das nahe **Ernsthof/Krasnopartizanskoe** wurde zur tristen Kolchose.

Auch in Tharau selbst ist die Gutshausherrlichkeit verschwunden. Keine Spur mehr von dem schönen Besitztum und dem langgestreckten, behaglichen Herrenhaus, die zuletzt Hedwig und Dr. Erich von Lölhöffel gehörten. Bis zur Todesstunde fast hielt Hedwig von Lölhöffel die Erinnerung an ihr Tharau in vielen Schriften wach, getreu dem Erbe ihrer Mutter Erminia von Olfers-Batocki, die als Dichterin Natangens, der Heimatlandschaft, bekannt war.

Erhalten geblieben sind das Inspektorenhaus und das Wohnhaus für Kämmerer, Kutscher und Chauffeur. Der alte, verfallene Kuhstall steht neben einem neuen Kolchosenbau in Einheitsbauweise. „Ännchen von Tharau, mein Reichtum, mein Gut"? – Es war einmal, und es ist ein weiter Weg dorthin zurück.

Nach drei Kilometern erreichen wir wieder Wittenberg und die alte 128. Es geht die gleiche Strecke wie bei der Herfahrt zurück: Schönfließer Allee und Friedländer Torplatz/beides Dzerzinskoge, Weidendamm, Lindenstraße/Oktjabr'skaja und Mühlenberg/Mel'nicnaja (oder Österreichische Straße/Kalinia pr. beziehungsweise Unterhaberberg/Bagrationa und Vorstädtische Langgasse/Leninskj pr.) zum Ausgangspunkt.

Von Königsberg nach Zinten, Heiligenbeil und Balga

Zur Fahrt in den früheren Kreis Heiligenbeil nehmen wir die gleiche Strecke stadtauswärts wie bei der Tour nach Pr. Eylau. Auf der alten 128 biegen wir hinter Schönfließ, unmittelbar hinter der Stadtgrenze, rechts auf die Autobahn.

Zahllose Datschas beherrschen die Gegend. Vor dem Hintergrund der massierten Hochhausfront ist das – rückblickend – ein seltsames Bild voller Kontraste. Der Ausbau der in den dreißiger Jahren zunächst einbahnig angelegten Autobahn zu einer modernen Schnellstraße (geplante Fertigstellung Ende 1993) ist ein hervorragendes Beispiel deutsch-russischer Zusammenarbeit. Die 40 Kilometer lange Strecke zwischen Königsberg und der Grenze zu Polen ist ein Teilstück der Skandinavien-Autobahn, die nach dem europäischen Verkehrskonzept von Berlin über Königsberg und Riga, mit Abzweiger nach Moskau, bis nach St. Petersburg führen soll. Im dortigen Volksmund heißt sie „Berliner Straße".

Bei **Kobbelbude/Svetloe** verlassen wir die Autobahn und nehmen in Richtung Süden die alte Reichsstraße 126, die einmal von Königsberg über Mohrungen bis Christburg führte. Die Strecke geht über Sollnicken–Tykrigehnen/Medovoe, die wir auf der Rückfahrt von Pr. Eylau – Kreuzburg gesehen haben, dann durch waldreiches, hügeliges Gelände, bis wir bei **Klaussitten/ Mičurino** den früheren Kreis Heiligenbeil erreichen, jetzt zum Rayon Bagrationovsk (Pr. Eylau) gehörend.

Noch vier Kilometer bis **Zinten/Kornevo**. Einsam liegt die einst vielbefahrene Chaussee da. Links führt die Marauner Straße, nur schwer passierbar, zu einer seltsamen kleinen Ansammlung von alten Häusern, Neubauten, Ruinen und Schuppen. Auf der rechten Seite ein großes, altes Gebäude mit turmartigem, vierstöckigem Flügel: die Wassermühle. Schon in der Ordenszeit war sie als Kornmühle angelegt worden. Der Stradick wurde im Mühlenteich gestaut. Eine Schleuse regulierte den Zufluß. Es war schließlich eines der bedeutendsten Unternehmen der Stadt, in dem jährlich 120 000 Zentner Getreide gemahlen wurden. Heute gibt es vom Teich keine Spur mehr; der Fluß ist kaum noch zu entdecken; das stolze Haus mit der beeindruckenden Giebelfront ist vernach-

Zinten – nur Steine, Gras und Staub, wo einmal die Stadt war.

Rechts: Zinten – Turmrest der Pfarrkirche.

lässigt (es wird aber in ihm gearbeitet). Doch es ist das größte und eines der wenigen Häuser, die von Zinten übriggeblieben sind.

Wer am Mühlentor steht mit dem Bild der schönen Stadt am leicht ansteigenden Hang im Herzen, kann es nicht fassen: nur Steine, Gras und Staub, wo einmal Zinten war. Der Blick in Richtung Kirche und Wasserturm ist gespenstisch. Ausgelöscht die Heimat von 7000 Menschen. Kein Wohnhaus, nicht ein Geschäft; verschwunden der neuzeitliche Markt mit dem schmucken Rathaus, das auf Grundmauern aus der Ordenszeit ruhte. Nicht einmal der Verlauf der planmäßig in Trapezform gegliederten Straßenzüge ist noch auszumachen. Nur die Augustastraße, so scheint es, hat ihr Kleinpflaster voll erhalten.

Erschütternd der Anblick des kläglichen Rests der Pfarrkirche. Der geborstene Turm auf dem höchsten Punkt der Stadt zeigt wie ein mahnender, anklagender Finger in den Himmel. Unkrauthügel bedecken das einstige Schiff der Kirche, die anfänglich aus der Zeit der Stadtgründung 1313 stammte. Nach mehreren Zerstörungen (1414 und 1520 von Polen, 1716 durch Feuer) war 1741 der rechteckige, verputzte Backsteinbau im gotischen Stil neu geweiht worden. Zur bemerkenswerten Innenausstattung gehörten ein silberner Kelch, den der russische Major von Witt während der Besatzungszeit (1758 – 1762) im Siebenjährigen Krieg stiftete. Noch 1930 war der Kirchturm renoviert und mit neuer Glocke ausgestattet worden. Sie verstummte, als die Stadt zu einem Hauptgefechtsfeld im Heiligenbeiler Kessel wurde und schließlich am 25. Februar 1945 aufgegeben werden mußte.

Als einziges Gebäude steht im ganzen Bereich das der Vereinsbank, schon in der Bahnhofstraße. Weiter dahinter der 32 Meter hohe Wasserturm. Die benachbarten Gebäude von Schlachthof, Volksschule und Gemeindehaus gibt es nicht mehr. In vereinzelten Alt- und Neubauten wohnen Arbeiter der früheren Sowchose (Staatsgut) Kornevo. Alle Bahnanlagen wurden demontiert. Es fährt kein Zug mehr nach Zinten.

In der Bahnhofstraße ist der Bau der Städtischen Mittelschule auszumachen. Das obere Stockwerk mit dem anheimelnden Mittelgiebel ist allerdings nicht mehr vorhanden. Wer auf dieser Strecke der alten 126 weiterfährt in Richtung Süden, findet den Eisenbahnviadukt an der Abzweigung der – nicht mehr existierenden – Linie nach Pr. Eylau (knapp zwei Kilometer) nicht mehr. Er wurde gesprengt. Vom hohen Bahndamm ist, in Richtung **Tiefensee-Mehlsack**, die russisch-polnische Grenze auszumachen. Nur bei der Ausfahrt auf der Ludwigsorter Chaussee sieht Zinten, rückblickend und aus der Ferne, andeutungsweise wie die Stadt von damals aus. Ein hochgewachsener Grüngürtel bedeckt gnädig die trostlose Stätte des „ostpreußischen Pompeji". Allein der zerstörte Kirchturm läßt Schlimmes ahnen.

Früher hieß es, Zinten liegt im Ausland. Damit wurde an die Zeit erinnert, da das katholische Ermland sich gegen die Ausbreitung der neuen Lehre zu schützen suchte. Bischof Moritz Ferber sorgte dafür, daß Lutheraner sich nur vorübergehend, kein volles Jahr, im Fürstbistum aufhalten durften. Daher reisten diese um die Weihnachtszeit ins benachbarte „weltliche Herzogtum" – in der Regel nach Zinten – und kehrten nach Neujahr zurück. Heute ist Zinten nicht nur Ausland, sondern aus der Welt.

Wer problemlos nach Heiligenbeil will, fahre diese Straße bis Ludwigsort, dann links auf die alte Reichsstraße 1 bis in die frühere Kreisstadt. Nicht ohne Reiz ist der Weg über die Autobahn, die zwischen **Worwegen** und **Gr. Klingbeck** (beide nicht mehr vorhanden) oder zwischen **Schönrade** (ebenfalls ausgelöscht) und **Gr. Rödersdorf/Novoselovo** zu erreichen ist.

In dieser Gegend ist kaum eine zusammenhängende Siedlung zu sehen. Nur vereinzelte Gebäude tauchen auf. Eine nahezu unbebaute, friedliche Landschaft, die nichts mehr von den schrecklichen Wochen im Heiligenbeiler Kessel ahnen läßt. Belebend wirken die welligen Hügel des auslaufenden Stablack. Ursprüngliche Natur, wie es sie nur gibt, wenn sie sich selbst überlassen ist. Die Kultivierung aus sieben Jahrhunderten, die ihr Gesicht prägte, stirbt in Schönheit.

Bei Gr. Rödersdorf führt die „Teufelsbrücke" über die tiefe Jarft-Schlucht. Schon ein Gruß aus der Stadt, die an diesem Fluß liegt. Die imposante Größe dieses Viadukts im Stil der damaligen Autobahn-Architektur ist erst voll zu erkennen, wenn man den Abstieg in die Schlucht wagt. Der ist allerdings nicht unbedingt zu empfehlen, weil die Pfade teilweise steil, oft glitschig sind und das Gestrüpp manchmal schier unüberwindlich ist. Zudem ist sie so hoch- und zugewachsen, daß die Ausblicke auf die Talbrücke selten sind.

Heiligenbeil/Mamonovo ist nur in Ansätzen wiederzuerkennen. Schon die Einfahrt zeigt es. Sie führt ungewohnt etwa durch die Gartenstraße, wo die baulich veränderte Baptistenkapelle zum „Kino-Theater Heimat" geworden ist. Vernichtet wurde die gesamt Innenstadt zwischen Jarft und Feyerabendplatz. So geht die alte Reichsstraße 1 über eine freie Fläche mit wildwachsenden Bäumen bis zu einer Höhe von 15 Metern und mehr.

Ein kleiner Mauerrest verrät den Platz der Stadtkirche, die einmal an der Südostecke einer dichten Ansammlung von Häusern gestanden hat. Ihr quadratischer Turm mit niedrigem Pyramidendach blickte über eine betriebsame Stadt von 12 000 Einwohnern und als Wahrzeichen weit ins Land hinaus. Blenden zierten ihn und ein reichprofiliertes Portal. Das Innere des dreischiffigen Gotteshauses war im frühklassizistischen Stil gehalten. Der Anstrich in Weiß und Gold verlieh ihm besonderen Liebreiz. Der Kanzelaltar stammte aus dem Jahre 1799. Die Kirche war eine der ältesten im ehemaligen Balgaer Amtsgebiet. Sie soll bereits 1349 bestanden haben.

Keine Spur auch mehr vom schmucken Rathaus mit sehenswerter Säulenloggia aus den Jahren 1820 bis 1824; von den vielen Geschäftshäusern, Hotels, Restaurants, Cafés, Wohnbauten. Auch nicht von der Heiligenbeiler Sparkasse, die, gegründet am 1. Januar 1842, die älteste Sparkasse Ostpreußens war.

Weitgehend erhalten und zum neuen Zentrum avanciert ist die Gegend um den Feyerabendplatz. Dort stehen Mittelschule (Rathaus), das 1887 errichtete Kreis-Johanniter-Krankenhaus (weiter

Klinik), die 1910 gebaute Volksschule (weiter Schule), beides in den Dreßlerstraße; Amtsgericht, 1929 erbaut, Post mit Posthorn (weiter Post), beides Wermkestraße.

Das St.-Georgs-Hospital am Feyerabendplatz wurde aufgestockt. Das schon 1416 erwähnte Hospital war anfänglich für Aussätzige bestimmt, diente später als Heim für mittellose Bürger, Krankenhaus, Erziehungsanstalt und schließlich als Wohnhaus. Das ist es auch heute.

Auf dem Platz davor, wo einmal die ältesten Bäume Heiligenbeils standen, ist die Stätte, die an das jetzige Mamonovo erinnert. Beherrschend die Skulptur eines übergroßen Heroen-Kopfes. Die goldene Inschrift auf dem quadratischen Sockel lautet: „Held der Sowjetunion Mamonovo Nikolai Wassiliwitsch 1919 – 1944". Kränze und Blumen schmücken das Ehrenmal für den Namensgeber der heutigen Stadt.

Auf der anderen Seite der Baum- und Busch-Reihe, direkt vor dem St.-Georgs-Hospital, ist ein monumentaler Ort der Erinne-

Heiligenbeil – Gedenkstätte vor dem St.-Georgs-Hospital.

245

rung an die sowjetischen Gefallenen. Eine trauernde Frauenge-
stalt blickt auf die von Blumen und Begrenzungsmauern einge-
rahmten Namenstafeln. Am Platz der früheren katholischen Kirche befindet sich ein Podium für Kundgebungen und Paraden. In
der unmittelbaren Nachbarschaft gibt es ein Essenslokal mit dem
Namen „Neptun".

Neubauten in Einheitsbauweise stehen in der Nachbarschaft des
1901 errichteten Wasserturms. Eine Mittelschule ist in der Nähe
des – nicht mehr vorhandenen – Kreishauses entstanden. An der
Bismarckstraße sind einige alte Häuser erhalten. Auch der Bis-
marckstein ist auf seinem Platz zu finden. Die Brücke über die
Jarft im Verlauf der Hindenburgstraße hat das Geländer von einst;
aber der Wasserfall darunter, den jeder Heiligenbeiler kannte und
liebte, hat kaum noch Wasser.

Über die Braunsberger Straße sind es nur drei Kilometer bis zur
polnischen Grenze vor **Grunau**. Der Übergang ist aber nicht für

Heiligenbeil – neue Häuser in Einheitsbauweise.

246

Heiligenbeil – Landmaschinenfabrik Rudolf Wermke, jetzt Fischkonservenfabrik.

Touristen geöffnet. Wer in nordwestlicher Richtung, die Wermkestraße, heute Zentralstraße nimmt, kommt rechts hinter der Post an einem fast idyllischen See vorbei, der auf den Wiesen nahe der Bahnlinie nach Zinten, die es nicht mehr gibt, entstanden ist.

Auf der linken Seite steht die Fabrikanlage, von der die Straße ihren Namen herleitete. Rudolf Wermke hatte als eine Art „Heiligenbeiler Krupp" mit einer kleinen Schmiede angefangen und schließlich einen der führenden Betriebe dieser Art aufgebaut. Der „ostdeutsche Pflugbauer" besaß die erste Landmaschinenfabrik, die 1895 mehr als 100 Auszeichnungen erhielt. Manche Ehrungen kamen aus den russischen Ostseeprovinzen. Seine Maschinen und Geräte waren nicht nur in ganz Ostpreußen bekannt; sie gingen nach Rußland, Rumänien, Ungarn, Italien, bis nach Südafrika und Südamerika. Für seine Beschäftigten baute Rudolf Wermke Arbeiter- und Beamtenhäuser. Eine vorbildliche

247

Arbeiterfürsorge kam hinzu. Das Markenzeichen OMH der Ostdeutschen Maschinenfabrik Heiligenbeil war berühmt und begehrt. Heute ist ein Fischkonserkombinat in den Werkhallen untergebracht.

In sehr gutem Zustand ist der Bahnhof an der einstigen Hauptstrecke Berlin – Königsberg. Hinter dem Tunnel, auf dessen Rand die deutschen Wörter „Rot Front!" gepinselt sind, beginnt die Herzog-Albrecht-Straße. An ihr steht hinter dem „Fabrikerberg" das Volksgemeinschaftshaus. Es ist stark verändert und trägt über vier Säulen die Aufschrift „Klubhaus der Stadt Mamonovo für die Arbeiter des Fischer-Kombinats". Gut erhalten sind die Häuser in der Siedlung hinter dem Sportplatz.

Die Straße führt weiter zu dem drei Kilometer entfernten 1935 eingemeindeten Fischerdorf **Rosenberg/Krasnoflotskoe** am Frischen Haff. Von dem heimeligen Ort mit den gemütlichen Häusern ist nichts mehr übriggeblieben. Der einzige Hafen, von dem schwere Fahrzeuge und Geräte verladen werden konnten, wurde bei den Endkämpfen im Heiligenbeiler Kessel in unvostellbar harten Gefechten total zerstört und am 25. März erobert. Die unübersehbaren Trümmerhaufen sind weggeräumt, und der Hafen wird auch wieder benutzt; aber die triste Welt der Kolchose ist nicht zu vergleichen mit dem vertrauten Bild von einst. Das gilt für die meisten Orte hier im Grenzgebiet. Wenn sie überhaupt noch existieren, dann sind sie bis zur Unkenntlichkeit verkümmert.

Wir fahren von Heiligenbeil die alte Reichsstraße 1 in nordöstlicher Richtung und biegen nach sechs Kilometern bei **Gnadenthal/Bodanovka** links ab, wo wir in dreieinhalb Kilometern **Gr. Hoppenbruch/Znamenka** passieren. Freundlich ist die Gegend. Birken stehen am Wegesrand. Dann kerbt sich die Straße in die braune Erde ein, immer tiefer, bis wir in einen Hohlweg von geheimnisumwitterter Schönheit fahren. Hier umweht den Besucher der Hauch der Geschichte. Wir sind kurz vor **Balga/Veseloe**. An dieser Stelle stießen 1239 die Ordensritter als erste Deutsche vor, um das Land zu christianisieren und zu kultivieren. Und hier flüchteten 700 Jahre später, am 29. März 1945, die letzten Deutschen aus dem Kernland ihrer östlichsten Provinz. Balga ist ein preußisches Belle-Alliance und Waterloo. Aber der Vergleich hinkt. Es gibt kein Beispiel in der Geschichte für einen Ort, der den Beginn einer zivilisatorischen Großtat und das Ende eines wahnsinnigen Waffengangs markiert.

Schon die Prußen Warmiens hatten die strategisch hervorragende Lage erkannt und auf der Landzunge am Frischen Haff die Burg Honeda gebaut. Der Deutsche Ritterorden hatte 1238 von Elbing aus einen Erkundungsvorstoß mit den Schiffen „Pilgrim" und „Fridtland" gemacht. Ein Jahr später, 1239, folgten der Angriff mit einer kampfstarken Truppe und die Eroberung der Heidenfestung.

Die Ritter bauten die nicht gänzlich zerstörte Prußen-Feste 1240 bis 1250 zur ersten Ordens-Steinburg aus. Es entstand eine Anla-

Balga – Hohlweg aus Richtung Gr. Hoppenbruch.

ge im unregelmäßigen Sechseck von gewaltigen Ausmaßen. Nach der großen Zeit der Landnahme und in den Jahrhunderten danach verfiel die Burg. Schließlich wurden ihre Steine für den Festungsbau in Pillau verwendet. Zuletzt überstand nur der Wachtturm der Vorburg die Stürme der Zeit. In ihm wurde 1929 ein Heimatmuseum eingerichtet. Es schilderte diese dramatischen Kapitel der Historie auf anschauliche Weise, ebenso die Epoche der Durchdringung des Landes von dieser Schlüsselstellung aus.

Hier hat die preußische Geschichte ihren Quell, der im Laufe der Jahrhunderte aus Wildnis fruchtbare Äcker machte, aus Heiden Christen, aus Menschen der verschiedensten Herkunft und Gegend eine einige, friedliche Einwohnerschaft, wobei das prußische Element eine bedeutende Rolle behielt. Vom Ursprung her war dies ein durch und durch gesundes Land mit einer wahrhaft europäischen Bevölkerung, vor allem, was ihre Vielfalt betraf, aber auch nach Kultur, Zivilisation und Glaube. Das war einzig in der ganzen Alten Welt.

Nun ist von dieser historischen Stätte nur eine Ruine übriggeblieben. Auch der letzte erhaltene Bau der ältesten und bekanntesten Burgruine Ostpreußens, der Wachtturm der Vorburg, wurde im letzten Krieg zerstört. Aber ein Teil der geborstenen Mauern steht; ebenso die gewaltigen Restmauern der Vorburg links und rechts vor dem Turmtorso. Sie vermitteln eine Vorstellung von dem beeindruckenden Bauwerk. Wohnräume und Gastkammern waren hier untergebracht. Ende des 17. Jahrhunderts diente ein Teil als Schule für Balga.

Geborstene Wände und zerrissene Mauern sind auch die Überbleibsel der Ordenskirche St. Nikolaus, die gleichzeitig mit der Burg entstanden und somit die älteste Kirche der Provinz war. Auf der Westseite ist der untere Teil des einst prächtigen gotischen Portals zu erkennen, der von einem rechteckigen Fries aus Vier-

Balga – Ruine des Wachtturms der Vorburg.

paßmuttern umrahmt war. Ein größeres Mauerstück steht auch auf der anderen Seite. Der Wildwuchs hat das meiste überwuchert; ebenso im Inneren, wo einmal der kunstvolle Altar aus dem Jahre 1649 seinen Platz hatte.

Auch rundum nur Bäume, Gestrüpp, Verlassenheit. Nichts mehr zu erkennen vom einst gepflegten Friedhof, von Schule (bis ins Jahr 1373 reichten ihre Anfänge zurück), Burgkrügen, Jugendherberge, Kurhaus und den anheimelnden Häusern an der Dorfstraße. Nicht ein einziger Bau von Balga blieb erhalten. Ein paar neue Holzbauten in Strandnähe bieten Quartier für Sportfischer.

Auf der Spitze des Hügels ist ein eingezäuntes Grab. „Hier ruht ein 20jähriger Angehöriger der Roten Armee – Gefallen bei der Erstürmung der Burg von Balga", lautet die Inschrift. Der Berg ist blutdurchtränkt. In ihn hatten sich die Reste der verteidigenden Truppen aus dem Heiligenbeiler Kessel gekrallt. Eine Unzahl von Verwundeten lag dort bei beißender Kälte, nur in eine Decke gehüllt, und von der Hoffnung am Leben erhalten, dem Inferno in letzter Minute zu entkommen. Sie zu bergen, gab diesem Kampf noch einen Sinn.

Zu den Soldaten, die sich in verzweifelter Lage besonders bewährten, gehörte der 24jährige Hauptmann Richard von Weizsäkker. Sein Kommandant, Oberstleutnant Trittel, schildert das so: … W. riß „die letzten Männer seines Regiments durch sein leuchtendes Beispiel immer weiter vor. Durch diesen todesmutigen Einsatz wurden Tausende gerettet". Mit diesen Worten schlug der Chef des Infanterie-Regiments 9 den Hauptmann, der bei dem Einsatz verwundet wurde, für die Nennung im Ehrenblatt des Deutschen Heeres vor. Es war der gleiche Richard von Weizsäkker, der 45 Jahre später erster Bundespräsident des aus zwei Teilen vereinigten Deutschlands wurde. „Balga werde ich nie vergessen", schrieb er 40 Jahre nach diesen schrecklichen Tagen. „Es waren die schwersten Kämpfe im Zweiten Weltkrieg."

Nun wird auch der deutschen Opfer von Balga an Ort und Stelle gedacht. Russische Archäologen schufen eine „symbolische

252

Grabstätte für alle Toten dieser Erde. Hauptsächlich gedenken wir damit der Deutschen, für die hier so lange Heimat war. Aber wir ehren damit auch die Prußen, die vor ihnen da waren." So Konstantin Zwerzew, Leiter der Ausgrabungsarbeiten, die mehr Kenntnisse über die große Vergangenheit erbringen sollen. „Dies ist ein Platz, an dem sich große Geschichte abgespielt hat, die zu Unrecht ausgelöscht werden sollte. Wir wollen, daß die Wahrheit an den Tag kommt."

Keine drei Kilometer entfernt war einmal **Kahlholz/Lozovoe**, ein stattliches Dorf mit 250 Einwohnern. Herrlich lag es an der 18 Meter hohen Steilküste des weit in das Haff vorstoßenden Kahlholzer Hakens. Viele Besucher zog es in diesen entlegenen, reizvollen Winkel der Kliffküste. Jetzt ist der Platz fast unerreichbar. Bombentrichter und Schlaglöcher machen die Straße nahezu unpassierbar. Auch hier gibt es keine Häuser, keine Menschen, kein Tier mehr. Was nicht der Krieg zerstörte, vernichteten danach die Bomben der sowjetischen Luftwaffe, für die das ein Abwurfplatz war.

Wieder auf der alten 1 folgt, knapp fünf Kilometer nach der Abzweigung, **Bladiau/Pjatidorožnoe**. Der 1200-Seelen-Ort war ein ansehnliches und bekanntes Dorf, umgeben von einem Kranz bedeutender Güter. Die günstige Lage an der Reichsstraße 1 förderte seine Entwicklung zu einem blühenden Zentrum der ganzen Umgebung. Jetzt ist die Hauptverkehrsader unterbrochen, und Bladiau ist durch die nahe Grenzziehung aus der zentralen Lage heraus und an die Peripherie der Kaliningrader Oblast gedrängt. Auf russischen Karten ist es der erste verzeichnete Ort nach der früheren Kreisstadt Heiligenbeil in Richtung Norden.

Von dem schönen, großen Marktflecken sind nur wenige Bauten übriggeblieben. Die trauliche Mitte gibt es nicht mehr. Nur noch ein Rest der Mauereinfassung des Friedhofs mit den beiden Pfeilern am Eingang läßt erkennen, wo einmal eine der ältesten und beeindruckendsten Ordenskirchen stand. Der wuchtige Wehrturm war ein Zeichen für die ganze Umgebung. Drei Meter dicke Mauern trugen ihn. Sie stammten aus der Gründungszeit der Kirche, die mit 1337 datiert war. Sieben gerundete Staffeln waren sein Abschluß über Glockenstube, Kuppelblenden sowie dem schlichten Portal in einer gotischen Blendennische und eingerahmt von einem profilierten Rechteck. Im Inneren des einschiffigen Gotteshauses war eine reichhaltige und wertvolle Ausstattung zu finden: Kanzel von 1696, Beichtstühle und Taufengel aus der Werkstatt von Isaac Riga, geschnitztes Gestühl, wirkungsvolle Darstellungen aus der Bibel an der kunstvoll gestalteten Holzdecke (1686) und eine Rokoko-Orgel (1780).

Nach neun Kilometern folgt **Ludwigsort/Laduškin**, das seinen neuen Namen nach einem „Helden der Sowjetunion" hat. Der Leutnant und Führer einer Panzerkompanie fiel bei schweren und verlustreichen Kämpfen nahe **Deutsch Thierau/Ivankovo** (etwa 15 Kilometer südwestlich in Autobahnnähe). Ein gewaltiges Ehrenmal erinnert auf der linken Straßenseite in Ludwigsort an die vielen sowjetischen Toten dieser Schlacht. Die Namen der hier Bestatteten sind in goldenen Lettern auf schwarzen Tafeln notiert, die an einer an die 100 Meter langen Mauer hängen. In der Mitte ist ein Reliefbild mit der Jahreszahl 1945. Eine goldumkränzte Inschrift lautet: „Ewiger Ruhm den Helden".

Gegenüber ist die Siedlung 1. Ring aus den dreißiger Jahren weitgehend erhalten. Ludwigsort (fast 1300 Einwohner) war ein aufstrebender Luftkurort. Auch nach dem Krieg wurde das Dorf als eine Art neues Zentrum gefördert und gepriesen. Das Gesamtbild aber unterscheidet sich kaum von dem der übrigen trist gewordenen Ortschaften. Am Ende steht links auf dem Hof der Meierei die 800jährige Eiche, deren prächtige Krone den ganzen hinteren Teil des Platzes bedeckt. Die Spuren von Granatsplittern sind vernarbt. Im alten Meiereigebäude wird im bescheidenen Umfang gearbeitet.

In **Brandenburg/Ušakovo**, sieben Kilometer weiter, kommen wir ganz nahe ans Haff. Hier werden die Bilder malerisch und vertraut. Von der alten Frisching-Brücke mit den eisernen Bogengeländern bietet sich ein prächtiger Anblick auf das Mündungsdelta des Flusses. Liebevoll umschlingt er die schön gelegenen

Siedlungen an der Dammstraße, die sich auf einem romantischen Inselrund zusammzuschmiegen scheinen. Links liegen Boote im toten Frischingsarm; rechts ist zwischen schilfbestandenen Uferstreifen die Ausfahrt ins Haff erkennbar, dessen helles Wasser Weite bis zum Horizont zeichnet.

Ein Spaziergang die Bergstraße herunter zum Haff ist wie ein Rückweg in die Vergangenheit. Altes Kopfsteinpflaster, Häuser wie aus dem Bilderbuch, Vorgärten mit Staketenzäunen – eine malerische Szene aus dem Album der Romantik. Auch der Name hat sich kaum verändert: Aus „Bergstraße" wurde „ul. Podgornaja" – Unter dem Berg (siehe auch Farbbildteil).

Beeindruckend aus dieser Sicht die hochragende Burgmauer. Das ganze Ausmaß der einstigen Ordensfeste ist – nach einer Kletterpartie – erst oben auf dem ausgedehnten Plateau vorstellbar. Markgraf Otto von Brandenburg hatte hier 1266 ein Schloß für seine Kreuzfahrer errichten lassen. Es war ein wichtiges Glied in der Kette von Balga nach Königsberg. Später diente es als Komtursitz, Konventshaus und Verwaltungsmittelpunkt. Denn zu seinen Füßen entwickelte sich schon frühzeitig ein ständig wachsender Ort.

Die ursprüngliche Lischke – regellose Siedlung – erhielt 1513 die Handfeste. Schließlich wurde das aufstrebende Dorf ein bedeutender Markflecken. Zu Anfang des 18. Jahrhunderts war Brandenburg sogar Stadt. Auch gab es einmal einen gleichnamigen Kreis. Der kleine, aber wichtige Hafen bestand seit 1729. „Große Handelsstadt" wurde Brandenburg gar in alten Büchern genannt. In einem Kupferstich, der einen Hafen voller Schiffe zeigt, verewigte Merian 1652 die Siedlung unter dem Titel „Topographia Electoratus Brandenburgici".

Einen weiteren Aufschwung nahm der reizvoll und günstig gelegene Ort nach dem Bau der festen Straße Berlin – Königsberg, die dann Reichsstraße 1 wurde. Zuletzt hatte er 1600 Einwohner. Die alte Schloß-Herrlichkeit gab es jedoch längst nicht mehr. War der große Bau um 1750 noch Bleibe für das Justizkolleg, so begann bald danach der ungehemmte Verfall. Das Haupthaus ging völlig verloren. Die Vorburg diente zuletzt der Domäne Brandenburg als Wohn- und Wirtschaftsgebäude. Heute sind sie verfallen und scheinen dem Untergang geweiht.

An die Kirche, unterhalb, nahe der Hauptstraße, erinnert allein der stark beschädigte, nun stumpfe Turm. Seit dem Ende des Dreißigjährigen Krieges, 1648, war er mit seiner schiefergedeckten Pyramide weithin sichtbar. Sein Erdgeschoß stammte sogar aus dem Jahre 1543.

Der Backsteinbau mit den mehr als ein Meter dicken Mauern (1340 bis 1370 erbaut) hatte eine besonders bemerkenswerte Apsis. Dieser älteste Teil war zwischen 1320 und 1340 entstanden. Die dem heiligen Nikolaus geweihte Kirche war in der Ordenszeit Ziel von Wallfahrten gewesen. Sie galten einer Reliquie der heiligen Katharina, die Günther von Hohenstein mitgebracht hatte. Eine Grabplatte erinnerte an diesen 1380 verstorbenen Brandenburger Komtur. Zur reichen Ausstattung gehörten: dekorative Kanzel (1700), geschnitzter Altaraufsatz (1680), Tauftisch, Beicht- und anderes Gestühl sowie Orgel aus dem Anfang des 18. Jahrhunderts.

Vor der Turmruine, nahe der Straße, erinnert eine Gedenkstätte an die sowjetischen Gefallenen. „Ewiges Gedenken den Helden", heißt es in goldenen Lettern auf grauem Mauergrund. In der Mitte erhebt sich eine Art Torbogen. Gegenüber steht der flache Bau der Alten Schule, wo zuletzt die Gemeindeverwaltung untergebracht war.

Ein Stück fast unverfälschtes Brandenburg hat sich Ušakovo am Rande der alten Ortschaft erhalten. Kurz hinter der Ausfahrt in Richtung Königsberg stehen auf der linken Seite die Deputathäuser der Domäne wie auf einem Gemälde von Anno dazumal.

Die Fahrt geht nahe am Haff weiter. Hier gibt es viele schöne Plätze für erholsame Pausen, Spaziergänge und zum Baden. Vom sanften Uferhang hat der Besucher einen herrlichen Blick auf das weite Wasser, Pfade winden sich durch buschiges Gelände. Kiefern zieren seine Ränder, wachsen auch in kleinen Grüppchen.

Überall lauschige Plätzchen zum Lagern und zum Grillen. Am schilfbestandenen Strand leuchtet stellenweise gelber Sand auf. Eine idyllische Abgeschiedenheit, die man gern aufsucht und ungern verläßt.

Gar nicht in dieses Bild einer heilen Natur paßt der Bohrturm, der nahe der Straße steht. Hier wird Öl gefördert. Seine Gewinnung gilt als bedeutender Faktor des Königsberger Gebietes. Die Jahresproduktion soll mehr als 1,5 Millionen Tonnen betragen. Die Hauptfördergebiete liegen bei Insterburg und Gumbinnen.

Noch auffälliger ist eine weitere Veränderung gegenüber der früheren Zeit: Riesige Seen reichen zur Linken bis an die Reichsstraße 1. Überall Wasser, wo früher fruchtbarer Niederungsboden fleißigen Bauern reiche Ernten bescherte. Scharen von Schwänen

257

wiegen sich auf sanften Wellen. Auf der anderen Seite ist nur noch ein schmaler Landstreifen zum Haff hin, eine Art zweite Nehrung.

Weiter gen Norden sind Werftanlagen und Fabrikgebäude zu erkennen. Sie gehören schon zu Königsberg. In einer der Buchten – nahe dem ehemaligen Haffstrom – hat sich der „Jachtklub Kaliningrad" angesiedelt. Das alles entstand, als die Gegend Industriegebiet wurde. Ein riesiges Kombinat für den Häuserbau breitete sich unaufhaltsam aus. Der Bedarf für den Neuaufbau Königsbergs wuchs ins Unermeßliche. So holten Bagger immer mehr Kies und Sand aus dem Boden. Schwimmendes Gerät zerfraß gar die Küste, schöpfte Boden aus dem Haff. Gruben, Rinnen, Buchten entstanden, weiteten sich unaufhörlich aus.

Häuser, Siedlungen, ganze Dörfer gingen unter. Von **Haffstrom** ragt nur noch für den Kundigen ein Stück Mauerwerk der Kirchenruine etwa einen halben Meter aus dem Wasser heraus. Auch **Heide-Maulen** gibt es nicht mehr. **Heide-Waldburg** ist wenigstens in Teilen noch da. Auf der anderen Seite der Straße ist – von Brandenburg aus – **Albehnen/Gorki** die letzte der stehengebliebenen Ortschaften. **Pinnau/Zelenovo, Wardienen, Maulen** (mit dem Schloß) und **Warthen** sind ausgelöscht.

Vorübergehend dienten die Gruben des radikalen Abbaus auf der Haffseite als Müll- und Schuttplätze. Dann wurde das ungezügelte Treiben gestoppt. Es begann der Versuch, das wüste Gebiet zu einer ansehnlichen Gegend umzugestalten. Dieses Bemühen ist im großen und ganzen gelungen. Die neue Wasserlandschaft fügt sich recht gefällig in das Bild der Küstenregion.

Wir bleiben auf der alten Reichsstraße 1 und fahren über die Berliner Straße/Suvorova und den Alten Garten/Bagrationa links in die Vorstädtische Langgasse/Leninskij pr. an den Ausgangspunkt zurück.

Von Königsberg nach Insterburg, Gumbinnen und Ebenrode

Die Fahrt in das östliche Gebiet geht – wie schon bei der östlichen Stadttour – über die ungefähre Strecke der früheren Reichsstraße 1, den Moskovskij pr. (Sackheim – Tapiauer Straße) bis zur Stadtgrenze beim ehemaligen Gut Lapsau Hotel „Baltika".

Die Straße folgt nur noch ungefähr dem alten Verlauf. Sie ist verbreitert, zum Teil autobahnähnlich ausgebaut oder noch im Ausbau, begradigt mit Ortsumgehungen. Die Zufahrt zu den benachbarten Dörfern geht daher meistens über neue Stichstraßen und über Teile der früheren Reichsstraße, die damals oft durch sie hindurchführte.

Das gilt auch für **Arnau/Mar'ino**, drei Kilometer hinter der Stadtgrenze. Das Kirchdorf, etwa zehn Kilometer stromaufwärts von Königsberg und auf dem nördlichen Pregelufer hochgelegen, war eine reizvolle Ansiedlung mit bedeutender Vergangenheit. Hier hatte eine Ordensburg gestanden. Das Gotteshaus war der heiligen Katharina geweiht und zur Ordenszeit Wallfahrtskirche. Sie hatte ein gotisches Sternengewölbe und alte Wandmalereien. Jetzt ist der sehr vernachlässigte Bau ein Lagerplatz für Getreide. Der Ostgiebel ist für ein Tor aufgebrochen.

Der schön gelegene Friedhof, von dem man eine weite Aussicht auf das Pregeltal hatte, existiert nicht mehr. Keine Spur mehr vom Grab mit einem Granitblock, in dem der Staatsminister Theodor von Schön ruhte. Der große Reformer, 1773 in Schreitlaugken bei Tilsit geboren, hatte sich den Ehrennamen „Vater Preußens" erworben. Vom schönen Dorf sind nur einige Häuser erhalten.

Auch **Jungferndorf/Rjabihovka**, unmittelbar ostwärts angrenzend, hatte eine weit reichende Vergangenheit. Es war 1349 von Hochmeister Dusemer von Arfberg dem zu begründenden Jungfrauenkloster im Löbenicht verschrieben worden und hatte daher seinen Namen. Nur wenige Häuser stehen noch. Das benachbarte

Gut **Maternhof** ist mitsamt seinem Wäldchen verschwunden. Von **Stangau/Malinovka**, das schwer erreichbar ist, blieben fast nur Ruinen. Das gilt auch für **Praddau/Solnečnoe**. Dagegen gut erhalten sind **Fuchshöfen/Slavjanskoe** (wo allerdings Guts- und Inspektorhaus fehlen) und **Waldau/Nizov'e**. Dort hatte der Orden 1264 ein Schloß erbaut, das im 15. Jahrhundert den Hochmeistern gelegentlich als Sommerresidenz diente. Der große Bau ist erhalten und dient als Versammlungsraum.

Etwa acht Kilometer weiter geht die neue Autostraße zwischen Dorf und Domäne **Heiligenwalde/Ušakovo**. Die pappelumsäumte alte Straße führt in ein gut erhaltenes, zum Teil weiter ausgebautes Dorf, dessen Geschichte 650 Jahre zurückreicht (1344 gegründet). Auch die Schule (1934 eingeweiht), das Pfarrhaus und die Kirche stehen. Die Ordenskirche aus dem 15. Jahrhundert ist in gutem Zustand. Im Inneren sind hölzernes Tonnengewölbe und Sterngewölbe im Chor weiter vorhanden. Das frühere Gotteshaus wird als Getreidelager genutzt.

Auch das Wohnhaus der Domäne macht einen passablen Eindruck. Ebenso sind die massiven Wirtschaftsgebäude an ihrem Platz. Dort ist der Sitz einer Sowchose, jetzt landwirtschaftlicher Großbetrieb. Verschwunden sind dagegen das weiter nördlich gelegene Schloß **Willkühnen/Golvenskoe** und das Gut in **Possindern/Roščino**.

Vor Willkühnen wird nach Öl gebohrt. Von der Ortschaft sind wenige Gebäude erhalten, darunter zwei Gasthäuser. In Possindern gehören zu den stehengebliebenen Bauten die Schule (Wohnhaus) und zwei Gasthäuser. Von Bahnhof, Kleinbahn und Gleiskörper keine Spur mehr. Vom **Gut Oblitten/Gluhovo** stehen einige Gebäude und Insthäuser.

Die Weiterfahrt geht durch den Kreis Wehlau, jetzt Tapiau/Gvadejsk. Wir bleiben in Nähe des Pregels, dessen fruchtbares Niederungsgebiet die Landschaft bestimmt. Nach wie vor ist Viehwirtschaft vorrangiger Erwerbszweig, wenn auch nicht mehr in dem Ausmaß wie früher.

In **Kuxtern** sind Gutshaus und Wirtschaftsgebäude in gutem Zustand. **Popelken** ist dagegen wie vom Erdboden verschwunden. Auch das alte Gasthaus Goldadler steht nicht mehr am Wege. Nach links biegt bald eine Straße in Richtung Labiau ab. Von den Ortschaften **Eichen/Kalinovka, Kremitten/Lozovoe** und **Gr. Pogrimen** ist kaum etwas zu erkennen. Die Kremitter Kirche wurde nach der Eroberung gesprengt. Ölpumpen stehen, wo das Schlößchen von Kremitten seinen Platz hatte. Rechts von der Hauptstraße führt ein Weg nach **Podollen/Lozovoe**, wo das Gutshaus erhalten geblieben ist. In **Schiewenau/Borskoe**, ein Stück weiter an der Hauptstraße, gibt es alte und neue Gebäude. Die Schule ist Verwaltungssitz.

Etwa vier Kilometer nördlich der Hauptstraße ist **Irglacken/Kalinkovo**. Die einst größere Ortschaft ist noch in Teilen wiederzufinden: so Schule (unbewohnt), Post, Schmiede und die „Mahl- und Schneidemühle Irglacken", deren Schriftzug zu lesen, die aber nicht mehr in Betrieb ist. Das Gutshaus, das nach dem Krieg noch gestanden hatte, ist verschwunden.

Kurz vor Tapiau auf der Hauptstraße sucht man **Koddien** vergeblich. Südlich der neuen Kreisstadt liegt rechts von der Straße nach Friedland, die durch das herrliche Waldgebiet Frisching führt, **Pregelswalde**, das allerdings nur in Resten besteht. Von den nahezu 100 Wohngebäuden sind kaum mehr als ein Dutzend übriggeblieben. Auffällig das – allerdings verfallene – große „Mühlenhaus". Einige Neubauten sind dazugekommen. Die Güter **Friedrichsruh** und **Oberwalde** gibt es nicht mehr.

Nach Norden geht von Tapiau die gut befahrbare Straße nach Labiau, die im ersten Teil nahe der Deime entlangführt. Von **Heinrichshof** sind nicht viele Häuser übriggeblieben. **Moterau/Zabor'e** und **Lischkau/Jastrebki** sind fast verschwunden. In **Kuglack** sind die Insthäuser bewohnt. In **Gr. Keylau/Puddubnoe** sind die Häuser an der Straße verschwunden, und auch sonst ist nur wenig vom Dorf übriggeblieben. Im nahen **Kl. Keylau** gibt es fast nur noch überwuchertes Gelände.

Nur in **Goldbach/Slavinsk** regt sich erkennbar Leben. Es gibt ein Neubaugebiet. Auch Schule und Kindergarten wurden gebaut. Die Post ist teilweise erhalten und dient dem alten Zweck. Im früheren Laden ist wieder ein Geschäft, und der Saal wurde zum „Kulturhaus". Auch das Pfarrhaus steht, ist aber in schlechtem Zustand. Von der schönen Ordenskirche blieben die Ruinen des Glockenturms und ein Mauerrest der Apsis. Die Friedhofsmauer ist zum größten Teil abgetragen. Rußlanddeutsche haben den wohl letzten Grabstein geborgen. In Goldbach teilt sich die Straße. Man kann entweder über Klein Scharlack oder über **Groß Bärwalde/Ivanovka** nach Labiau fahren.

Etwa vier Kilometer hinter der Abzweigung nach Wehlau, wieder auf der Hauptstraße in Richtung Osten, folgt **Petersdorf/ Kujbyševskoe**. Das schöne Dorf hat aufgehört zu bestehen. Die Kirche ist eine Ruine, verfallen die Schule, kein bewohntes Bauernhaus mehr, zahlreiche Gebäude verschwunden. Kleine Neubauten auf dem Sportplatz und an der Straße nach **Rautenberg**. In **Kolm/Vereščagino** gibt es wenige alte Häuser. Die Schule ist eine Ruine.

In Petersdorf biegt links eine Straße ab in Richtung Gertlauken, die nicht zu empfehlen ist. Ihr Zustand ist schlecht; die früheren Ortschaften sind nicht mehr vorhanden oder sehr verfallen. Das gilt auch für die benachbarten ehemaligen Ansiedlungen. In **Wilkendorf/Orehovo** ist das Gut völlig abgetragen. In **Weißensee** sind viele Häuser verschwunden. Ausgelöscht auch **Pettkuhnen/ Dal'nee**. Wenig übriggeblieben in **Knäblacken/Meždules'e**. Kaum ein Haus in **Jodeiken**/ebenfalls **Meždules'e**. Die 500jährige Eiche steht.

Besser sieht es auf der anderen Seite der Nehme aus. Die Straße, die etwa drei Kilometer hinter **Taplacken** von der früheren Reichsstraße 138 Richtung Tilsit nach links abbiegt, ist gut befahrbar. Die Dörfer sind in passablem Zustand. In **Parnehnen/ Krasnyj Jar** stehen Schloß, Wirtschaftsgebäude und Siedlung. **Kawernicken/Odesskoe** (Kolchose) hat noch die Siedlungshäuser. In **Köllmisch Damerau/Ol'hovka** ist neben anderen Gebäuden das Gasthaus erhalten. Die Kapelle ist Kulturhaus. **Kukers/Mezdules'e** ist in Teilen erhalten. Von dort sind es rund fünf Kilometer auf guter Straße nach Gertlauken.

Wir aber fahren auf der alten Reichsstaße 1 weiter in Richtung Osten. Zwischen Petersdorf und Taplacken/Talpaki ist kein Haus zu sehen. In Taplacken standen einst eine Ordensburg (an drei Seiten von Sümpfen umgeben als Feste gegen die Litauer) und eine bereits 1368 erwähnte Kirche. Geblieben sind fast nur Ruinen und Trümmer. Von der Burg, die zuletzt Gutshaus war, ist der Nordflügel erhalten. Er gehört zur Sowchose, die ihren Sitz im Ort hat. Die Schule zählt zu den stehengebliebenen Gebäuden.

Hier überqueren wir den Pregel über eine neue Brücke. Zu sehen ist die alte Schleuse. Links zieht sich lang die abbiegende Straße nach Tilsit hin. Hier sorgen umfangreiche Bauarbeiten für Verbreiterung und Modernisierung im Zuge des autobahnähnlichen Ausbaus.

Nach gut zehn Kilometern in herrlicher Landschaft nahe am Pregel, schon im Landkreis Insterburg, ist **Norkitten/Mezdureč'e** erreicht. In dieser Gegend war im 18. Jahrhundert eine ganze Reihe von Gütern und Dörfern dem Fürsten Leopold von Anhalt-Dessau verliehen worden, der als „Alter Dessauer" in die Geschichte einging. Einer seiner Nachfolger ließ 1818/20 ein prächtiges Herrenhaus in Norkitten errichten. Der Ort entwickelte sich zu einem blühenden Gemeinwesen. Heute bietet er einen traurigen Eindruck. Der stolze Gutshof wurde zur Trümmerwüste. Die sehenswerte ellipsenförmige Kirche ist eine Ruine. Glockenturm und Pfarrhaus existieren nicht mehr. Nur das Kriegerdenkmal sieht aus wie in alten Zeiten. Die noch vorhandenen Gebäude sind in schlechtem Zustand, auch Schule und Bahnhof.

Genußvoll dagegen die Fahrt durch die reizvolle Natur; links der Pregel in seinem breiten, grünen Bett, rechts hügeliges, waldreiches Gelände. Die Straße wie eine Schnittstelle zwischen diesen unterschiedlichen, jede auf ihre Weise lieblichen Landschaften.

Von Norkitten führt rechts eine Landstraße über **Otterwangen (Uderballen)/Izviliono** (ausgelöscht) und **Jägertal (Klein Jägersdorf)/Kievskoe** durch den südwestlichen Teil des Landkreises Insterburg bis nach Wehlau. Benachbart liegt das aus der Geschichte bekannte **Groß Jägersdorf**. Ein Denkmal erinnert an die Schlacht vom 30. August 1757, als die Russen im Siebenjährigen Krieg unter Feldmarschall Apraxin die Preußen unter Feldmarschall von Lehwald besiegten.

Nach Norden geht ab Norkitten eine Verbindungsstraße zur Hauptstraße Taplacken – Tilsit, der früheren Reichsstraße 138. Sie führt durch **Saalau/Kamenskoe**. Das einstige 700-Seelen-Dorf ist recht beachtlich erhalten. Gutshaus und Domäne stehen, ebenso die meisten Häuser an der Dorfstraße. Die Kirche (erbaut 1754) wird als Kino genutzt.

Von hier ist über eine Parallelstraße zur alten Reichsstraße 1 am Rande der Pregelniederung **Georgenburg/Maevka** zu erreichen. Von den einstigen schönen Ortschaften **Laschnicken (Groß Laschnicken)/Deržavino, Wirtberg (Wirtkallen)/Polikarpovo, Starkenicken (Sterkeningken)/Sovhoznoe, Georgental (Leipeningken)/Dovatorovka** (zahlreiche neue Häuschen), **Nettienen/Krasnaja Gorka** (wo der Blick vom Bismarckturm immer noch eine herrliche Aussicht gewährt) und **Kleingeorgenburg (Georgenburgehlen)/Timirjazevo** sind nur Reste übriggeblieben.

Die Weiterfahrt auf der Hauptstrecke Königsberg – Insterburg führt durch eine reizvolle Natur; links der Pregel in seinem breiten, grünen Bett, rechts hügeliges, waldreiches Gelände. Die Straße wie eine Schnittstelle zwischen diesen unterschiedlichen, doch jede auf ihre Weise lieblichen Landschaften.

Nach drei Kilometern folgt **Staatshausen (Wiepeningken)/Podgornoe,** wo in südöstlicher Richtung eine Straße über **Schulzenhof (Obelischken)/Zelencovo** nach **Jänichen (Jänischken)/ Svoboda** an der alten Reichsstraße 139 Insterburg – Nordenburg führt. Die Kolchosen an dieser Strecke lassen kaum die geschlossenen Ortschaften von damals erkennen.

Otterwangen – Haus Kuhne 1938 und 1992.

Auf der Hauptstraße geht es an den einstigen Ortschaften **Schwä-gerau/Zaovražnoe** und **Klein Bubainen/Maloe Berežkovskoe** vorbei, bis nach 15 Kilometern **Insterburg/Tschernjachovsk** in Sicht kommt. Die Türme der Katholischen und der Reformierten Kirche sowie der Wasserturm grüßen zuerst herüber. Spätestens aber bei der Einfahrt merkt der Besucher, daß der Ort von damals nur noch in Teilen wiederzufinden ist. Bildern von glänzend erhaltenen Gebäuden wechseln mit fremdartigen, selten angenehmen, oft abstoßenden Anblicken.

Nahezu ausgelöscht sind die Herzstücke der früheren Stadt. Vom Alten Markt, der einst zu den schönsten Plätzen Ostpreußens gezählt wurde, blieb wenig mehr als eine kahle Fläche. Besonders vermißt wird hier die Lutherkirche. Das 1610/12 erbaute und 1936/39 erneuerte und reich ausgestattete Gotteshaus war im Krieg beschädigt worden und wurde Anfang der siebziger Jahre abgebrochen.

Die gesamte Nordseite ist eine Grünanlage geworden, die ein Lenin-Denkmal ziert. Lediglich die beiden Bogen erinnern an die Vergangenheit. Sie führen weiter zur Bogenbrücke über die Angerapp unterhalb der einstigen Lutherkirche. Die Brücke selbst ist verwittert, aber unverändert stabil. Ein Spaziergang über sie zur Uferpromenade ist ein Genuß geblieben, wenn auch die Natur die einst gepflegten, nur noch in Teilen erhaltenen Anlagen, weitgehend überwuchert hat.

Von den Sakralbauten dient nur die Reformierte Kirche wieder als Gotteshaus. Das jahrelang als Turnhalle genutzte Gebäude trägt nach Renovierung das goldene Kreuz der russisch-orthodoxen Konfession auf dem Hauptturm (siehe auch Farbbildteil). Die benachbarte Mädchen-Berufs- und Haushaltungsschule („Klopsakademie") am Markgrafenplatz ist weiter Schule.

Die Katholische Kirche an der Hindenburgstraße/Leninstraße hat ein neues Kupferdach. Nach abgeschlossener Renovierung soll sie als Konzerthalle dienen. Von der Melanchthon-Kirche an der Ziegelstraße blieben nur die Fundamente, auf denen ein Heizwerk aufgebaut wurde. Die „Ostdeutsche Drahtwarenfabrik" - die Schrift ist noch zu lesen – steht. Die Baptistenkirche wurde in einen Fabrikkomplex einbezogen.

Zu den erhaltenen bekannten Gebäuden zählen ferner: altes Rathaus (guter Zustand, hinterer Teil Spital), neues Rathaus an der Forchestraße (Geschäfte, Diskothek im Ratskeller), Stadthalle und Markthalle am Neuen Markt (werden weiter genutzt), Gymnasium (Stadtverwaltung), Lyzeum (Lehrerbildungsanstalt), Frieda-Jung-Mittelschule (Post), Ludwig-Jahn-Schule (Kindergarten), Pestalozzi-Schule (Schule), Post (Badeanstalt), Bank der Ostpreußischen Landschaft (Musikschule), Reichsbank (nicht offizielle Bank und Zollamt), Volksbank (Apotheke), Oberbürgermeisterhaus (Malschule), Feuerwehr, Elektrizitätswerk (beide weiter in Betrieb), Schlachthof (ausgebaut), Schloßmühle (Wohnhaus), Mühle Braunschweig (ungenutzt), Krankenhaus (Wehrbezirksamt), Bahnhof (verändert, in gutem Zustand), Gesellschaftshaus (Kulturhaus), Neue Lichtspiele (Film- und Tanzsaal), Café Dünckel (Geschäft), Keramikfabrik (arbeitet weiter) und die Kasernen.

Nicht mehr vorhanden: Rathaus, Kleinbahnhof, Hotels „Dessauer Hof", „Rheinischer Hof", Kino „Alhambra", „Grüne Apotheke", „Rote Apotheke". Die ganze Generalstraße existiert nicht mehr.

Während der Sportpark weiter genutzt wird, ist der Turnierplatz verödet. Er war früher weit über die Grenzen hinaus bekannt und galt als einer der besten der Welt und als schwerste Kampfbahn Deutschlands.

Vom bedeutendsten Zeugen der großen Vergangenheit der Stadt, dem Schloß, blieb kaum mehr als eine traurige Ruine. Die Insterburg war 1336 unter dem Hochmeister Dietrich von Altenburg auf einer Bergnase des hohen Angerappufers errichtet worden. Deutsche, französische und englische Ritter hatten dort im 14. Jahrhundert ihren Stützpunkt gegen die Litauer. 1642 bis 1648 hatte Königin Marie Eleonore von Schweden, Gemahlin Gustav Adolfs und Schwester des Großen Kurfürsten, hier eine Zufluchtstätte. Zuletzt war das Landgericht darin untergebracht. Der Nordostflügel beherbergte das Heimatmuseum.

Der Schloßteich war einmal mit seinen Anlagen ein gärtnerisches Kleinod. Lange Zeit nach dem Krieg war dort ein trostloses Gelände mit einem verwahrlosten Tümpel in der Mitte. Nicht viel besser sah es am Gawehnschen Teich aus. Beide Teiche wurden wiederhergerichtet und zeigen sich seit Spätsommer 1992 in alter Schönheit.

Die Vergangenheit ist auch mit großen Namen verknüpft. Ordensmarschall Henning Schindekopf, der mit der Gründung eines Krugs die Ansiedlung begann, gehört dazu. Dann Herzog Albrecht, der Insterburg 1541 das Marktrecht gewährte; Markgraf Georg Friedrich verlieh 1583 das Stadtrecht. Napoleon weilte am 17. Juni 1812 in den Mauern der Stadt. Rennenkampf und Hindenburg, die beiden feindlichen Oberkommandierenden der Winterschlacht in Masuren 1914, hatten dort – nacheinander – ihre Hauptquartiere.

Menschen aus halb Europa hatten sich in dieser Stadt zu einer einträchtigen und fruchtbringenden Gemeinschaft zusammengefunden, Deutsche, besonders aus der Pfalz und aus Nassau, Preußen, Litauer, Franzosen, Schotten, Schweizer, Salzburger und Holländer. Bedeutende Persönlichkeiten gingen aus ihr hervor; so der Dichter Ernst Wichert (1881 – 1902), der Schriftsteller Alfred Brust (1891 – 1934), der Theaterschriftsteller und Direktor des Wiener Burgtheaters Paul Schlenther, der Schriftsteller Wilhelm Jordan (1919 – 1940) und der Maler Hans Orlowski (1894 – 1967).

1689 starb in Insterburg das „Ännchen von Tharau" als Pfarrerwitwe Beilstein. Ein Gedenkstein erinnerte bis Kriegsende an sie. Es ist eines der hoffnungsvollen Zeichen der neuen Zeit, daß er jetzt gefunden und wieder aufgestellt wurde, etwas unterhalb seines alten Platzes am Ufer der Angerapp.

An der Ecke Theaterstraße – Mühlendamm steht die Säule des Ulanendenkmals mit der Inschrift: „Das Litthauische Ulanen

Regiment Nr. 12 seinen gefallenen Kameraden". Die Insterburger Ulanen waren in ganz Ostpreußen bekannt.

An die gefallenen Sowjet-Soldaten während der Eroberung der Stadt im letzten Weltkrieg erinnert der gepflegte Friedhof nördlich des Hohlwegs zu den Schluchten. An alle Opfer dieses schrecklichen und folgenschweren Waffengangs mahnt nun auch ein Denkmal mit einem schlichten Kreuz im nahen Georgenburg. Auch dieses ein sichtbarer Hinweis auf die Wende in der Politik und in den Beziehungen zu den Menschen, besonders auch auf die guten Folgen der Begegnung von alten und neuen Bürgern in der gemeinsamen Heimat. Sie sind hier besonders bemerkenswert.

Angesichts des starken Besuchsverkehrs und der zunehmenden Verbindungen offizieller und privater Art wurde am 1. Juni 1992 ein Kontaktbüro eröffnet. Es befindet sich in einem Studentenwohnheim an der Stelle, wo früher das Kreishaus stand, Zugang vom Giebel zur Kornstraße. Dort werden Auskünfte erteilt und Privatquartiere vermittelt. Vorbereitet werden die Schaffung eines „Hauses der Begegnung", die Renovierung des Stadt-Hotels in der Hindenburgstraße, das baldmöglichst eröffnet wird, und der Umbau von anderen Gebäuden zu Hotels und modern ausgestatteten Privatquartieren. Ein Haus im wesentlich erhaltenen Stadtteil Sprindt sowie ein weiteres Gebäude werden 1993 fertig. Auch neue Restaurants stehen auf dem Plan. Zur Zeit gibt es Essen nur in einem Haus an der ehemaligen Erich-Koch-Straße und im Bahnhof.

Insterburg hatte einst fast 50 000 Einwohner. In Tschernjachovsk leben 34 000 Menschen. Sie wohnen, soweit sie nicht in den Altbauten Platz finden, in Hochhäusern wie am Alten Markt, in Wohnblöcken, die in die Lücken der Straßen gestellt werden, oder in neuen Siedlungen am Stadtrand, so am Ortsausgang Richtung Königsberg; allesamt in der einheitlichen, wenig ansprechenden Bauweise. Hier wartet die vielleicht größte gemeinsame Aufgabe, das alte Stadtbild in einer völlig veränderten Urbanität soweit wie möglich zu erhalten und eine neue Einheit in Harmonie von Tradition und Modernität zu schaffen.

Immer noch gehören zu Insterburg die Flüsse, die der Stadt den Namen gaben oder Lage und Geschick bestimmten, die Inster, die vom Nordosten her sie umfließt, die Angerapp, die ostwärts herströmt und sich vor dem Ort mit der Pissa vereinigt, wie der Pregel, der westlich der Stadt aus Inster und Angerapp entsteht. Nur fließen sie nicht mehr so munter und sauber dahin, und sie heißen Instruč, Angrapa und Pregolja. Allein die Pissa behielt ihren Namen.

Gleich jenseits der Inster, kaum mehr als einen guten Kilometer nördlich der Stadt, liegt **Georgenburg**, gleichfalls eng verbunden mit Insterburg. Um 1350 vom samländischen Bischof errichtet, wurde der stattliche Bau Mitte des 18. Jahrhunderts ein Zentrum der Pferdezucht. Zu großem Ansehen und schließlich weitreichendem Ruhm verhalf ihr ab 1828 Walter Simpson. Der Roman „Die Barrings" machte sein Wirken als hochgeachteter Vollblutzüchter und das Schicksal seiner Familie bekannt. 1899 wurde Georgenburg Sitz des Landgestüts Insterburg, als die Burg wieder im Staatsbesitz kam.

Auch heute ist der Postkartenblick auf die Georgenburg, wie er in einer russischen Serie aus Insterburg zu sehen ist, beeindruckend und schön. Bei näherer Betrachtung zeigt sich, daß die alte Pracht und Herrlichkeit verlorengegangen ist. Das Schloß verdient diesen Namen nicht mehr. Das dicke Mauerwerk hält immer noch stand; aber der ganze Bau ist von Verfall schwer gezeichnet. Wer es wagt, den Rittersaal zu erklimmen, ist schockiert vom Verfall dieser einstigen Prunkstätte ritterlicher Tradition. Der Bau wird als Wohnhaus genutzt.

Verwahrlost auch der Schloßhof, zusammengestürzt das Kavaliershaus. Ziegelreste nur von Kirche und Pfarrhaus. Ebenso von Gestrüpp und Bäume überwuchert wie der Friedhof. In dieser Erde ruhen nicht nur die angestammten Bewohner, die vor Kriegsende verstarben, sondern auch viele, viele deutsche Soldaten, die nach der Eroberung umkamen, als die Georgenburg zum Gefangenenlager wurde. Das neu errichtete Kreuz erinnert in besonderer Weise auch an sie und mahnt alle zur Versöhnung.

Georgenburg, von der Hofseite aus gesehen.

271

Neues Leben erwacht auf dem Gutshof. In den Stallungen und in der Reithalle, wo in der schrecklichen Zeit Gefangene zusammengefercht wurden, auf dem Gutshof und den Weiden tummeln sich wieder Pferde. Ein neues Landgestüt Georgenburg entsteht. Es ist das erste dieser Art in Nord-Ostpreußen und soll die Tradition des früheren Hauptgestüts Trakehnen fortsetzen. Das alles in vorbildlicher Zusammenarbeit zwischen Russen und Deutschen.

Ein Denkmal, das an deutsch-russische Gemeinsamkeit erinnert, ist keine fünf Kilometer nordöstlich Georgenburg beim Gut **Landwehr (Geswethen)/Nagornoe** zu finden. An der Straße, die nach **Breitenstein (Kraupischken)/Ul'janovo,** schon im Kreis Tilsit-Ragnit, an der alten Reichsstraße 132 Gumbinnen – Ragnit führt, erhebt sich auf einem umfassenden Stufenbau ein gußeiserner Obelisk. Er ist dem russischen Generalfeldmarschall Barclay de Tolly gewidmet, der hier am 28. Mai 1818 auf der Durchreise verstorben ist. König Friedrich Wilhelm III. setzte dem Befehlshaber in den Befreiungskriegen gegen Napoleon folgende Inschrift, die auf Bronzetafeln in deutscher und russischer Sprache zu lesen ist: „Dem edlen Feldherrn, der den Weg der Ehre durch Mut und Tapferkeit in vielen Schlachten sich bahnte und der im Krieg zur Befreiung der Völker in den Jahren 1813, 1814 und 1815 als Anführer verbündeter Heere in glorreichen Kämpfen siegte, errichtete dieses Denkmal Friedrich Wilhelm III." Das mit Adler und Lorbeerkränzen geschmückte, eingezäunte Denkmal wird weiter gepflegt.

Das nahe **Tarpen (Tarputschen)/Brjanskoe** existiert nicht mehr. Das **Gut Schomburg** ist fast vollständig erhalten.

Von Georgenburg auf der alten Reichsstraße 137 Insterburg – Kreuzingen sind es etwa 15 Kilometer bis zum Kirchdorf **Aulenbach (Aulowöhnen)/Kalinovka.** Dort zeigen nur Friedhofsmauer und zwei hohe Eichen, wo einmal das Gotteshaus (erbaut 1720/30) stand und der Friedhof war. An der Stelle befindet sich ein sowjetisches Ehrenmal. Auch das Pfarrhaus ist verschwunden. Voll in Betrieb ist die Molkerei. Die Schule ist eine Ruine, und von der Kleinbahn gibt es kaum eine Spur. Eine Reihe von Altbauten blieb erhalten, so die Druckerei (Magazin).

Auch im östlich gelegenen **Alt Lappönen/Dačnoe** stehen viele Häuser aus der Vorkriegszeit. Die Gutsgebäude scheinen dem Verfall preisgegeben. Im weiter östlich entfernten **Saugehnen (Saugweth)/Sžcegly** gibt es zahlreiche Neubauten und viel Leben. Grund: Hier ist der Sitz einer Kolchose. Wo das nicht der Fall ist, sind viele Dörfer verschwunden. Das gilt auch für diesen nördlichen Teil des Kreises Insterburg. So steht in **Ossafurt (Rudlauken)** nur ein einziges Haus. Über die ausgefahrenen Straßen sind die Ortschaften kaum noch erreichbar. Von **Ossaquell (Abschruten)/Botaničeskoe** steht kein Haus mehr. Bewohnt ist **Grünheide/Kalužskoe**. Die Kirche, ohne Turm und verfallen, ist eine Lagerhalle. Die Post ist Bahngebäude; der Bahnhof ist zerstört. Vom Gut blieben Ställe und ein Insthaus.

Das alles gilt auch für die westliche Seite dieser Straße. In **Birken (Gr. Berschallen)/Gremjač'e** steht die Kirche, zweckentfremdet und mit halb zerstörtem Turm, vereinsamt da. Molkerei, die in Betrieb ist, und Kreishaus gehören zu den erhaltenen Gebäuden. Auf der Weiterfahrt zurück nach Georgenburg sucht man das Dorf **Tricken (Triaken)/Kačalovo** vergeblich. In **Groß Schunkern/Ostrogorki** steht noch ein Dutzend Häuser, darunter die Schule. In **Zwion/Dovatorovka** wird auf dem weithin erhaltenen Gut gearbeitet.

Von Insterburg in Richtung Südwest ist auf der alten Reichsstraße 139 nach Nordenburg in etwa sechs Kilometern **Dittlacken (Didlacken)/Tel'manovo** zu erreichen. Dort haben nur rund zehn Altbauten den Krieg und die Folgezeit überstanden, darunter Kirche (zweckentfremdet), Pfarrhaus (Laden) und Post. Die Kleinbahn existiert nicht mehr. In der Kirche befand sich ein Mausoleum für den 1679 verstorbenen Generalmajor Pierre de la Cave, den Gouverneur der Festung Pillau und Begründer der ersten Kirche in Dittlacken.

Westlich der Straße blieb auch vom nahen **Dittau (Uschballen)/ Osinovka** wenig übrig; dazu gehört das Schulgebäude. Nach **Rehfeld (Gr. Plattenischken/Borovoe** ist die Straße nur bis zum erhaltenen kleinen Bahnhofsgebäude befahrbar. Vom Ort selbst ist ein Insthaus erhalten.

Etwa vier Kilometer weiter südlich auf der Hauptstraße folgt **Jänichen (Jägernischken)/Svoboda,** wo unter den wenigen stehengebliebenen Gebäuden das Gasthaus auszumachen ist. Rechts biegt eine Straße ab nach **Amwalde (Pabbeln)/Sencovo,** wo vom Gut nichts übriggeblieben ist. Im sonst kaum noch vorhandenen **Mattenau (Metheningken)/Ugrjumovo** sind Schule und Bahnhof zu erkennen. Auch **Hutmühle (Kohlischen)/Veršinio** ist nahezu untergegangen. Vereinsamt steht das alte Kriegerdenkmal mit der Inschrift „Gedenken der Gefallenen von 1914".

Wenn wir auf der einstigen Reichsstraße 1 unsere Fahrt von Insterburg in östlicher Richtung fortsetzen, vorbei an den hohen Bauten des ehemaligen Heeresverpflegungsamtes, folgt nach gut fünf Kilometern rechts die Abzweigung der alten Reichsstraße 137 nach Angerapp und früher bis nach Goldap. Etwa einen Kilometer weiter ging es früher nördlich nach **Angerbrück (Lenkeitschen)/Aistovo.** Heute endet die Fahrt spätestens an der Angerapp. Es führt keine Brücke mehr hinüber. Auch die Brücke bei **Großgauden (Gr. Gaudischkehmen)/Krasnopoljanskoe,** schon im Kreis Gumbinnen, existiert nicht mehr. Erst vor **Krausenbrück (Schlappacken)** gibt es eine Überfahrt. An der folgenden kaum befahrbaren Straße sind die früheren Ortschaften verschwunden: **Altlinden (Jodszleidszen),** Kreis Gumbinnen, damals 60 Einwohner, **Angermoor (Tarpupp),** 170 Einwohner, **Angerbrück,** 165 Einwohner und **Jessen/Solov'evo,** 105 Einwohner, wo das schöne Tal allein noch den gewohnten Anblick gewährt.

Auf der ausgebauten Hauptstraße führt die Strecke über eine neue Angerapp-Brücke weiter nach **Branden (Ischdaggen)/Lermontovo.** Herrliche Alleen schmücken den Weg. Der zehn Kilometer vor Gumbinnen gelegene Ort ist nicht wiederzuerkennen. Die Kirche liegt in einer Buschlandschaft und dient als Lagerhalle. Das Gasthaus und die meisten Häuser sind verschwunden. Von der Meierei wird ein Restbau als Laden genutzt.

Eine Fahrt auf der Abzweigung nach Norden ist nicht zu empfehlen. Die Wege sind kaum passierbar oder gar nicht mehr vorhanden; die Ortschaften zum wesentlichen Teil verschwunden. So gibt es kein Durchkommen zu dem Platz, da einmal **Kaimelau/ Mirnoe** stand. Auch **Florhof (Florkehmen)/Mirnoe** sucht man vergebens. Eine Behelfsbrücke führt über die fast zugewachsene, verkümmerte Pissa. Von **Pötschwalde (Pötschkehmen)/ Krasnopol'e** ist ebenfalls kaum ein Haus von damals übriggeblieben. Der leicht ansteigende Weg zum Eichwalder Forst, der dunkel und mächtig wie eh und je dasteht, ist noch vorhanden.

See und Forst **Tannsee (Kaschnowsken)/Elovoe**, lange Militär-Gelände, sind nur noch durch ihre Landschaft schön und besuchenswert. In **Gerwen (Gerwischkehmen)/Priozernoe**, auf der Strecke nach **Zweilinden (Stannaitschen)/Furmanovo** fällt der trostlose Restbau der Kirche auf, der als Maschinenschuppen dient. Ebenfalls haben **Groß- und Kleinpreußenwald (Gr. bzw. Kl. Berschkurren)/Šahovskoe**, bis auf zwei, drei Bauten, aufgehört zu existieren. Ausgelöscht auch **Freudenhoch/Ščepkino**.

Kaum anders sind die Eindrücke auf der Südseite der alten Reichsstraße 1. Der Zustand der Straßen ist jedoch besser. In **Kanthausen (Judschen)/Veselovka** gibt es keine Erinnerung mehr daran, daß hier einmal (1728/31) der große Königsberger Philosoph Hauslehrer bei Pfarrer Daniel Ernst Andersch war. Hier waren nach der großen Pest viele Schweizer angesiedelt worden, die ihre eigene Kirche erhielten. **Bergenbrück (Sabadschuhnen)** und **Krügertal (Tittnaggen)/Markino**, existieren nicht mehr. Von **Angereck (Kampischkehmen)/Sinjavino** stehen das Gutshaus der Domäne und einige verfallene Wirtschaftsgebäude sowie Insthäuser. Im Bergenbrücker Moor gibt es nur noch Gestrüpp. Ein Kahlschlag in der Landschaft hat den Blick bis zur Hauptstraße Insterburg – Gumbinnen freigemacht. Verwildert und unansehnlich die Angerapp, die hier einmal einen schönen hellen Sandstrand hatte. Auch von **Langenweiler (Kollatischken)/Ivaškino** und **Jungort (Kiaulkehmen)/Dunaevka**, die einst je um die 170 Einwohner hatten, blieben kaum mehr als Spuren.

Anders sieht es in Zweilinden aus, auf der Hauptstrecke schon ganz nahe (etwa fünf Kilometer) an Gumbinnen/Gusev. Der Ort ist Zentrum für die umliegenden Gemeinden. Zu den erhaltenen Gebäuden zählen Schule (Kindergarten), Peitschenfabrik (Schule) und die 28 Siedlungshäuser aus den dreißiger Jahren. Von der Domäne stehen Ställe und Wohngebäude. Die neue Umgehungsstraße führt über den früheren Sportplatz. Die alte Reichsstraße im Dorf ist für den Durchgangsverkehr gesperrt. Aus Zweilinden stammte der am 9. September 1866 geborene Orientalist Julius Lippert (gestorben 1911 in Berlin). Die beiden Ziegeleien Radlauken und Sodeiken gibt es nicht mehr.

Von hier an stehen Neubauten am Rande der Straße bis Gumbinnen. Die Stadt selbst hat, vor allem durch einen Bombenangriff am 16. Oktober 1944, schwer gelitten; dennoch ist ihr Anblick nicht so trostlos wie in vielen anderen Orten Nord-Ostpreußens. Schon die fast gleich gebliebene Einwohnerzahl (früher 24 500, jetzt über 28 000) zeigt, daß hier keine totale Veränderung eingetreten ist. Die Anstrengungen im Wohnungsbau sind beachtlich. Die üblichen neuen Häuser, zum Teil in Hochhausform, füllen einen Teil der Lücken im alten Straßenverlauf, sind vor allem in größeren Komplexen an der Peripherie im Süden, Westen und Nordwesten entstanden.

Allerdings hat das Gusev von heute kaum noch etwas gemein mit dem einstigen „Postdam des Ostens". König Friedrich Wilhelm I., großer Förderer Gumbinnens, hatte die Ortschaft, deren Anfänge bis ins frühe 16. Jahrhundert zurückreicht, 1724 zur Stadt erhoben. Er ließ sie nach Plänen des Baudirektors Schultheiß von Unfried großzügig und streng geordnet aufbauen. Vom Marktplatz, dem Mittelpunkt der Stadt, gingen alle Straßen im rechten Winkel ab. Dort stand bis Kriegsende seit 1835 ein von Christian Rauch geschaffenes Denkmal dieses verehrten preußischen Königs.

Gumbinnen war seit langem zentraler Verwaltungssitz. Aus der Kriegs- und Domänenkammer, die 1818 den Namen „Königlich Preußisch-Litauische Regierung" erhielt, ging schließlich der Regierungsbezirk Gumbinnen hervor, der die nordöstlichen und nördlichen Kreise Ostpreußens umfaßte.

Im damaligen ersten Kammergebäude trafen sich zur Jahreswende 1812/13 die Reformer vom und zum Stein, Theodor von Schön und Ernst Moritz Arndt, um an Plänen für die Erhebung Preußens zu arbeiten. (Napoleon wohnte vom 18. bis 21. Juni 1812 in der Stadt.) Nachdem 1831 das Kammergebäude abgebrannt war, wurde die „Alte" Regierung gebaut, die so erst genannt wurde, als die „Neue" Regierung 1911 fertiggestellt war.

Gumbinnen – Blick auf Neue Regierung.

Dieser Bau hat zum wesentlichen Teil den Krieg und die Folgezeit überstanden. Nur Turm und Dach fehlen oder sind verändert. Eine Fabrik für Beleuchtungstechnik ist dort untergebracht. Die Alte Regierung gibt es nicht mehr; die ganze Umgebung ist lückenhaft und verändert. Auf dem zentralen Friedrich-Wilhelm-Platz steht nun Lenins Denkmal.

Kein Kirchturm ziert mehr die Silhouette der Stadt. Lediglich die Kapelle der Altlutherischen Kreuzgemeinde steht. Sie dient der russisch-orthodoxen Gemeinde als Gotteshaus.

Zu den bekannten Gebäuden, die noch vorhanden sind, gehören: Kreishaus (der Landkreis Gumbinnen hatte 55 272 Einwohner, im Rayon Gusev leben 34 800 Menschen), Friedrichsschule (Landwirtschaftliche Hochschule, in der über 1000 Schüler unterrichtet werden, die bis von St. Petersburg kommen), Cecilienschule (Mittelschule Nr. 2), Ingenieurschule (Mittelschule Nr. 1), Ostpreußenwerk (arbeitet, auf Öl umgestellt, weiter), Verwaltungsgebäude des Ostpreußenwerks (Rathaus), Vereinigte Maschinenfabrik, einst größte Landmaschinenfabrik Ostpreußens (Werk für Beleuchtungs- und Kunststofftechnik, zusammen mit der Neuen Regierung) Prang Mühlen, einst wichtigster Gumbinner Industrie-Betrieb (Futtermittelwerk), Schützenhaus (Veranstaltungshaus), Landwirtschaftsschule (Waisenhaus), Städtische Turnhalle (Kulturhaus), Volksbank (Wohnheim für junge Familien), Amtsgericht, Finanzamt (Erziehungsheim für Jugendliche).

Sichtbarstes Zeichen dafür, daß Gumbinnen nicht untergegangen ist und Gusev sich auf die alte Stadt besinnt, ist der Elch. Nach 46 Jahren kehrte das von Ludwig Vordermayer 1911 geschaffene und 1912 aufgestellte Wahrzeichen aus dem Königsberger Tiergarten heim. Stolz steht der Schaufler jetzt in einer kleinen, gepflegten Grünanlage an der Königsstraße – Ecke Sodeiker Straße,

Gumbinnen – der Elch mit Erinnerungstafel.

nahe der angestammten Stelle am Magazinplatz, die das Denkmal für den Mann aufgenommen hat, der bei der Erstürmung der Stadt gefallen ist und die seinen Namen trägt: Podpolkownik Gusev. Eine Erinnerungstafel am alten Sockel sagt aus, daß der Elch den Gusever Bürgern zurückgegeben wurde.

Auch die Bürger des früheren Gumbinnen hatten tatkräftig zur Rückkehr beigetragen. Eine Abordnung der Kreisgemeinschaft beteiligte sich an der Feier zur Wiederaufstellung am 23. Mai 1991, als gleichzeitig erstmals beim Tag der Stadt der Verleihung der Stadtrechte durch König Friedrich Wilhelm I. im Jahre 1724 gedacht wurde. Führende Vertreter der Bürgerschaft von heute und damals sprachen zu mehr als 3000 Gästen im kleinen Stadtpark. Der Kinderchor der Mittelschule 2 (Cecilienschule) sang das Ostpreußenlied in deutscher Sprache.

In gemeinsamer Arbeit sollen weitere dringende Aufgaben bewältigt werden. Ein besonderes Anliegen ist für die angestammten Bewohner die Aufräumung und Neugestaltung von Soldatenfriedhöfen – soweit das überhaupt möglich ist. Auf dem Gumbinner Heldenfriedhof für die Gefallenen von 1914 – 1918 stehen Wohnblocks.

Auch die Erinnerung daran, daß Gumbinnen die „Salzburgstadt" Ostpreußens war, soll wieder geweckt werden. Die Ansiedlung der evangelischen Glaubensflüchtlinge aus der Alpenregion hatte von Anbeginn große Bedeutung. 1734 betrug ihre Zahl 237. 1735 wurde ein Salzburger Hospital geschaffen, 1752/54 ein eigenes Gotteshaus gebaut, dem 1839/40 ein Neubau folgte.

Heute ist die Kirche, die ein Lagerraum für Autozubehör war, aufgeräumt und seit dem 25. Mai 1992 hängt eine Tafel an der Mauer mit der Inschrift: „Diese Kirche wurde im Jahre 1754 von Einwohnern aus dem Lande Salzburg (Österreich) zusammen mit einem Altenheim errichtet. Sie wurde 1840 erneuert, 1932 renoviert und 1945 beschädigt. Sie soll als religiöses und zeitgeschichtliches Denkmal wieder aufgebaut werden. Gumbinnen

(Gusev)/Bielefeld, im Mai 1992, Stiftung ‚Salzburger Anstalt Gumbinnen'." (Bielefeld ist Patenstadt von Gumbinnen.)

Die Salzburger Kirche soll wieder aufgebaut werden. Ein Gutachten bestätigt diese Möglichkeit. Die Verhandlungen über eine Freigabe verlaufen erfolgreich. Als Ersatz für die verschwundenen Gebäude der Salzburger Anstalt – dort steht ein fünfgeschossiger Neubau – soll ein kleiner Bau neben der Kirche errichtet werden, der ein Museum mit einer Bibliothek und eine Sozialstation aufnehmen wird.

Der Salzburger Friedhof ist als Fabrikgelände überbaut. Verschwunden, vermutlich zugeschüttet, ist der Findling, der dort als „Predigtstuhl" bei Gottesdiensten in Erinnerung an die Salzburger Heimat gedient hatte. In Gumbinnen soll bald wieder eine evangelische Gemeinde gegründet werden.

Den engen Kontakten und damit dem zunehmenden Reiseverkehr dient die recht gute Unterkunft im renovierten Hotel „Kaiserhof", heute „Rossija". Dort gibt es auch ein Restaurant. Das zweite heißt „Cosmos".

Gut befahrbar ist von Gumbinnen aus die alte Reichsstraße 132, die nördlich nach Ragnit geht. Von den Siedlungen am Rande und in der Nachbarschaft ist nur wenig übriggeblieben. Vom herrlichen **Gut Blumberg/Lunino** (seit 1788 im Besitz der Familie von Schön) stehen wenige Hofgebäude. Nichts mehr vom Herrenhaus, in dem wertvolle Erinnerungsstücke an den ehemaligen Oberpräsidenten Theodor von Schön aufbewahrt wurden, und von dem unter Naturschutz stehenden Park mit vielen seltenen Bäumen. Auch **Schmilgen** existiert nicht mehr.

Etwa sieben Kilometer von Gumbinnen biegt nach rechts der Weg nach **Roloffseck (Warkallen)/Dvinskoe** und **Herzogskirch (Niebudschen)/Krasnogorskoe** ab, wo in der verwahrlosten Kirche Geräte lagern. Hier hatte von 1664 bis 1685 der 1631 in Memel geborene Pfarrer Matthäus Prätorius gewirkt, Verfasser der „Preußischen Schaubühne".

Auf der Hauptstraße weiter folgt – etwa 15 Kilometer von Gumbinnen – **Mallwen (Mallwischken)/Majskoe.** Das Kirchdorf lag früher im Westzipfel des Kreises Schloßberg. Heute gehört es zum Rayon Gusev. Die sehenswerte achteckige Kirche, die, durch König Friedrich Wilhelm I. gefördert, am 30. Mai 1731 eingeweiht worden war, gibt es nicht mehr. An der Stelle steht ein Kulturhaus. Auch viele andere Gebäude fehlen. Der verwahrloste Heldenfriedhof mit den Gefallenen aus dem Ersten Weltkrieg steht auf der Liste der wiederherzustellenden Gedenkstätten. Die Wege zu den umliegenden Ortschaften wie **Katharinenhof, Birkenfeld/Berezino** und **Rohrfeld/Redkij Bor** sind unpassierbar. Die Dörfer existieren nicht mehr. Wald hat sich dort ausgebreitet.

Der östliche Teil im Norden des Landkreises Gumbinnen ist über die gut befahrbare Straße nach Schloßberg zu erreichen. Sie biegt von der alten Reichsstraße 1 nach Ebenrode am Stadtrand links ab. Nach drei Kilometern ist rechts ein Abzweiger nach **Riedhof (Narpgallen).** Doch den Ort gibt es nicht mehr.

Knapp fünf Kilometer von Gumbinnen geht es rechts ab nach **Seewiese (Antschirgessern)/Lihačevo.** Während vom Dorf kaum etwas übriggeblieben ist, ruht der gleichnamige See still und schön wie in alten Zeiten. Sogar die Badestelle gibt es noch. Störche und Schwäne bevölkern die anmutigen Uferstreifen ebenso wie Rohrdommeln und Schilfrohrsänger. Lerche und Kuckuck sind zu hören. Ein Platz zum Erholen und Erinnern.

Etwa zwei Kilometer auf der Hauptstraße folgt **Springen/Tamanskoe,** wo unter den wenigen erhaltenen Gebäuden die Schule (Magazin) und Gasthaus zu finden sind. Auch das nahe **Bumbeln/Il'ino** existiert weiter. Der Bumbelnsche See ist verwildert. Nicht mehr vorhanden sind die einst schönen Ortschaften **Riedwiese (Ballinen)/Sosnovka** und **Karmohnen/Sosnovka.** Sie wurden 1959 abgetragen, als eine Kolchose eingerichtet wurde. Die Straße nach Herzogskirch hat eine Teerdecke.

Wenigstens in Teilen erhalten ist **Roßlinde (Brakupönen)/Kubanovka,** etwa zwölf Kilometer von Gumbinnen entfernt. Das

Gutshaus, erweitert und aufgestockt, dient als Schule. Das Ehrenmal für 115 deutsche und 199 russische Gefallene aus dem Ersten Weltkrieg, das nach 1945 beseitigt worden war, wurde ausgegraben, erneuert und wieder aufgestellt. Die Wege östlich in die Dörfer des Kreises Ebenrode enden in wildem Gelände, so auch vor **Korellen,** das es nicht mehr gibt.

Von Gumbinnen südwestlich führt eine Straße nach **Angerapp (Darkehmen)/Ozersk.** Von **Eggenhof (Kuttkuhnen)/Valujskoe,** einst ein Dorf mit 120 Einwohnern, steht kein Haus mehr. Immerhin erkennbar **Hasenrode (Stulgen)/Novoreč'e, Richtfelde (Pagramutschen)/Gribovo** und **Teichhof (Escherischken)/Ladygino.**

Nach etwa zwölf Kilometern ist **Nemmersdorf/Majakovskoe** erreicht, der Ort, der auf schreckliche Weise in die ostpreußische Kriegsgeschichte eingegangen ist. Nach der Rückeroberung der bei der sowjetischen Großoffensive am 16. Oktober 1944 verlorenen Gebiete machten die deutschen Soldaten eine furchtbare Entdeckung. Zwischen 60 und 80 Frauen, Kinder und Greise waren auf grausame Weise ermordet worden. Eine internationale Kommission bestätigte das. Eine Schweizer Zeitung berichtete: „Mit Ausnahme einer jungen deutschen Frau und eines polnischen Arbeiters ist alles von der Roten Armee vernichtet worden. 30 Männer, 20 Frauen, 15 Kinder sind den Russen in die Hände gefallen. Es sind Eindrücke, die auch die lebhafteste Phantasie übersteigen."

Heute ist das einst über 600 Einwohner zählende und in weiten Teilen zerstörte Dorf Zentrum eines landwirtschaftlichen Großbetriebes, zu dem insgesamt um die 900 Familien gehören. Die aus dem Ende des 16. Jahrhunderts stammende Kirche blieb als trister Rumpfbau erhalten, der als Kulturhaus dient. Die alte deutsche Schule ist 1990 abgebrannt. Unterrichtet wird in einem Neubau. Die Molkerei ist in Betrieb, und der Krug wurde zum Laden. Vor dem Kirchenbau steht ein Ehrenmal für die sowjetischen Gefallenen. Der Wunsch der früheren Einwohner ist es, an der Stelle auch einen Gedenkstein für die Opfer des 20. Oktober 1944 aufzustellen.

Von den umliegenden Ortschaften ist nur wenig übriggeblieben. So gibt es **Rotenkamp (Wandlaudschen)/Osinovka** und **Kaimelswerder/Maksimovka** nicht mehr. Dagegen sieht **Kieselkeim** (Kieselkehnen)/**Konstantinovka** mitsamt Schule recht ansehnlich aus, und **Klein Datzen/Zamost'e** wurde sogar ausgebaut.

Auf der alten Reichsstraße 132 in Richtung Süden von Gumbinnen ist nach etwa zwei Kilometern **Ohldorf (Kulligkehmen)/Lipovo** zu erreichen, wo noch zahlreiche Altbauten vorhanden sind. Das gleiche gilt bedingt auch für **Hochfließ (Augstupönen)/Kalininskoe**, wohin links ein Weg abbiegt. Vom benachbarten Gut **Serpenten** sind lediglich Stallgebäude übriggeblieben. Eine Teerstraße führt dorthin. In **Grünweiden (Grünweitschen)** stehen recht gut aussehende Einfamilienhäuser an Stelle der alten Arbeiterhäuser, wie auch des Gutshauses.

Von hier aus ist eine Weiterfahrt in Richtung Osten kaum möglich. Ebenso sind die dortigen Ortschaften von der anderen Seite kaum zu erreichen. Es existieren nicht mehr: **Jägershagen (Ribbinnen), Laurinshof (Warschlegen), Grünfließ (Karszamupchen)/Smetanino, Heinsort (Sodehnen)/Zernovoe, Hohenfried (Kupsten),** schon Kreis **Ebenrode, Schweizerau (Schwiegseln), Pfälzerwalde (Budschedschen)/Višnevka, Birkenhöhe (Schmulken), Sprindort (Schurgupchen)/Deženevo, Pfälzerort (Drutischken)**.

Mattischkehmen/Sovhoznoe, einst stolzes Vorwerk des Gestüts Trakehnen, ist wenigstens in Teilen erhalten. Auch die Schule steht noch. Der Ort war auch durch den Heldenfriedhof aus dem Ersten Weltkrieg bekannt. Es sind Bestrebungen im Gange, ihn wiederherzurichten.

Auf der alten 132 in Richtung Süden blieb vom Gut **Husarenberg**, etwa acht Kilometer von Gumbinnen, die Ruine des barocken Hofportals. Untergegangen auch **Brückental (Samelucken)**.

Bei der Einfahrt in **Großwaltersdorf** (Walterkehmen)/Olchovatka – zwölf Kilometer von Gumbinnen – wird die Bahnüberführung vermißt. Die Verbindung **Tollmingen (Tollmingkehmen)/ Čistye Prudy** gibt es nicht mehr. Vom Bahnhof ist kaum ein Rest übriggeblieben. Im Ort stehen nur wenige alte Häuser, darunter die verfallene, als Lagerraum genutzte Kirche. Einige Neubauten haben das Dorfbild weiter verändert.

Bis zum zehn Kilometer südlich gelegenen **Zellmühle (Kiauten)/Smirnovo, Kreis Goldap**, gibt es keine weitere Ansiedlung. Auch **Daken (Dakehnen)/Penzenskoe** ist verschwunden.

Auf der Hauptstrecke nach **Ebenrode (Stallupönen)/Nesterov** sind es von Gumbinnen rund 15 Kilometer bis zum gleichnamigen Kreis. Die Fahrt geht durch ebenes, unbebaues Gelände. Die alten Dörfer liegen abseits überwiegend auf der südlichen Seite, nahe der Bahnlinie Königsberg – Eydtkau und weiter bis Moskau, so **Preußendorf (Pruzischken), Altkrug (Sadwitschen)/Pervomajskoe, Groß Baitschen/Podgorovka, Klein Baitschen/ Ljubimovka** und **Amtshagen (Schirgupönnen)/Dal'nee**. Sie sind nur in wenigen Resten erhalten.

Auf der Höhe von **Altkrug** – gut vier Kilometer hinter Gumbinnen – ist ein Hinweisschild zu beachten. Es zeigt nach Norden, wo eine Gedenkstätte für Christian Donalitius zu besichtigen ist. Der im damaligen **Lasdinehlen**, dem späteren Gut Altkrug, als Sohn eines Kölmers geborene Pfarrer und Schriftsteller machte sich durch Übersetzungen ins Litauische und frühe Dichtungen in Hexametern einen Namen und wurde besonders bei Litauern berühmt und verehrt. Sie schufen vor einigen Jahren diesen kleinen Park mit einem Gedenkstein, auf dem zu lesen ist: Hier wurde am 1. Januar 1714 der litauische Dichter Kristijonas Donelaitis geboren. Das Geburtshaus – wie das ganze Gut – existieren nicht mehr. (Siehe auch Tollmingen, Seite 303–305)

Unmittelbar an der Kreisgrenze, etwa zwölf Kilometer von Gumbinnen, zweigen Wege nach Norden und Süden ab. Niemand, der halbwegs Ostpreußen kennt, fährt hier achtlos weiter. Er biegt nach rechts ab, **Richtung Trakehnen/Jasnaja Poljana**. Kaum ein anderes Dorf der Provinz hat einen so weltweiten und guten

Ruf erlangt wie diese Stätte der ältesten und edelsten Stätte der Pferdezucht.

Das Heiligtum der Pferde

Hier ist Trakehnen. Hier im Osten des Reichs sind die vielen Gestüte, und Trakehnen ist das vornehmste. Aber nicht die Menschen haben den Pferden diese Scholle geweiht – wenn sie auch Ställe bauten und Weiden einfriedeten –: die Natur selbst hat ihren Geschöpfen das Land als Heiligtum geschenkt, und die Pferde haben es sich als ihnen geweihten Bezirk erobert. Das Pferd ist das Zeichen des Landes, ist das markanteste, das zeugnishafteste Lebewesen der Scholle. Das ostpreußische Pferd ist das preußischste Erzeugnis des Landes, das festeste Bild seines Wesens, der untrüglichste Ausdruck seiner Eigenart und seines Geheimnisses geworden. Es übertrifft an Rassenhaftigkeit in allem den Bewohner des Landes und ist ihm sicherlich ebenbürtig in allen Tugenden.

Eingeboren und zugehörig lebt das Pferd recht eigentlich in der Seele des Volkes dieser Ebenen … Weit ist das Reich, das den Pferden geheiligt ist. Weit ist die Ebene, weit ist der Himmel. Beide verschwimmen im Grenzenlosen. Hier ist Trakehnen. Der Hengst, dessen Schrei über das Land geht, und alle die, welche mit ihm die Vaterwürde des Gestüts genießen, drücken dem ostpreußischen Pferd, dem Pferd des Landes, seinen vornehmsten Stempel auf. Nicht, daß die anderen Gestüte, die staatlichen und privaten, schlechtere Pferde hervorbrächten – sie wetteifern in höchster Weise mit der fast schon mythischen und bevorzugten Stätte des edelsten Typs, der markantesten Gestalt, der bleibenden, unnachahmlichsten Form, des stärksten Ausdrucks.

Rudolf G. Binding

Am 1. September 1732 war auf Anordnung König Friedrich Wilhelm I. das berühmteste Gestüt überhaupt gegründet worden. Über zwei Jahrhunderte war Trakehnen Sinnbild für eine vorbildliche und erfolgreiche Aufzucht, waren die Pferde mit dem Brandzeichen der siebenzackigen Elchschaufel (seit 1787) begehrt und bewährt, ob als Gebrauchstiere oder auf dem olympischen Parcour, wurden sie und ihr Name schließlich zur Legende.

Vor dem Ende 1944 standen 1115 Pferde auf dem Gestüt, darunter 20 Hauptbeschäler und 378 Mutterstuten. Ihre härteste Bewährung kam, als am 17. Oktober 1944 die Flucht begann. Die treuen und widerstandsfähigen Tiere, eine Kreuzung des ostpreußischen Pferdes mit besonderem englischen Blut, bestanden sie hervorragend. Aber wegen der vielen Irrwege und schrecklichen Kriegsgeschehnisse erreichten von 1200 Pferden, die das Hauptgestüt verließen, nur 28 Original-Trakehnerinnen den Westen, wo ein Neuaufbau an verschiedenen Orten begann.

Das Hauptgestüt Trakehnen hatte 16 Vorwerke und insgesamt 6021 Hektar Land. Alles befand sich in mustergültiger Ordnung und bestem Zustand. Heute geht die Fahrt, vorbei am Bahnhof Trakehnen, über die rund fünf Kilometer durch eine triste, verwahrloste Gegend. Wo einmal herrliche Wiesen und Weiden in der Pissa-Niederung waren, ist nun ödes, versumpftes Land. Das ausgeklügelte Bewässerungssystem ist zusammengebrochen, der Pissakanal nicht mehr reguliert, die muntere Rodupp zu einem verdreckten Graben geworden.

Dann aber ein Lichtblick: das „Trakehner Tor", Eingangstor zum Hauptgestüt mit dem Brandzeichen und der Jahreszahl 1732, dem Gründungsjahr. Fast wie einst auch das Landstallmeisterhaus; es fehlt der Turm mit dem springenden Pferd. Das Schloß wird als Schule benutzt. Ein Schulneubau ist im Gange. Dann soll der große Traditionsbau ein Museum aufnehmen. Davor trägt der Sockel des Tempelhüter-Denkmals einen Sowjet-Stern. Bald aber wird, so hofft man zuversichtlich, das Standbild des berühmten Zuchtpferdes aus Moskau heimkehren. Nur die 200jährige Eiche steht unverändert da.

Trakehnen – „Trakehner Tor", Eingang zum Hauptgestüt.

Trakehnen – Landstallmeisterhaus.

In Jasnaja Poljana werden keine Pferde mehr gezüchtet. Jahrzehntelang war hier der Sitz einer Rinderkolchose. Die zum erheblichen Teil erhaltenen Gebäude wurden zweckentfremdet und haben schwer gelitten. Das gilt für den Neuen Hof mit den einst imponierenden Bauten wie Reithalle, Auktionsstall, Boxenstall und Gestütswärterhäusern wie für den Alten Hof mit Hauptbeschälerstall und seinen Paddocks sowie den Stutenstall. Auch zahlreiche Wohngebäude stehen noch.

Zu den erhaltenen Gebäuden im Ort gehört das Traditionshotel „Elch", Sitz der Verwaltung. Ungefüge Wohnblocks haben das Ortsbild verfremdet. Angenehm fällt dagegen am südlichen Ortsrand eine schmucke Neubausiedlung mit Eigenheimen im Grünen auf. Sie wurde von der Baufirma Rußlanddeutscher errichtet. Der Ort beherbergt eine der größten dörflichen Ansiedlungen dieser Volksgruppe. Rund 100 Familien hoffen, hier auf eigenem Land eine Heimat zu finden.

Die Straße von der Hauptstrecke nach Ebenrode nördlich führt über **Neupreußenfelde (Neu Budupönen)/Briketnoe, Altpreußenfelde (Alt Budupönen)/Kalinovo** und **Neu Trakehnen (Alt Kattenau)/Furmanovka** nach **Kattenau/Zabety**, etwa sieben Kilometer von der Abzweigung. Von der 700-Einwohner-Gemeinde sind zahlreiche Bauten stehen geblieben, darunter die gepflegte Schule. Von der Kirche ist kein Stein mehr zu finden. Am Ortseingang fallen viele neue Häuschen auf. Vom ehemaligen Gut ist kaum etwas übriggeblieben. Das benachbarte **Michelsdorf (Mikuthelen)/Stupino** ist, ebenso wie **Kummeln**, ausgelöscht.

In **Tutschen/Vatutino**, drei Kilometer weiter, gibt es wenige alte und zahlreiche neue Häuser. Die Straße nach **Bersbrüden/Voronvovo** und **Teichacker (Walleykehmen)** ist weiter gut befahrbar; aber die Orte gibt es nicht mehr. Auch die Nachbardörfer sind fast ausnahmslos verschwunden, so **Wittkampen, Seekampen, Raineck (Uschdeggen)/Simonovka**. Erst in **Burgkampen (Jentkutkampen)/Sadovoe**, früher 600 Einwohner, ist wieder

Leben spürbar. Hier ist der Sitz einer der elf landwirtschaftlichen Großbetriebe des Kreises Nesterov. Auch hier am Dorfrand viele neue, kleine Häuschen. Nur wenige Altbauten sind noch vorhanden.

Untergegangen sind die Nachbarorte in Richtung Schloßberg **Grieben/Gribanovo, Stehlau (Stehlischken)** und Gut **Amalienau**. Hinter **Hainau (Schilleningken)/Vysokoe**, wo einiges von der alten Bausubstanz zu finden ist, beginnt ein militärisches Sperrgebiet, das bis **Sodargen** im äußersten nordöstlichen Zipfel des Kreises Ebenrode und weit darüber hinaus in den Kreis Schloßberg reicht. Dort gibt es die Dörfer von einst nicht mehr.

Von Hainau führt die Straße über **Föhrenhorst (Jucknischken)/Bol'šoe Mostovoe, Wilpen (Wilpischen)/Nagornoe, Drusken/Bol'šoe Zarečnoe** und **Baringen (Bareischkehmen)/Pervomajskoe** ins zehn Kilometer entfernte Ebenrode. Diese Orte sind überwiegend nur dem Namen nach noch vorhanden.

Rund zwölf Kilometer sind es auf der Hauptstrecke, der einstigen Reichsstraße 1, vom Abzweiger nahe Bahnhof Trakehnen bis in die Kreisstadt. Die Orte **Grünhaus/Zelenoe, Grünhof/Vorob'evo** sind, bis auf kümmerliche Reste, verschwunden. Von den einst 30 Gehöften **Amalienhofs** sind drei übriggeblieben. Im benachbarten ehemaligen Vorwerk des Hauptgestüts Trakehnen **Oettingen (Danzkehmen)/Sosnovka** werden die Häuser der Tagelöhner bewohnt. Die Stallungen sind zum Teil erhalten. Eine Kolchose hat hier ihren Sitz. Das Stauwehr ist nicht mehr vorhanden.

Herrliche alte Bäume zieren die Hauptstraße bis **Stadtfelde (Lawischkehmen)/Petrovskoe**, wo Bebauung beginnt, die sich bis **Ebenrode** hinzieht. Mit dieser alten Stadt hat **Nesterov** nur noch wenig gemein. Der erste Eindruck ist befremdend. Erst das Ehrenmal für die sowjetischen Gefallenen macht darauf aufmerksam, daß hier einmal das Zentrum des 6600-Einwohner-Ortes war. Auch an den Oberst der Panzertruppe, Nesterov, der am 20. Oktober 1944 im Raum Trakehnen gefallen ist, wird erinnert. Die Stadt trägt seinen Namen.

Nur eine kleine Erhöhung zeigt den Platz der 1726 errichteten Kirche an, deren Vergangenheit bis 1585 zurückreicht. Da war die Südostecke des großen Marktplatzes, der, wie die ganze Stadt, nach einem Plan von Schultheiß von Unfriedt angelegt worden war. 1539 wurde Stallupönen erstmals erwähnt. 1722 verlieh König Friedrich Wilhelm I. dem viel besuchten Marktort das Stadtrecht. Der Zuzug von Nassauern, Franken, Schweizern und Salzburgern gab ihm starken Auftrieb. Nach der erheblichen Zerstörung am 17. August 1914 wurde die Stadt neuzeitlich wieder aufgebaut. Die schweren Kämpfe im letzten Weltkrieg fügten Ebenrode bis heute kaum wiederhergestellte Schäden zu.

Zu den erhaltenen Gebäuden zählen: einige Laubenhäuser am Neustädtischen Markt, Realgymasium, Mädchenschule, Postamt, Amtsgericht, Bahnhof (in sehr gutem Zustand), Kreiskrankenhaus (weiter in Betrieb), Wasserturm, Feuerwehrturm.

Ebenrode – Bahnhof.

Die Zahl der üblichen Neubauten hält sich in Grenzen. So ist für die 5000 Menschen in Nesterov die Wohnungsnot ein großes Problem. Die Einwohnerzahl im ganzen Kreis hat sich gegenüber der Vorkriegszeit stark verringert, von rund 41 000 auf 15 000. Und das, obwohl sich die Fläche durch Hinzunahme rund eines Viertels des Kreises Goldap im Süden und eines beachtlichen Stückes im Westen aus dem Kreis Gumbinnen von 703 auf 1062 Quadratkilometer vergrößert hat! Das ist die Folge einer erheblichen Ausdünnung in diesem Grenzbereich, wie auch in den meisten anderen.

Damit verbunden ist ein rigoroser Abbau der alten Ortschaften. Von den einst 169 Gemeinden im Kreisgebiet werden in den russischen Karten rund 110 nicht mehr genannt. Sie existieren in den meisten Fällen nicht mehr. Über 80 Prozent der Orte sind untergegangen. Die meisten waren in einem guten baulichen Zustand und hatten den Krieg verhältnismäßig unbeschadet überstanden. Verschwunden sind auch alle früher häufig vertretenen Einzelhöfe.

Das alles ist in verstärktem, oft bedrückendem Maße erkennbar in den Zonen, die wir nun besuchen wollen. Nordöstlich führt die Straße über rund 15 Kilometer in das unbewohnte Gebiet um Sodargen durch nahezu menschenleere Räume. Nur gelegentlich, wie in **Groß Degesen (Degesen)/Babučkino**, gibt es noch eine dörfliche Ansiedlung. Hier leben auch zahlreiche rußlanddeutsche Familien.

Kurz hinter **Sommerkrug/Razdol'noe** beginnt das militärische Sperrgebiet, das bis in den Raum **Bilderweiten (Bilderweitschen)/Lugovoe** greift. Hier haben die erbitterten Kämpfe im Oktober 1944 kaum einen Stein auf dem anderen gelassen. Steppe und Buschwildnis prägen das Gesicht einer in Teilen auch schönen Landschaft. Hirsche, Rehe, Wildschweine, Fuchs und Hase, sogar Wölfe haben hier ihr Revier, das nur vom Lärm rasselnder Panzerketten gestört wird.

Sodargen, eine Art Hauptquartier mit dem Namen Tretjakovo, hat eine Umhgehungsstraße. Die alte Dorfstraße wird etwa auf der

Höhe des früheren Arbeitsdienstlagers durch eine Mauer abgesperrt. Nur durch ein sonst verschlossenes Tor ist eine Durchfahrt möglich. Vom alten Dorf ist nichts mehr vorhanden. An der Stelle sind Militärbauten entstanden. Dazu gehören Wohnhäuser für Soldaten und Angehörige der Offiziere. Weithin sichtbar ist der Schornstein eines Heizkraftwerks. In einem Hotel finden auch NATO-Offiziere Unterkunft, die nach den Abmachungen zur Manöver-Beobachtung nach Sodargen/Tretjakovo kommen. Fast wie früher ist das idyllische Rauschwetal, auch wenn die beiden Brücken baufällig geworden sind und der Fluß träge und winzig geworden ist.

Auf der Weiterfahrt von Ebenrode nach Eydtkau gibt es die elf Kilometer lang keine dörflichen Orientierungspunkte mehr. Von **Schützenort (Petrikatschen)/Progorodnoe** blieb ein Haus, in **Malissen** die ehemalige Gaststätte. Völlig verschwunden die Ortschaften **Deeden, Absteinen** und **Narwickau (Kryschullen)**.

Eydtkuhnen, 1938 in Eydtkau umbenannt, war einmal in der ganzen Provinz und darüber hinaus als Grenzort besonderen Ranges bekannt. Der bis ins 16. Jahrhundert zurückreichende Ort begann mit dem 1860 beendeten Bau der Ostbahn, die ein Jahr später an das russische Eisenbahnnetz angeschlossen wurde, aufzublühen. Vor dem Ersten Weltkrieg waren schließlich 46 Speditionsgeschäfte dort ansässig. 5000 Gänse aus Rußland mußten in den Spätsommer- und Herbsttagen täglich in großen Buchten gefüttert werden. Der Ort mit dem trapezförmig angelegten Markt wuchs ständig, zählte schließlich mehr als 7000 Einwohner und wurde 1922 zur Stadt erhoben. Als nach dem Kriegsende Litauen ein eigener Staat und damit der Fernhandel mit dem Osten unterbrochen wurde, war die geschäftigste Zeit vorüber. Die Zahl der Bewohner ging bis auf knapp über 5000 zurück.

Wer heute dorthin kommt und das bescheidene Ortsschild „Tschernyševskoe" mit dem seltsamen, von Verfall und Verwilderung gezeichneten Gelände dahinter sieht, kann sich das alles nicht mehr vorstellen. Nur eine stattliche Lindenallee verrät dem

Kundigen, wo einmal die Hindenburgstraße durch ein blühendes Gemeinwesen ging. Vereinzelt haben Häuser das Inferno überlebt. Auf der linken Seite dann eine hohe Wand, die den Kern der einstigen Stadt einmauert. Militärisches Sperrgebiet.

Nur das Zollhaus, wenn auch leicht verändert, erinnert sichtbar an die alte Zeit. Die Lepone, immer noch Grenzfluß, aber fast nur ein Graben, hat eine massive Brücke erhalten. Hier, wie über die nahe Eisenbahnbrücke, geht nahezu der gesamte Ost-West-Verkehr des Königsberger Gebiets – so wie einst; nur, daß damals Deutsche auf dieser Seite und Russen, später Litauer auf der anderen waren, heute Russen auf dieser und Litauer auf der anderen stehen.

Im Inneren des Sperrgebiets stehen die Reste des Symbols der alten Stadt, die Ruine der in den Jahren 1887/89 erbauten Kirche im neuromanischen Stil. Der hellrote Backsteinbau in Kreuzform, besonders seine beiden Turmstümpfe, leuchten inmitten einer leeren, verunkrauteten Fläche in der Abendsonne. Das ganze Erdgeschoß ist zugemauert. Im Inneren ist das Tonnengewölbe noch zu erkennen.

Zugenagelt ist das Pastorat. Zu erkennen sind weiter Volksschule, Turnhalle (Klubhaus), zwei der Eisenbahner-Häuser, einzelne Häuser an Kant- und Feldstraße. Zugemauert sind die Ruinen zur Lepone hin. Dann neue Einheitsbauten und Kasernen, Panzer und Lastwagen.

Wie einst in Eydtkau, so endet auch jetzt in Tschernyševskoe die West-Ost-Route durch das nördliche Ostpreußen. Doch markanter noch als sonst überall ist hier der krasse Unterschied von damals und heute zu sehen.

Von Eydtkau nach Rominten, Angerapp und Gerdauen

Die Fahrt durch den südöstlichen und südlichen Grenzbereich geht durch eine schöne einsame Landschaft, die allmählich hügelig wird und dann und wann von herrlich gelegenen Seen aufgelockert wird. Nach dem Krieg blieb der Streifen weithin unbewohnt, die Natur sich selbst überlassen. So ist es heute eine Reise in Urwüchsigkeit und Verlassenheit, die ans Herz greift.

Zwei Kilometer hinter Eydtkau – in westlicher Richtung – biegt von der einstigen Reichsstraße 1 nach links eine Straße ab, die in südwestlicher Richtung nach **Göritten/Puškino** führt. Von den alten Ortschaften **Seebach (Escherkehmen), Schleuwen/Travino, Heldenau** und den Nachbardörfern ist so gut wie nichts mehr zu sehen. **Göritten** und **Grünweide (Dopönen)/Pokryškino,** die zur Kolchose Bolschewik zusammengeschlossen waren, sind zum Teil erhalten, **Grünweide** etwa zur Hälfte. Ähnlich sieht es aus im westlich gelegenen Mühlengarten (Milluhnen)/Illjušino, nahe bei Trakehnen.

Bei der Weiterfahrt nach dem etwa zehn Kilometer weiter südlichen **Schloßbach (Pillupönen)/Nevskoe** wird es eher noch einsamer. Die Dörfer **Haselgrund (Schabojeden), Hohenschanz (Gallkehmen), Matten (Matternischken)** und **Ellerau (Mitzkaweitschen)/Rybalkovo** gibt es nicht mehr. **Erlenhagen (Laukipönen)/Tschernjahovo** und **Wenzbach (Wezlowischken)/Voznesenskoe** wurden mit Schloßbach zur Kolchose Novskoe vereint. Dort leben 850 Menschen; die Hälfte davon im Zentralort.

Schloßbach, früher fast 800 Einwohner, ist in weiten Teilen erhalten. Besonders fällt die Kirche auf dem baumbestandenen Hügel angenehm auf. Sie ist, obwohl lange als Lagerraum genutzt, in einem so guten Zustand, daß sie restauriert werden soll, um wieder als Gotteshaus zu dienen. Dieser Plan der Kreisvertretung

Schloßbach – Kirche.

Ebenrode wird von dortigen Einwohnern unterstützt. Ferner wird die Aufstellung eines Gedenksteins zur Erinnerung an die im Kreis verstorbenen alten Bewohner angestrebt.

Auch das Pfarrhaus steht noch. Neben dem deutschen Gefallenen-Ehrenmal aus dem Jahre 1935 ist eine Gedenkstätte für die sowjetischen Opfer beim Angriff im Oktober 1944. Auf dem Gelände des einstigen Gutes befinden sich in einer Anlage Kulturhaus und „Sportpalast". Zu den erhaltenen Gebäuden gehören Post, Zollhaus, alte Schule, Gasthaus, Mühle. Verschwunden sind neue Schule, Bahnhof. Der Salzburger Friedhof ist unzugänglich. Auf dem Deutschen Friedhof stehen Neubauten.

Weiter südlich ist kaum noch bewohntes Gelände. **Steinhalde (Taschieten)** und **Bredauen/Jagonoe** sind verschwunden. **Wenzbach (Wenzlowischken)/Voznesenskoe** ist das letzte bewohnte Dorf bis zur Grenze vor dem schon polnischen **Wehrkirchen (Schittkehmen)**.

Von Schloßbach führt in südwestlicher Richtung eine etwa acht Kilometer lange Straße nach **Birkenmühle (Mehlkehmen)/Kalinino**, das zusammen mit dem nordwestlich gelegenen **Kassuben/Il'insloe** die Kolchose Pogranitznij bildete. Folglich wurden beide Ortschaften gefördert. Allerdings ist der stattliche Marktflecken mit mehr als 1000 Einwohnern nur noch teilweise zu erkennen. Von der Kirche blieb kaum mehr als eine Ruine mit Turmrest. Immerhin gedachten hier Anfang Mai 1992 Deutsche und Russen der Gründung dieses großen Kirchspiels mit 41 Gemeinden vor 300 Jahren. Im Ort gibt es viele Neubauten.

Der Weg nach Kassuben führt über **Leegen** und **Wohren,** die zur Ortschaft **Znamenka** zusammengelegt wurden. Neue Häuser zwischen den alten, zum Teil noch erhaltenen Dörfern unterstreichen die Verbindung. Das nahe **Tannenmühl (Egglenischken)/Čkalovo** wurde in den achtziger Jahren abgerissen.

In Kassuben ist die erst 1908 eingeweihte schöne Kirche zur Ruine geworden. Das Pfarrhaus dient als Post. Zerstört sind Schule, Gastwirtschaft, Bahnhof, Gut, Ziegelei. Früher lebten hier rund 250 Einwohner; heute sind es 175.

Die Dörfer der Umgebung sind nahezu restlos verschwunden, so **Motzken (Motzkuhnen), Deeden** (beide Kreis **Goldap), Klimmen (Bugdschen)/Malaja Dubrovka, Kinderfelde (Kinderlauken), Andersgrund (Anderskehmen)/Bol'saja, Kischken, Soginten (Svirskoe), Hohenfried (Kupsten), Kickwieden, Hügeldorf (Karklienen), Lengen (Groß Lengmeschken)/ Zarečnoe, Almen (Antsodehnen)/Beloe.**

Auf der Südseite von Birkenmühle ist das zwei Kilometer südwestlich gelegene **Schanzenort (Gr. Schwentischken)/ Pugačevo** erwähnenswert. Einst lebten in rund 80 Hofstellen 550 Menschen. Heute steht kaum noch jedes dritte Haus. Im nahen **Kleinschanzenort (Klein Schwentischken)/Andreeka** existiert nichts mehr. Die Gutsgebäude wurden vollständig abgetragen. Das Land wurde aufgeforstet und bildet jetzt einen Teil der Rominter Heide.

Ein Naturparadies ist immer noch der nahe Marinowo-See, der nun allseits von Hochwald umschlossen wird. Ein Spaziergang rund um den See ist weiter möglich. Wo einst das auf Pfählen im See gebaute Kurhaus Marinowo mit dem sehenswerten Tanzpavillon war, ist ein Jugendlager entstanden. Auch einen Grillplatz und mehrere Hütten gibt es dort. Das Gasthaus „Zur Rominter Rast" und das Fischerhäuschen sind ebenfalls verschwunden.

An der Strecke nach Tollmingen und Großwaltersdorf zur alten Reichsstraße 132 nach Gumbinnen sind die Dörfer im Kreisgebiet Ebenrode verschwunden. In **Klingersberg, Fuchsberg** und **Eichkamp (Schackummen)/Enel'janovka** steht kein Haus mehr. Landschaftlich besonders schön ist die Landstraße Ebenrode – Birkenmühle.

Südwestlich von Birkenmühle liegt in gut zwei Kilometer Entfernung **Nassawen/Lesitoe.** In dem einst von 400 Menschen bewohnten Dorf, dessen Namen an die eingewanderten Nassauer erinnerte, ist wenig Leben spürbar. Die meisten Gebäude sind verschwunden oder verfallen. Kaum ein Neubau ist sichtbar. Immerhin wird der Ort noch bewohnt. Es gibt sogar Pläne, das Oberforstamt wiederaufzubauen. Reizvoll ist ein Besuch des großen wie des kleinen Nassawer Sees, die beide erheblich verschilft sind. Vom nahen **Schenkenhagen (Schinkuhnen)/Gruševka,** südöstlich, nahe der Kreisgrenze, stehen noch einige Häuser.

Reizvoll ist auch eine Fahrt durch den Wald auf der Straße nach **Schanzenort.** Das imposante Einfahrtstor zur Rominter Heide ist – wie alle anderen – verschwunden. In die Rominter Heide nach **Jagdhaus Rominten** (Kaiserlich-Rominten/Raduznoe) führt auch eine Pflasterstraße, die in Nassawen rechts von der guten Teerstraße nach Wehrkirchen abzweigt. Man muß auch wissen, daß es eine Grenzpolizeistation im militärischen Sperrgebiet gibt.

Von Schloßbach in Richtung Süden ist kaum noch bewohntes Gelände. **Steinhalde (Taschieten), Bredauen/Jagonoe, Dumbeln/Luk'janovka** sind verschwunden. **Ribbenau (Ribbenischken)/Uvarovo** und Wenzbach (Wenzlowischken)/Voznosenskoe sind die letzten bewohnten Dörfer bis zur Grenze vor Wehr-kirchen (Schittkehmen), schon im polnischen Teil des Kreises Goldap. Nur im Gutshaus von **Baibeln** leben noch Menschen.

Die Fahrt in Richtung **Kleinkornberg (Klein Kallweitschen)**, Kreis Goldap, endet am großen und schönen Wystiter See. Das herrlich gelegene Grenzgewässer war, ebenso wie die nahe Ro-minter Heide, ein bevorzugtes Ausflugsgebiet der Menschen aus der näheren und ferneren Umgebung. Hier gibt es für sie alle ein angenehmes und beeindruckendes Wiedersehen. Kein Wunder, daß sie und die neuen Bürger anstreben, hier ein Hotel zu bauen und den Tourismus wiederzuerwecken.

Die Straße nach Kleinkornberg ist allerdings so gut ausgebaut, weil dort ein Fischerkombinat seinen Sitz hat. Die guten Zeiten sind allerdings vorüber. Der See ist nahezu leergefischt. Die gro-ßen Boote, die es früher hier nicht gab, haben zu viele Fänge heimgebracht, während für die sachgemäße Pflege kaum etwas getan wurde. Vielleicht ist hier auch die letzte menschliche An-siedlung am Ende. Denn sonst ist alles verschwunden, was einmal an Häusern und Höfen am Wystiter See und in der Nachbarschaft seit Jahrhunderten seinen Platz hatte.

Wie das Dorf Kleinkornberg, so sind auch das deutsche und litau-ische Zollhaus verschwunden. Wo einmal **Kaltensee (Wyschu-pönen)/Satkovo** und die Fischerei waren, ist mit Erlen bestande-nes Sumpfland. Ebenso fehlen **Wellenhausen (Matzutkehmen), Seefelden (Sausleschowen), Freudenau (Auxinen),** bis hin zu **Ebershagen (Abscherningken), Albrechtsrode (Kuiken),** wo die Reste des Bahnhofs zu erkennen sind, **Pellkauen (Pellka-wen)/Jakovlevka**, wo ein Haus übriggeblieben ist, **Kraghof (Kraginnen).**

Bewohnt ist Ribbenau (Ribbenischken)/Uvarovo. Zu den erhalte-nen Bauten gehört die Schule, die jedoch nicht mehr in Betrieb ist. Die Kinder werden in Birkenmühle unterrichtet.

Auf der Fahrt Richtung Grenze Wehrkirchen fällt auf, daß der Altenwachter See jetzt bis an die Straße reicht. Unmittelbar vor

Wehrkirchen endet spätestens die Fahrt in den Süden. Denn unmittelbar nördlich des einst schönen Kirchdorfs ist die Grenze zu Polen. Man kann die Dächer des Ortes sehen, auch den Obelisken unweit östlich davon am einstigen Dreiländereck ahnen. Beides unerreichbar.

Das erinnert daran, daß wir an der Trennungslinie sind, die seit 1945 mitten durch die bis dahin in Jahrhunderten gewachsene Provinz Ostpreußen geht und sie in zwei Teile schneidet, die nun im Süden zu Polen und im Norden zu Rußland gehören. Mit dem Litauen zugeschlagenen Memelland sind es sogar drei Teile. Von hier bis zur Frischen Nehrung bei Narmeln wurden sechs Kreise auseinandergerissen: Goldap, Angerapp, Gerdauen, Bartenstein, Pr. Eylau und Heiligenbeil. Die Kreisstädte Goldap und Bartenstein liegen im polnischen Bereich, die übrigen im russischen Teil.

Hier in dieser Gegend war einst Wildnis, die erst im 16. Jahrhundert erschlossen wurde. Bereits 1590 bestanden fast 95 Prozent aller späteren Ortschaften. Prußen, Litauer und Deutsche waren die ersten Siedler. Später kamen Schweizer, Pfälzer, Nassauer und Salzburger hinzu, die allein in 45 Ortschaften kamen.

Als schönster Teil der Wildnis blieb die Rominter Heide zurück. Das rund 250 Quadratkilometer (180 davon im Kreis Goldap) große herrliche Waldgebiet war wegen seiner landschaftlichen Schönheit und des Wildreichtums ein von alters her beliebtes Jagdrevier. Kaiser, Könige, Herrscher aller Art besuchen es. Bereits 1572 gab es eine Jagdhütte, „Bude Rominten" genannt. Der Große Kurfürst hatte dort seine „hohen und besten Jagden".

Kaiser Wilhelm II. jagte 1890 zum ersten Mal in Rominten. 1891 wurde der Ort **Theerbude** zu **„Kaiserlich Rominten"**. Der Monarch kaufte nach und nach große Teile des Ortes.

Schon im nächsten Jahr ließ er unweit Theerbude das Jagdhaus Rominten bauen, 1893 die Hubertuskapelle, beides im norwegischen Stil. Nach dem ersten Weltkrieg wurde die Rominter Heide

Staatsjagdrevier. „Reichjägermeister" Hermann Göring veran-
laßte 1936 den Bau des Jägerhofs. Rominten mit seinen sehenswerten Bauten, dem Hotel „Zum Hirschen" und der Hirschbrücke
mit den vier Bronzehirschen von Professor Friese war auch ein
beliebtes Ausflugsziel.

Von all diesen Herrlichkeiten ist fast nichts mehr übriggeblieben.
Lediglich das kaiserliche Jagdhaus (der „Kaiserflügel") existiert
in wesentlichen Teilen an seinem neuen Standort im Park Luisenwahl in Königsberg weiter (s. Seite 69). Alle anderen Gebäude
und Anlagen sind verschwunden oder allenfalls noch an Grundmauern und Restteilen zu lokalisieren, so Jagdhaus, Forstamt,
Kirche, Teehaus, Jägerhof. Von der Hirschbrücke stehen die Begrenzungsmauern. Das Gebiet nahe der Grenze ist im übrigen
militärisches Sperrgebiet mit einer Kaserne. Seit Sommer 1991
gibt es in Rominten Bärwild. Es handelt sich vermutlich um zwei
Stück. Auch Wolf, Elch, Otter, Biber, Birkwild und Luchs sind
nach 1945 zurückgekehrt.

Wer den zugänglichen Teil unbehelligt besuchen will, fährt am
besten über Birkenmühle, gegebenenfalls auch über Schanzenort
oder Tollmingen **– Schönheide (Iszlaudszen)/Dimitrievka**; von
dort südwestlich bis nach **Hardteck (Groß Rominten)/
Krasnoles'e**. Auf der Fahrt ist zu beobachten, wie sich die Rominter Heide in den letzten Jahrzehnten vor allem nach Norden
und Nordwesten ausgeweitet hat. Wo früher Dörfer, Abbauten,
Äcker und Wiesen waren, ist neuer naturverjüngter Wald, 10 000
Hektar groß.

So gibt es die einst verträumten, schönen Ansiedlungen nicht
mehr. Von den zum Kirchspiel Hardteck gehörenden Gemeinden
blieb – außer dem Zentralort – bis auf einige Bauten in **Schelden
(Scheldkehmen)/Sosnovka** kein Haus übrig. So gibt es kaum
eine Spur von **Jagdbude, Kleinschelden (Klein Jodupp)/Pe-
trovskoe, Wartenstein (Warkallen), Steinheide (Roponat-
schen), Freiberg, Eckertsberg/Simonovo, Hohenwaldeck
(Makunischken)/Tokarevka**.

Eine zusammenhängende Ortschaft ist allein Hardteck gebieben. Sie hat den größten Anteil alter Bausubstanz im Kreis Goldap. Trotzdem sind auch hier große Veränderungen unübersehbar. So fehlt der zentrale Mittelpunkt. Von der schönen, mit einer Stiftung Kaiser Wilhelms I., 1873 erbauten Kirche blieb nur eine Ruine. Das Kriegerdenkmal mit Eisernem Kreuz und den Namen der Gefallenen steht in einer Grünanlage auf der Straßenkreuzung. Auch manche Häuser tragen noch deutsche Inschriften. Neben der Kirchenruine steht ein russisches Ehrenmahl. Die Straßenzeile ist weithin erhalten. Zu den erhaltenen Gebäuden zählen Pfarrhaus, Bahnhof (in Betrieb), Wasserwerk (in Betrieb). Es fehlen Schule, Sägewerk, der ganze Ortsteil **Prügeldorf**, wo eine riesige Kiesgrube entstanden ist.

Hardteck (Groß Rominten) – Ruine der Kirche.

Tollmingen – Restaurierte Kirche

Auf der Fahrt nördlich der Rominter Heide nach Hardteck ist ein Aufenthalt in Tollmingen (Tollmingkehmen)/Čistye Prudy sehr zu empfehlen. Dort haben Litauer Christian Donalitius, den sie Kristijonas Donelaitis nennen (s. Seite 285), eine Gedenkstätte besonderer Art errichtet. Kirche und Pfarrhaus, wo er predigte und bis zu seinem Tode 1780 lebte, wurden 1964 bis 1980 recht genau restauriert und zu Museum beziehungsweise Mausoleum hergerichtet. Den Wiederaufbau der Kirche und des Pfarrhauses leitete der Architekt Napolionas Kidkauskas. Beides sind Schmuckstücke nicht nur für das Dorf, sondern für die ganze Region. Mögen die Ausstellungen auch mehr einer großen preußisch-litauischen Persönlichkeit gewidmet sein, so ist diese Ehrung des aus Lasdehnen, Kreis Gumbinnen, stammenden Geistesschaffenden und bedeutenden Brückenbauers zum litauischen Nachbarvolk jeder Beachtung wert.

Wintersorgen

aus „Die Jahreszeiten"

von Christian Donalitius
Pfarrer in Tollmingkehmen vom 24. November 1743
bis zu seinem Tode am 18. Februar 1780.
Aus der Nachdichtung von Hermann Buddensieg
Abdruck mit freundlicher Genehmigung des Fink-Verlages,
München.

*Siehe, des Winters Groll kommt wieder grimmig zurück
jetzt,*
*Denn der Nordwind mit flatterndem Haar braust, uns zu
erschrecken.*
*Schaut nur, wie überall schon auf den Teichen Fenster sich
bilden,*
Ganz so als ob der Glaser Glas dort eingesetzt hätte.
*Auch die Wohnstatt der Fische, drin Frösche den Sommer
gefeiert,*
Deckt sich mit einem Panzer gegen den grimmigen Winter,
*Scheucht schließlich alle Geschöpfe, daß sie im Dunkel
nun ruhen.*
*Scheltend hat jetzt der Nordwind die Felder derart er-
schreckt schon,*
*Daß alle Pfützen, Moräste runzelnd zu schrumpfen begin-
nen*
*Und ihre schmutzigen Lachen nun nicht mehr spritzen und
platschen.*
*Wenn die Räder den Weg wie hüpfend beim Fahren er-
schüttern,*
*Dröhnt der gefrorene Boden dumpf wie das Fell einer
Trommel,*
so daß sein Ton im Kopf als Echo lange noch nachhallt.
*Wieder beginnt jetzt die Welt den Winter willkommen zu
heißen.*

304

Der Ort selbst, Zentrum eines landwirtschaftlichen Großbetriebes, hat auch sonst einige Bauten aus dem einstigen 400-Einwohner-Dorf aufzuweisen so Schule (veterinärmedizinische Station), Milchstation, Lehrerhaus, Gemeinschaftshaus und Kino (wie damals), Gasthaus und Kolonialwarenhandlung (in veränderter Form), Post (Wohnhaus), Bahnhof (mit Magazin); es verkehren nur Güterzüge nach Hardteck. Die Stallungen des Gutshofs werden von einem landwirtschaftlichen Großbetrieb genutzt. Die Ruine des Gutshauses dient als Traktorwerkstatt. Die Dorf- und Betriebsverwaltung ist auf Wohngrundstücken gegenüber dem Gut in einem von zahlreichen Neubauten untergebracht. Die Einwohnerzahl hat sich von 400 auf rund 1500 nahezu vervierfacht. Am Straßendreieck nach Gumbinnen und Goldap steht ein gepflegtes großes Ehrenmal.

Der Gutshof im nahen **Reiterhof** (Samonienen)/**Dokutsa'evo** ist in weiten Teilen erhalten. Das Gutshaus diente bis 1990 als Kran-

Reiterhof – Gutshaus.

kenhaus, seitdem ist es Wohnhaus, auch für Rußlanddeutsche. Die Güter Samonienen und Tollmingkehmen waren alter Besitz der Familien Kaeswurm/Rothe, aus deren bekanntem Gestüt drei Olympiasieger hervorgingen, darunter der berühmte „Kronos", der unter Oberleutnant Pollay 1936 in Berlin zwei Goldmedaillen in der Dressur gewann.

Zwischen Tollmingen und Reiterhof ist eine Siedlung für rußlanddeutsche Familien entstanden. Die Weiterfahrt in Richtung Westen ist kaum zu empfehlen. Die alte Straße zur Hauptstrecke nach Gumbinnen ist nur noch ein schwer passierbarer Feldweg. Von den Ortschaften **Waldaukadel/Stepnoe, Ellern, Gnadenheim (Meldienen)**, wo seit 1872 das Waisenhaus Bethanien stand, **Langenwasser (Langkischken)/Svetloe** und **Daken (Dakehnen)/Penzenskoe** gibt es kaum mehr als Spuren.

In Richtung Norden von Tollmingen sind im zwei Kilometer entfernten **Wittigshöfen (Ballupönen)/Dubovaja Rošča** zahlreiche alte Häuser erhalten, so die beiden Schulen (leerstehend) Landjahrheim (Schule) und viele Siedlungshäuser. Kleine Neubauten sind hinzugekommen. Das renovierte Gutshaus dient als Schule. Im nahen **Langenacker (Martischken)/Korsunskoe** stehen Kolchosgebäude auf einem Teil des fast restlos untergegangenen Dorfes. Alle Orte im etwa 120 Quadratkilometer großen Gebiet zwischen Trakehnen, Wittigshöfen (Kroscheln), Daken, Großwaltersdorf sind spurlos verschwunden, vermutlich als Folge des Stellungskriegs Oktober 1944 bis Januar 1945.

Von Tollmingen in Richtung Süden ist bis Hardteck kaum eine Ansiedlung erhalten. Das Forsthaus **Warnen/Ozerki**, nun schon ganz Rominter Heide, wird von einem russischen Privatbesitzer renoviert. Auf der Strecke Südwest gibt es von **Hohenwaldecken (Mallunischken)/Tokarevka** nur Spuren, so die auffällige Ruine der großen Mühle mit Resten der deutschen Inschrift. Das nahe **Serguhnen/Tjumenskoe** existiert nicht mehr.

Kaum anders sieht es an der Straße Hardteck Richtung Nordwesten nach Großwaltersdorf aus. Von **Zellmühle (Kiauten)/Smir-**

novo stehen wenige alte Häuser. In dem herrlich gelegenen 600-Einwohner-Dorf an der Rominte hatte Ludwig Zieser 1734 eine Papiermühle erbaut, die ihre Produkte bis nach Wilna und Grodno lieferte. Sie war schließlich die einzige privat Zellstoffabrik Ostpreußens. Naturverjüngter Wald hat sich hier ausgebreitet. Schön ist immer noch eine Rast am Zellmühler See. Ausgelöscht sind die Nachbardörfer wie **Texeln, Grundfeld (Oschupönen)/Bulavino** und **Schwadenfeld (Didschullen)/Vysokoe**.

Auf der Straße von Zellmühle in den nordwestlichen Zipfel des Kreises Goldap, der schon zum Rayon Ozersk (Angerapp) gehört, sieht es nicht anders aus. Von **Tiefenort (Eschergallen)/Rucejki** steht nur noch das Transformatorenhäuschen (in Betrieb). **Grischken (Grischkehmen)/Voločaeva, Preußisch Nassau (Egglenischken), Großguden (Groß Gudellen)/Zapadnoe** und **Kleinguden (Klein Gudellen)** gibt es nicht mehr.

Auf der gut befahrbaren Hauptstrecke Gumbinnen – Goldap gibt es ebenfalls kaum eine Ansiedlung. Vergeblich ist die Suche nach dem alten **Wehrfeld (Meschkehmen), Ringfelde (Groblischken), Wangenheim (Wannaginnen)**. Zwischen diesen beiden Ortschaften ist in der Domäne **Pabbeln (Schardingen)/Karamisduvo** ein landwirtschaftlicher Großbetrieb mit vielen Fertighäusern für etwa 1000 Einwohner entstanden. Der Ort wird **Pabbeln/Karamajcevo** genannt.

Vom schönen Kirchdorf **Herzogsrode (Gawaiten)/Gavrilovo** blieben wenige Gebäude übrig, darunter das Pfarrhaus. Hier stand die älteste Kirche des Kreises Goldap, 1528 errichtet. Nur ihre Fundamente sind zu finden. Auch in **Kurnen (Kurnehnen)/Kruglovka** und **Plauendorf (Plawischken)/Plavni** stehen ein paar Altbauten. Kaum Spuren gibt es von **Auersfeld (Stumberg)/Komariči**.

Unverändert dagegen die herrliche Landschaft mit ihren Tälern und Höhen, den dunklen Wäldern und den stillen Seen. Der größte von ihnen in dieser Gegend liegt direkt vor uns, der Goldaper See. Fünf Kilometer von Zellmühle oder drei Kilometer von Hardteck treffen in südlicher Richtung die Straßen im untergegangenen **Wartenstein** zusammen. Von dort sind es bis zum See, vorbei am ebenfalls nicht mehr vorhandenen **Hohenrode (Gr. Trakischken)/Zeleznodorožnoe**, rund vier Kilometer.

Kurz hinter **Spechtsboden (Schuiken)/Prohladnoe** (nicht mehr vorhanden) taucht vor dem Besucher der Goldaper See auf, links dann der Kleine Goldaper See. Herrliche Anblicke! Doch hier ist unmittelbares Grenzgebiet und damit Vorsicht geboten. Grenzzaun und Wachposten markieren die Trennungslinie. Vor **Schäferberg (Klein Kummetschen)/Kumiecie** (polnischer Teil) endet die Straße nach Goldap und biegt in die Teerchaussee nach Herzogsrode ein.

Vom Kreis Goldap in den Kreis Angerapp führt eine gut befahrbare Straße westwärts von Hardteck über Zellmühle, dann **Wilhelmsberg** bis nach Angerapp. **Wilhelmsberg/Jablonovka**, etwa drei Kilometer von der Kreisgrenze und zehn von Zellmühle entfernt, ist die erste und weitgehend einzige größere Ortschaft im östlichen Kreisteil, die in wesentlichen Teilen erhalten ist. Auch die Kirche des einstigen 600-Einwohner-Dorfes macht einen passablen Eindruck. Sie wird als Lagerhalle gebraucht. Das Gotteshaus wurde von 1725 bis 1832 von Lutheranern wie von Reformierten benutzt und besaß daher zwei Sakristeien. Das Dorf hatte seinen Namen von König Friedrich Wilhelm I. erhalten. Zu den neuen Bewohnern zählen auch über 100 Rußlanddeutsche.

Hohe Linden zieren die nun asphaltierte Straße in die Kreisstadt, die in knapp zehn Kilometern erreicht wird. Angerapp, vor 1938 Darkehmen, ist in weiten Teilen erhalten; doch das Ozersk von heute hat nur wenig mit der gewachsenen Stadt gemein. Die 1539 erstmals erwähnte und 1725 von Friedrich Wilhelm I. zur Stadt erhobene Ortschaft, herrlich gelegen im tiefen Flußtal der Angerapp, war nach Plänen Schultheiß von Unfriedts in gitterförmigem Grundriß erbaut worden.

Der 13 Morgen große, fast quadratische Marktplatz war ein beeindruckender Mittelpunkt. Rathaus mit Haubendach und Zwiebelturm, 1812 erbaut, sowie Post hatten dort ihren Platz. Etwas abseits davon stand die Kirche, die aus dem Jahre 1615 stammte und 1812 und 1854 erneuert wurde.

Franzosen und Salzburger zogen in die regsame Handwerkerstadt, die durch Handel und Industrie weiteren Aufschwung erhielt. Die „Mühle Wiechert", die bis nach Schweden exportierte, baute sich im Zeichen des Fortschritts ein eigenes Kraftwerk, das auch Strom an den Ort lieferte. So erhielt Darkehmen 1886 als erste deutsche Stadt eine elektrische Straßenbeleuchtung. Zuletzt hatte Angerapp 4200 Einwohner.

Heute ist die trist gewordene Ortschaft im Kern zu erkennen; aber auch sie ist von Verfall und disharmonischer Architektur gezeichnet. Zahlreiche Baudenkmäler sind verschwunden oder dem Untergang preisgegeben. So gibt es das Rathaus nicht mehr. An der Stelle steht ein Kulturhaus. Die Post daneben dient dem alten Zweck.

Die evangelische Kirche macht einen erbärmlichen Eindruck. Türen und Fenster zugemauert, Birken wachsen aus dem zum Teil eingefallenen Dach, die Glocken 1991 ausgebaut und spurlos verschwunden, ebenso die Kupferplatten am Turm, das Innere ein Trümmerhaufen oder ausgeräumt. Über dem Altar immer noch der Spruch: „Der Gerechte wird seines Glaubens leben." Da könnte der Wunsch der früheren Angerapper zu spät kommen: „Man sollte die Kirche wieder aufbauen als Zeichen eines neuen Anfangs zwischen den Bewohnern von Ozersk und den Bewohnern von Angerapp." Zerstört ist das Superintendentenhaus.

Die katholische Kirche dient als Laden für Alte und Veteranen. Die Neuapostolische Kapelle wurde in den auch sonst erweiterten Kasernenbereich einbezogen, zu dem ebenso die Oberschule gehört. Die Leichenhalle wurde renoviert. Der Plan, dort eine Diskothek unterzubringen, wurde aufgegeben.

Von den übrigen bekannten Gebäuden stehen: Landratsamt (verfallen), Landratsvilla (Haus der Pioniere), Villa Wiechert (Rathaus), Krankenhaus (weiter Hospital), Finanzamt (Altersheim, Krankenhaus für psychisch Kranke), Schule, Turnhalle, Kreissparkasse, Gemeindehaus, Amtsgericht (Polizei), Westbahnhof (verfällt, verschwunden der Ostbahnhof), Walz- und Schälmühle (beide Elektromotoren-Reparaturbetriebe), Schlachthof (anderweitig genutzt), Elektrizitätswerk (in Betrieb).

Die Molkerei wurde ausgebaut und erweitert. Der benachbarte Potrimposberg wurde zum Teil abgetragen und mit einbezogen. Hier wird auch wohlschmeckender Käse produziert. Gegenüber ist eine Brotfabrik entstanden.

Die Zerstörungen im Stadtbild schufen zahlreiche Freiflächen, die zum Teil Neubauten haben (Gudwallerstraße, Mühlenstraße). Größere Siedlungen sind am Stadtrand in Richtung Insterburg / **Menturren/Secenovo** und Goldap entstanden. Einige alte Häuser wurden aufgestockt (Insterburger Straße). Auffälliger Bau am Markt: das Kaufhaus (Magazin) zwischen Insterburger und Mühlenstraße.

Angerapp – Kaufhaus (Magazin), auffälligster Bau am Markt.

310

Alle früheren Grundstücksabgrenzungen in Form von Mauern oder Seiten- und Hinterhäusern (oder Werkstätten, Lagerhäusern) sind abgetragen oder stehen als Ruinen (Ziegelreservoir). Dafür haben die Bewohner häßliche kleine Holzschuppen für Brennmaterial, Fahrräder, Mopeds und so weiter hingestellt. Auch in den Neubaugebieten verschandeln sie die Umgebung. Während der Sportplatz weiter benutzt wird (die Sporthalle ist weg, Haus des Platzwarts Ruine mit Umkleidekabine), ist die Badeanstalt verfallen. Das Friedhofsgelände, lange als Vergnügungspark für Kinder genutzt, verwildert.

Einen Zugverkehr gibt es nicht mehr. Die Trümmer der bei Kriegsende gesprengten Eisenbahnbrücke liegen zum Teil im Fluß. Die Straßenbrücke über die Angerapp wurde erneuert.

Das Kriegerdenkmal 1870/71 auf dem Markt trägt eine Lenin-Statue. Das Gefallenen-Ehrenmal 1914/18 steht ohne Gedenktafel. Auf dem Grünen Markt ist eine Gedenkstätte für die russischen Opfer des Zweiten Weltkrieges.

Oberhalb der Stadt lag einst das schöne **Gut Schimmelhof (Kl. Darkehmen)**. Die verwahrloste Stätte wird zum Teil für einen Fuhrpark genutzt. Kaum besser sieht es auf dem drei Kilometer nordwestlich gelegenen **Gut Weedern/Suvorovka** aus. Hier wurde früher – wie an zahlreichen anderen Orten des Kreises – eine erfolgreiche Pferdezucht betrieben. 1835 hatte Louis Alexander von Neumann das Gestüt gegründet, das sein Schwiegersohn Eberhard von Zitzewitz (1867 – 1934) fortführte. Allein in den Jahren von 1870 bis 1894 lieferte es 200 Hengste an die preußischen Landgestüte.

Gudwallen/L'vovoskoe, drei Kilometer südwestlich von Angerapp in Richtung **Nordenburg,** war ein renommiertes Staatsgestüt, das dem Hauptgestüt Trakehnen unterstand. 200 Beschäler wurden dort gehalten. Heute ist da das Zentrum eines landwirtschaftlichen Großbetriebs, der keine Pferde hat.

Von Gudwallen führt eine gut ausgebaute Straße nordwestlich bis Jänichen an der alten Reichsstraße 139 Nordenburg – Insterburg.

Etwa nach acht Kilometern auf dieser Strecke liegt **Trempen/ Novostroevo**. Der stattliche Marktflecken hatte zuletzt fast 900 Einwohner. An der Kirche hatte von 1636 bis 1641 Pfarrer Johann Partatius, Ehemann des „Ännchen von Tharau", gewirkt und von 1752 bis 1800 Gottfried Ostermeyer, namhafter Verfasser historischer Schriften, auch über die Prußen. Zusammen mit Pfarrer Walter aus dem benachbarten **Ballethen/Sadovoe** gab er auch ein litauisches Gesangbuch heraus. Auf dem Friedhof von Ballethen stand ein seltsamer Grabstein mit einer frühklassizistischen Großfigur der Trauer in Relief (für Frau M.C.W. Schuduller – gest. 1774). Diese Zeichen bemerkenswerter Vergangenheit sind verloren. Zu den zahlreichen erhaltenen Gebäuden in Trempen gehören: Schule, ein Geschäftshaus, das als Mittelschule dient, Post, Bahnhof, Siedlungshäuser. Einige neue Wohnhäuser fallen auf.

Empfehlenswert ist in der Gegend ein Besuch in **Uhlenhorst (Lenkimmen)/Lipki**. Das einstige 200-Seelen-Dorf hat durch den Zuzug zahlreicher rußlanddeutscher Familien neues Leben bekommen. Mit Unterstützung aus Deutschland haben die meisten von ihnen mit dem Aufbau landwirtschaftlicher Höfe begonnen. Die Häuser machen überwiegend einen vergleichsweise hervorragenden Eindruck. Hier ist ein Stück altes Ostpreußen wiedererstanden (siehe auch Farbbildteil).

Im übrigen blieben auch in dieser Gegend im wesentlichen nur die meisten größeren Ortschaften, die Kolchosen-Zentrum wurden, zum Teil erhalten. Im südwestlich gelegenen **Adamsheide** wurde der Heldenfriedhof für die russischen Gefallenen im Ersten Weltkrieg in einen öffentlichen Friedhof umgewandelt. Während dort noch einige Häuser stehen und vom Gut ein Stall die Zeit überdauert hat, blieben vom Gut **Sonnenberg/Pavlovo** zwei Insthäuser.

Einigermaßen erhalten ist das Kirchspieldorf **Karpauen (Karpowen)/Nekrasovo**. Auch die Kirche steht noch. Sie hat ein Eternit-Dach, ist teilweise verfallen und dient als Lagerraum. Zu den noch vorhandenen Gebäuden zählen Pfarrhaus, Schule (unbewohnt), Geschäftshaus (Magazin, wo die Inschrift „Eduard Loerzer" zu entziffern ist). Vom Gut zeugen zwei Ställe und die herrlichen Laubbäume. Im benachbarten **Karlswalde** sind ebenfalls einige Altbauten zu finden. Kaum Spuren gibt es von **Anwiese (Schikarowen)/Bratskoe** und **Warnheide (Warnscheln)**.

Im Schuldorf **Grieben/Olehovo** sind etwa zwei Drittel der Altbauten erhalten, auch die Schule, die erweitert wurde und als Kulturhaus/Bibliothek und Polizeistation dient. Davor steht ein großes Lenin-Denkmal. Während dieses landwirtschaftliche Zentrum (früher Kolchose) gefördert wurde (es hat auch eine Mittelschule und einen Kindergarten), sind die umliegenden Ortschaften ganz oder bis auf geringe Reste verschwunden, so **Ernsttal (Ernstthal)/Kolosovo, Rüttelsdorf (Neu Pillkallen)/ Mošenskoe, Menken (Menkimmen)/Demidovka, Aussicht/ Oktjabr'skoe, Groß Skirlack/Opočenskoe** und **Klein Skirlack.**

Auf der Strecke Angerburg – Nordenburg liegt knapp fünf Kilometer hinter Gudwallen **Stroppau (Kunigehlen)/Otradnoe**. Die einstige Heimat von 300 Menschen ist relativ gut erhalten. Nur noch wenig ist dagegen im benachbarten **Großbeinuhnen (Gr. Beynuhnen)** übriggeblieben. **Altsauswalde (Alt Sauskoyen)** und **Neusauswalde (Neu Sauskoyen)/Rossošanke** sind verschwunden. Hier ist in der Grenznähe zum polnischen Bereich absolutes Sperrgebiet. Das Gut **Kleinbeinuhnen (Klein Beynuhnen)/Ul'janovskoe** mit seinem berühmten Schloß ist ausgelöscht. Zwei Grabplatten, eine mit dem Fahrenheidschen Wappen, blieben vom herrlichen und berühmten Anwesen.

Seine bedeutende Geschichte reicht bis 1779 zurück. In dem Jahr nahm von dort aus der Kriegs- und Domänenrat Friedrich Wilhelm von Fahrenheid die moderne Bewirtschaftung seiner Güter auf. 1799 hob er als erster Gutsbesitzer die Erbuntertänigkeit auf. Sein Sohn Friedrich Heinrich Johann von Fahrenheid (1780 – 1849) machte seine Vollblutzucht zum zweitgrößten Privatgestüt Europas. Dessen Sohn Fritz von Fahrenheid (1815 – 1888) war, durch Reisen inspiriert, ein begeisterter Anhänger der griechischen und römischen Bau- und darstellenden Kunst. Er ließ das aus dem 17. Jahrhundert stammende Wohnhaus 1862/64 zu einem Schloß im Stil der Renaissance umbauen und machte daraus eine einzigartige Kunststätte. Rund 250 Abgüsse antiker Statuen und Originale aus der römischen Kaiserzeit sowie 270 Gemälde, davon 60 Originale, des 16. und 17. Jahrhunderts ließ er darin aufstellen. Der herrliche Park nahm dorische Tempel, eine Säulenhalle und Abgüsse antiker Figuren, darunter die Laokoongruppe, auf. Später machte er daraus die öffentliche Stiftung „V. Fahrenheidsche Kunstschöpfung Beynuhnen". Die einmalige Sammlung ging 1888 auf die Provinz und schließlich auf den Staat Preußen über. Unzählige Besucher pilgerten Jahr für Jahr zu dieser sehenswerten Stätte.

Unmittelbar im Grenzgebiet liegt auch das 200 Hektar große Zedmar-Bruch, etwa acht Kilometer südöstlich von Angerapp. Bei Arbeiten an Entwässerungsgräben und späteren Ausgrabun-

Schloß Klein Beynuhnen. Erbaut in den sechziger Jahren des 19. Jahrhunderts.

314

gen (um 1910) wurden zwei Steinzeitdörfer (2300 – 1800 v. Chr.) und eine Fischereisiedlung entdeckt, die bis in die Eisenzeit (500 v. Chr.) bestanden hatte.

Der Weg in den Kreis Gumbinnen führt über die gut befahrbare Straße **Angerapp – Gutbergen (Lenkehlischken)/Gogolveskoe – Albrechtau/Aleškino** bis zur alten Reichsstraße 139 bei **Groß Pentlack/Kamens**k, dort südlich bis **Nordenburg/Krylovo**. **Klein Karpau (Klein Kapowen)**, der erste Ort im Kreis Gerdauen, ist Sitz eines landwirtschaftlichen Großbetriebs. Daher ist in dem einst eher verträumten Dörfchen mehr Leben als früher. Ähnlich sieht es im nahen **Schönefeld/Praslovo** aus. Im benachbarten **Polleiken (Polleyken) /Nekrasovo** stehen Gutshaus und mehrere andere Bauten; neue sind hinzugekommen. Während in **Plagbuden/Uzlovoe** einige Gebäude erhalten sind, gibt es von **Wolfshöhe/Opuški** und **Lonschken/Dneprovskoe** kaum Spuren der Vergangenheit. In **Ilmenhagen (Abelischken)/Belinskoe** sind einige Häuser des Guts und der Siedlung übriggeblieben.

Auf der Hauptstrecke sind von **Kurkenfeld/Mal'cevo** nur wenige Gebäude zu entdecken. Die von Verfall bedrohten Gutsgebäude von **Charlottenruh** werden von einem landwirtschaftlichen Betrieb benutzt. Knappe drei Kilometer weiter geht es auf die alte Reichsstraße 139 und dort links in das fünf Kilometer entfernte **Nordenburg/Krylovo**. Doch die Stadt gibt es nicht mehr.

Hochmeister Ulrich von Jungingen hatte den Ort 1405 gegründet; 1407 erhielt er die Handfeste. Anfang des 15. Jahrhunderts wurde in der Westecke des Marktes die erste Kirche erbaut, der nach einem Brand 1705 ein Neubau folgte. Zuletzt hatte die mittelalterliche Stadt an der Swine, unweit des Nordenburger Sees, etwas mehr als 3000 Einwohner.

Heute ist das Stadtzentrum eine Wildnis, aus der nur die Turmruine der zerstörten Pfarrkirche herausragt. Auf dem nicht mehr erkennbaren Markt ist eine Gedenkstätte für die Gefallenen der Roten Armee. Lediglich an der Insterburger und der Gerdauener

Straße, also schon mehr außerhalb, stehen einige alte Häuser, darunter das Amtsgericht (Verwaltungssitz). Der Bahnhof ist eine Ruine. Die Bahnstrecke Königsberg – Gerdauen – Nordenburg – Angerburg (polnisch) wurde demontiert, ebenso die Kleinbahnen nach Insterburg und Barten (polnisch). Der Kleinbahnhof ist noch zu erkennen.

Krylovo ist ein Dorf mit 500 Einwohnern, das zum Rayon Pravdinsk (Friedland) gehört. Etwa die Hälfte der Bevölkerung gehört zu einem landwirtschaftlichen Betrieb, der mit 6050 Hektar der zweitgrößte im Kreis ist. 150 Kinder besuchen eine Mittelschule, die an der Ecke Gerdauener und Insterburger Straße errichtet wurde. 150 behinderte Kinder aus allen Teilen Rußlands sind in einem Heim untergebracht, das sich im ehemaligen Lehrerhaus, später Wohngebäude befindet.

Nordenburgs Untergang ist eine Folge der Lage unmittelbar an der 1945 gezogenen Grenze quer durch die Provinz. Die Stadt hatte den Krieg ohne größere Schäden überstanden. Wie sie, so wurden die meisten Ortschaften an der Trennungslinie zum wesentlichen Teil oder völlig abgetragen.

Das ist auf der Fahrt in Richtung **Gerdauen/Zeleznodorožnyj** über die alte Reichsstraße 131 zu beobachten, die nahezu parallel mit dieser Grenze verläuft. In **Korellen** stehen das Gutshaus (Unterkunft der Grenztruppen) und eine Vielzahl von Gebäuden des landwirtschaftlichen Großbetriebs. Dagegen gibt es **Klein Sobrost/Obil'noe, Pröck, Schiffus/Kahovskoe** nicht mehr. Die Reste des fast verlandeten Masurischen Kanals verraten die Stelle, an der einmal Pröck war. Er ist kaum mehr als ein verwachsener, größerer Graben. Bei **Georgenfelde/Ozerki**, etwa neun Kilometer nordwestlich, ist eine Schleuse übriggeblieben. Die Maschineneinrichtungen wurden demontiert. Der Masurische Kanal durchzog in einer Länge von 28 Kilometern (Gesamtlänge 50,4 Kilometer) den Kreis Gerdauen. Der Höhenunterschied von Mauersee bis Alle betrug 111 Meter.

Näher zur Stadt Gerdauen ist von den einstigen Dörfern mehr zu erkennen, so von **Wandlacken/Zverevo, Prätlack/Krymskoe** und **Altendorf/Višnevoe** wie auch vom etwas nördlicher gelegenen **Klinthenen/Znamenka**.

Schon bei der Einfahrt ist zu erkennen, daß Gerdauen nicht das Schicksal von Nordenburg teilen mußte. Fast wie früher stehen die alten Bauten, so das einstige Hotel Abendrot, die Häuser in der Bahnhofstraße, die Stadtrandsiedlung, der Bahnhof. Doch die Wartesäle sind zu Läden geworden; die Gleise, bis auf eine Ausnahme, verrostet.

Der früher belebte Bahnhof ist durch die Grenznähe bedeutungslos geworden. Omnibusse verkehren jetzt auf der Strecke Nordenburg – Gerdauen und Königsberg. Nur nach Insterburg gibt es einen Personenverkehr auf der Schiene. Er verläuft erstaunlicher-

Gerdauen – fast das schöne Panorama von einst.

weise auf der europäischen Normalspur und nicht auf der sonst üblich gewordenen russischen Breitspur. Viermal täglich fährt hier ein Dieseltriebwagen. Abgebaut sind der Bahnhof mit der Kleinbahnstrecke Richtung Barten – Rastenburg (polnisch).

Gerdauen ist etwa zu 20 Prozent verstört. Das ist am deutlichsten im Stadtkern zu spüren. Den traulichen Markt mit den Vorlauben, Hakenbuden genannt, gibt es nicht mehr. Von insgesamt 44 Häusern blieben nur fünf übrig. Die Stelle des Kriegerdenkmals 1870/71 hat eine Lenin-Statue eingenommen; eine Grünanlage, wo einmal Haus an Haus stand.

Erheblich mehr erhalten ist der Teil um die evangelische Kirche. Das Gotteshaus selbst dagegen ist in einem bedenklichen Zustand. Es stehen nur die bröckelnden Außenmauern und der vom Einsturz bedrohte Turm. Von den beiden Pfarrhäusern verfällt das eine, das andere wird als Lagerhaus benutzt.

Fast alle öffentlichen Gebäude haben die Stürme der Zeit überdauert: altes und neues Rathaus (Behindertenschule), Landratsamt – neben dem Bahnhof das am besten erhaltene Gebäude – (Waisenhaus), Postamt (in Betrieb), Kreiskrankenhaus (in Betrieb), Realschule (mit neuem Anbau), Amtsgericht (Wohnheim), Katasteramt, Haus der Landwirtschaft (Gaststätte), Wasserturm, Molkerei, Schlachthof.

Das bis Kriegsende nicht fertiggestellte Gemeinschaftshaus wurde von den Russen vollendet und zum Kulturhaus gemacht. Seit 1991 gibt es dort eine „Gerdauen-Ecke" mit Ansichten, Plänen und Büchern von der früheren Kreisstadt.

Das Kulturhaus liegt im Tiefenseeschen Garten am Ufer des Banktinsees. Ein Blick über den See zeigt fast das schöne Panorama von einst. Hier, am Nordufer, war der Ort entstanden. Dort, am Omet, einem Nebenfluß der Alle, lag eine Burg des preußischen Edlen Girdaw, der ein treuer Anhänger des Ordens wurde. Auf dem Boden seiner Feste schuf der Königsberger Komtur Heinrich von Isenberg 1325 das Ordenshaus. Schon 1398 erhielt

Gerdauen – Kreishaus, jetzt Waisenhaus.

die Lischke neben der Burg das Stadtrecht. Zum Schutz der Stadt wurde der Omet zum Banktinsee aufgestaut, 1819 zum Teile wieder abgelassen. 1818 wurde Gerdauen Kreissitz. Einer seiner bedeutendsten Söhne war der Schriftsteller Theodor Gottlieb von Hippel (1741 – 1796), der als Begründer des deutschen humoristischen Romans gilt. Er trat als erster in Deutschland für die Gleichberechtigung der Frau ein.

Hatte die alte Kreisstadt zuletzt etwas mehr als 5000 Einwohner, so leben im heutigen Zeleznodorožnyj ungefähr 3000 Menschen. Sie wohnen überwiegend in den alten Häusern. Zu den Neubauten zählt ein Supermarkt, der an der Ecke Bartener Nordenburger Straße errichtet wurde. Im Westen ist eine Art Vorort mit dem Namen **„Novostrojvo"** entstanden. Am nordöstlichen Stadtrand, wo die Gründungsstätte des Ortes war, ist allein das Haupttor des Schlosses unzerstört. Auf dem Schloßgelände entstehen Neubauten, in die alte Giebelwände einbezogen werden. Die Schloßmüh-

le verfällt. Im Ortsteil **Kinderhof** arbeitet die früher sehr bekannte Brauerei weiter. Ihr Bier hat einen recht guten Geschmack.

Die beiden einst größten Dörfer des Kreises liegen im Norden, **Kleingnie (Klein Gnie)/Mozyr'** und **Mulden (Muldschen)/Perevalovo.** Die beste Strecke dorthin geht über Altendorf an der alten Reichsstraße 131. Dann links ab über Klinthenen nach Georgenfelde/Ozerki, wo neben den zahlreichen Altbauten viele neue Häuser auffallen. Hier an der Bahnstrecke Gerdauen – Insterburg ist mehr Leben als in den meisten anderen Orten.

Das fällt besonders in Kleingnie auf. Dort sind viele Gebäude erhalten und zum erheblichen Teil in sehr gutem Zustand. Das gilt besonders für die Kirche. Der zu Ende des vorigen Jahrhunderts errichtete Bau im neuromanischen Stil ist immer noch der beeindruckende Mittelpunkt im einstigen 1000-Einwohner-Dorf. Allerdings hat der rote Ziegelbau keine Turmspitze mehr, und die reichhaltige und künstlerisch wertvolle Innenausstattung ist verschwunden. Das Gotteshaus wird als Sporthalle genutzt. In einem neuen Anbau ist ein Kindergarten. Das Pfarrhaus wurde auf den alten Fundamenten neu aufgebaut.

Weiter erhalten sind Schule, Post, Bahnhof, Bahnmeisterhaus (alle in Betrieb), Straßenmeisterhaus. Das Gutshaus, dessen letzter Besitzer, Carol Gutzeit, wegen seiner Schalkhaftigkeit und lustigen Streiche zur legendären Figur wurde, ist abgebrannt. Einige Gebäude stehen auf dem Hof noch. Abgetragen die Mühle, der Mühlenteich verschilft.

Im nahen **Groß Gnie/Gusevo** sind der hohe Speicher mit Stufengiebel und Turm wie der Schornstein der früheren Molkerei von weitem zu sehen. Auch hier gibt es das Gutshaus nicht mehr. Es hatte bis Ende der sechziger Jahre als Tanzklubhaus gedient und wurde dann abgerissen.

Kleingnie – Kirche.

Groß Gnie – Speicher und Molkereischornstein.

Auch die Ziegelei wurde abgetragen. Dagegen stehen Schule (Wohnhaus), Elektrizitätswerk, Schmiede, Försterhaus und einige Gutshäuser.

Traurig sieht es dagegen im etwa sechs Kilometer entfernten Mulden aus. Die einst stattliche Kirche verfällt. Weniger als zehn Gebäude blieben von dem schönen Marktflecken mit 900 Einwohnern. Noch schlimmer ist das Schicksal der meisten Nachbardörfer, die zum größten Teil verschwunden sind, so **Odertal (Juganeusaß)/Jurovo, Petrineusaß/Lužki, Mauenfelde/ Ključi, Schneiderin/Berezovka** und **Annawalde/Smolnoe.**

Die Rückfahrt von Gerdauen nach Königsberg geht weiter über die alte 131 mit ihren schönen Alleen. Auf der Friedländer Straße fällt am Ortsausgang rechts eine Kolchosenanlage auf. Wo einmal Schrebergärten waren, hat sich ein Wald von Obstbäumen ausgebreitet. Knapp zehn Kilometer hinter Gerdauen ist in **Schaken-**

Mulden – Kirche.

hof/Trostniki die zerbröckelnde Molkerei zu sehen und grüßen aus der Ferne **Rosenberg/Skopkino** im Norden und im Süden **Friedenberg/Dvorkino**, wo die Kirche verfällt.

Kurz danach endet der Kreis Gerdauen, der früher zum Regierungsbezirk Königsberg gehörte und heute ein Teil des Rayons Pravdinsk ist. Die 131 bringt uns auf guter Straße über Friedland und Uderwangen, rund 55 Kilometer, nach Königsberg.

Von Ebenrode nach Schloßberg, Ragnit, Tilsit und Heinrichswalde

Die nördlichen und nordöstlichen Kreise Nord-Ostpreußens sind von der alten Reichsstraße 1 über viele Wege zu erreichen. Wir wählen für unsere Fahrt die Abzweigung in Ebenrode, wo auch in der Nähe (Eydtkau) die Reise in die südlich davon gelegenen Kreisteile begann. Zudem ist dies die kürzeste und beste Strecke in die benachbarte Kreisstadt **Schloßberg (Pillkallen)/Dobrovolsk**. Rund 15 Kilometer sind es bis dort.

Scharen (Schaaren)/Ščedrino, der erste Ort im Kreis Schloßberg, Rayon Krasnoznamensk, läßt schon erkennen, was für diesen östlichsten Teil Ostpreußens gilt: Hier sind die Folgen des Krieges und der Zeit danach am deutlichsten sichtbar. Dies ist eine Friedhofslandschaft des deutschen Ostens. Nur ein Torpfeiler des Gutes erinnert an die 300-Einwohner-Gemeinde.

Der größte Teil der Ortschaften ist ausgelöscht, das Bild der Landschaft hat sich in weiten Teilen verändert. Die Natur hat nach wenigen Jahrzehnten mühevoll kultivierte Gegenden zurückerobert. Die Einwohnerzahl sank von 42 656 im Jahre 1939 auf 13 000, in der Stadt Schloßberg von 5833 auf rund 1400.

Der Anblick des heutigen Dobrovolsk ist fremdartig und erschüttternd. Nur noch Anhaltspunkte erinnern an die schöne Kreisstadt mit der stolzen Vergangenheit. Der Name Schloßberg stammte von einem Berg, auf dem eine prußische Feste gestanden hatte. Daneben wuchs (1516 erstmals erwähnt) eine Siedlung. Litauische Zuwanderer in größerer Zahl halfen bei der Erschließung des Landes. Sie übersetzten den Namen der deutschen Siedlung in ihre Sprache. Schließlich wurde Pillkallen gebräuchlich und amtlich. 1938 erhielt der Ort wieder seine ursprüngliche Bezeichnung. Aber nicht nur in der Bezeichnung „Pillkaller" für den weitbekannten Schnaps blieb auch dieser Name populär.

Der Ort wuchs zu einem gut besuchten Marktflecken. Nassauer, Salzburger, Halberstädter und Franken siedelten sich an. Friedrich Wilhelm I. erhob Pillkallen 1725 zur Stadt. Schultheiß von Unfriedt entwarf, wie in vielen ostpreußischen Orten, den Grundriß für eine großzügig geplante Ansiedlung mit ausgedehntem, viereckigem Marktplatz. Der ersten, um 1549 errichteten Kirche folgte 1756/58 ein Neubau, der erst 1910 einen Turm erhielt. Zur wertvollen Innenausstattung gehörte der älteste evangelische Beichtstuhl, den Abraham Döring 1559 hergestellt hatte.

Nach erheblichen Zerstörungen im Ersten Weltkrieg wurde die Stadt mit Hilfe von Breslau und Krefeld modern aufgebaut und zeitgemäß erweitert. Zum Dank wurde Loeffkes Hotel in „Breslauer Hof" umbenannt und ein ganzes Viertel „Krefelder Siedlung" getauft. Schloßberg hatte nun ein neues Rathaus, neue Oberschule, Stadtschule, Berufsschule, zwei Turnhallen, neues Kreishaus, neues Krankenhaus, Kreisaltersheim, Landwirtschaftsschule, über 300 neuzeitliche Mietwohnungen, Feierabendhaus für Verarmte, eine moderne Stadtziegelei, die zweitgrößte in Ostpreußen, Sportplatz mit Halle, Volksbadeanstalt und vieles mehr.

Heute ist das alles ausgelöscht. Nur wenige Bauten erinnern noch an das untergegangene Schloßberg. Sonst beherrschen Trümmer, Gras und Unkraut das Bild. Zu den wenigen erhaltenen Bauten (90

Prozent der Stadt waren bei den schweren Kämpfen 1944/45 zerstört worden) gehören die Friedrich-Wilhelm-Oberschule, Krankenhaus, Schützenhaus.

Eine Grünanlage in der Nachbarschaft von öden, freien Flächen und einem Areal mit wildwachsenden Bäumen und Gestrüpp – hier war einmal das Herz der Stadt, der sehenswerte Marktplatz. Und doch ist dies der Ort einer neuen keimenden Hoffnung. Hier, wo einmal die Kirche stand und nun ein hochragendes Denkmal an die an dieser Stelle begrabenen 3800 sowjetischen Gefallenen erinnert, trafen sich am 14. Juni 1992 russische und deutsche Delegationen zum ersten Veteranentreffen.

In einer Feierstunde gelobten sie, über die Gräber hinweg einen neuen Beginn zu versuchen. Am nahen deutschen Kriegerdenkmal von 1870/71 wurde das Gelöbnis abgelegt: „Nie wieder Krieg

Schloßberg – Stätte gemeinsamer Gedenkfeier: sowjetisches Ehrenmal.

Kussen – Kirche, Geräteschuppen.

zwischen unseren Völkern!" Der Obelisk war mit deutscher Hilfe restauriert worden. Hier soll auch ein Mauerrest der Kirche seinen Platz finden, der sich über dem Haupteingang befand und die Aufschrift trägt: „Jesus Christus gestern und heute, und derselbe auch in Ewigkeit." Anschließend fuhren die Veteranen aus beiden Ländern in das östliche Kreisgebiet, wo sie im Krieg gegeneinander gekämpft hatten.

Dobrovolsk ist nur noch ein um seine Zukunft ringendes Dorf. Die Aufgaben der Kreisstadt hat **Haselberg (Lasdehnen)/Krasnoznamensk** übernommen.

Im westlichen Kreisteil ist einiges aus der alten Zeit wiederzuerkennen. Die Straße ist gut befahrbar, die Felder sind zum Teil bestellt, fährt man von Schloßberg in dieser Richtung. Zu erkennen sind **Hensken (Henskischken)/Želannoe** (Gastwirtschaft und Hengststation stehen), **Kussen/Vesnovo** (wo russische Bürger wohnen, die nach Feierabend deutsche Grabstätten und Friedhöfe in der Umgebung wiederherrichten, von der Kirche, die Friedrich der Große 1743 bauen ließ, blieben nur Reste), **Spullen/ Fevral'skoe** (Molkerei, Ziegeleischornstein), **Mallwen (Malwischken)/Majskoe**, wo ein Kulturhaus den Platz der Kirche eingenommen hat, die (1730 eingeweiht) wegen ihrer achteckigen Bauweise eine Besonderheit war. Auch zahlreiche andere, überwiegend einheitliche Einzelbauten, gibt es dort.

Die anderen, meistens kleineren Dörfer der Gegend sind ganz oder zum größten Teil ausgelöscht, so **Smailen/Aleksandrovka, Werden (Werdehlischken), Mühleck (Pritzkehmen)/Surovkino, Lauterbrücken (Wingeruppen), Legen (Wittgirren)/ Žigulevo, Spatzen (Zwirballen)/Kropotkino, Dreihornswalde (Draugupönen)/Murav'evo, Heinrichsfelde, Hansruh (Jönischken)/Zaozernoe** (ein paar Altbauen), **Vierhöfen (Bludschen)/Fevral'skoe, Osterfelde (Plimballen)/Groznoe, Katharinenhof, Birkenfelde S.)/Berezino, Sprindacker (Henskehmen)/Krasilovo, Angerfelde (Mingstimmen)/Kirovo**, schon Kreis Gumbinnen, wie die meisten Nachbarorte in den anderen Kreisgebieten auch, **Radenau (Radszen), Stahnsdorf (Bednogren)/Ščegly, Edern (Ederkehmen)/Podlipkino, Akkermühle (Jodschen)/Nagornoe, Wildnisrode (Wassantkehmen)/Vesnovo.**

In die Zone der fast völligen Vernichtung des gewohnten Bildes führt die Fahrt ostwärts von Schloßberg in das rund 24 Kilometer entfernte **Schirwindt/Kutuzovo**. Die Tour in die einst östlichste Stadt Deutschlands geht durch das blutgetränkte, geschundene Land, wo sowjetische Truppen im letzten Krieg erstmals deutschen Boden betraten und danach jahrzehntelang ein großes Manövergebiet war.

Keines der vielen, schönen und alten Dörfer steht hier mehr, kaum ein Gebäude von früher gibt es noch, höchstens Trümmerreste. Selbst die Landschaft ist in vielen Teilen verändert. So ist zwischen den ehemaligen Gemeinden **Treufelde (Treczaken)** und **Schwarpen (Schwarpeln)** vier Kilometer hinter Schloßberg, ein

See entstanden. **Schieden (Szieden), Paulicken, Willuhnen** (zuletzt 300 Einwohner) sucht man ebenfalls vergeblich. Von der imposanten Willuhner Kirche zeugt ein kleiner Mauerrest. Das Meisterwerk neuzeitlichen Backsteinbaus mit dem 48 Meter hohen Glockenturm war 1893/95 errichtet worden. Tröstlich der Anblick des herrlich in die Landschaft eingebetteten Willuhner Sees bis hinüber ans andere Ufer, wo einmal **Köschen (Kötschen)/Zerkal'noe** war.

Auch die Nachbarorte nördlich und südlich der Straße nach Schirwindt sind verschwunden, so **Schwarzwiesen (Werskepchen), Tegnerskrug (Dagutschen), Ebenfelde (Kummehlupchen), Kühnen (Bartschkühnen)**, nahe bei dem früheren **Sodargen**, Kreis Ebenrode (s. Seiten 290 u. 292); ferner **Schillingen, Schwarzenberge (Schimkuhnen), Moosheim (Jodeglienen), Ladmannsfelde (Kermuschienen), Zweihuben (Kischen), Hauptmannsdorf (Bargehlen), Urbanshöhe (Urbantatschen), Deinen (Daynen), Grenzfelde (Maruschatschen), Gettkanten.**

Kaum anders sieht es auf der Strecke Willuhnen – Haselberg aus, die vor dem ehemaligen Gut links abbiegt. **Walddorf (Paplienen), Bilden/Flonovo** existieren nicht mehr. An **Wensgen** erinnert ein Rest von Gebäuden. Eine Ausnahme ist **Grumbkowsfelde (Grumbkowkaiten)/Pravdino**, wo in einem landwirtschaftlichen Großbetrieb alte Häuser erhalten geblieben und zahlreiche neue hinzugekommen sind. Eine Wohnsiedlung und eine große Schule sind auf der Strecke nach **Wingern** entstanden, wo ebenfalls einige Neubauten auffallen. Während das nahe **Insterwalde (Patilszen)/Otradnoe** im schönen Instertal nahezu verschwunden und zur Ackerfläche geworden ist (auch Kleinbahnhof und Kleinbahn gibt es nicht mehr), sind in **Wetterau (Kiauschen)/Losevo** und **Rehwalde (Kl. Augstutschen)/Prigorki** einige neue Siedlungshäuser zu sehen. Nur noch wenige Altbauten stehen in den restlichen Dörfern bis Haselberg, so **Hagenfließ (Rammonischken)/Leskovo, Sommerswalde (Lasdinehlen)/Mičurino,** wo das Gutshaus als Stall dient, **Rucken/Rossošanskoe** und **Karpfenwinkel (Uschbördschen)/Ostrogožskoe.**

Ein ähnliches Bild bietet die Strecke nach dem etwa elf Kilometer entfernten **Schillfelde (Schillehnen)/Pobedino,** die kurz hinter Willuhnen von der Straße nach Schirwindt nach Nordosten abzweigt. Kaum etwas noch von **Stobern, Seehuben (Jogschen), Ambruch (Skroblienen), Krähenberg (Warnakallen), Grabenbrück (Radschen).**

Erst in **Inglau (Inglauden)/Pobedino,** das Schillfelde zugeschlagen wurde, ist Leben spürbar.

Schillfelde, früher 900 Einwohner, ist auch heute ein relativ gut bewohnter Ort. Viele Altbauten stehen, so der Gasthof (Schule), neue Schule (Wohnhaus), alte Schule, Molkerei. Daneben ist auf einem Haus die Inschrift zu lesen: „Niederlage der Wassermühle Lasdehnen." Die Kirche gibt es nicht mehr. Der heimelige Fachwerkbau mit Ziegeldach und Holzturm war von Friedrich Wilhelm II. finanziert und am 17. Januar 1796 eingeweiht worden.

In der nördlichen und östlichen Nachbarschaft sind nahezu alle Dörfer ausgelöscht, so bis zum rund fünf Kilometer entfernten **Grenzhöhe (Wisborienen)/Livny,** unmittelbar an der Grenze zu Litauen, und zum Osten und Südosten hin **Hochfeld, Doristhal (Kl. Königsbruch), Herbstfelde (Jodschahlen), Fichtenhöhe,** das ursprünglich Berkenwerder hieß und zu den ältesten Siedlungen der Region gehörte, **Moosbach (Badupönen), Bruchdorf (Padwidlaugken), Feuchtwiesen (Wingillen), Groß Königsbruch, Birkenfelde (Birkenfelde S.)/ Berezino, Sorgenfelde (Baltruschen), Lindenhof, Hochweiler (Augstupönen), Moormühle (Paplienen).** Nur in **Ostdorf (Schilleningken)/Samarskoe** gibt es einen landwirtschaftlichen Großbetrieb.

Auch auf und an der Reststrecke nach Schirwindt blieb hinter Willuhnen so gut wie nichts mehr erhalten. **Kailen, Kreuzhöhe (Kusmen), Marderfelde, Wöschen (Wöschupöhlen), Auengrund (Wöschupchen), Nicklashagen (Pieragen), Jodungen (Jodschuhnen), Parschen, Naßfelde (Jodupönen), Gobern**

(Goberischken), alle diese Orte sucht man vergebens – auch **Schirwindt**.

Die Kirchtürme, die schon von weitem auf der schnurgeraden Straße zu sehen sind, stehen in Neustadt/Naumiestis, Litauen. Das „preußische Gegenstück" sucht man vergebens. König Friedrich Wilhelm IV. soll – auf der gleichen Strecke – angesichts der hochragenden Barocktürme der katholischen Kirche im damals russischen Wladislawowo/Neustadt gesagt haben: „Habe ich im Westen den Katholiken einen Dom erbaut, so will ich im Osten hier den Evangelischen einen Dom erbauen, der ebenso stolz nach Rußland hineinragt, wie die katholische Kirche von drüben hierher." Er meinte damit den 1842 begonnenen Weiterbau des Kölner Doms. Am 14. September 1856 wurde die prächtige, nach den Plänen von August Stüler geschaffene Immanuel-Kirche im Beisein des Königs geweiht. (Die erste Kirche stammte aus der Mitte

Schirwindt – die doppeltürmige Kirche, einst ein Wahrzeichen.

des 16. Jahrhunderts.) Fast 90 Jahre war das beeindruckende Gotteshaus mit den beiden 56,3 Meter hohen Türmen nicht nur eine Zierde der Stadt, sondern auch das Wahrzeichen für den östlichsten Punkt Deutschlands.

Das Kirchdorf war 1725 durch Friedrich Wilhelm I. zur Stadt erhoben worden. Auch hier schuf Schultheiß von Unfriedt den Bebauungsplan mit einem großen, fast quadratischen Marktplatz. 20 Häuser ließ der König auf eigene Kosten errichten. Trotz allerhöchster Unterstützung blieb Schirwindt ein kleines Landstädtchen, das zuletzt rund 1100 Einwohner hatte. Ackerbürger und Handwerker waren die meisten. Der erhoffte Grenzhandel ging nach Eröffnung der Ostbahn nach Eydtkau.

1914 wurde die Stadt bis auf die Kirche und zwei Häuser eingeäschert. Beim Wiederaufbau half der Kriegshilfsverein Bremen tüchtig mit, wie viele Städte und Patenschaftsvereine im „Reich" an anderen kriegszerstörten ostpreußischen Orten es in beispielhafter und damals selbstverständlicher Weise taten. Das einzige Hotel im Ort erhielt den Namen „Bremer Hof". Bei den schweren Kämpfen im Oktober 1944 wurden Schirwindt und seine stolze Kirche vernichtet, am 17. Oktober besetzt.

Diesmal hat es keinen Wiederaufbau gegeben. Nur zwei eintönige Straßen führen durch trostloses Gelände; hinter einem hohen Drahtzaun kasernenähnliche Gebäude. Eine neue Brücke führt über den Fluß, die alte liegt in der Schirwindt. Mitten auf dem Übergang ist immer noch Grenze. Sie war, wie die gesamte Ostgrenze Ostpreußens, die zweitälteste in Europa. Von 1422, Frieden vom Melnosee, bis 1944 hatte sie Bestand. Auf erschütternde Weise dokumentiert sich hier der Zusammenbruch der überkommenen Ordnung in der Mitte unseres Kontinents.

Von Schloßberg nach Haselberg, von der alten Kreisstadt in die neue Rayonstadt, sind es rund 20 Kilometer, ziemlich genau in nördlicher Richtung. **Kiesdorf (Uschpiaunen)/Nikitovka,** nach zweieinhalb Kilometern, verdient den Namen nicht mehr. Die Kiesgruben wurden zu Ackerland. Neue kleine Einheitsbauten fallen auf. Die Nachbarorte **Fohlental (Uschpiaunehlen)/ Novoural'sk** und **Schmilgen/Lukašovka, Salten/Lozovoe** sind ausgelöscht.

Im nächsten Ort an der Hauptstrecke, **Mühlenhöhe (Gr. Rudschen)/Poltavskoe,** gibt es noch einige Altbauten, neue sind hinzugekommen. Vor dem gepflegten Gebäude der alten Gastwirtschaft steht ein Lenin-Denkmal. Hier ist das Zentrum eines landwirtschaftlichen Großbetriebs. Fast völlig abgetragen wiederum die Nachbarorte, so **Schleswighöfen (Petereithelen)/Lukašovka, Eichbruch (Uschballen/Pillkallen)/Lužskoe, Talwiesen (Uschrudschen)/Šatilovo, Hochmannshof, Ebenhausen (Kallnehlischken)/Izmajlovo**, wo einige Kolchosen-Bauten sind, **Kurschen/Arhangel'skoe, Siedlerfelde (Kurschehlen)/ Novoselovo, Milchbude.**

Auch das nächste Dorf an der Hauptstrecke, **Weidenfeld (Neudorf)**, ist verschwunden. Erst **Rodungen (Bagdohnen)/Plankino,** rund 15 Kilometer von Schloßberg, ist zu erkennen, Zentrum eines landwirtschaftlichen Betriebes. Auch die Försterei steht. Hier sind wir mitten in einem schönen, nun weit der Natur überlassenen Waldgebiet, im Adlerswalder/Schoreller Forst. Schilder machen darauf aufmerksam, daß die Jagd auf Hirsch und Elch verboten ist. Früher wurde der Schaufler hier kaum gesichtet; jetzt wurde er sogar noch in der Gegend von Willuhnen beobachtet.

Von den Ortschaften in dieser Gegend ist kaum etwas übriggeblieben. In **Adlerswalde (Groß Schorellen)/Saratovskoe,** wo einst 250 Menschen wohnten, stehen knapp zehn Altbauten. Von der Kirche mit mehr als 400 Plätzen blieb eine brüchige Ruine des 35 Meter hohen Turms. Der Bahndamm der abgebauten Strecke Schloßberg – Tilsit ist bis zum Haltepunkt **Droschwalde** (Bahnhof von **Blumenthal/Lugovoe**) zum landwirtschaftlichen Fahrweg geworden. **Blumenthal** wie die Nachbarorte **Schwarzfelde (Gr. Jodupönen), Bröden (Brödlauken)/Mel'ničnoe, Bärenfang/Kurganskoe, Mittenwalde/Škol'noe, Birkenhof (Birkenfelde)** existieren nicht mehr. In der Gegend von Birkenhof gibt es eine große Hirschzucht.

Kurz vor Haselberg, auf der Hauptstrecke, biegt nach links eine Straße nach **Langenfeld (Groß Wersenmingken)/Belkino)** ab. Von 112 Anwesen, in denen 500 Menschen wohnten, sind rund 25 übriggeblieben, darunter ein Gasthaus, sämtliche Gebäude in schlechtem Zustand. In dem schönen Dorf lebte die volkstümliche Dichterin Johanna Ambrosius. Das benachbarte **Löbenau (Löbegallen)/Tolstovo** ist Zentrums eines Rinderzuchtbetriebes. Von **Insterwangen (Payscheln)/L'vovskoe, Klohnen, Dreßlershausen (Kl. Wersmingken)** gibt es kaum Spuren.

Ganz aus dem Rahmen aller Ortschaften im schwer heimgesuchten Kreis Schloßberg fällt Haselberg, das neue Zentrum. Mit seinen erhaltenen alten Gebäuden und den zahlreichen Neubauten,

Haselberg – Kirche.

334

überwiegend auffallend gepflegt, macht die Rayonstadt einen vergleichsweise blühenden Eindruck. Aus dem idyllisch gelegenen Marktflecken beiderseits der Scheschuppe/Šešupe mit gut 2000 Einwohnern ist eine ansehnliche Stadt mit rund 9000 Bewohnern geworden. Hier gibt es weithin ein echtes Wiedersehen. Denn die Grundstrukturen des Ortes sind erhalten, wenn auch viele Veränderungen und Neuerungen zu beobachten sind.

Am auffälligsten ist die Kirche, die auf einem steil zur Scheschuppe abfallenden Hügel schon immer ein Blickfang war und deren 40 Meter hoher Glockenturm weit ins Land grüßte. Der nach Skizzen von Wilhelm Stüler durch den Pillkaller Kreisbaumeister Costede 1874/77 errichtete Bau ist eine dreischiffige Basilika. Die gotische Kirche bietet 1100 Besuchern Platz. Nach dem Krieg wurde sie lange als Lagerraum genutzt. 1989 wurde sie Gotteshaus der russisch-orthodoxen Gemeinde. Nach liebevoller Restauration ist sie auch im Innern wieder sehenswert.

Alle alten öffentlichen Gebäude sind erhalten. Hier ist auch noch der alte Markt zu erkennen. Vor dem Hotel Siemund steht ein Lenin-Denkmal. Ein Anziehungspunkt ist weiter die Scheschuppe mit dem Wasserfall. Über den Fluß führt eine neue Brücke, von der unverändert das Mühlenstauwerk zu sehen ist. Voll in Betrieb ist weiter die Molkerei. Eine neue Gaststätte befindet sich gegenüber dem stillgelegten alten Bahnhof. Als Rayon-Zentrum hat Haselberg das Kreiskrankenhaus (Neubau in der Tilsiter Straße). In der Nachbarschaft ist ein neuer Sportplatz.

Wieder außerhalb der Rayonstadt ist auch im nördlichen Bereich des Kreises das Bild der Verlassenheit vorherrschend. In Richtung Nordost existiert bis **Grenzwald (Neu Skardupönen)/Pugačevo** keine Ortschaft mehr. **Eigern (Eygarren), Königsfeld, Tulpeningen (Tulpeningken)/Zarečnoe, Ostfurt (Woitekaten)/ Zarečnoe, Flußfelde (Schillenöhlen)** bestehen nicht mehr. In Grenzwald stehen einige Altbauten, darunter Schule und Försterei.

Das gleiche gilt für den nördlichen und den nordwestlichen Teil, wo große Wälder die Landschaft südlich der Memel prägen.

Zwölf Kilometer sind es in Richtung Westen bis zur Grenze zum Kreis Tilsit-Ragnit. Die Fahrt geht durch den Forst **Lindnershorst**. Vom gleichnamigen Dorf (früher **Uschballen**, heute **Poljanskoe**) wie den Nachbarorten **Friedrichsweiler/Poljanskoe, Ballen (Ballupönen)/Poljanskoe, Tuppen/Podgornoe, Hermannsdorf (Hermoneiten)/Elkino, Schacken/Verhovoe, Kleinruden (Klein Rudminnen)/Abramovo, Lindbach (Dickschen)/Abramovo** gibt es allenfalls Reste der alten Bausubstanz. Zum Teil wurden sie den neuen Kolchosen zugeschlagen. In dem früheren 300-Einwohner-Dorf **Wietzheim (Groß Rudminnen)/ Bobrovo** – im äußersten Nordwestzipfel des Kreises – sind einige alte Häuser erhalten, darunter die Schule.

Früher begann nun der Kreis Tilsit-Ragnit. Nach dem Krieg wurde die Grenze um etwa zehn Kilometer nach Westen verschoben, so daß ein wesentlicher Teil im Osten zum Rayon Krasnoznamensk kam. Dazu zählt der nächste größere Ort, **Sandkirchen**

Scheschuppe bei Tulpeningen.

337

(Wodereitischken)/Timofeevo, zu dessen Kirchspiel **Wietz-heim** gehörte. Zu erreichen ist das Dorf, das einmal über 300 Einwohner zählte, über **Großschollen (G. Schillehlen)/Petro-pavlovskoe**, rechts von der Hauptstrecke Haselberg – Ragnit/ Neman. Wie ehedem grüßt die Kirchturmspitze von weitem. Zu den vielen erhaltenen Gebäuden gehören Pfarrhaus und Schule. Hinter dem Saal der nicht mehr vorhandenen Gaststätte ist ein Neubaugebiet mit Flachbauten.

Hinter der **Dreifurter** Brücke **(Galbrasten)/Livenskoe** über die Scheschuppe ist die Straße ausgebaut. In dieser Ortschaft, zuletzt 541 Einwohner, stand bis 1578 eine Mühle, in der die Ordensritter ein Hauptmagazin für ihre Heerzüge gegen die Litauer unterhiel-ten. Durch den Forst Fuchswinkel geht die Fahrt bis zur Straße **Großlenkenau /Gr. Lenkeningken)/Lesnoe – Trappen (Trap-pönen)/Nemanskoe.** Rechts, nordöstlich, führt die Tour in ein landschaftlich besonders schönes Gebiet. Im Norden ist das süd-liche Ufer der Memel/Neman, das hoch ist und steil abfällt, so daß es hier eine Vielzahl von wundervollen Ausblicken gibt. Südlich liegt ein ausgedehntes, an Naturschönheiten reiches Waldgebiet, das in einem schmalen Streifen im Osten die Landesgrenze er-reicht. Das sind die Forsten Trappen und Memelwalde, die größte Waldung des Kreises.

Bis Trappen sind es nach der Abzweigung über **Hartigsberg (Badupönen-Uthelen)/Dolžanskoe** etwa acht Kilometer. 1100 Einwohner hatten hier ihr Zuhause. Heute sind es immerhin rund 800. Neue Wohnblocks haben sich zu den meisten erhaltenen Gebäuden hinzugesellt. Die guten Kontakte zwischen ange-stammten Bewohnern und Neubürgern haben zur Einrichtung eines Museums geführt, in dem besonders die Vergangenheit des Ortes gewürdigt wird. Ein Ehrenmal für die Toten beider Welt-kriege soll errichtet werden.

Dreimal täglich verkehrt ein Bus Tilsit – Trappen – Haselberg. Er fährt über eine gut ausgebaute Straße südlich der Memel bis an die Grenze und dann südlich und später südwestlich über Tulpeningen nach Haselberg. Das hat auch zur Folge, daß die Ortschaften dieser Gegend fast sämtlich weiterbestehen. Ihr Zustand hält aber keinen Vergleich mit Trappen aus. So ist im benachbarten **Memelwalde (Neu Lubönen)/Zelenodol'e** nur wenig von der alten Bausubstanz vorhanden. Ähnlich sieht es in den am östlichsten gelegenen Dörfern **Friedenswalde (Alt Lubönen)/Ozernoe** und **Waldheide (Schillehnen)/Pograničnyi** aus. So ist im benachbarten **Memelwalde (Neu Lubönen)/Zelenodol'e** nur wenig von der alten Bausubstanz vorhanden. Ähnlich sieht es in den am östlichsten gelegenen Dörfern **Friedenswalde (Alt Lubönen)/ Ozernoe** und **Waldheide (Schillehnen)/Pograničnyi** aus.

Auf der Hauptstrecke Haselberg–Ragnit biegt kurz vor **Lindengarten (Egglemingken)/Petropavlovskoe** nach links eine Straße südwestlich nach **Altenkirch (Budwethen)/Malomožajskoe** und **Breitenstein (Kraupischken)/Ul'janovo** ab, die über weite Strecken durch das schöne Instertal führt. In Altenkirch (fünf

Rautenberg – Ruine der Kirche.

Kilometer) stehen einige Altbauten, darunter Kirche (Kultur-haus), Schule (gepflegt) und Molkerei (genutzt). Der erste Pfarrer der Kirche, Theodor Lepner, hatte eine Schrift über die Litauer verfaßt.

Im benachbarten **Lesgewangen (Lesgewangminnen)/ Mel'ničnoe** ist wenig erhalten. Auch Bahnhof und Schienen der Straße Ragnit – Schloßberg gibt es nicht mehr. Die einst muntere Inster führt knapp Wasser und ist stellenweise fast zugewachsen. Wenig übriggeblieben ist auch vom knapp fünf Kilometer südöstlich gelegenen **Rautenberg/Uzlovoe**, wo die Reste der Kirche einen trostlosen Eindruck machen. In **Neusiedel (Naujening-ken)/Moskvino** gibt es noch Bahnhof und Schienen; aber es verkehrt kein Zug. Gänzlich ausgelöscht ist – wie einige andere Orte – **Kuttenhof (Kuttkuhnen)**.

Breitenstein (15 Kilometer hinter Altenkirch), ist einer der wenigen Zentralorte im Rayon Neman. 650 Menschen leben in dem Dorf (1939:1263). Die Hälfte davon arbeitet in einem landwirtschaftlichen Großbetrieb, der seinen Sitz im Pfarrhaus hat. 7000 Hektar Land gehören zu ihm und damit alle umliegenden Ortschaften bis **Kattenhof (Raudonatschen)/Voločaevo.**

Der Name dieses Gutes ist mit einem tragischen historischen Geschehen verbunden. Es gehörte im 18. Jahrhundert dem General von Katte. Er war der Vater von Hans Hermann von Katte, Gardeleutnant und Fluchtgenosse des späteren Königs Friedrich des Großen. Der junge Kronprinz mußte auf Befehl seines Vaters Friedrich Wilhelm I. mit ansehen, wie der 24jährige Freund und Vertraute in Küstrin hingerichtet wurde. Nach Erhalt der Nachricht wollte der General sich das Leben nehmen. Sein Kammerdiener bewahrte ihn davor. Zum Dank machte von Katte ihn zum Lehrer der Ortsschule, die er mit großem Landbesitz ausstattete. Das 1844 erbaute Herrenhaus in anglisierendem Stil und der Park mit seltenen Bäumen und Sträuchern waren sehenswert.

Heute ist nichts mehr von der alten Pracht und Herrlichkeit vorhanden. Auch die meisten umliegenden Orte sind untergegangen oder bis zur Unkenntlichkeit verändert. So gibt es kein **Rucken** mehr, kein **Warnen/Smelevo** und kein **Grautschen (Graudschen)**; dort ist ein See entstanden. In **Güldengrund (Girrehnen)/Grivino** stehen einige Häuser. In **Moulinen (Moulinen)/Mihajlovka** ist das Gutshaus fast restlos verschwunden, andere Gebäude werden benutzt.

Im Zentralort Breitenstein wurde die Hälfte der Gebäude nach dem Krieg abgetragen. Die Kirche brannte 1953 aus. Nur die brüchigen Fassaden von Kirchenschiff und Turm, auf dem vier Störche nisten, stehen noch. Die Kirche, ein chorloser Saalbau, wurde 1772 erbaut, der Turm 1893 errichtet. Der erste Geistliche in Breitenstein (noch in der alten Kirche), Augustin Jamund, übersetzte 1555/63 das Neue Testament ins Litauische. 1732 hatten mehrere Salzburger Familien hier im freundlichen Instertal eine neue Heimat gefunden.

Heute erinnert nur das Postgebäude an die Stelle, wo einmal der Markt, das Zentrum des blühenden Ortes, war. Zu den erhaltenen Bauten gehören neue Schule (Post und Krankenstation; das Krankenhaus gibt es nicht mehr), Molkerei, Kleinbahnhof. Zu den Neubauten zählt eine zweistöckige Schule. Dort ist ein Heimatmuseum, das auch Exponate aus dem alten Breitenstein besitzt. Busverbindung besteht nach Tilsit, Gumbinnen und Insterburg. Schön ist immer noch die Umgebung, besonders an der Inster, wo in den Weiden nachts die Nachtigallen schlagen.

Wenn wir auf der Hauptstrecke Haselberg – Ragnit weiterfahren, folgt etwa nach sieben Kilometern (hinter der Abzweigung bei Lindengarten) hinter den früheren Ortschaften **Juckstein** und **Lobellen/Rusino** ein empfehlenswerter Abbieger nach rechts, nordöstlich. Er führt auf guter Straße wieder in das reizvolle Gebiet südlich der Memel, das hier von der malerischen Scheschuppe in gewundenem Lauf durchflossen wird.

Erster Ort ist nach zwei Kilometern **Großlenkenau (Gr. Lenkeningken)/Lesnoe**. 650 Einwohner zählte das Dorf, in dem auch heute Leben spürbar ist. Zahlreiche Altbauten stehen, so Schule,

Saal, Kaufmann. Zu den Resten der 1960 abgetragenen Kirche gehört der Taufstein. Auch das Ehrenmal ist vorhanden. Vom Gut blieben einige Stallungen.

Über die Brücke geht es südöstlich nach **Hirschflur (Giewerlauken)/Nikol'skoe**. Zu den wenigen erkennbaren Gebäuden des einstigen 400-Einwohner-Dorfes gehört die Schule, die zum Teil als Geflügelstall genutzt wird. Nördlich von Großlenkenau liegt **Rautengrund (Raudschen)/Rjadino** mitten in einer verwunschenen Gegend. Ausflugsboote kommen von Ragnit hierher und fahren bis Großlenkenau. Am Ufer der romantischen Scheschuppe nisten unzählige Schwalben. Die Ortschaft, in der über 500 Menschen wohnten, wirkt fremd und eher verlassen. Die Häuser, so das Gasthaus, verfallen.

Die Namen **Ober Eißeln/Garino** und **Untereißeln** stehen immer noch für besondere landschaftliche Genüsse. In dem hügeligen Gelände nahe der Memel gibt es herrliche Ausblicke auf tiefe Schluchten mit prächtigem Laubwald, Daubas genannt; besonders vom nahen Bismarckturm. Ein „kleines Versailles" hatte ein französischer Soldat aus Dankbarkeit hier angelegt. Er war nach einer Verwundung im Feldzug Napoleons gegen Rußland von der Eigentümerin Ober Eißelns, der Familie von Sanden-Tusseinen, aufgenommen und gesundgepflegt worden. Zu diesem Park führten von der Dampferanlegestelle 156 Steinstufen zwischen Lebensbäumen hinauf.

Von diesen Herrlichkeiten ist nicht viel übriggeblieben. Der Park ist verwildert, der Bismarckturm eine Ruine, die Dörfer mit einst rund 1300 Einwohner sind kaum wiederzuerkennen. Immer noch aber ist der Besuch wegen der Naturschönheiten lohnend. In Untereißeln soll, unmittelbar an der Memel, eine Ferienanlage entstehen.

Auf der Hauptstrecke ist der nächste Ort **Tusseinen/Capaevo**. Dort biegt nach links, südlich, die frühere Reichsstraße 132 nach **Hohensalzburg (Lengwethen)/Lunino**, zehn Kilometer, und Breitenstein, 22 Kilometer, ab. Hier sind viele Ortschaften nicht mehr oder nur noch in Resten vorhanden, so **Dreidorf (Pelleh-nen), Weidenberg, Scharken, Weedern.**

In Hohensalzburg, früher 360 Einwohner, stehen einige Altbauten, so das Gasthaus. Keine Spur mehr von der Kirche, die zugewanderte Salzburger 1732/35 erbaut hatten, und der Schule, die den Namen der hier am 3. August 1854 geborenen Dichterin Johanna Ambrosius trug.

Auf der Strecke nach **Schillen (Szillen)/Zilino,** elf Kilometer westlich, sind alle Ortschaften verschwunden, so **Kulmen (Kulminnen)/Kubjyševo, Berghand (Pieraggen), Ruddecken/Rudakovo, Maßwillen/Aksakovo.** Ähnlich sieht es im Abschnitt Hohensalzburg – Breitenstein aus. Kaum Spuren von **Sauerwalde, Blendienen, Marunen (Maruhnen), Winterlinden (Groß Wabbeln), Wabben (Klein Wabbeln), Groß und Klein Perbangen, Erlenfeld (Kraileidschen).**

Von Tusseinen auf der Hauptstrecke sind es bis Ragnit drei Kilometer. Man sieht es auf den ersten Blick: Dies ist immer noch eine bedeutende, lebendige Stadt. Ihre Einwohnerzahl ist sogar von rund 10 100 (1939) auf etwa 14 000 gewachsen. Zu den überwiegend erhaltenen Gebäuden aus der Zeit vor dem Krieg sind zahlreiche Neubauten hinzugekommen. So ist das Stadtbild vertraut und befremdlich zugleich.

Zwei Superlative ordnete ein alter Reiseführer Ragnit zu: 1. eine der schönstgelegenen Städte der Provinz; 2. ihre Burg und die Marienburg waren die stärksten Ordensburgen. Das erste trifft uneingeschränkt weiter zu, und immer noch gilt: „eine besonders schöne Aussicht über den belebten Memelstrom und seine weiten Wiesenflächen genießt man vom Schloßberg." Aber – dieses stolze Schloß ist zur Ruine geworden. Das Wahrzeichen aus Jahrhunderten ist ein Trümmerhaufen.

1397/1409 war das Ordenshaus auf dem 15 Meter hohen Südufer der Memel entstanden, nachdem bereits 1289 und 1293 Burgen in der Nähe existiert hatten, die aber 1355 beziehungsweise 1365 zerstört worden waren. Der quadratische Backsteinbau mit Vorburg war ein nüchterner Zweckbau, doch von beeindruckender Großartigkeit.

Im Schutze der Burg wuchs rasch eine größere Ansiedlung, der Friedrich Wilhelm I. 1722 das Stadtrecht verlieh. Sie entwickelte sich parallel zur Memel und um zwei Hügel. Den einen besetzte das Schloß. Auf dem anderen wurde die Kirche errichtet. Seit 1722 war dort die Pfarrkirche, ein gedeckter Saalbau.

Das wirtschaftliche Leben nahm einen beachtlichen Aufschwung, obwohl Ragnit immer die „kleine Schwester Tilsits" blieb. In der Zeit der Industriealisierung wurde als wichtigstes Unternehmen 1911/12 die Zellstoffabrik erbaut. Zu den hervorragendsten Söhnen der Stadt zählten der Mathematiker und Baumeister Christian Otter (1598 – 1660) und der Maler und Kunstschriftsteller Johann Friedrich Reiffenstein (1719 – 1793), der in Rom mit Winckelmann und Goethe verkehrte.

Zu den überwiegend erhaltenen bekannten Gebäuden gehören die Schulen, Krankenhaus, Bahnhofsgebäude, wo noch der Stationsname „Ragnit" zu lesen ist, und die Zellstoffabrik, die größter

Ragnit – Zellstoffabrik.

344

Ragnit – Hotel „Nema"

Ragnit – Kirche, ohne Turm, umgestaltet, zweckentfremdet, aber nun auch wieder Gotteshaus.

Ragnit – Uhrenturm des Ordensschlosses.

Umweltverschmutzer der Umgebung ist. An der Memel stehen Bootshaus und Zollhaus; die Fährenanlegestelle ist weg. Einen guten Eindruck macht der Erholungspark am Mühlenteich, der „Ragniter" genannt wird.

Drei empfehlenswerte Quartiere gibt es, das Hotel „Neman" in der Hindenburgstraße, früher „Deutsches Haus" und erstes Haus am Platze; das „Haus der Begegnung" in der Preußenstraße; das Haus „Lilo-Ottowna-Raganita" am Mühlenteich, Nähe Krankenhaus (Tilsiter Straße). In „Neman" ist auch ein Restaurant. Am Markt ist ein Supermarkt.

Bemerkenswerte Anzeichen der Zeitenwende: Die Kirche, ohne Turm, lange Zeit zweckentfremdet, ist wieder Gotteshaus, nun der russisch-orthodoxen Konfession, wie auch für Katholiken, der Uhrenturm des Ordensschlosses wird instand gesetzt; in der Preußenstraße gibt es ein „Haus der Begegnung"; historisch wertvolle Gebäude und Denkmäler, wie das Bürgermeisterhaus, werden restauriert; Partnerschaften zwischen ehemaligen und jetzigen Bewohnern sollen einer gemeinsamen Zukunft dienen, als Nahziele auch dem Aufbau einer Ziegelei, der Herstellung Ragniter Käses, einer Ferienanlage, Ausstellungen von Exponaten aus der Vergangenheit im Museum. Ein Denkmal für die gefallenen russischen und deutschen Soldaten wurde aufgestellt.

Wie das östliche so ist auch die westliche Umgebung Ragnits von besonderer Anziehungskraft. In der großen Memelschleife, bieten die fichtenumsäumten Schluchten von **Althof** und **Neuhof-**Ragnit immer neue bewegende Eindrücke. Auf der Höhe von **Bitthenen/Bienai** ist am gegenüberliegenden Ufer der sagenumwobene Rombinus zu bewundern, einst der heiligste Ort im preußischen Litauen.

In südwestlicher Richtung führt von Ragnit eine Straße in das 17 Kilometer entfernte Schillen/Zilino. Auch auf dieser Strecke ist kaum etwas von den alten Ortschaften übriggeblieben. So gibt es **Groß Kindschen (Kidschen)** und **Hochmooren (Ihlauschen)** nicht mehr. Schillen ist als Zentralort in Teilen erhalten. Neubauten sind hinzugekommen. Doch die einstige 2000-Seelen-Gemeinde ist dies nicht mehr.

Hier war einmal der Mittelpunkt der Salzburger-Ansiedlungen im Kreis. 1701 ließ dort Friedrich I. die erste Kirche als König von Preußen erbauen. Ein Spruch über der Tür der Vorhalle erinnerte daran. Die 1819 erneuerte Kirche diente der Kolchose als Kornspeicher. Dann stürzte sie zusammen und ist nun eine traurige Ruine. Die Schule ist Verwaltungssitz. Zu den erhaltenen Gebäuden gehört der Bahnhof. Schillen hat ein Krankenhaus. Die ehemaligen Bewohner sind um die Einrichtung einer Begegnungsstätte bemüht.

Von Schillen in nordwestlicher Richtung geht eine Straße nach **Sandfelde (Sandlauken)/Ščukino**. Dort kommen wir auf die alte Reichsstraße 138 Tilsit – Taplacken bei Wehlau (Reichsstraße 1).

In Richtung Tilsit liegt nach zwei Kilometern **Argenbrück (Neu Argeningken)/Novokolhoznoe**, früher an 600 Einwohner. Im heutigen Zentralort sind die übriggebliebenen Altbauten, wie Kirche, Schule und einige Wohnhäuser, in schlechtem Zustand. Zu den Neubauten gehört eine Krankenstation. Auf dem Friedhofsgelände steht ein Stall. Die Arge/Zlaja ist versandet und führt wenig Wasser.

Von Ragnit bis Tilsit/Sovjetsk sind es auf der Hauptstrecke, der früheren Reichsstraße 132, zehn Kilometer. Dort sind von **Althof-Ragnit/Mičurinskij, Neuhof-Ragnit (Gr. Neuhof-Ragnit)/ Kotel'nicovo, Kleinneuhof-Ragnit (Kl.-Neuhof-Ragnit)/ Akulovo** die meisten alten Gebäude erhalten. Neue Wohnblocks sind hinzugekommen. Im ehemaligen Hauptgut Neuhof-Ragnit ist ein Militärlager. Hinter **Schalau (Paskallwen)/Petrovo** endet der Landkreis Tilsit-Ragnit, und es beginnt der Stadtkreis Tilsit.

Vier Kilometer sind es auf der Ragniter Straße bis ins Zentrum. Östlich von Tilsit-Preußen, dem ersten Vorort, liegt der Schloßberg, auf dem vermutlich die 1365 zuerst erwähnte Burg Caustitten stand. Schloßberg, Engelsberg mit Wasserturm, die früheren

Badestrände – fast ein Bild wie einst. Viele alte Häuser gehören dazu. Links der Schloßmühlenteich; rechts die Aktien-Brauerei mit dem runden Turm und helmartiger Haube.

Rechts dann der Schloßplatz. Hier ist die Geburtsstätte Tilsits. 1406/09 erbauten an der Mündung der Tilse/Tyl'ža die Ordensritter eine Burg gegen die Litauer, die Grenzfeste im prußischen Gau der Schalauer. Einen weiteren Schutz boten die Memel im Norden und der 1562 durch die Tilse aufgestaute Mühlenteich. Das feste Haus verfiel zwar im Laufe der Jahrhunderte; aber in seiner Nachbarschaft entstand ein wachsener Markflecken, der schließlich – mit der Kolonisation der Wildnis durch deutsche und litauische Einwanderer – wirtschaftlicher Mittelpunkt für das nordöstliche Preußen wurde.

Herzog Albrecht verlieh Tilsit 1552 das Stadtrecht. Vor allem Holz und Holzindustrie brachten der Stadt am Strom großen Aufschwung. Im 17. und 18. Jahrhundert entstanden im Zeichen des Wohlstands zahlreiche prächtige Bauten, so das Rathaus und die meisten Kirchen. Zum Wahrzeichen wurde die Lutherkirche, auch Deutsche Kirche und Deutschordenskirche genannt. Ihr Turm und der des nahen Rathauses prägten die Silhouette der Stadt.

Napoleon gefiel der Kirchturm so gut, daß er den Kuppelaufsatz nach Paris bringen wollte. Durch den französischen Kaiser ging der Name Tilsit in die Weltgeschichte ein. Er nahm hier am 19. Juni 1807 Quartier, traf am 25. Juni auf einem Floß in der Memel mit Zar Alexander von Rußland zusammen und einen Tag später mit König Friedrich Wilhelm III. von Preußen, schloß am 7. beziehungsweise 9. Juli mit ihnen den Frieden von Tilsit, in dem Preußen alle seine Gebiet westlich der Elbe und fast alle Erwerbungen aus den Teilungen Polens verlor. Vergeblich versuchte die beliebte und legendäre Königin Luise, in zwei Gesprächen mit dem Korsen mildere Bedingungen für ihr Land zu erbitten. Zahlreiche Erinnerungsstätten gab es an diese bewegte Zeit: Napoleonhaus, Deutsche Straße 24, Luisenhäuschen, Schloßmühlenstraße 11, Denkmal der Königin Luise im Park Jakobsruh und die Luisenbrücke, 1904/07 errichtet, 416 Meter lang.

1920 wurde Tilsit durch den Verlust des Memellandes im Versailler Vertrag Grenzstadt. Zuletzt betrug die Einwohnerzahl 59 105. Zu den bedeutenden Einwohnern gehörten der Freiheitsdichter Max von Schenkendorff (1783 – 1817), die Schriftstellerin Johanna Wolff (1858 – 1943), der Dichter A.K.T. Tielo (Kurt Mikoleit) (1874 – 1911), der Schriftsteller Johann Bobrowski (1917 – 1965), der Prähistoriker Gustav Kossinna (1858 – 1931), die Schriftstellerin Charlotte Keyser (1890 – 1960), in Ruß geboren, und der als „Hauptmann von Köpenick" bekannt gewordene Schuster Wilhelm Voigt (1849 – 1922).

Nach schweren Schäden durch Bombenangriffe im April 1943 sowie im Juli und August 1944 wurde Tilsit am 22. Oktober 1944 geräumt. Etwa 50 Prozent der Bauten waren zerstört. Das Sovjetsk von heute erinnert daher in weiten Teilen an die gewachsene Stadt von einst, ist aber in manchen Bereichen spürbar verändert und wirkt trotz einiger rühmenswerten Lichtblicke wie die übrigen nordostpreußischen Städte vernachlässigt bis verfallen.

Erkennbar ist die neue Zeit deutlich hier beim Eintreffen im einstigen Zentrum. Der Fletcherplatz bildet mit Teilen des Schloß- und Ludendorffplatzes eine einzige große Fläche. Fremdartig auch die Umgebung. Nur das Portal der Königin-Luisen-Brücke erinnert an die beeindruckende Bogenbrücke, die nach der Sprengung durch deutsche Truppen als moderne, schlichte Fahrstraße erneuert wurde. Hammer und Sichel haben das Wappen mit dem Porträt der Königin ersetzt. Hier ist zugleich die Grenze der Kaliningradskaja Oblastj in der Republik Rußland. **Übermemel/Panemunė** auf der anderen Seite des Stroms liegt bereist in Litauen.

Zum Süden hin beherrschen einige zwölfgeschossige Neubauten das Bild. Der einstige Blickfang, die Deutschordenskirche, ist ausgelöscht. Das prächtige Gotteshaus, erbaut 1598/1612, mit der wertvollen Innenausstattung hatte den Krieg ohne allzu große Schäden überstanden. 20 Jahre diente das Kirchenschiff als Sägewerk. In den siebziger Jahren wurde es abgerissen, obwohl ein Wiederaufbau möglich gewesen wäre. Allein der Altar wurde auf wundersame Weise gerettet und steht, liebevoll restauriert, in der Bartensteiner Pfarrkirche.

Ähnlich erging es allen anderen Kirchen. Reformierte (1898/1900), katholische (1847/51) und litauische Kirche (1757), im Krieg beschädigt, wurden zerstört. Die Kreuzkirche in der Clausiusstraße (1911) wird als Gewerbebetrieb genutzt. Die Baptistenkapelle mit der noch lesbaren Inschrift „Baptisten Gemeinde" in der Rosenstraße wurde zur Entbindungs-Station. Die jüdische Synagoge (1841) wurde 1938 niedergebrannt.

Unverändert gehen die Straßen der Innenstadt vom Fletcherplatz fächerartig ab. Die wichtigsten waren und sind die Deutsche Straße (nördlich) und die Hohe Straße. Der Verkehr wird über die „Deutsche" geleitet, während die „Hohe" Fußgängerzone ist. Fremdartig wirkt die Deutsche Straße, wo viele Altbauten verschwunden sind, so auch das Napoleonhaus.

Die Hohe Straße ist immer noch Hauptstraße und Flaniermeile der Stadt. Unbekanntes und Vertrautes wechseln in abrupter Weise. Kaum wiederzuerkennen ist der Schenkendorfplatz. Statt Denkmal des Dichters, Rathaus und stilvoller Bauten gibt es seit 1990 eine Grünanlage. Ein zweistöckiger Flachbau (Kino) steht auf dem Grundstück der ehemaligen Bürgerhalle. Dann die Gebäude von Hauptzollamt, Vorschußverein und Konditorei Kreuzberger. Zwischen Wasserstraße und Langgasse einförmige Neubauten. An der Ecke zur Langgasse steht das Kaufhaus „Sadko". Im Haus des Luisentheaters wurde eine Bar mit dem deutschen Namen „Altstadt" eröffnet. Dann leuchtet alter Glanz auf, schöne, auch gepflegte Häuser im Jugendstil.

Ein Lenin-Denkmal erinnert am Ende daran, daß das Hohe Tor nun Leninplatz heißt und die Hohe Straße Uliza Pobjedy, „Straße des Sieges". Der Begründer der Sowjetunion steht auf dem Sockel des Schenkendorff-Denkmals. Dahinter das Hotel „Rossija", ein Neubau, in den das frühere Reichsbankgebäude einbezogen wur-

de. Gegenüber die wohl schönsten und am besten erhaltenen Altbauten: Amtsgericht (Kulturpalast der Zellstoffwerke) und Landgericht (Stadtverwaltung). Auch die Gebäude von Kreissparkasse
und Bank der Ostpreußischen Landschaft fallen angenehm auf.
Ein wahrhaft erbaulicher Anblick immer noch die Franksche
Villa, das frühere Pfarrhaus der Kreuzkirche an der Ecke Linden-
Clausiusstraße (Heim für elternlose Kinder).

Ein Lichtblick ist ebenso der Anger, nördlich von hier. Eine gepflegte Grünfläche mit Rosenbeeten, die sich bis zum Theater
erstreckt. Auf dem Sockel des Elchs, der noch im Königsberger
Tiergarten auf seine Heimkehr wartet (s. auch Seite 66), ist ein T-
34-Panzer aufgebaut. Eine Gedenktafel mit „ewiger Flamme" erinnert an 600 Soldaten der 115. sowjetischen Schützendivision,
die bei der Eroberung der Stadt gefallen und hier begraben sind.
Im Gebäude des 1893 eröffneten Grenzlandtheaters ist das Dramentheater Sovjetsk zu Hause.

Die Artillerie-Kaserne wie auch die Infanteriekaserne, haben die
Zeiten gut überstanden. Auch der Bahnhof ist wiederzuerkennen.
Viel besucht wird immer noch der Park Jakobsruh (Gorodskoi
Park), dessen Zustand allerdings zu wünschen läßt. Das Denkmal
der Königin Luise gibt es nicht mehr. Das südlich davon gelegene
Hindenburg-Stadion wird weiter für den Sport genutzt. Neue
Wohnblocks haben das Bild der Umgebung verändert. Versumpft
und verschilft ist der Tilszele-Sportplatz, Vereinsplatz des VfB
Tilsit. Auch der Botanische Garten existiert nicht mehr.

Eine schöne Stätte der Erholung ist weiter der Schloßmühlenteich, über den eine neue Betonbrücke führt und der nun „Stadt-
see" genannt wird. Der rote Backsteinbau des Landratsamts ist
verschwunden. Der Rundgang endet wieder an der Memel. Auch
hier deutliche Spuren für die Veränderungen in der Stadt am
Strom. Von der Luisenbrücke geht der Blick auf neue Hochhaus-
Klötze und die alte Zellstoffabrik (großer Umweltverschmutzer),
den Hafenspeicher (teilweise umgestaltet), die Eisenbahnbrücke,
die anheimelnde Niederungslandschaft auf der anderen Seite,

Die Reise nach Tilsit

(Auszüge)

Von Hermann Sudermann

Dann biegen sie in die Deutsche Straße ein, die breit ist wie ein Strom und an ihren Rändern lauter Schlösser stehen hat. In den Schlössern kann man sich kaufen, was man will, und alles ist viel schöner und prächtiger als in Memel…

Sie fahren in einer Droschke nach Jakobsruh, jenem Lustort, der bekanntlich so schön ist wie nichts auf der Welt. Bäume so hoch und schattengebend wie diese hat Indre noch nie gesehen, auch nicht in Heydekrug und nicht in Memel. Am Haff, wo es nur kurze Weiden gibt und dünne Erlen, könnte man sich von einer solchen Blätterkirche erst recht keinen Begriff machen…

Wie sie auf dem Wege zur inneren Stadt an dem „Anger" vorbeikommen, jenem großen häuserbestandenen Sandplatz, auf dem die Vieh- und Pferdemärkte abgehalten werden, da hören sie aus dem Gebüsch, das den einrahmenden Spazierweg umgibt, ein lustiges Leierkastengedudel und sehen den Glanz von Purpur und von Flittern durch die Zweige schimmern…

Also 'rauf auf die Pferde! …Und sie reiten und fahren und reiten wieder, und dann fahren sie noch einmal und noch einmal, weil sie zum Reiten schon lange zu schwindlig sind. Die ganze Welt ist längst eine große Drehscheibe geworden und der Himmel jagt rückwärts als ein feuriger Kreisel um sie herum. Aber sie fahren noch immer und singen dazu:

„Tilschen, mein Tilschen, wie schön bist du doch!
Ich liebe dich heute wie einst!
Die Sonne wär' nichts wie ein finsteres Loch,
Wenn du sie nicht manchmal bescheinst."

Tilsit – Eine ehemalige Tilsiterin und eine Russin vor dem Gedenkstein auf dem Fletcherplatz, der in drei Sprachen an den Tilsiter Frieden 1807 erinnert.

Kräne am Ufer und das Tragflächenboot im Wasser. Die weiße Flotte der Ausflugsdampfer, die Boydacks, die vielen anderen Schiffe, Ruder- und Paddelboote gibt es nicht mehr.

„Stadt ohnegleichen" wurde Tilsit genannt. Dieses Attribut kommt ihr nicht mehr zu. Hermann Sudermann, der Dichter aus dem nahen Heydekrug, setzte ihr mit seiner „Reise nach Tilsit" ein literarisches Denkmal. Es ist schwer, diese Spuren wiederzufinden.

Auch die meisten Schulbauten haben den Krieg überdauert und dienen weiter Unterrichtszwecken, so die Oberschule für Jungen in der Roonstraße (Militärlazarett), Staatliches Gymnasium (Schule Nr. 1, Realschule und Polytechnikum), Königin-Luise-Lyceum (Fachschule für metallverarbeitende Berufe), Neustädtische Schule (Internat), Johanna-Wolff-Schule (Schule), Neißsche Schule, Gehörlosenschule (Grundschule).

Rund 40 000 Einwohner zählt die Stadt, die – wie alle Orte in diesem Raum – im Zeichen des Umbruchs eine neue Zukunft suchen. Auch sie besinnt sich dabei zunehmend auf ihre Vergangenheit, die ohnehin viel Verbindendes mit dem Land hat, aus dem die neuen Einwohner stammen. Museum und Archiv über die Historie Tilsits werden eröffnet. Als sichtbarstes Zeichen auf die Besinnung der gemeinsamen Vergangenheit wurde im Sommer 1992 auf dem Fletcherplatz ein Gedenkstein aufgestellt, dessen Tafeln in drei Sprachen, deutsch, russisch und französisch, an den Frieden von Tilsit 1807 erinnern. Ebenso wurde auf dem Waldfriedhof mit deutscher Beteiligung eine Gedenkstätte errichtet, die an die Toten der Stadt, Deutsche und Russen, gemahnt. Dem „großen Sohn" Tilsits ist eine Gedenktafel an seinem Geburtshaus, früher Packhofstraße 7/8, gewidmet mit der Inschrift: „In diesem Haus wurde der deutsche Dichter Max v. Schenkendorff geboren (1783 – 1817)". Eine Erinnerungstafel trägt seit Frühjahr 1993 auch das Haus des früheren Staatlichen Humanistischen Gymnasiums in der einstigen Oberst-Hoffmann-Straße. Sie macht darauf aufmerksam, daß dieses Gebäude 1900 errichtet

Tilsit – Erinnerungsstätte Waldfriedhof.

Tilsit – Gedenktafel für Max v. Schenkendorff.

wurde und die Schule bis dahin in der Deutschen Straße 1 war und ihre Tradition bis 1586 zurückreicht.

Tilsit liegt am Kreuzungspunkt historischer Verkehrswege, die die Stadt nordöst- und südwestlich wie auch südost- und nordwestlich durchschneiden. Von Königsberg, zuerst die alte Reichsstraße 1, kommt ab Taplacken die 138, die über Piktupönen/Piktupenai, wo einst Friedrich Wilhelm III. zur Zeit des Tilsiter Friedensschlusses wohnte, nach Tauroggen/Taurage, das durch die Konvention des preußischen Generals Yorck mit den Russen berühmt wurde, und bis nach St. Petersburg führt.

Die andere Hauptverbindung ist die Strecke, die wir gefahren sind, auf der alten 132 von Ragnit her. Auf dieser Chaussee soll es nun weitergehen. Die Tour geht über die Vororte **Stolbeck** und **Splitter**, wo der Verfall besonders deutliche Spuren hinterlassen hat. Das beliebte Tanzlokal Knitsch ist vom Zusammenbruch bedroht; die Brudersche Mühle wurde 1991 abgerissen.

Auch der Name Splitter ist in die Geschichte eingegangen. Hier schlugen die Preußen 1679 eine 16 000 Mann starke Truppe der Schweden unter Feldmarschall Horn, die über Livland eingefallen war. Berühmt wurde die Schlittenfahrt des Großen Kurfürsten über das Kurische Haff an die Front.

Man kann die Stadt nicht verlassen, ohne an einen anderen weltweit bekannten Namen erinnert zu werden. Hier ganz in der Nähe ist der Geburtsort des Tilsiter Käses. Auf der anderen Seite der Memel, kaum zwei Kilometer entfernt, liegt **Milchbude (Plauschwarren)/Jovarynė**. Dort übernahm eine Frau Westphal 1845 eine Käserei und begann mit der Herstellung einer neuen Sorte, die einen Siegeslauf um den Erdball machen sollte.

Die zunehmende Viehwirtschaft in den Niederungsgebieten suchte im vorigen Jahrhundert nach immer mehr Absatzmöglichkeiten. Man holte Fachleute aus der Schweiz. Diese „Schweizer" waren bald in ganz Ostpreußen ein Begriff für Melker. Aber sie vermittelten auch Kenntnisse in der Käseherstellung. Auf dem

Gut Birgen (Birjohlen), Kreis Tilsit-Ragnit, soll ein Schweizer namens Nessloff sich daran versucht haben. Die in der dortigen Käserei arbeitende Frau Westphal übernahm die Idee und entwikkelte sie weiter. 1840 richtete sie in Tilsit, Deutsche Straße 38, eine große Molkerei ein. Schließlich ging sie nach Milchbude und begann dort das Werk ihres Lebens.

Der Tilsiter Käse ist bis heute berühmt und beliebt. Er hat manche Nachahmer gefunden. Ein Gerücht sagt, daß eine auch heute bekannte Käsemarke auf den Markt kam, nachdem die Besitzerin eines Werkes in einem Nachbarland in Milchbude gewesen sei. Auch in Sovjetsk wird seit geraumer Zeit darüber nachgedacht, wie man die Tradition des Tilsiter Käses fortsetzen kann.

Westlich von Tilsit liegt der Kreis **Elchniederung**, der nördlichste Ostpreußens und der letzte auf unserer Reise durch das Nord-Ostpreußen von heute. Zwei Straßen führen in die rund 15 Kilometer entfernte Kreisstadt **Heinrichswalde/Slavsk**. Der kürzere, südlichere Weg geht durch den schönen Tilsiter Stadtwald über **Urbansprind (Noragehlen).** Der einstige 300-Einwohner-Ort existiert nicht mehr.

Die nördliche Route verläuft über **Weinoten (Alt Weynothen)/ Oktjabr'skoe,** wo militärisches Gelände ist, nach **Köllmisch Linkuhnen/Zeleznodoroznoe,** wo die fruchtbare Linkuhnen-Seckenburger Niederung beginnt. Hier war ein großes vierstöckiges prußisches Gräberfeld gefunden worden. Über 60 Wikingerschwerter deuteten darauf hin, daß dieser entdeckungsfreudige und kriegerische skandinavische Stamm im 9. bis zum 11. Jahrhundert häufig dorthin kam, vielleicht sogar eine Handelsniederlassung in der Gegend von Tilsit oder Ragnit besaß. Zu den wenigen übriggebliebenen Häusern des blühenden Dorfes gehören Schule, Gastwirtschaft und Bahnhof.

Von hier bis zum fünf Kilometer entfernten Heinrichswalde steht kein Haus mehr. Auch das „Russengrab" an der Kreuzung Heinrichswalde – **Neukirch/Timirjazevo** ist verschwunden. Große

Weideflächen, auch Ödland, bestimmen das veränderte Landschaftsbild.

Schon von weitem grüßt wie früher der hohe Kirchturm von Heinrichswalde. Bei der Einfahrt in die frühere Kreis- und jetzige Rayonstadt fällt eine neue Umgehungsstraße auf, die zum Bahnhof und weiter nach **Groß Friedrichsdorf/Gastellovo** führt. Das Gut Bierfreund wurde zur Kolchose, und an der neugestalteten Kreuzung ist eine Tankstelle. Aber dann ist da viel Altvertrautes: das Finanzamt (in gutem Zustand), Bäckerei mit Mühle, Zeitungshaus. Nur das Landratsamt sucht man hier vergeblich. Auf seinen Grundmauern steht ein Lagerhaus.

Beeindruckend die Kirche mit dem hochragenden Turm. Das bereits 1668 vorhandene Gotteshaus wurde 1867/69 in neugotischem Stil erneuert. Nachdem es nach Kriegsende jahrzentelang als Lagerhaus heruntergekommen war, wurde es nach der politischen Wende liebevoll renoviert. Die ehemaligen Bewohner leisteten dabei tatkräftige Mithilfe. Nun dient das schöne Gebäude wieder dem alten Zweck. Auch die evangelische Gemeinde hat dort jeden Sonntag ihren Gottesdienst; ebenso wie die russisch-orthodoxe. Sie hat sogar wieder das Eigentumsrecht erhalten.

Das Pfarrhaus steht ebenfalls noch. Vom Friedhof blieb nur ein Mauerstück. Ein Mehrfamilienhaus wurde an der Stelle des Kriegerdenkmals errichtet. Von den bekannten Gebäuden sind wiederzuerkennen: die Post (weiter Post), Molkerei, Parkhotel (Wohnhaus), Kreissparkasse, Arbeitsamt, Siechenhaus, Gasanstalt, Sägewerk, Hotel „Deutsches Haus" (Kulturpalast), Krankenhaus (in Betrieb), Leichenhalle mit dem Spruch „Selig sind die Toten", die Schulen, Kreisberufsschule, Jugendheim (Schule), Turnhalle, Sportplatz (weiter benutzt), Bahnhof. Genutzt wird wieder das „Salz- und schwefelhaltige Frei-Sonnen- und Liegebad", das einst auch viele Fremde in die Stadt gelockt hatte. Schon vor der Jahrhundertwende war Heinrichswalde als „klimatischer Kurort" beliebt.

Das einst „größte Dorf Deutschlands" war aus einer kleinen Siedlung entstanden, die der Jägermeister Heinrich Ehrentreich 1657 vom Großen Kurfürsten erhielt. 1818 wurde Heinrichswalde Kreissitz. 1939 hatte es 3500 Einwohner.

Die auffälligsten Veränderungen in der Stadt, die sich beiderseits der Friedrich-Straße ausbreitet: Diese Hauptstraße ist verbreitert und zum Teil für den Autoverkehr gesperrt. In der Nähe der Kreissparkasse wurde ein Verwaltungsbau errichtet. Davor ist eine Anlage mit einem Gefallenen-Ehrenmal. Ein neuer Wohnkomplex ist auf dem Gelände zwischen Krankenhaus und Bahn entstanden. Die alten Siedlungshäuser wurden darin einbezogen. Der Schweinemarkt wurde zu einem städtischen Mittelpunkt mit Anlagen und Lenin-Statue umgestaltet.

Am Buttermarkt existiert ein Café mit Retaurationsbetrieb. Für Besucher aus dem Westen steht das „Deutsche Haus" zur Verfügung, das im Gemeindeamt in der Marktstraße eingerichtet wurde. Auch hier, in Heinrichswalde Stadt und Kreis, haben Kontakte zwischen den Bewohnern von damals und heute bereits zu guten Ergebnissen geführt. Die Einwohnerzahl ist mit rund 3000 annähernd so hoch wie früher.

Eine gut ausgebaute Hauptstraße geht von Heinrichswalde bis **Elchwinkel** an der Grenze zu Litauen bei **Ruß/Rusnė**. Sie führt durch ein landschaftlich sehr reizvolles Niederungsgebiet mit eigenartigem Chrakter. Im Mündungsbereich der Memel, einst Deutschlands größtes Flußdelta, mit den Hauptströmen Gilge und Ruß bis zum Kurischen Haff, früher größtes Binnengewässer im Deutschen Reich, gibt es bis zu 50 Kilometer lange Bruchwälder, in denen die Erle vorherrschend ist; idyllische Wasserwege, verwunschene Sumpfgebiete, eine unvergleichliche Tier- und Vogelwelt. Hier ist der Elch zu Hause, Ostpreußens uriges Wild. Er gab dem Elchwald, damals Deutschlands größtes Naturschutzgebiet, seinen Namen; auch dem Kreis Elchniederung. Immer noch beglückt diese Natur den Besucher, wenn auch vieles verändert, mehr und mehr in die Urwüchsigkeit zurückgefallen ist.

Etwa fünf Kilometer nördlich von Heinrichswalde liegt **Brittanien/Ščeglovka** an der Bahnstrecke Tilsit – Labiau – Königsberg.

Elchniederung – Land der Einkehr

Die Elchniederung war ein wartendes Land. Sie drängte sich dem Wanderer nicht mit eindrucksvollen Schönheiten auf, sie verlangte vielmehr besinnliche Einkehr, sie wollte entdeckt werden. Wer mit dem Auto die Straßen dahinraste, fand sie eintönig, wer sich aber die Zeit nahm, sich in ihr dem Hasten des Alltages abgewendet umzublikken, dem erschloß sich dieses Land, dem wußte es von seinen heimlichen Wundern zu erzählen.

Aus Schlick und Moor aufgebaut, war der Boden mit Hilfe von Düngung sehr fruchtbar. Es stellte jedoch die Herrschaft über das Wasser das entscheidende Problem dar, das aber im Laufe der Jahrhunderte durch Bedeichung und Entwässerung gelöst wurde. Die Bewirtschaftung und Nutzung des Bodens war auf den Anbau von Nahrungs- und Futterpflanzen gestellt. Die Hauptanbaufrüchte waren Roggen, Weizen, Hafer, Gerste, Kartoffeln und Rüben. Den größten Teil des Landes bedeckten jedoch saftgrüne Wiesen und Weiden, auf denen bedächtig schwarzbuntes Niederungsvieh graste.

Die Elchniederung liebte die Stille. Sie bot dem Besucher, der sich in der Weite der Wiesen und Felder verloren fühlte, in den stattlichen Einzelhöfen und Bauernhäusern Geborgenheit und beschauliches Glück. Der Einzelhof war die Siedlungsform der Bauern der Elchniederung. Er ist die Siedlungsform des Viehwirtschaft treibenden Landmannes und paßt zu dem selbständigen Charakter des Elchniederungers.

(Die Elchniederung – Heimatbrief Nr. 15)

Neben dem Bahnhof sind Molkerei, Postwohnungen und einige andere Bauten erhalten, auch am Weg nach **Oswald (Bartscheiten)/Tumanovka.**

Viele Häuser stehen auch im einstigen 1500-Einwohner-Markt-flecken **Neukirch/Timirjazevo,** so die 1729 von König Friedrich Wilhelm I. gestiftete Kirche mit der von Adam Gottlieb Casparini 1757 erbauten bemerkenswerten Orgel. Aber das einst schöne Gotteshaus wird als Lagerraum genutzt, und sein Zustand ist beklagenswert. Ähnlich ist es bestellt um Pfarrhaus, Post, beide Schulen, Hotel „Deutsches Haus", Bahnhof (Kleinbahn abmontiert). Der kleine Marktplatz wurde zur Gedächtnisstätte umgestaltet. Das Kriegerdenkmal ist, kaum erkennbar, in eine neue Gedenkstätte einbezogen. Auffälligster Neubau: eine Schule im modernen Stil. Der große Marktplatz macht – wie der größte Teil des Ortes – einen wenig gepflegten Eindruck. Kaum noch etwas vorzufinden ist in den Nachbarorten wie **Ziegelberg, Rokitten (Rokaiten), Selsen (Selseningken).**

Auf der ganzen, gut sieben Kilometer langen Strecke von Neukirch bis **Sköpen/Mostovoe** stehen lediglich vereinzelt Häuser. Auch von der einst mehr als 400 Einwohner zählenden Gemeinde sind nur wenige Häuser übriggeblieben. Aber der breite Gilgestrom zeigt sich in alter Schönheit. Unverändert die massive Brücke. Die Anlegestelle ist nicht mehr vorhanden.

Nach gut drei Kilometern folgt **Kuckerneese (Kaukehmen)/ Jasnoe.** Auch der mit 4500 Einwohnern größte und in die Geschichte eingegangene Ort ist schwer gezeichnet. Das schon 1450 gegründete Niederungsdorf war 1678/79 Hauptquartier des schwedischen Feldmarschalls Horn, der seine Truppen in der reichen „Kuckerneeser Insel" ausruhen lassen wollte. Im Januar bis 11. Februar wohnte der Große Kurfürst im Amtshof von Kuckerneese, nachdem er seine legendäre Schlittenfahrt über das Eis des Kurischen Haffs unternommen und den eingedrungenen Feind verjagt hatte. Im Siebenjährigen Krieg hatte 1758 der russische Oberbefehlshaber, General Fermor, hier sein Quartier.

Der schöne Ort mit städtischem Gepräge ist mehr als zur Hälfte zerstört, der Rest fast ausnahmslos verwahrlost. Von der 1549/76 errichteten und im 18. Jahrhundert erneuerten Kirche blieben lediglich die Außenmauern und der brüchige Turm ohne Spitze. Zu den erkennbaren Altbauten gehören Pfarrhaus (Wohnhaus) und Kant-Schule. Die Hindenburgschule wurde im Sommer 1992 durch Feuer zerstört. Von den schönen, langen Häuserzeilen am Markt blieben Gemeindeamt (Verwaltungssitz), Gefängnis (Kulturhaus), Post (Krankenhaus) – jetzige Post Hohe Straße – Ecke Schmiedegasse, Spritzenhaus (Zementlager). Auch die Säule der Marktuhr ist vorhanden. Einen guten Eindruck macht der Sportplatz. Es gibt zahlreiche Neubauten, so am Ende der Ulrichstraße. Fünf Kindergärten gehören zum Ort. Unter den 2000 Einwohner sind viele Litauer.

Verödet ist die Nachbarschaft von Kuckerneese. In Richtung **Rauterskirch (Alt Lappienen)/Bol'šie Berežki** – 13 Kilometer südwestlich – sind bis zum nahen **Skuldeinen/Grinki** alte Gebäude zu sehen. Dann beginnt eine einsame Gegend, die selbst ihren landschaftlichen Charakter verloren hat; steppenähnliches Gelände, wo einmal fruchtbare Wiesen und Äcker waren. Weit geht der Blick über eine eintönige Unendlichkeit.

Nur an der Straße stehen einige bekannte Gebäude. Dazu gehört die Molkerei **Milchhof (Sausseningken)/Čerkasskoe**. Hier gab es eine Lehranstalt für Tilsiter Käse, die einzige im ganzen Land. In **Gilgenfeld (Joneiten)** stehen Schule und Post (beides Wohnhäuser). In **Eschenberg (Mosteiten)/Slavjanskoe** – alle drei Orte hatten je an die 200 Einwohner – ist ebenfalls die Molkerei (mit Schornstein) erhalten.

Eher noch trostloser ist die Hinterlassenschaft nördlich und östlich von Kuckerneese am Rußstrom. Bis auf Reste sind **Kloken/ Ključi, Skulbetwarren** (das kleine Fährhaus steht), **Altschanzenkrug (Baltruschkehmen)/Razvilki** untergegangen.

Über das ebenfalls nicht mehr vorhandene **Schlichtigen (Gr. Allgawischken)** geht die Fahrt von Kuckerneese in westlicher und dann nordwestlicher Richtung weiter nach dem etwa sieben Kilometer entfernten **Jägerhöh (Schudereiten)**, früher 364 Einwohner, jetzt keine Ansiedlung mehr.

Die Straße von der Kreuzung aus links, südwestlich, Richtung **Herdenau (Kalliningken)/Prohladnoe**, führt durch zunehmend einsamer und öder werdendes Gelände, das sich besonders auf der rechten, nördlichen Seite in ungekannter Art ausweitet. Nur Reste – wenn überhaupt – sind von den Ortschaften an der Straße und in der Nachbarschaft geblieben, so von **Jodungen (Jodischken)/Orlovka, Kleinsommershöfen (Wiescheiten)/Moskovskoe, Perkuhnen/Perekrestnoe, Friedberg (Lebbeden)/Krugloe**, Teil einer ehemaligen Kolchose, **Stucken (Spucken)/Jasnopoljanka,** wo Schule (mit neuem Anbau) und Sportplatz zu finden sind, auch einige Neubauten, **Kleeburg (Tirkseln), Jäkischken/Obvodnoe, Girgsden/Lebedjanskoe, Aschpalten/Medun',Ackeln (Ackelningken)/Rovnoe, Tewellen (Thewellen), Labben/Novoselki.** Die Zufahrten sind zum Teil unpassierbar, während die Hauptstrecke geteert und gut passierbar ist.

Eine größere Ansiedlung ist erst wieder in Herdenau. Aber auch die 600-Einwohner-Gemeinde hat schwer gelitten. Die Kirche ist eine Ruine. Viele Gebäude gibt es nicht mehr, so den Bahnhof, auf dessen Gelände Neubauten stehen, die Volksbank. Erhalten sind: Pfarrhaus, Schule (Kindergarten), beide Gasthäuser, Molkerei. Zu den Neubauten zählen Mittelpunktschule und Ladengeschäft. Herdenau ist Zentrum eines landwirtschaftlichen Großbetriebs. Auch im benachbarten **Trammen (Tramischen)/Raždol'noe**, Richtung **Karkeln**, 276 Einwohner, stehen zahlreiche Altbauten. Dagegen sind **Warten (Wirballen)/Perehvatnoe, Wittken/Lipki** und **Antonswiese (Pustutten)/Berezino** ausgelöscht.

Auch von der einst größeren Ortschaft **Schakendorf (Schakuhnen)/Levoberežnoe,** 367 Einwohner, ist wenig übriggeblieben. Der größte Teil der Bauten des schönen Dorfes fehlt, so die Kirche, Post, Molkerei (Wohnhaus erhalten). Zu den vorhandenen Altbauten zählen Schule, Gut. Einige Neubauten fallen auf. Unverändert nahezu die Deichlandschaft an der Ruß Richtung Nordwest **Kleindünen (Nausseden)/Privalovka.**

Von der Straßenkreuzung Jägerhöh führt die Hauptstrecke in nordwestlicher Richtung in das vier Kilometer entfernte **Dünen (Ackmenischken)/Djunnoe**. Von dem Dorf mit 358 Einwohnern sind nur wenige **Gebäude** übriggeblieben, so die Schule (Lagerraum). In Kleindünen (früher 162 Einwohner), sind kaum fünf Häuser erhalten. Schön die alten Teiche.

Der neun Kilometer lange Weg nördlich bis zur Grenze führt durch die Einsamkeit des Bredschuller Moores. Es beginnt kurz nach der Auffahrt zum Gut **Elchhof** (Jodraggen). Die Tour auf der nun geteerten Straße ist ein besonderes Erlebnis. Einsamkeit und eine unberührte, bizarre Landschaft sind die Begleiter. Zwar versperren nachgewachsene Erlen- und Weidenbüsche die einstige Fernsicht; doch ist jeder Meter des lebenden Hochmoores mit seinen hochragenden abgestorbenen Birkenstämmen, den unendlichen Moosflächen und den kleinen Blänken ein großes Erlebnis.

Bei Elchwinkel (früher 155 Einwohner, heute fast verschwunden) ändert sich die Landschaft; es beginnt die Memelniederung, und nach knapp zwei Kilometern ist der Rußstrom, die Grenze zu Litauen, erreicht. In südwestlicher Richtung führte früher eine Straße nach **Skirwiet (Skirwieth)/Borovoe**. Südlich davon lag am Ibenstrom und nahe zum Haff **Ibenwerder (Ackminge)/Zelenec**. Heute sind beide kaum noch erkennbaren Ortschaften schwer erreichbar.

Keine Spuren menschlicher Ansiedlung gibt es in der südlichen und südöstlichen Nachbarschaft, der Haffniederung und dem Ibenhorster Forst. In den endlosen Bruchwäldern hat die Natur vollends Einzug gehalten. Viele Elche, Rehe und auch Schwarzwild haben dort ihre Heimat.

Das menschliche Niemandsland hat sich bis über die Dörfer am Südrand des Forstes ausgeweitet. Die Ortschaften an der Straße **Dünen – Trammen (Tramischken)/Razdol'noe** sind nahezu spurlos verschwunden, so **Schorningen (Katringkeiten)/Obrazcovo, Ibenhorst/Primorskoe,** auch das Schöpfwerk ist eine Ruine, Försterei steht noch, **Rewellen/Zelencovka.** Oftmals geben nur Kanäle eine Orientierungshilfe in diesem Raum, aus dem sich der Mensch zurückgezogen hat. Aus hochkultiviertem, fruchtbarem Land wurde Einöde und Wildnis.

Zum erheblichen Teil erhalten und bewohnt ist erst wieder **Karkeln/Mysovka** am Kurischen Haff, fast eine Oase in der Wüste, obwohl kaum vergleichbar mit dem gewachsenen Ort. 885 Menschen hatten in dem idyllisch gelegenen und wohlhabenden Fischerdorf ihre Heimat. „Kurisches Venedig" wurde der Ort an der Mündung des Karkelstroms genannt; denn bei Hochwasser war nicht nur das ganze Dorf, sondern fast jedes einzelne Haus eine Insel. Die Kirche war ein Findlingsbau (1772), der 1899 erneuert wurde. Sie beherbergte einen kostbaren Schatz, die Statue der sitzenden Madonna aus dem Ende des 15. Jahrhunderts. Der Ort der fleißigen Fischer war auch Ziel vieler Ausflügler. Kurenkähne am Flußufer waren die besondere Zierde Karkelns.

Wenn man heute von der Holzbrücke auf den Karkelstrom blickt, dann gibt es dieses schöne Bild nicht mehr. Auch die Anlegestelle für die Ausflugsdampfer, das Bollwerk, ist verschwunden. Das Vorland mit den Holzgestellen, auf denen im Herbst die Heuhafen standen, hat sich der Strom geholt, der stellenweise bis an die Straße reicht. Den Stintenberg sucht man vergeblich, und auf dem Kirchendamm steht kein Altbau. Auch die Kirche gibt es nicht mehr, und auf dem Friedhofsgelände ist eine Anlage mit einem Volkshaus entstanden.

Zu den erhaltenen Gebäuden zählen: Pfarrhaus, Schule, Zollhaus, Bahnhof, Forsthaus. Einige Neubauten fallen auf. Insgesamt macht die Ortschaft einen vergleichsweise gepflegten Eindruck. Sie ist Zentrum einer Fischfang-Genossenschaft.

So wie Karkeln waren seine Nachbarorte am Kurischen Haff von alters her idyllisch gelegene Fischerdörfer, die eine naturgegebene und von fleißigen Menschen geprägte Einheit bildeten. Das waren **Loye/Rybač'e, Inse/Pričaly** und **Tawe/Zalivino.** Ihre romantische Schönheit wurde vielgepriesen und in herrlichen Bildern und Fotografien festgehalten. Das große, schicksalsträchtige

Haff verband sie miteinander mehr als Straßen und Wege, die durch das tiefe Niederungsland gebahnt wurden, es tun konnten.

An der Haffküste liegen die Fischerdörfer Tawe, Klein und Alt Inse, Loye und Karkeln. In ihnen sind die Keitelkähne mit ihren schlanken Masten und geschnitzten farbigen Kurenwimpeln zu Hause, auch die einfachen, verschalten, meist gekalkten Bohlenhäuser mit Krüppelwalm und geschnitztem Giebelschmuck. Alt Inse besitzt eine reizvoll am Wasser gelegene achteckige hölzerne Kirche mit Mitteldachreiter und einer Flachdecke auf toskanischen Säulen; sie ist nach dem Vorbild der von Philipp v. Chièze entworfenen Kirche in Rauterskirch 1700 erbaut worden. Auf dem Friedhof stehen buntbemalte hölzerne Grabpfähle, gekrönt mit dem Sinnbild der Unke; sie stammen größtenteils aus der ersten Hälfte des 19. Jahrhunderts.

(Emil Johannes Guttzeit: Ostpreußen in 144 Bildern)

Heute sind sie nahezu untergegangen und nur schwer erreichbar. Von Loye (279 Einwohner) blieben ein paar Trümmerreste. Die Zufahrt über die kaum noch benutzbare Brücke aus den dreißiger Jahren ist ein gefährliches Abenteuer. Reste einer Brücke gibt es auch nur an der früheren Fährstelle – unbefahrbar! Von der Schule blieben einige Treppenstufen, von den Entwässerungspumpen das Fundament. Wie sämtliche Dorfgebäude, so ist auch die Försterei verschwunden, das Gelände gänzlich überwachsen, Unkraut, Gebüsch, aber auch Birken, Weiden und Erlen; Kiebitze in der Luft und Frösche in den Wassern – gnädig verbirgt die Natur das untergegangene Loye.

Wenigstens teilweise erhalten ist das vier Kilometer südlich gelegene Inse, das auch leichter zu erreichen ist. Obwohl die schöne

Heimat von 545 Menschen kaum wiederzuerkennen ist, so geht das Leben weiter. Der größte Teil der Altbauten ist verschwunden, so der besondere Mittelpunkt, die aus dem Jahre 1700 stammende, achteckige, hölzerne, am Wasser gelegene, Kirche; ebenso der Friedhof mit den hölzernen Grabpfählen. Auch die Schule steht nicht mehr. Zu den erkennbaren Altbauten zählen Pfarrhaus, Gendarmerie, Jugendherberge. Über den Strom führt eine baufällige Holzbrücke, von der flußabwärts ein Stück alter Romantik sichtbar wird. Ein Wartehäuschen für den Linienbus steht auf der Alt-Inser-Seite. An der neuen „Kaje" liegen Fischkutter einer Genossenschaft.

Tawe, das südlichste Fischerdorf am Kurischen Haff im Kreis Elchniederung, ist von der Landseite praktisch unzugänglich. 840 Menschen wohnten hier einmal. Heute sind nur Reste der alten, schönen Ansiedlung vorhanden.

Auch das ganze Hinterland dieser Fischerdörfer ist fast ausgestorben. Die herrlichen Forsten von Ibenhorst und Tawel sind der Natur und der Tierwelt überlassen. Eine Besonderheit gab es dort auf der Strecke nach Inse, das **Jagschloß Pait**. Der Kaiser und später Hermann Göring hatten dort ihr Quartier, wenn sie auf Elchjagd gingen. „Datscha Gering", sagen darum die Russen. Die Hauptgebäude stehen noch; ihr Zustand ist besorgniserregend.

Weiter südlich reicht urwaldartiges Dickicht bis in die Haffgegend von Tawe und nahe dem Gilgestrom. Untergegangen ist **Kastaunen** (358 Einwohner); nur das Pumpwerk ist noch in Betrieb. Wenige Bauten blieben von **Tawellenbruch (Tawellningken)/Biserovo** (455 Einwohner). Wie die Fährhäuser so steht auch das Oberförsterhaus. Unverändert fließt die mächtige Gilge. So auch im nahen **Seckenburg (Groß Kryszzahnen)/Zapovednoe**. 1500 Menschen wohnten in dem bedeutenden Marktflecken, der mit seinen Nachbarorten die Grenze zwischen eingedeichter und tiefer Niederung bildete. Heute ist dort das Zentrum eines landwirtschaftlichen Großbetriebs, dessen Maschinen auf dem nicht mehr wiederzuerkennenden Markt stehen. Der bauliche

Seckenburg – Kirche.

Zustand der Kirche ist recht gut. Ihr hoher Turm trägt noch das Kreuz. Das Pfarrhaus dient Wohnzwecken. An der Stelle der verschwundenen Post steht ein Neubau.

Höchstens Spuren gibt es von den Orten südlich davon. Von **Klein Friedrichsgraben/Malaja Nemoninka,** 328 Einwohner, zeugt die baufällige Schule. Unterhalb des Damms am Nemonienstrom führt eine neue Straße nach **Grünhausen (Jodgallen)/ Lugovoe,** 464 Einwohner, das kaum noch vorhanden ist. Das Hebewerk existiert weiter.

Unverändert schön ist die Gilge mit ihrem Niederungsgebiet; aber ihre anheimelnden Ortschaften gibt es nicht mehr. Von den zahllosen Fährstellen sind nur ganz wenig übriggeblieben. Die einzige Brücke über den Strom ist in Sköpen, nahe Kuckerneese. Auch bei der kleinen Siedlung vor **Rautersdorf (Neu Lappienen)/Makve Berežki,** 205 Einwohner, gibt es keine Möglichkeit mehr, über den Fluß zu kommen.

Dort lag einmal das bedeutende 600-Einwohner-Dorf **Rauterskirch (Alt Lappienen)/Bol'šie Berežki.** Es reichte bis in die prußische Zeit und darüber hinaus zurück. Viele ur- und frühgeschichtliche Funde bewiesen das. Sein Name stammt von Luise Katharina v. Chièze, geborene Rauter. Sie ließ 1670/74 die Gilgeniederung entwässern, den Fluß vertiefen und eindeichen. Auch der Kirchenbau 1675/1703 ist ihr Werk. Das niedrige achteckige Gotteshaus entstand nach einem Plan ihres Gemahls Philipp v. Chièze, der das Potsdamer Stadtschloß geschaffen hatte. Auch die Kirche in Alt-Inse wurde nach diesem Muster erbaut. Im südlich gelegenen **Rautenburg/Malinovka** (zuletzt 307 Einwohner) ließ die inzwischen in zweiter Ehe mit Wolf Christoph Freiherr v. Truchseß-Waldburg verheiratete Katharina 1673 ein sehenswertes Schloß vollenden.

Von all diesen Herrlichkeiten und Besonderheiten ist kaum etwas erhalten. In Rauterskirch sind einige, auch größere Altbauten stehengeblieben. Aber die Kirche und viele andere Gebäude sind verschwunden.

370

Rauterskirch – Ruine der Kirche.

Kaum anders sieht es in der südlicheren Niederungsgegend aus, im Bereich von Großer Selse und Schnecke; zu erreichen am besten aus Richtung Kuckerneese über Sköpen, Neukirch, dort westlich Richtung Seckenburg und hinter **Gilkendorf/Uvaly** südlich Richtung **Groß Friedrichsdorf/Gastellovo.**

Von Heinrichswalde sind es knapp zehn Kilometer bis Groß Friedrichsdorf. Auf der Fahrt in südwestlicher Richtung ist hinter der Abzweigung rechts nach **Heideckshof (Skirbst)/Slobodskoe** das Hebewerk zu sehen. Die Schnecke, in der man hier früher in einer Badeanstalt schwimmen konnte, ist zu einem Rinnsal geworden. Schön ist unverändert der Schneckener Forst mit dem Ruckener Wald, wo die Gebäude der Oberförsterei Schnecken stehen, die der Försterei aber verschwunden sind. Während im Raum **Ruckenfeld (Rucken/Friedrichsdorf)/Zelesovo** einige Altbauten stehen, sind **Groß Heinrichsdorf, Groß** und **Klein**

Marienwalde und **Klein Friedrichsdorf/Koẑedubovo** nahezu ausgelöscht.

Leben, beherrscht von einem landwirtschaftlichen Großbetrieb, gibt es dagegen in Groß Friedrichsdorf. Aber der schöne Marktflecken, in dem 1200 Menschen wohnten, ist nicht wiederzuerkennen. Von der stolzen Kirche blieben ein Sockel an der Altarseite und der hochragende Turm mit dem Kreuz, der ein Wahrzeichen für die ganze Umgebung war. Der Granitblock davor steht; aber Inschrift und Gedenktafeln für die Gefallenen 1914/18 gibt es nicht mehr. Verschwunden sind auch Molkerei und Gastwirtschaft. Zu den vielen erhaltenen Gebäuden zählen Schule (in gutem Zustand), Sägewerk mit Schornstein. Neubauten im Einheitsstil gehören zum Dorfbild von heute.

In der Nachbarschaft sind die meisten Ortschaften untergegangen, so auf der Strecke nördlich Richtung Neukirch, **Plein/Toms-**

Groß Friedrichsdorf – Ruine der Kirche.

372

koe, Stobingen/Pridorožnoe, **Wolfsdorf/Sencovo, Lakendorf/ Bogunovo**. In westlicher Richtung, wo die straßensäumenden Eschen fast restlos gefällt sind, blieben von **Peterswalde/Poles'e** ganz wenige Altbauten. Kaum Spuren gibt es von **Noiken (Schillelwethen)/Poles'e, Schneckenwalde (Tunnischken)/Sosnjaki, Loheden** (lange Zeit militärisches Gelände). Die Wege sind zum Teil kaum passierbar. In Richtung Grünhausen wurde die Holzbrücke durch einen betonierten Übergang ersetzt.

Von Groß Friedrichsdorf bis **Kreuzingen (Groß Skaisgirren)/ Bel'šakovo**, im südöstlichen Zipfel des Kreises Elchniederung, sind es rund 16 Kilometer. Die Straße ist gut befahrbar. Sie führt durch den großen Forst Wilhelmsbruch. Nur wenig erinnert an die Ortschaften **Klein Heinrichsdorf/Malaja Ol'hovka, Argental (Ackmonienen/Veseloe, Argemünde (Bittehnischken)/Veseloe, Gerhardshöfen (Weidgirren)/Kamyševka, Gerhardsgrund (Obschruten)**.

Erst nahe Kreuzingen gibt es nennenswerte Besiedlung. So stehen in **Gerhardsweide (Liedemeiten)/Ohotnoe** einige alte und zahlreiche neue Häuser. In **Wartenhöfen (Gr. Girratischken)** sind sogar die meisten Altbeuten erhalten.

Kreuzingen, mit 2256 Einwohnern früher drittgrößter Ort des Kreises Elchniederung, ist eine Art Mittelzentrum geblieben. Die verkehrsgünstige Lage im Schnittpunkt von fünf Straßen und an der Eisenbahnhauptstrecke Königsberg – Tilsit hatte dem 1583 gegründeten Marktflecken bald größere Bedeutung verschafft. In Verbindung mit Brittanien bei Neukirch hatte er den größten Viehverladebahnhof Deutschlands. Ostpreußens größter Wochen- und Preußens größter Ferkelmarkt hatten dort ihre Plätze. Schließlich war Kreuzingen Ausgangsort für Fahrten in das Elchrevier mit dem Schloß Pait, ins Große Moosbruch und in das nahe Wilhelmsbruch. 1807 nahm Napoleon Quartier im Pfarrhaus, und sein Troß zog in die Kirche.

Das Gotteshaus aus dem Jahre 1693 ist jetzt ein Kino. Turm, Sakristei und Eingang gibt es nicht mehr. Auf dem Pfarrhof stehen kleine Neubauten. Den Platz des Kriegerdenkmals 1870/71 hat ein großes russisches Ehrenmal eingenommen. Die Adventisten-kirche, lange Zeit als Laden genutzt, ist Gotteshaus der Katholi-ken.

Zu den vielen erhaltenen Altbauten gehören: Post, Amtsgericht, Mittelschule, Volksschule (weiter Schule), Kreuzinger Mühlen-werke (Altenwohnheim), Leichenhalle (Café), Sparkasse, Volks-bank (hier wurden Appartements mit Dusche/WC für 38 Gäste aus dem Westen eingebaut). Geblieben sind auch die Ost-Sied-lungen und der Sportplatz. Auffällige Veränderungen: ein impo-santes Lenin-Denkmal, größere und kleinere Neubauten auf dem Getreidemarkt, in der Tilsiter Straße (auch eine Tankstelle), der Straße nach Ossafelde. Der Buttermarkt ist Kinderspielplatz.

Wie der Ort selbst, so sind auch die Ortschaften der Umgebung stark verändert, sofern sie überhaupt noch existieren. Eine neue Ausfahrt führt in Richtung **Ossafelde (Endrejen)/Pobedino,** wo wenige Häuser, darunter die baufällige Schule, erhalten sind. Vorhanden ist auch der Ossakanal. Untergegangen ist **Vielbrük-ken (Groß Wixwen)** mitsamt der Zufahrt; ebenso **Wilhelmshei-de**.

In Richtung Tilsit an der alten Reichsstraße 138 sind im Wald bei **Grünhof-Kippen** (ebenfalls ausgelöscht) zwei Denkmäler zur Erinnerung an die Kämpfe im letzten Krieg errichtet worden.

Auf der Straße Richtung Osten stehen einige Altbauten in **Jag-sten/Poddub'e**, darunter die Schule, und **Gutsfelde (Gr. Ob-scherningken)/Čistopol'e**. In **Gowarten/Dzeržinskoe** ist die kaum noch zu erkennende Kirche ohne Turm und mit zwei Vor-bauten zur Lagerhalle geworden. Das Kriegerdenkmal ist ver-schwunden.

Wenig erhalten blieb auch von den Ortschaften an der früheren Reichsstraße 137 nach Insterburg, so in **Georgenheide (Kletel-len)/Urožajnoe** – die Kleinbahn ist abmontiert –, **Georgenforst (Kl. Ischdaggen), Grenzberg (Gr. Asznaggern)/Pridorožnoe**.

Auf der einstigen Reichsstraße 138 in südwestlicher Richtung verlassen wir den Kreis Elchniederung. Von den vier Ortschaften dieser Gegend ist wenig übriggeblieben. **Kämpen (Kumpelken)** und **Wegnersdorf (Wegnerminnen)** sind ganz verschwunden. Von **Parwen (Parwischken)/Peski** und **Schulzenwiese (Schudledimmen)/Novostroevskoe** (Schule steht noch) blieben Reste.

Früher begann hier der Kreis Labiau und nach etwa 13 Kilometern der Kreis Wehlau. Jetzt bildet die Hauptstraße die Grenze zwischen dem bis nahe **Groß Schirrau/Dal'nee** vergrößerten Rayon Slavsk (Heinrichswalde) im Osten und dem Rayon Polessk (Labiau) im Westen.

Nach rund sechs Kilometern ist bei dem nicht mehr vorhandenen **Liebenort (Mehlawischken)** eine Kreuzung. Rechts geht es nach Liebenfelde, links nach Insterburg. Auf dieser südöstlichen Strecke liegt nach einem Kilometer **Markthausen (Popelken)/Vysokoe**. Der schöne Marktflecken hat sehr gelitten. Doch es wohnen wieder rund 1200 Einwohner hier wie früher. Von der nach dem Krieg zerstörten Kirche stehen der ausgebrannte Turm und Reste des Mauerwerks. Das Kriegerdenkmal ist abgetragen. Auch die Kornmühle ist nicht mehr da. Zu den etwa zur Hälfte erhaltenen Gebäuden zählen Schule (weiter Schule), Hotel Drückler (Laden), die Siedlungshäuser.

Auch in Groß Schirrau, früher 487 Einwohner, sieht es nicht viel anders aus. Die Kirche wurde ebenfalls zur Ruine. Wenig blieb von den Dörfern auf der Strecke nach Norkitten, **Fuchshügel (Lapischken)/Dubrovskoe**, **Auerbach (Kekorischken)/ Volhovskoe, Groß Ponnau/Krasnooktjabr'skoe** (in dem früheren 239-Einwohner-Ort stehen Schule und Gasthaus) sowie **Klein Ponnau** (existiert nicht mehr).

Auf der Hauptstrecke sind es rund zwölf Kilometer bis Taplacken. Dort biegen wir nach rechts, westlich, auf die alte 1 und erreichen nach 55 Kilometern unseren Ausgangspunkt Königsberg.

Besuch im benachbarten Memelland

Zum nördlichen Ostpreußen gehört das Memelland. Ein Ausflug dorthin ist immer noch lohnend, auch wenn sich die politischen Verhältnisse geändert haben. Für die Einreise wird ein litauisches Visum benötigt. Sie erfolgt, wenn man aus dem Königsberger Gebiet kommt, über Tilsit oder über die Grenze auf der Nehrung.

Wir wählen den Übergang zwischen Pillkoppen und Nidden. Nach knapp vier Kilometern auf der herrlichen, jetzt geteerten, alten Poststraße biegt nach rechts die Straße nach **Nidden/Nida** ab. Dies ist der größte und schönste Ort auf dem schmalen Landstreifen; zugleich das Verwaltungszentrum für die litauischen Dörfer. Zu den Sehenswürdigkeiten zählen: die liebevoll gepflegten Fischerhäuser und das Fischermuseum im Dorfteil Haken am Haff, die Ortsmitte mit schönen alten Gebäuden wie Jugendherberge und Hotel „Königin Luise" (Jurate) und neuem Rathaus, die Kirche auf der Düne und der Friedhof mit den eigentümlichen Grabtafeln, das Traditionshotel „Haus Blode" (Jurate II), wo einmal der Treffpunkt der Künstlerkolonie Niddens war, das Thomas-Mann-Haus mit dem (allerdings schon recht zugewachsenen) Italien-Blick, der Leuchtturm, die Haff-Promenade, der Hafen und besonders die Dünenwelt von Parniddener Berg, durch das Tal des Schweigens, bis auf die Hohe Düne am Grabschter Haken (Grenze). Lohnend auch der Besuch am breiten Badestrand der Ostsee.

Die Pracht der abwechslungsreichen Wälder nimmt bis zum 27 Kilometer entfernten **Schwarzort/Juodkrantė** noch zu. Der Stolz der wildreichen Forsten ist der Elch.

Etwa drei Kilometer hinter Nidden hat die Nehrung beim Bullwikscher Haken (landzungenartige Ausbuchtung ins Haff) mit etwa vier Kilometern die größte Breite (nördlich von Sarkau mit knapp 400 Metern die schmalste Stelle). Wie fast alle Ansiedlungen, liegt auch **Preil/Preila** am Haff. Das kleine Fischerdorf wurde zu einem anziehenden Erholungsort ausgebaut. Die zahlreichen Neubauten fügen sich gut ins alte Bild. In der Bucht am Preiler Haken ist eine Fischergenossenschaft angesiedelt, deren Existenz vor allem angesichts der zunehmenden Verschmutzung des Haffs immer schwieriger wird. Ein Waldfriedhof mit alten und neuen deutschen Gräbern verdient Beachtung.

Perwelk/Pervalka, fünf Kilometer nördlich, ist eine besonders schmucke Ortschaft mit einer der schönsten Feriensiedlungen auf der Nehrung. Im Haff vor dem Pferdehaken steht noch immer die Haffleuchte.

Schwarzort, nach 15 Kilometern, ist ein Perle der Nehrung. Reizvoll die Partie auf der Dorfstraße, auf der einen Seite heimelige Fischerhäuser, auf der anderen das idyllische Haffufer, im Hintergrund der Evaberg, der mit einer eigenartigen Skulpturenschau eine Attraktion hat. Unweit davon der Reiherberg mit unzähligen Reiherhorsten. Die gotische Backsteinkirche aus dem Ende des vorigen Jahrhunderts ist wieder Gotteshaus. In der Nähe befindet sich der wohl beste Hotel-Komplex auf der Nehrung. Vor Schwarzort liegt das nördlichste Wanderdünengebiet, das auch wegen seiner bizarren und vielfältigen Gebilde den Besucher entzückt. Auf der Weiterfahrt in nördlicher Richtung sollte der Blick auf den Bernsteinhafen nicht versäumt werden.

Das knapp 20 Kilometer entfernte Nehrungsende bietet zahlreiche Attraktionen anderer Art. Von **Sandkrug/Smiltynė** (den historischen Krug gibt es nicht mehr) bis Süderspitze reihen sich aneinander: Nehrungsmuseum, Haus der Tiere, Freilichtmuseum (Fischerhäuser), Schiffsausstellung, auch Boote mit Kurenwimpeln und als krönender Abschluß ein großes Meeresmuseum. Sandkrug hat – wie alle Nehrungsorte – einen sehr schönen Badestrand an der Ostsee.

Die Fahrt über das Memeler Tief gewährt einen eindrucksvollen Blick auf die ausgedehnten Hafenanlagen der Stadt, die 200 000 Einwohner zählt (früher 41 000). Die neue Silhouette ziert kein Kirchturm mehr. Aber im **Klaipėda** von heute ist viel **Memel** von einst erhalten oder wiedererstanden.

Memel – Bernsteinverkäuferin auf dem Theaterplatz. Dahinter Ännchen-Brunnen und Theater.

Die Altstadt mit ihren Gäßchen und trauten Winkeln hat weithin die Gestalt von einst. Besonderer Anziehungspunkt: der neuge-staltete Theaterplatz, wo auch wieder der Ännchen-Brunnen mit dem Simon-Dach-Relief zu bewundern ist. Weitere Sehenswür-digkeiten: das historische Rathaus, die Hauptpost und das Uhren-museum in der Alexanderstraße, die älteste Post in der Hohen Straße, die Altbauten im Zentrum wie Königin-Luise-Schule und Hotel „Viktoria", alte Speicher, zum Teil noch mit deutscher Beschriftung.

Die neue Zeit zeigt sich besonders mit dem repräsentativen Hotel „Klaipėda" in der Stadtmitte. Die Lenin-Statue steht seit dem Umbruch nicht mehr davor. Ausgemustert liegt sie rücklings auf dem Hof des „Museums Klein-Litauen". Ein Skulpturenpark befindet sich auf dem Gelände des früheren Städtischen Friedhofs. Höchstes Gebäude ist im Zentrum das Kulturhaus. Gern besucht wird in der Nähe das Restaurant-Schiff „Meridianas".

Knapp 20 Kilometer nördlich von Memel war früher der Grenzort **Nimmersatt**. Heute ist dort kaum mehr als eine Bushaltestelle mit dem Namen **„Nimerseta"**. Wer bis hier kommt, sollte den Besuch des nahen **Polangen/Palanga** mit dem sehenswerten Bernsteinmuseum nicht versäumen.

In südöstlicher Richtung geht die Fahrt von Memel über die alte 132 nach **Prökuls/Priekulė** an der Minge (idyllische Flußpartie, früheres Gemeindehaus jetzt evangelische Kirche, kleines Museum für die Schriftstellerin Eva Simoneit, Eva Simonaitylė). Hier lohnt sich ein Abstecher in die wunderbare Wasserlandschaft der Haff-Niederung nach **Drawöhnen/Draverna** (mit Blick auf die Dünen bei Schwarzort), **Kinten, Windenburg** (Vogelwarte, Leuchtturm), **Minge,** ein „Venedig der Natur".

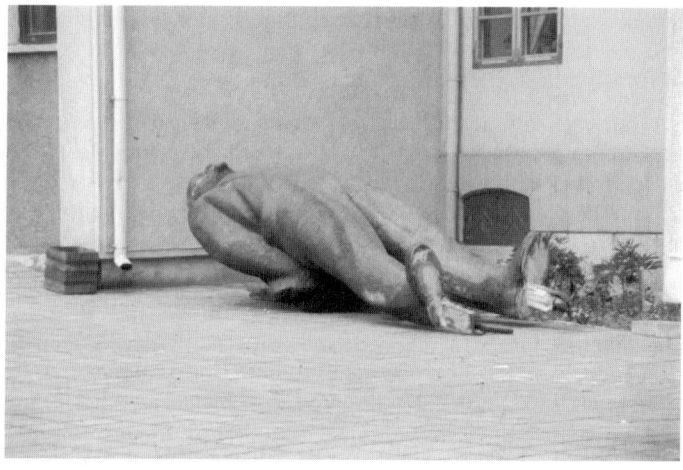

Memel – Lenin-Statue auf dem Hinterhof.

Auf der Hauptstecke, der alten 132, folgt etwa 28 Kilometer hinter Prökuls **Heydekrug/Šilutė**, eine stark wachsende Kreisstadt mit Tradition. Die Kirche aus dem Jahre 1926 ist das Zentrum der evangelischen Christen im Memelland, was fest gleichbedeutend ist mit deutschen Memelländern. Im Gegensatz zum russischen Königsberger Gebiet gibt es hier im litauischen Bereich noch viele angestammte Bewohner und ihre Nachfahren. Die Pastoren predigen auch in deutscher Sprache und betreuen zahlreiche Gemeinden im ganzen Gebiet.

Im stark geförderten Kreiszentrum gibt es neben den meisten erhaltenen Altbauten zahlreiche, auch hochragende Neubauten. Die alte Einwohnerzahl von 5000 wurde bereits überschritten. Besondere Sehenswürdigkeit: das Sudermann-Museum im Ortsteil **Matzicken**. Hermann Sudermann, der zu den bedeutendsten Dichtern und Dramatikern in der Zeit der Jahrhundertwende zählte, wird hier in seinem Vaterhaus auf eindrucksvolle Weise gewürdigt. Seine unvergeßliche „Reise nach Tilsit" wurde auch von Litauern verfilmt. – Ganz in der Nähe ist eine Gedenkstätte für die litauischen Opfer der Gewaltherrschaft. Im Ortsteil **Werden** kann die Stelle besichtigt werden, wo der Urgroßvater Immanuel Kants, Richard Kant, einen Krug besaß.

Von Heydekrug südwestlich ist ein Ausflug in die Haffniederung möglich, wo es über eine neue Atmath-Brücke nach **Ruß/Rusné** (Kirche aus dem Anfang des 15. Jahrhunderts, Geburtsort der Heimatdichterin Charlotte Keyser) und in die grüne Abgeschiedenheit mit Dörfern wie **Skirwietell** und **Pokallna** geht.

Die Fahrt auf der Hauptstrecke in östlicher Richtung führt nach **Jugnaten/Juknaičiai** (sieben Kilometer), ein als Musterhof ausgezeichneter Ort mit sehr guter Hotel-Unterkunft; nach **Pogegen/Pagégiai** (weitere 25 Kilometer), früher 2700 Einwohner, eine zeitlang Kreisstadt **Willkischken/Vilkyškiai** (15 Kilometer) früher 1000 Einwohner und bis nach **Schmalleningken/Smalininkai** (weitere 27 Kilometer). Der Marktflecken mit 1300 Einwohnern war einmal Deutschlands nordöstlichste Ortschaft.

Auf der Rückfahrt erreichen wir nach rund 42 Kilometern an einer großen Kreuzung die alte Reichsstraße 133. Nördlich führt der Weg über **Piktupönen/Piktupėnai** in das ungefähr 25 Kilometer entfernte **Tauroggen/Taurage**. Etwa fünf Kilometer vor der Stadt weist ein Schild auf die 700 Meter entfernte „Gedenkstätte Konvention von Tauroggen" hin. In der dortigen Mühle hatte am 30. Dezember 1812 General Graf Yorck von Wartenburg mit dem russischen General Diebitsch ein Übereinkommen geschlossen, daß die Trennung des preußischen Hilfskorps von der französischen Armee und damit den Beginn der Befreiung von Napoleon einleitete.

Unmittelbar an der Straßenkreuzung steht seit November 1992 ein Kreuz und daneben eine Holztafel mit der Inschrift in deutsch und litauisch: „Zum Gedenken an die in den Jahren 1944 bis 1947 umgebrachten und verhungerten Einwohner Ostpreußens – Deutscher Verein Edelweiß 1992". „Wolfskinder-Denkmal" heißt die Stätte im Volksmund.

Gegenüber ist eine empfehlenswerte Pausenstation, die Gastwirtschaft „Bytautas". Das Dort heißt **Miekiten/Mikytai**. Fahren wir von dort in südwestlicher Richtung, so ist nach knapp fünf Kilometern Übermemel erreicht. Vor uns liegen die Memel, der Grenzübergang und Tilsit.

Rußlanddeutsche in Nord-Ostpreußen

Die Rußlanddeutschen in Nord-Ostpreußen sind ein ganz besonders bewegendes Kapitel in der turbulenten Nachkriegsgeschichte dieses Gebietes. Es ist ein außergewöhnlicher Teilaspekt des Gesamtthemas Deutsche in Rußland.

Begonnen hatte es, als die Zarin Katharina II. und Zar Alexander I. 1762 beziehungsweise 1804 Manifeste erließen, in denen alle Ausländer aufgefordert wurden, sich in den Steppengebieten des Wolga- und Schwarzmeergebietes niederzulassen. Ihnen wurden Land „auf ewige Zeiten", freie Religionsausübung und viele andere Vergünstigungen verbindlich zugesagt.

Tausende Deutsche folgten diesem Ruf. Sie kamen aus fast allen Gegenden, überwiegend aus dem Südwest- und süddeutschen Bereich. Es entstanden schließlich blühende geschlossene Siedlungsgebiete wie auch Streusiedlungen und Einzelhöfe. Am größten und bekanntesten waren die deutschen Siedlungen im Wolga- und Schwarzmeerbereich. Die lange Zeit des tatkräftigen Aufbaus und erfolgreichen Wirkens und Lebens ging mit Beginn des Ersten Weltkriegs zu Ende. Im und nach dem Zweiten Weltkrieg wurden sie schließlich verfolgt, verbannt und entrechtet.

Die politischen Veränderungen brachten für sie keine grundlegende Besserung. Nach Auflösung der Sowjetunion sehen sie sich in den vorwiegend asiatischen Vertreibungsgebieten (Kasachstan, Kirgisien, Usbekistan, Tadschikistan, Turkmenistan) unter neuem politischen Druck. Da in ihren Augen alle Versuche, ihnen einen neuen Siedlungsraum zu verschaffen, vergeblich waren und wohl auch weiter sein werden, bleibt ihnen nur der Ausweg einer Aussiedlung nach Deutschland.

Eine wachsende Zahl sieht in einer Abwanderung ins Königsberger Gebiet, der jetzt russischen Exklave und früheren deutschen Provinz, eine sinnvolle Alternative. Um die 10 000 Rußlanddeutsche haben nach Schätzungen bisher den Weg hierher gewählt.

Sie wohnen über die ganze Region verstreut, von Tilsit bis Pr. Eylau und von Pillau bis Ebenrode. Vom Bernsteinschleifer bis zum Marineoffizier, vom Baumeister bis zur Reinmachefrau sind nahezu alle Berufe vertreten.

Die meisten aber von ihnen sind Bauern. Die Gunst der Stunde will es, daß sie gerade in dem Augenblick auf den Plan treten, da Sowchosen und Kolchosen aufgelöst und das Land privaten Interessenten angeboten wird. Sie stehen in der ersten Reihe der Bewerber und sind oft die einzigen. Manchmal – wie in Trakehnen – nähert sich diese Zahl gar der Hundertergrenze. Gelegentlich sehen Dörfer fast schon wie einst aus, so in Uhlenhorst/Lenkinnen (Kreis Angerapp).

Man muß es mit eigenen Augen gesehen haben, um zu glauben, was hier geschieht: Aus ruinenartigen verkommenen Altbauten machen die Neuankömmlinge in kürzester Frist wohnliche Heime. Fast gleichzeitig bauen sie sich eine Lebensgrundlage auf: Gemüsegarten, Geflügel, Vieh, Landwirtschaft. Das alles geschieht mit einem Fleiß und einem Einsatz und unter Bedingungen, wie sie bei uns nicht mehr vorstellbar sind.

Nach und nach holen sie ihre Familien, die Verwandten, auch Freunde nach, so daß die alte Gemeinschaft in einer neuen Heimat wiederhergestellt wird. Das Verhältnis zu den russischen Nachbarn ist – bis auf Ausnahmen – gut, und ihr Beispiel findet oft Nachahmung. Sie loben die gute Erde, die schöne Landschaft und das bekömmliche Klima. „Hier ist das Paradies", sagen sie. „Hier wollen wir bleiben." Für sie ist das keine Wildnis wie für diejenigen, die das blühende Ostpreußen kannten. Denn sie kommen aus den asiatischen Weiten, wo sie noch keinen Obstbaum blühen sahen.

Sie möchten sich allmählich ganz heimatlich einrichten, mit Schulen, „damit unsere Kinder wieder die Muttersprache lernen", Kirchen (teilweise gibt es bereits regelmäßige Gottesdienste), aber auch mit Fabrikationsbetrieben (besonders für Baumaterialien, Läden usw.). Alles, was nötig ist, um sich ein neues Leben aufzubauen.

Eng verbunden mit dem Schicksal der Rußlanddeutschen ist die Gesellschaft der deutschen Kultur „Eintracht" in Königsberg. Ihr neuer Sitz ist das „Haus der Deutsch-Russischen Begegnung", Lieper Weg/Jaltinskaja 2a (hinter dem Kupferteich, nahe Sackheimer Tor), Tel. 46 96 82. Von ihren etwa 5000 Mitgliedern sind 70 Prozent Rußlanddeutsche; auch die meisten der ganz wenigen dort noch lebenden gebürtigen Ostpreußen zählen zu ihnen. Fast täglich kommen neue hinzu.

Vorsitzender Viktor Hoffmann berichtet: „Oft klingelt nachts das Telefon. ‚Hier ist Neumann', meldet sich eine Stimme. ‚Ich rufe aus Omsk an. Mittwoch kommen wir mit zehn Personen. Besorg' uns bitte Quartier!' Bevor ich etwas sagen kann, ist die Leitung unterbrochen. Und wo soll ich die Menschen unterbringen?!"

„Eintracht"-Vorsitzender Viktor Hoffmann mit Rußlanddeutschen in Trakehnen.

384

So ist er – und die Mitarbeiter – ständig unterwegs, um Notunterkünfte zu suchen, Altbauten (für einen späteren Bezug) aufzuspüren, Existenzgründungen zu ermöglichen, Verhandlungen und Gespräche aller Art zu führen. In manchen Kreisen und Orten gibt es bereits Filialen für den zuständigen Bereich, so in Tilsit (H. Stefan Ferenz, ul. Kaschtanovaja 8a-58), Friedland (Lotte Wolf, ul. Komsomolskaja 2a-1), Großheidekrug (Reinhardt Kennke, Tel. 8/2522 84 06).

Orte mit vielen Rußlanddeutschen oder besonderen Ansiedlungen sind: Königsberg, Tilsit; im Kreis Fischhausen (heute Cranz): Rudau, Liska-Schaaken, Palmnicken, Neuhausen, Knöppelsdorf und Avangardny (neues Dorf); Kreis Labiau: Gilge (wo sogar ein Hotel geschaffen wurde), Liebenfelde; Pronitten; Kreis Friedland: Domnau, Groß Wohnsdorf; Kreis Gerdauen: Gerdauen, Trausen, Philippovka (bei Stockheim); Kreis Pr. Eylau: Pr. Eylau, Gr. Sausgarten, Lampasch, Penken; Kreis Heiligenbeil: Heiligenbeil, Zinten, Pörschken, Kreis Gumbinnen: Pabbeln; Kreis Ebenrode: Trakehnen, Kassuben, Eichrode; Kreis Angerapp: Uhlenhorst, Jürgenfelde, Sausreppen, Wilhelmsberg, Jablonevka, Kramyschevo; Kreis Ebenrode: Groß Degesen; Kreis Goldap: Tollmingen, Herzogsrode; Kreis Elchniederung: Neukirch, Linkuhnen.

Verbunden mit der Kulturgesellschaft „Eintracht" sind die Firmen „Eintracht Ost" (Verkaufskiosk gegenüber Hauptbahnhof), „Altstadt" und „Königsland" sowie das Museum im Friedländer Tor, dessen Besuch zu empfehlen ist (nach Vereinbarung, Tel. 44 34 55, Alexandr. Novyk). Ab Saison 1993 arbeitet „Eintracht Ost" auch im touristischen Bereich. Taxen mit deutschsprechenden Fahrern stehen zur Verfügung.

Nach Möglichkeit sollten Besuche bei rußlanddeutschen Familien eingeplant werden.

Juri Iwanow und der Kulturfonds

Zu den herausragenden Vereinen der Stadt gehört der „Kaliningrader Kulturfonds", zu den bedeutendsten Persönlichkeiten sein Vorsitzender Juri Iwanow. Sie waren nicht nur Wegbereiter eines neuen Denkens über die Vergangenheit, sondern sie sind auch in der vordersten Reihe jener Menschen guten Willens, die an einer besseren Zukunft des Gebietes arbeiten.

Die Wandlung des Juri Iwanow spiegelt sich in einem seiner markanten Sätze wieder: „Damals haben wir die Köpfe der Denkmäler von großen Deutschen in Königsberg zerschlagen; heute flicken wir sie wieder zusammen." Tatsächlich war er dabei, als an der Burgschule die Steinbilder von Kant, Copernicus, Herder und Corinth abgehauen wurden.

Voller Haß war der 17jährige 1945 nach der Eroberung in die Stadt gekommen. Er hatte zwei Jahre lang das Leiden und Sterben im belagerten Leningrad mitgemacht, die „verbrannte Erde" seines Heimatlandes gesehen, alles Deutsche für faschistisch gehalten. Seine Wut steigerte sich, als er nach Ostpreußen kam, die deutschen Städte, Dörfer und Wohnstätten sah und es nicht fassen konnte, warum ein so reiches Land es nötig hatte, sein armes Rußland zu überfallen.

Erstes Nachdenken setzte ein, als er in Königsberg zurückgebliebene Deutsche kennenlernte. Später sah er die Welt als Seefahrer. Nach der Rückkehr verarbeitet er sein Erleben in Büchern, die zum Teil zu Bestsellern wurden und auch in anderen Ländern erschienen. Mittlerweile sind es um die 30 Bände.

Damit gab Juri Iwanow sich nicht zufrieden. Sein Interesse an der Stadt, die nun seine Heimat war, wurde übermächtig und drängte zur Tat. Es war die Zeit, als das geflügelte Wort von „unserem Landsmann Kant" im abgeriegelten Kaliningrad die Runde machte und die Bevölkerung aufrief, die eroberte feindliche Metropole als ihre Stadt mit ihrer wahren Vergangenheit anzunehmen.

Juri Iwanow

Im November 1987 wurde die Kaliningrader Sektion des Sowjetischen Kulturfonds gegründet. Juri Iwanow wurde ihr Vorsitzender. Mit Elan und Fantasie, die ihn in besonderer Weise auszeichnen, ging er ans Werk. „An alle, alle, alle! Wer die historischen Denkmäler der Stadt schätzt, kann bei der Restaurierung des Friedrichsburger Tores mitarbeiten. Arbeitsgeräte und Fäustlinge werden gestellt." Mit diesem handgeschriebenen Aufruf begann das rühmenswerte Kapitel der Restaurierung von historischen Denkmälern und Bauten.

Von da an war und ist Juri Iwanow überall dabei, wo es um solche Vorhaben geht: Königstor, Friedländer Tor, Kant-Häuschen, Dom, Kneiphof, Gedenkstätte für die Königsberger, Kirche von Tharau, Suche nach dem Bernsteinzimmer, Umbenennung des Namens für die Stadt (längst ist Kalinin, Stalins Gefolgsmann, nicht mehr zeitgemäß; Königsberg empfiehlt sich schon wegen der Rückbesinnung auf die Vergangenheit). Keine Ausstellung, Diskussion, Planung, da er nicht dabei ist. Auch in der Bundesrepublik Deutschland, wohin er als erster Mann aus Kaliningrad reisen durfte, ist er als Referent, Gesprächspartner, Gast und Freund willkommen.

Juri Iwanow war so zwangsläufig auch ein Mann der politischen Umkehr, der die Fesseln dogmatischen Denkens abstreifte und die Ideale von Freiheit und Demokratie entdeckte. Als Delegierter wirkt er, oft gegen übermächtige Widersacher, mutig und revolutionär-fortschrittlich auf der politischen Ebene. Seine kühnen Gedanken lassen den visionären Plan einer „vierten baltischen Republik" aufkommen. Denn er weiß, daß eine „Freihandelszone Bernstein" unter den gegebenen Bedingungen kaum funktionieren wird; auch daß gerade die Geschichte Ostpreußens zeigt, daß Trennung vom Mutterland kaum Gutes verspricht. Es ist ihm aber ebenso klar, daß alles nur möglich ist, wenn Frieden und Einvernehmen mit allen beteiligten Ländern herrschen. Auch dafür spricht die Vergangenheit dieses Landes.

Die allgemeine Versorgungsnot hat Juri Iwanow und den Kulturfonds ebenso im sozialen Bereich aktiv werden lassen. Viele Hilfslieferungen gehen über diese Adresse an notleidende Menschen, besonders an Kinderkrankenhäuser und Altenheime, aber auch an verarmte Künstler und Geistesschaffende. Bei der Vermittlung anderer Hilfsleistungen, etwa bei technischem Gerät, ist er gleichfalls zur Stelle. Es gibt nichts, was er in diesem Sinne nicht tut.

Einmal sagte er: „Es bereitet mir schmerzliche Gedanken, wie schön die Stadt Königsberg war und wie ungeheuerlich jeder Krieg ist." Es ist eine Art Bekenntnis des Juri Iwanow – ein Fanal für die Stadt und die Menschen, die dort wohnen und wohnten und weit darüber hinaus.

Kaliningrader Kulturfonds, Borodinskaja 13, 236023 Kaliningrad – Tel. 21 69 76

Bedeutende Ostpreußen

Friedrich Wilhelm Argelander (22. 3. 1799 – 17. 2. 1875) – Bedeutender Astronom. Der gebürtige Memeler, Sohn eines Großkaufmanns, war Assistent Friedrich Wilhelm Bessels und setzte dessen Werk fort. Mit 23 Jahren Professor in Königsberg. Richtete in Helsinki eine Sternwarte ein. 1837 Professor für Astronomie in Bonn. Dort Schaffung des „Bonner Durchmusters", eines Atlanten und Katalogs des gestirnten Himmels mit 324 188 Sternen.

Friedrich Wilhelm Bessel (22. 7. 1784 – 17. 3. 1846) – Astronom mit Weltruhm. Der gebürtige Mindener und Schüler des bedeutenden Mathematikers Gauß wurde auf dessen Empfehlung mit 26 Jahren Professor für Astronomie in Königsberg und baute die dortige Sternwarte auf. Berechnete 1823, daß hinter dem Uranus ein anderer Stern seine Bahn ziehen müsse; dies war der 1846 entdeckte Neptun. Bessel bestimmte genaue Werte für das Vorrücken der Tag- und Nachtgleiche und lieferte durch seine „ostpreußische Gradmessung" exakte Angaben über Gestalt und Größe der Erde. Weltweit bekannt wurde er, als er 1838 erstmals die Entfernung der Erde von einem anderen Stern (61 Cygni im Schwan) genau mit 97 Billionen Kilometern berechnete.

Johannes Bobrowski (9. 4. 1917 – 2. 9. 1965) – Dichter. Der gebürtige Tilsiter schrieb seine ersten Gedichte 1941 als Soldat am Ilmensee. Nach Rückkehr aus Kriegsgefangenschaft in Ost-Berlin. Bekannteste Werke: „Samatische Zeiten", „Levins Mühle", „Litauische Claviere" (Christian Donalitius gewidmet). Zahlreiche Auszeichnungen. In seinen Arbeiten spiegelte sich das Bemühen wieder, auf dem Boden alteuropäischer Traditionen Brückenbauer zwischen Ost und West zu sein.

Herbert Brust (17. 4. 1900 – 28. 6. 1968) – Komponist. Der gebürtige Königsberger vertrat schon mit 16 Jahren den Domorganisten. Seine Werke waren überwiegend der Heimat Ostpreußen gewidmet, wurden aber über die Grenzen der Provinz hinaus bekannt, so die „Ostpreußischen Fischertänze", die „Bernstein-kantate", die Festkantate „Memelland". Aus dem Oratorium „Heimat" stammt das Lied „Land der dunklen Wälder", das zur Hymne der Ostpreußen wurde.

Nicolaus Copernicus (19. 2. 1473 – 24. 5. 1543) – Schöpfer unseres heutigen Weltbildes. Der in Thorn geborene Sohn einer über Krakau aus Niederschlesien eingewanderten deutschen Bürgerfamilie studierte in Krakau und Bologna. Domherr in Frauenburg, zuerst Leibarzt des ermländischen Bischofs Lukas Watzenrode, seines Onkels, später Landpropst; lange Zeit auch im Allensteiner Schloß. In seinem astronomischen Lebenswerk begründete er die Lehre von der Bewegung der Erde um die Sonne, die die bisherige Auffassung von der Erde als Mittelpunkt ablöste, was für lange Zeit im Widerspruch zur Meinung der katholischen Kirche stand. Hauptwerk: „De revolutionibus coelesticum", Über die Bewegung der Himmelskörper. Beigesetzt im Dom zu Frauenburg.

Lovis Corinth (21. 7. 1858 – 17. 7. 1925) – Maler von Weltruf. Der gebürtige Tapiauer studierte in Königsberg, Berlin, München, Antwerpen, Paris. 1901 eigene Malschule in Berlin. 1915 Präsident der Sezession in Berlin. Ehrendoktor der Albertus-Universität. Ehrenmitglied der Akademie in München. Ehrenbürger von Tapiau. Seine lebensvollen Werke waren impressionistisch geprägt. Später hatten sie, mit der Farbe als Ausdrucksmittel, expressionistische Züge. Auch bedeutender Landschafts- und Porträtmaler.

Simon Dach (29. 7. 1605 – 15. 4. 1659) – Liederdichter und hervorragender Vertreter des Königsberger Geisteslebens. Der in Memel geborene Sohn eines Gerichtsdolmetschers war der begabteste Dichter der „Kürbislaube", des Königsberger Dichterkreises, in dem erstmals die deutsche Sprache im Vordergrund stand. 1639 Inhaber des Lehrstuhls für Poesie an der Albertus-Universität, 1656 Rektor. Seine literarischen Ergüsse waren meistens Gelegenheitsarbeiten zu Familienfeiern. So soll auch das „Ännchen von Tharau" entstanden sein, das ihm zugeschrieben wird. Einige seiner geistlichen Lieder werden noch heute gesungen.

Johann Friedrich Dieffenbach (10. 2. 1792 – 11. 11. 1847) – Begründer der Plastischen Chirurgie. Der gebürtige Königsberger studierte in seiner Heimatstadt und in Würzburg Medizin. In Berlin entwickelte er – oft in Selbstversuchen – Methoden für die Neubildung von Lippen, Nasen, Augenlidern, Hautübertragungen, Haarverpflanzungen und den Muskelschnitt bei Schielenden. 1840 Professort und Direktor der Chirurgischen Klinik der Charité. Tod bei der Arbeit im Operationssaal.

Christian Donalitus (1. 1. 1714 – 18. 2. 1780) – Dichter, von den Litauern Kristijonas Donalaitis genannt und als Begründer der litauischen Literatur betrachtet. Der Sohn eines Köllmers (Freibauern) aus Lasdinehlen bei Gumbinnen besuchte in Königsberg die höhere Bürgerschule auf dem Kneiphof, studierte an der Albertus-Universität (1732 - 1737) evangelische Theologie sowie Hebräisch, Griechisch, Latein und Französisch, im litauischen Seminar Litauisch. Muttersprache Deutsch, doch vermutlich zweisprachig im damaligen „Kleinlitauen" genannten Gebiet aufgewachsen. Seine Dichtung „Metai" (Jahreszeiten) in litauischer Sprache gilt für die Litauer als Beginn ihrer schöngeistigen Literatur. Das mehrfach ins Deutsche übersetzte Werk in Hexametern zeugt von hohem Niveau.

Johann Christoph Gottsched (2. 2. 1700 – 12. 12. 1766) – Theaterreformer und Dramatiker. Der Sohn des Pfarrers von Juditten studierte Theologie und Literatur. 1725 nach Leipzig, dort Hauslehrer, Dozent, Professor. 1730 Veröffentlichung der „Kritischen Dichtkunst". Kaiserin Maria Theresa nannte ihn „Meister der deutschen Sprache". 1737 verbannte er symbolisch den Hanswurst von der Bühne. Der Übereifer seiner Reformen nahm ihm einen erheblichen Teil seines guten Rufes.

Ferdinand Gregorovius (19. 1. 1821 – 1. 5. 1891) – Historiker und Geschichtsschreiber. Der gebürtige Neidenburger studierte in Königsberg. Das besondere Ziel seiner ausgedehnten Reisetätigkeit war Italien (seit 1852). Er wurde als „Geschichtsschreiber der Stadt Rom" berühmt, wurde als einziger Protestant Ehrenbürger der „ewigen Stadt". Seine bedeutendsten Werke: „Geschichte der Stadt Rom im Mittelalter" (acht Bände), „Wanderjahre in Italien". In den „Idyllen vom Lateinischen Ufer" verglich er die heimische Ostsee (besonders in seinen „Sommeridyllen" Rauschen und Sassau) mit der Küste Italiens.

Johann Georg Hamann (27. 8. 1730 – 21. 6. 1788) – Bedeutender deutscher Denker, auch „Magnus im Norden" genannt. Sohn eines Baders der Altstadt, der niemals Königsberg verließ. Wegbereiter des „Sturm und Drang". Anders als Kant, Gegner der Aufklärung. Gefühl und Offenbarung stellte er über Vernunft und Wissenschaft. Die Poesie war für ihn die „Muttersprache des Menschengeschlechts". Bekannt mit Kant und befreundet mit Herder.

Johann Gottfried Herder (25. 8. 1744 – 18. 12. 1803) – Philosoph und Theologe, besonders auch als Brückenbauer zu den Völkern des Ostens bekannt. Sohn eines Schulmeisters in Mohrungen, kam durch einen russischen Regimentsarzt nach Königsberg, studierte dort jedoch nicht Medizin, sondern Theologie und besuchte Vorlesungen Kants. Geistlicher und Lehrer in Riga. Dadurch Bekanntschaft mit den Menschen im Osten, ihren Liedern und ihrer Dichtung. In Weimar als Generalsuperintendent Freund und Mentor Goethes. Seine Sammlung „Stimmen der Völker in Liedern" (1788), bedeutendstes Werk, brachte ihm den Ruf „Erwecker der slawischen Völker" ein.

Ernst Theodor Amadeus (E.T.A.) Hoffmann (24. 1. 1776 – 24. 7. 1822) – Dichter, Musiker, Maler, Meistererzähler. Als Jurist und Musiker verschiedenorts und vielseitig tätig, u. a. 1813 Kapellmeister in Dresden, 1816 Kammergerichtsrat in Berlin. Reiche musische Begabung, scharfer Verstand und lebhafte Fantasie, genialster Vertreter der norddeutschen Romantiker. Schrieb zahlreiche Opern und Bücher. Zu den schönsten Erzählungen gehören „Die Serapionsbrüder" (vier Bände).

Immanuel Kant (22. 4. 1724 – 12. 2. 1804) – Größter Sohn Königsbergs und bedeutendster Denker Deutschlands. Sohn eines Riemermeisters. Verließ Königsberg nur während einer Hauslehrerzeit. 1755 Privatdozent an der Albertus-Universität. 1770 Professor für Logik und Metaphysik, 1786 und 1788 Rektor. Verfasser zahlreicher epochaler Schriften mit weitgespannter Thematik. Weltweiten Ruhm errang er mit den Werken „Kritik der reinen Vernunft" (1781), „Kritik der praktischen Vernunft" (1788) und „Kritik der Urteilskraft" (1790). Er schaffte die Grundlagen für eine neue Philosophie, erwarb sich auch große Verdienste auf den Gebieten der Astronomie und der Geographie. Sein „Kategorischer Imperativ" ist die prägnanteste Fassung eines allgemeingültigen Sittengesetzes.

Walter Kollo (28. 1. 1878 – 30. 9. 1940) – Operettenkomponist. Der unter dem Namen Kollodzieyski in Neidenburg geborene Musiker studierte in Sondershausen, begegnete als Kapellmeister in Stettin Paul Lincke und ging nach Berlin, wo er zum beliebtesten und berühmtesten Meister der leichten Muse neben Lincke avancierte. Ganz Berlin und bald auch das übrige Land sang und pfiff seine eingängigen Melodien, die bis heute noch gern gehört werden, so „Es war in Schöneberg, im Monat Mai", „Die Männer sind alle Verbrecher", „Berlin bleibt doch Berlin". Auch Chansons schrieb er, vor allem für Claire Waldorf. – Sein Sohn Willi Kollo wurde einer der begehrtesten Texter, schrieb drei Operetten für seinen Vater, unzählige Schlager („Einmal wirst du wieder bei mir sein"), machte sich auch als Romanschreiber einen Namen. Der Enkel René Kollo begann ebenfalls mit der leichten Muse, wurde dann ein gefeierter Opernsänger von Rang.

Käthe Kollwitz (8. 7. 1867 – 22. 4. 1945) – Herausragende Vertreterin der darstellende Kunst mit sozialem Engagement. Die gebürtige Königsbergerin war Enkelin des Begründers der ersten freien evangelischen Gemeinde Julius Rupp. In ihren Zeichnungen, Holzschnitten, Lithographien und Radierungen konzentrierte sie sich auf das Wesentliche. 1898 erregte sie erstmals Aufsehen mit der Folge „Ein Weberaufstand" bei der Großen Deutschen Kunstausstellung. 1919 Professur, 1929 Aufnahme in die

Friedensklasse des Ordens pour le mèrite. 1933 Amtsenthebung als Leiterin der Meisterklasse für Graphik an der Preußischen Akademie der Künste.

Agnes Miegel (8. 3. 1879 – 26. 10. 1964) – Bedeutendste deutsche Balladendichterin. In ihrem unfangreichen Werk spielen Natur, Geschichte und Kultur ihrer Heimat eine Hauptrolle. 1901 (durch Vermittlung von Börries Freiherr von Münchhausen) erste Veröffentlichung von Gedichten und Balladen im „Göttinger Musenalmanach". Vielfache Ehrungen: 1916 Kleistpreis, 1924 Ehrendoktor der Albertus-Universität, 1933 Wartburgrose, 1936 Herderpreis der Goethestiftung. Nach Lageraufenthalt in Dänemark Altersheimat in Bad Nenndorf. Von den Landsleuten als „Mutter Ostpreußen" verehrt.

Otto Nicolai (6. 6. 1810 – 1. 5. 1849) – Musiker und Komponist, in Königsberg geboren. Organist der preußischen Gesandtschaft beim Vatikan. 1837 Kapellmeister in Wien. 1841 Gründung der Philharmonischen Konzerte in Wien. Hofopernkapellmeister in Berlin, wo er die Oper „Die lustigen Weiber von Windsor" komponierte, deren Mondchor auf Eindrücke aus Rauschen zurückgeht. Wenige Wochen nach der Premiere Tod.

Max von Schenkendorff (11. 12. 1783 – 11. 12. 1817) – „Sänger der Befreiungskriege". Der gebürtige Tilsiter veröffentlichte als 19jähriger einen flammenden Artikel „Ein Beispiel von der Zerstörungswut in Preußen" und gab damit den Anstoß zur Rettung der Marienburg. Er machte den Befreiungskrieg mit und schrieb zahlreiche Lieder, so „Freiheit, die ich meine", „Der Gott, der Eisen wachsen ließ", „Wenn alle untreu werden". 1816 Regierungsrat in Koblenz.

Hermann Sudermann (30. 9. 1857 – 21. 11. 1928) – Erfolgreichster Dramatiker um die Jahrhundertwende. Der in Matzicken bei Heydekrug geborene Sohn eines Krügers studierte in Königsberg. In Berlin Journalist und Schriftsteller. Schöpfer einer Reihe von großen Gesellschaftsdramen, deren Gestalten die Theatergrößen jener Zeit verkörperten, so Eleonora Duse, Adela Sandrock, Josef Kainz, Paul Wegener. Auch breites episches Schaffen. Zu den bekanntesten Arbeiten gehörten die „Litauischen Geschichten", von denen die „Reise nach Tilsit", mehrfach verfilmt, ihn besonders populär machte.

Paul Wegener (11. 12. 1874 – 13. 9. 1948) – Schauspieler. Auf dem westpreußischen Gut Arnoldsdorf geboren, wuchs er auf dem Rittergut Bischdorf, Kreis Rößel, auf, studierte Jura, Kunstgeschichte und Philosophie; wurde aber Schauspieler und kam 1906 zu Max Reinhardt nach Berlin. Seine Erlebnisse als Frontsoldat im Ersten Weltkrieg fanden Niederschlag in seinem „Flandrischen Tagebuch", einer literarischen Absage an den Krieg. Der reifende Schauspieler wurde ein Pionier des beginnenden Filmzeitalers. Sein „Golem" ist bis heute unvergessen. Schließlich gehörte er mit Heinrich George und Emil Jannings zum großen Dreigestirn der deutschen Charakterdarsteller mit Weltruhm. Seine letzte Rolle war der „Nathan der Weise" im Deutschen Theater in Berlin, wo er schließlich auf der Bühne zusammenbrach.

Ernst Wiechert (18. 5. 1887 – 24. 8. 1950) – Dichter. Der im Forsthaus Kleinort, Kreis Sensburg, Gebürtige schöpfte, wie er stets betonte, bei seinem großen Schaffen aus dem reichen Quell seiner stillen und schönen Heimat, Studium in Königsberg, dann nach Bayern. 1938 KZ Buchenwald nach Angriffen in zwei großen Reden auf das Regime. 1948 in die Schweiz (Uerikon). Bekannteste Werke: „Die Magd des Jürgen Doskocil", „Jerominkinder" (mit der Welt seiner Kindheit), „Totenwald" (KZ-Zeit), „Das einfache Leben", „Missa sine nomine" (Schicksal der Vertreibung). Die Hauptpersonen seiner Romane und Novellen sind schlichte und selbstlose Menschen voll verinnerlichter Humanität und fern vom Zeitgeist.

Ostpreußische Spezialitäten

Zum Essen:

Königsberger Klopse – Hackfleischbällchen in pikanter Schmand(Sahne)soße.

Königsberger Fleck – Zerschnittene Rinderkuddeln gekocht, mit Pfeffer, Salz, Majoran, Essig, Mostrich gegessen.

Beetenbartsch (Borschtsch oder Rote-Rüben-Suppe) – Rote Beeten in kräftiger Brühe.

Kartoffelkeilchen mit Spirkel – Kartoffelklöße mit gebratenem, geräuchertem Speck oder frischem Schweinebauch und Zwiebelsoße.

Kartoffelflinsen – Geriebene Kartoffeln mit Eier, Salz, Mehl verrührt und gebacken.

Apfelklöße – Teig aus Mehl, Eier, Salz, Butter und gewürfelten Äpfeln, Klöße in heißem Wasser garen, dann mit zerlassener Butter, Zucker und Zimt servieren.

Klunkermus – Milchsuppe mit Mehlklümpchen.

Schmandhering – Hering in süßsaurer Sahne.

Schmandwaffeln – Teig aus Eiern, Zucker, Mehl, Sahne, Butter, Salz.

Geldnotschein der Stadt Tilsit (Anfang der 20er Jahre)

396

Raderkuchen – Köstliches Schmalzgebäck.

Streuselkuchen – Hefeteig mit dicken Butterstreuseln (auch mit Zuckerguß).

Königsberger Marzipan

Tilsiter Käse

Zum Trinken:

Bärenfang – Honigschnaps

Pillkaller – Klarer mit einer Scheibe Leberwurst und einem Klecks Mostrich.

Nikolaschka – Cognac und eine mit Zucker bestreute Zitronenscheibe.

Blutgeschwür – Eierlikör mit einem Schuß Kirschlikör oder Sherry darauf.

Kosakenkaffee – Nach alten ostpreußischen Geheimrezepten gebrauter Mokka-Likör.

Machandel – Wacholderschnaps.

Kleine Sprachhilfe

Anreise

Sagen Sie bitte, wo ist hier ein Taxistand?

Träger!

Ich bin Tourist.

Wie komme ich zum Hotel ...?

Skashite, pashálusta, gde stajánka taxi?

Nassilstschik!

Jà turist.

Kak prajéchatj f gastinizú ...?

Zollabfertigung

Wo findet die Zollabfertigung statt?

Ich habe nichts Zollpflichtiges.

Dieses ganze Gepäck gehört mir.

Gde búdet tamóshennoje afarmlénije?

U menjá net nitschiwó, schto padleshit póschlinnoj apláte.

Wés etat bagásch mój.

Das sind Sachen persönlichen Bedarfs.	Eto wéstschi litschnawa pólsowanija
Das ist mein Koffer.	Eta mój tschimadán.
Das ist nicht mein Koffer.	Eta tschushój tschimadán.
Wieviel Zoll habe ich zu zahlen?	Kakúju póschlinu ja dólshen uplatitj?
Haben meine Koffer Übergewicht?	Jést li lischnij wés?
Ist die Zollabfertigung zu Ende?	Dasmótr akóntschin?
Paßkontrolle	Kontrolj passportoff

Unterkunft

Ich möchte ein Einbett-zimmer, mit Bad (Dusche).	Mne núshen nómer dlja adnawó tschilaweka, s wánnoj (s dúschem).
Meine Frau und ich möchten ein Zweibettzimmer.	Nam s shenój núshen adin nómer na dwaich.
Bad	wanna
Dusche	dusch
Fahrstuhl	lift
Klingel	swonok
Toilette	ubornaja
Treppe	ljeßtnitza
Wasser	woda
kaltes	cholodnaja
warmes	tjeplaja
Bringen Sie bitte mein Gepäck ins Zimmer!	Dastáfte pashálusta moj bagásch w nómer
Geben Sie mir bitte die Zimmerschlüssel!	Dájte mne pashálusta klutsch at nómira!
Wo kann ich frühstücken (zu Mittag, zu Abend essen)?	Gde ja magú pasáftrakatj (paabédatj, paúshinatj)?

Welche Zimmernummer habe ich?	Kakój nómer maéj kómnaty?
Ich bin im Hotel ... abgestiegen.	Ja astanowilsa w gastinize ...
Ich wohne im Zimmer ... im ... Stock.	Ja shiwú w nómere ... na ... etashé.
Wo kann man ausländische Zeitungen kaufen?	Gde ja magú kupitj inastránnyje gaséty?
Wecken Sie mich bitte um ... Uhr ... Minuten!	Rasbudite menja w ... tschasóf ... minút
Wo ist hier das Restaurant, das Café?	Gde nachódiza ristarán, kafé?
Wo kann ich hier Devisen umtauschen?	Móshno li sdes abminjátj waljútu?
Wo kann ich telefonieren?	Gde móshna paswanitj pa tilifónu?
Einen Moment bitte!	Adnú minútu!
Herein!	Wajdite!

Konversation

Rufen Sie bitte den Dolmetscher!	Pasawitje pashálusta piriwótschika!
Guten Tag!	Sdrástwujte!
Guten Morgen!	Dóbraje útra!
Guten Abend!	Dóbryj wétscher!
Auf Wiedersehen!	Da swidánija!
Herr ...	Gaspadin
Frau ...	Gaspashá
Ich bin aus ... gekommen	Ja prijéchal is ...
Darf ich mich vorstellen, mein Name ist ...	Rasreschite pretstáwiza, menjá sawút
Wie heißen Sie?	Kak was sawút?
Wie alt sind Sie?	Skólka wam let?
Mutter	Matj

Vater	Atéz
Schwester	Sestrá
Bruder	Brat
Tochter	Dotsch
Sohn	Syn
Mädchen	Déwatschka
Junge	Máltschik
Mädchen, Fräulein	Déwuschka
Frau	Shénstschina
Mann	Mustschina
Frau, Gattin	Shená, Suprúga
Mann, Gatte	Musch, Suprúk
Arbeiter, Arbeiterin	Rabótschij, Rabótniza
Bauer (Bäuerin)	Kristjánin, Kristjánka
Ingenieur	Inshinér
Arzt	Wratsch
Mechaniker	Michánik
Exkursion	Ekskúrsija
Danke!	Spasiba!
Helfen Sie bitte!	Pamagiti pashálusta!
Entschuldigung!	Prastiti!
Ich bitte um Verzeihung!	Iswiniti pashálusta!
Ich möchte ausruhen (essen, trinken, schlafen)	Ja chatschú atdachnútj (jestj, pitj, spatj)
Ich möchte ins Theater, (ins Kino, in den Park) gehen.	Ja chatschú pajti f tiátr (f kinó, f park)
Ich bin einverstanden.	Ja saglássen (saglásna).
Ich bin mit Ihnen nicht einverstanden.	Ja ni saglássen (ni saglásna) s wámi
Ich will nicht	Ja ni chatschú
Ich kann nicht	Ja ni magú

400

Leider bin ich beschäftigt.	K sashaléniju ja sánjat (sanjatá)
Danke, nein!	Njet, spasiba
Auf Ihr Wohl!	Sa wásche sdarówje!
Ich wünsche Ihnen viel Glück (Gesundheit, Erfolg)!	Shiláju stschástja (sdarówja, uspécha)!
Ich verstehe Sie nicht.	Ja ni panimáju was.
Wiederholen Sie es bitte noch einmal!	Paftarite, pashálusta, istschó ras!
Ich spreche (nur) ...	Ja gawarjú tólka pa ...

Kalender

Woche	Nidélja
Monat	Méssjaz
Jahr	God
Montag	Panidélnik
Dienstag	Ftórnik
Mittwoch	Sridá
Donnerstag	Tschitwérk
Freitag	Pjátniza
Sonnabend	Subbóta
Sonntag	Waskrissénje
Arbeitstag	Rabótschij
Januar	Janwár
Februar	Fiwrál
März	Mart
April	Aprél
Mai	Mai
Juni	Ijún
Juli	Ijúl
August	Awgust

September	Sintjábr
Oktober	Aktjábr
November	Najábr
Dezember	Dikábr
Frühjahr	Wisná
Sommer	Léta
Herbst	Ossen
Winter	Simá
Feiertag	Prásnik

Uhr, Zeit

Sekunde	Sekúnda
Minute	Minúta
Stunde	Tschas
Eine halbe Stunde	Poltschasá
Wie spät ist es?	Katóryj tschas?
Halb zehn	Palawina dissjátawa
Um sieben Uhr	F sem tschassóf
Um ... Uhr ... Minuten	W ... tschassóf ... minut
Morgen, am Morgen	Utro, útram
Abend, am Abend	Wétscher, wétscheram
Tag	Den
Nacht	Notsch
Heute	Siwódnja
Morgen	Sáftra
Gestern	Wtschirá

Zahlen

| 1 – eins | adin |
| 2 – zwei | dwa |

3 – drei	tri
4 – vier	tschitýri
5 – fünf	pjatj
6 – sechs	schestj
7 – sieben	sem
8 – acht	wóssem
9 – neun	déwjatj
10 – zehn	déssjatj
11 – elf	adinazatj
12 – zwölf	dwinázatj
13 – dreizehn	trinázatj
14 – vierzehn	tschitýrnazatj
15 – fünfzehn	pitnázatj
16 – sechzehn	schisnázatj
17 – siebzehn	simnázatj
18 – achtzehn	wassimnázatj
19 – neunzehn	diwitnázatj
20 – zwanzig	dwázat
30 – dreißig	trizat
40 – vierzig	sórak
50 – fünfzig	pitdissját
60 – sechzig	schisdissját
70 – siebzig	sémdessjat
80 – achtzig	wóssimdissjat
90 – neunzig	diwinósta
100 – einhundert	sto
200 – zweihundert	dwésti
300 – dreihundert	trista
400 – vierhundert	tschitýrista
500 – fünfhundert	pitsót

600 – sechshundert	schissót
700 – siebenhundert	simssót
800 – achthundert	wassimssót
900 – neunhundert	diwitssót
1000 – eintausend	týssjatscha

Preise, Kaufen

1 (eine) Kopeke	adná kapéjka
15 (fünfzehn) Kopeken	pitnázatj kapéjek
1 (ein) Rubel	adin rubl
3 (drei) Rubel	tri rubljá
25 (fünfundzwanzig)	dwázat pjatj
Wechseln Sie mir bitte zehn (fünf) Rubel, drei Rubel.	Rasmenjájti mne pashálusta désjatj (pjatj) rubléj, tri rubljá.
Was kostet das?	Skólka stóit?
Schreiben Sie bitte den Preis auf !	Napischite pashálusta zénu!
Restgeld	Sdátscha

Wertungen/Vergleiche

Teuer/er (-e, -es)	darag/ój (-ája, -óje)
Billig/er (-e, -es)	dischów/yj (-aja, -oje)
Schnell/er (-e, -es)	býstr/yj (-aja, -oje)
Langsam/er (-e, es)	médlenn/yj (-aja, -oje)
Lustig/er (-e, -es)	wessjól/yj (-aja, -oje)
Langweilig/er (-e, -es)	skútschn/yj (-aja, -oje)
Gut/er (-e, -es)	charósch/ij (-aja, -oje)
Schlecht/er (-e, -es)	plach/ój (-ája, -óje)
Schön/er (-e, -es)	krassiw/yj (-aja, -oje)
Häßlich/er (-e, -es)	nikrassiw/yj (-aja, -oje)
Interessant/er (-e, -es)	interéssn/yj (-aja, -oje)

Schilder, Hinweise

Öffentlicher Fernsprecher	Tilifón aftamát
Toilette	Tualét
Abort	Ubornaja
Apotheke	Aptéka
Post- und Telegraphenamt	Pótschta, Tiligráf
Frisiersalon	Parikmácherskaja
Theaterkasse	Tiatrálnaja kássa
Gaststätte	Ristarán
Café	Kafé
Bäckerei	Búlatschnaja
Lebensmittelladen	Gastranóm
Fleisch- und Fischwaren	Mjásso-rýba
Milch	Malakó
Bier und alkoholfreie Getränke	Piwo-wódy
Fruchtsäfte und andere alkoholfreie Getränke	Sóki-wódy
Weine und Spirituosen	Wina, alkagólnyje napitki
Obst und Gemüse	Ówastschi-frúkty
Blumen	Zwetý
Tabakwaren	Tabatschnyje isdelija
Kurzwaren	Galantiréja
Achtung!	Wnimánije!
Halt!	Stop!
Bus-, Trolleybus-, Straßenbahnhaltestelle	Astanófka aftóbussa (traléjbussa, tramwája)
Vorsicht! Auto!	Birigis aftamabilja!
Taxistand	Stajánka taksi
Geschlossen	Sakrýto
Mittagspause	Pirirýf na abét

405

Selbstbedienung	Samaapslúshiwanije
Eingang (Ausgang)	Fchot (wýchot)
Kein Eingang	Fchóda net

Einkaufen

Kaufhaus	Uniwirmák
Haben Sie ...?	U was jéstj ...?
Eine andere Farbe?	Drugówa zwéta?
Etwas größer (kleiner)	Bólschij (ménschij) rasmér
Ich nehme das.	Ja éta kupljú.
Wo kann ich meinen Einkauf bezahlen?	Gde ja magú aplatitj pakúpku?

Krankheit

Kopfschmerzen	balit galawá
Herzschmerzen	sérze
Magenschmerzen	shilúdak
Halsschmerzen	górlo
Augenschmerzen	glasa
Fußschmerzen	nagá
Ich habe Fieber	U menjá timpiratúra
Ich fühle mich nicht wohl	Ja nisdaróf (nisdarówa).
Holen Sie bitte einen Arzt	Wýsawite, pashálusta, wratschá

Restaurant

Glas	Stakán
Weinglas	Rjúmka
Teller	Tarélka

Messer	Nosch
Gabel	Wilka
Löffel	Lóschka
Serviette	Salfétka
Tischtuch	Skátertj
Salz	Sol
Pfeffer	Pérez
Senf	Gartschiza
Zucker	Sáchar
Butter	Sliwatschnaje máslo
Zigaretten	Sigaréty
Streichholz	Spitschki
Geben Sie mir bitte die Speisekarte!	Daite, pashálusta, minjú!
Bringen Sie bitte eine Flasche Bier (Wein, Mineralwasser, Weinbrand, Sekt, Wodka)	Prinisite, pashálusta, adnú butýlku piwa (winá, minirálnoj wadý, kanjakú, schampánskawa, wótki)
Die Rechnung bitte!	Dajte, pashálusta, stschjot!

Suchen & finden

Zeigen Sie bitte auf der Karte, wo ich mich jetzt befinde?	Pakashite, pashálusta na kártje, gde ja nachashús?
Sagen Sie bitte, welcher Bus-, Trolleybus, welche Straßenbahnlinie führt zum Stadtzentrum (zum Hotel, zum Bahnhof)?	Skashite, pashálusta, kakim awtóbussom (troléjbussom, tramwájem) ja magú dajéchatj da zéntra górada (da gastinizy, waksála)?
Sagen Sie bitte, wie komme ich zum Hotel ...?	Skashite, pashálusta, kak prajti k gastinize ... ?
Geradeaus, rechts, links, vorwärts, zurück	Prjáma, napráwa, naléwa, fperjót, nasát
Wie fahre ich zu ...?	Kak mne dajéchatj da ...?

Straße, Platz, Straßenkreuzung, Chaussee

Uliza, plótschatj, pirikröstak, schossé

Ich habe mich verlaufen.

Ja sabludilsja (sabludilas)

Abfahrt, Abflug, Abreise

Wann fährt der Zug nach ... ab?

Kagdá atchódit pójest na ...?

Von welchem Bahnsteig fährt der Zug Nummer ... nach ... ab?

S kakój platfórmy atchódit pójest nómir ... do ...?

Wo ist hier ein Fahrplan?

Gde móshna pasmatrétj raspissánje?

Wann fliegt die Maschine Nummer ... nach ... ab?

Kagdá wýlet samaljóta na ... reys ...?

Wie komme ich zur Maschine Nummer ... nach ...?

Gde passátka na samaljót reys nómir ... do ...?

Rufen Sie bitte ein Taxi!

Wýsowiti, pashálusta, taksi!

Geben Sie mir bitte die Rechnung.

Prigatófte mne, pashálusta, stschot.

Das russische Alphabet

Kyrillische Schrift		Wissensch. Umschrift	Beispiele		Volkstümliche Umschrift und Aussprache
А	а	a	Анапа	Anapa	a, wie kurzes deutsches a in „Lack"
Б	б	b	Бабушкин	Babuškin	b
В	в	v	Вавилово	Vavilovo	w, am Wortende wie ff
Г	г	g	Гагарин	Gagarin	g, bei Wortendungen ...ogo, wie ...ovo
Д	д	d	Дудинка	Dudinka	d
Е	е	e	Елисеевка	Eliseevka	je, nach Konsonanten auch e
Ё	ё	ë	Ёлкино	Ëlkino	jo
		.	Псел	Psël	
Ж	ж	ž	Жужа	Žuža	sch, stimmhaft, wie Journal, Loge
З	з	z	Звездный	Zvëzdnyj	s, stimmhaft, wie in See
И	и	i	Идрица	Idrica	i
Й	й	j	Зарайск	Zarajsk	j, nach e, i, y und am Wortende wie j
К	к	k	Коканд	Kokand	k
Л	л	l	Лалвар	Lalvar	l
М	м	m	Маймак	Majmak	m
Н	н	n	Нежин	Nežin	n
О	о	o	Ободовка	Obodovka	o, kurz, wie in offen
П	п	p	Пап	Pap	p
Р	р	r	Ребриха	Rebriha	r, Zungen-r
С	с	s	Сасово	Sasovo	s, stets scharf, wie wissen, reißen
Т	т	t	Татта	Tatta	t
У	у	u	Уржум	Uržum	u
Ф	ф	f	Фофаново	Fofanovo	f
Х	х	h	Хохлома	Hohloma	cha, wie in ach, Bach – nie wie in ich
Ц	ц	c	Цветково	Cvetkovo	z
Ч	ч	č	Чечельник	Čečel'nik	tsch, wie Peitsche
Ш	ш	š	Шишкино	Šiškino	sch
Щ	щ	šč	Щукино	Ščukino	schtsch
Ъ	ъ	″	Подъячево	Pod″jačevo	
Ы	ы	y	Ныкчанский	Ynykčanskij	y, Zwischenlaut zwischen i und ü
Ь	ь	′	Параньга	Paran'ga	Weichheitszeichen, erweicht den vorhergehenden
			Казань	Kazan'	Konsonanten
			Щучье	Ščuč'e	
Э	э	è	Элиста	Èlista	ä
Ю	ю	ju	Юрино	Jurino	ju
			Юхнов	Juhnov	
			Юрюзань	Jurjuzan'	
Я	я	ja	Ямал	Jamal	ja
			Язъяван	Jaz″javan	
			Яя	Jaja	
			Вязьма	Vjaz'ma	

Nützliche Hinweise

Anreise: Grundsätzlich ist jede Art von Anreise in das Königsberger Gebiet möglich. Zu beachten ist dabei: Mit dem Flugzeug
geht es am schnellsten und bequemsten. Von fast allen großen
deutschen Flughäfen gibt es Charterflüge von Touristik-Unternehmen nach Powunden/Chrabrovo (25 Kilometer nördlich Königsberg) in durchschnittlich eineinhalb Stunden. Mit dem Zug
geht es vorerst nur in Sonderfahrten von Berlin aus. Schiffsreisen
beginnen meistens in Lübeck. Busreisen bergen das Risiko langer
Abfertigungszeiten an der Grenze. Als erster und einziger Grenzübergang für Touristen wurde am 1. April 1993 der bei Pr. Eylau/
Bagrationovsk (alte Reichsstraße 128) geöffnet. Fahrten mit dem
eigenen PKW sollten nur nach gründlicher Vorbereitung und bei
guter Sachkenntnis vorgenommen werden. Es ist ratsam, zumin-
dest die erste Reise mit einem erfahrenen Touristik-Unternehmen
oder sonstigem Veranstalter zu machen.

Reise-Dokumente: Gültiger Reisepaß, Visum der Russischen
Föderation (werden in der Regel von den Touristik-Unternehmen
beschafft). Anschriften der diplomatischen Vertretungen: **Botschaft der Russischen Föderation**: Waldstr. 42, 53177 Bonn,
Tel. 02 28–31 20-74, –86, –87, 92, Konsulat Tel. 02 28-31 20 89.
– **Generalkonsulate der Russischen Föderation**: Reichenstei-
ner Weg 34–36, 14195 Berlin, Tel. 0 30-8 32 70 04/05. Am Feen-
teich 20, 22085 Hamburg, Tel. 0 40-2 29 53 01. Seidlstr. 28,
80335 München , Tel. 0 89-59 25 28. – Bei Reisen ins Memelland
(Litauen) litauisches Visum erforderlich. **Botschaft der Republik Litauen:** Argelander Straße 108a, 53115 Bonn, Tel. 02 28–
91 49 10.

Bahn, Bus, Straßenbahn: Die öffentlichen Verkehrsmittel be-
dienen fast alle Orte regelmäßig und häufig. Die Preise sind nied-
rig. Abfahrten in Königsberg: Hauptbahnhof (Jushny Woksal),
Tel. 49 37 00, 49 99 91, Nordbahnhof (Severny Woksal), Tel.
(für beide Bahnhöfe) 49 37 00, 49 99 91. Busbahnhof (Autowok-

sal), neben dem Hauptbahnhof. Tel. 44 36 35. Für den Bahnverkehr gilt Moskauer Zeit (zwei Stunden vor MEZ), für den Busverkehr Ortszeit (eine Stunde vor MEZ). Die Züge nach Cranz (30 Minuten) und Rauschen-Düne (60 Minuten direkt, 80 Minuten über Cranz) fahren vom Nordbahnhof ab.

Deutsche diplomatische Vertretungen: Botschaft der Bundesrepublik Deutschland, Mosfilmowskaja 56, Ulitza Petra Lawrowa 39, 119 258 Moskau/Rußland – Tel. 007–095–9 56 10 80, FS (064) 41 34 11 Kennung AAMSK SU, Fax 007–095-9 38 23 54; Rechts- und Konsularreferat Leninskij Pr. 95a, Tel. 007-095-9 36 24 01/34 10/24 38/24 47/24 56, FS (064) 41 43 09 Kennung AASV SU, Fax 007-095-9 36 21 43. – Konsularische Betreuung für deutsche Staatsbürger erfolgt auch durch Konsulate in Nachbarländern, so: Generalkonsulat der Bundesrepublik Deutschland Danzig, aleja Zwyciestwa 23, 80-219 Gdansk – Tel. 0048-58-41 43 66/41 49 80, FS 063–51 23 74, Kennung AAD-AN PL, Fax 004858-41 22 45.

Eine konsularische Vertretung der Bundesrepublik Deutschland in Königsberg ist nach Mitteilung des Auswärtigen Amtes für 1994 im Gespräch.

Fotografieren: Überall erlaubt, mit Ausnahme militärischer Gebiete und im Grenzbereich (Verbotsschilder), Filme, Batterien usw. unbedingt ausreichend mitnehmen, da vor Ort kaum erhältlich.

Geldwechsel: Eintausch von D-Mark (und anderer ausländischer Währung) in offiziellen und nichtoffiziellen Banken, auch in den großen Hotels. Tageskurs beachten.

Getränke: Zu den Mahlzeiten gehört in der Regel Mineralwasser, zum Frühstück Tee. Deutsches Bier meistens in den Hotel-Bars mit „harter Währung". Nationalgetränk Wodka und Krimsekt.

Hotels: Auch die großen Hotels unter dem internationalen Standard, aber die Zimmer überwiegend mit Dusche/WC, auch Telefon und TV. Die Mahlzeiten, häufig auch in Restaurants außer

Haus eingenommen, sind in der Regel schmackhaft und reichlich. Russische und sonstige östliche Küche.

Karten: Für die Orientierung ist gutes Kartenmaterial sehr wichtig. Gut geeignet die Ostpreußen-Karte im Maßstab 1:300 000 und die Meßtischblätter 1:100 000 für die einzelnen Kreise. Neueres Kartenmaterial ist noch unzureichend. Zu empfehlen: „Das nördliche Ostpreußen", 1:230 000 mit den heutigen Hauptstraßen, Rayon-Einteilung, zweisprachigen Namen für die größeren Orte. Nützlich ist ein Ortsnamen-Verzeichnis. Zur Beachtung: Alle Ortsnamen im Königsberger Gebiet in kyrillischer Schrift! Das gilt auch für die meisten übrigen Hinweise und Namen.

Kirchen:

a) Deutsche Evangelisch-Lutherische Gemeinde Kaliningrad: (Propst Kurt Beyer, ul. Krasnaja 9–14, 236000 Kaliningrad) Über 400 Familien eingeschriebene Mitglieder. Gottesdienst im Gebietskrankenhaus (frühere „Barmherzigkeit") sonntags 12 Uhr. Gemeinden im Gebiet: Pörschken/Novo Moskovskoje, Gottesdienst sonnabend abends, Ansprechpartner Iwan Seifert; Uhlenhorst/Lipki, dienstag abends, Emma Borgardt oder David Krauß, Tel. 2 47 63; Heinrichswalde/Slavsk, sonnabends

412

11 Uhr, Kirche, Edith Fetingene, Tel. 3 17 90; Herzogsrode/Ga-vrilovo, donnerstag abends, Irma Bogdanova; Groß Degesen/Babučkino, donnerstag abends, Larissa Meier; Liebenfelde/Zales'e, dienstag abends; Groß Droosden/Žuravlevka, montag abends; Zimmerbude/Svetlyj, montags abends; Heiligenbeil/Mamonovo, sonnabend abends. Weitere Gemeinden gibt es in Insterburg/Tschernjachovsk, Gumbinnen/Gusev, gegenüber der Salzburger Kirche, Liska-Schaaken/Nekrasovo. Alle Gottesdienste jede zweite Woche bei unterschiedlichen Uhrzeiten; auch wechselnd je nach Jahreszeit, im Sommer manchmal erst ab 22 Uhr. In den Landgemeinden kommen 20 – 50 Besucher, in Königsberg 300 und mehr.

b) Katholische Kirche: St. Adalbertskirche, Ecke Lawsker Allee-Kastanienallee/Kastanovaja alleja, Gemeindezentrum in der Adalbertstraße/Mariny Raskovoj, Tel. 27 26 68 (auch Auskunft über sämtliche Gemeindearbeit im Gebiet), fahrende Kirche, die zahlreiche Orte der Region besucht. Gottesdienste auch in Insterburg/Tschernjachovsk (in der früheren katholischen Kirche), Tilsit/Sovjetsk, Kreuzingen/Bel'šakovo (in der früheren Kirche St. Johann Baptist der Adventisten), Heiligenbeil/Momonovo, Pohren/Rasdolnoj (nahe Ludwigsort, wo eine katholische Gruppe einen Kultursaal als Kapelle umgebaut hat), Uhlenhorst/Lipki.

c) Russisch-Orthodoxe Kirche: Die Kirche des Landes ist in fast allen größeren Orten vertreten. Ihre Gottesdienste finden in renovierten alten deutschen Kirchen statt, in Königsberg in Kreuzkirche, Juditter und Rosenauer Kirche.

d) Evangeliums-Christen Baptisten: Bethaus der ersten Christengemeinde nach dem Krieg in Königsberg im Stadtteil Quednau/Severnaja Gora, Fräuleinhoferstraße/Ulica Krylova, Gottesdienst sonntags 10 Uhr.

e) Neuapostolische Gemeinde: Zentrum in der renovierten Kirche von Neuhausen/Gur'evsk.

Paketdienst nach Königsberg: Omega-Expreß, Sorbenstr. 60, 20537 Hamburg, Tel. 040-2 50 88 30.

Postkarten: Nur von den größeren Städten, meistens an Kiosken erhältlich.

Reise-Apotheke: Die wichtigsten Medikamente nicht vergessen (auch für den Magen). Auslands-Krankenversicherung empfehlenswert.

Souvenirs: Bernstein, Matroschkas (Puppe in der Puppe) sowie andere Holzarbeiten mit farbenreicher Bemalung (Schmuckkästchen, Puderdosen), Schachspiele, Samoware, folkloristische Hemden, kunstvoll bestickte Blusen.

Straßenverkehr: Die Hauptstraßen im verhältnismäßig guten Zustand; aber Schlaglöcher überall möglich. Kleinere Nebenstraßen meistens schlecht bis unpassierbar. Geschwindigkeit: In Ortschaften höchstens 50 km/h, außerhalb 70 km/h. Totales Alkoholverbot. Halt an Bahnübergängen. Fußgänger müssen auch am Zebrastreifen vorsichtig sein. Tankstellen selten, meistens an den Ausfallstraßen der Städte.

Strom: 220 Volt wie bei uns, Mitnahme eines Tauchsieders kann nützlich sein.

Taxi: Nehmen für längere Fahrten Stunden- beziehungsweise Tagespreise. Bestellungen – auch mit deutschsprechenden Fahrern – möglichst nur über Reiseleitung oder andere verläßliche Stellen (s. auch „Rußlanddeutsche in Nord-Ostpreußen", Seite 385).

Tourismus: Nach der späten Öffnung des Gebiets in den Anfängen. Verständnis für die allgemeinen Schwierigkeiten ist angebracht, angemessene Kritik willkommen, oft auch notwendig. Hervorragend die Betreuung durch die Reiseleiter. Vorsicht vor und in den Hotels wie an den bekanntesten Haltepunkten, wo oft Scharen von Kindern, aber auch Erwachsene auf Geschäfte aus sind. Alle Fragen an die Reiseleitung. Touristenbüro: Bjuro Puteschestvi i Ekkursi), Steindamm/Lenininskij Pr. 28 (früh. Gewerkschaftshaus), Tel. 43 27 67, 43 36 15.

Trinkgelder: Werden im Zeichen des neuen Zeitalters ohne Scheu entgegengenommen.

Zeit: Im Königsberger Gebiet im Sommer wie im Winter eine Stunde vor der Mitteleuropäischen Zeit (MEZ). Für Bahn- und Luftverkehr gilt Moskauer Zeit (zwei Stunden vor MEZ).

Zoll: Bei der Einreise müssen Devisen, Fotoapparate, elektronische Geräte, Schmuck deklariert werden (Zollerklärung). Bei der Ausfuhr sind Kaufquittungen für Edelmetalle, Schmuck, Pelze, Bernstein (nur als Schmuck, Ausfuhr von Rohbernstein verboten), Kaviar vorzulegen.

Hotels in Königsberg

Baltika – Lauth/Issakowo, Tapiauer Straße/Moskowskij pr., Tel. 43 79 77

Kaliningrad – etwa Kanstraße/Leninskij pr., Tel. 46 94 40

Moskwa – Hufenallee/Mira pr. 19, Tel. 27 20 89

Tourist – Cranzer Allee/Alexandra Nevskogo 53, Tel. 46 08 91

Patriot – Fritzener Weg/Ozernaja 25 a, Tel. 27 50 17

DKBF – Oberhaberberg/Bogdana Chmel'niekogo 51/53, Tel. 44 58 78

Hotelschiffe

Hansa – Bohlwerksgasse/nab. Marsala Bagramjana, Tel. 43 37 37, Fax. 4 33 80 66

Baltinvest – Holländerbaum/ Pravaja Nabereznaja 6, Tel. 43 42 23, Fax. 43 44 84

Hotels im Königsberger Gebiet

Cranz/Selenogradsk:
Tourist – Moskovskaja 50, Tel. 2 11 57

Sportyvnaja, Pogranitschnaja 14, Tel. 3 29 05

Rauschen/Svetlogorsk:
Baltika, Rauschen-Düny/ Svetlogorsk 2, nahe Renn- und Turnierplatz.
Wolna, Dorfstr./Kaliningradski pr., Tel. 30 05

Tilsit/Sovjetsk:
Rossija, Hohes Tor, Ploschtschad Lenina, Tel. 7 53 72
Zur Linde, Senteiner Str. auf

dem Drangowskiberg
Pr. Eylau/Bagrationovsk:
Bagration – Ecke Markt-Domnauer Str., Tel. 6 20 32

Insterburg/Tschernjachovsk: Pervomayskaja – Lenina 29, Tel. 3 24 01

Gumbinnen/Gusev:
Rossija, Z. Kosmodemjanskoj 2, Tel. 21 78

Tapiau/Gvardejsk:
Thelmann, Tel. 25 41

Labiau/Polessk:
Dessantnik, Teatralnaja 22, Tel. 2 52 91

Groß Baum/Sosnovka, Forsthaus 2, Stätte der Begegnungen

Gilge/Matrosovo:
Ehrlich

Angerapp/Ozersk:
Moskovskaja, Tel. 2 23 67

Ebenrode/Nesterov:
Hotel Zentrum, Tel. 2 29 83

Ragnit/Neman:
Neman (früher „Deutsches Haus", Hindenburgstraße), Sowjetskaja 2, Tel. 2 32 37

Haus der Begegnung, Preußenstraße

Haus Lilo-Ottowna-Raganita, Nähe Krankenhaus Tilsiter Straße

Heinrichswalde/Slavsk:
Hotel (früher „Deutsches Haus", Marktstraße), Tel. 12 57, 13 75

Georgenswalde/Otradnoje:
Hotel Stroitel

Haselberg/Krasnoznamensk:
Hotel, Oktjabrskaja 10, Tel. 2 21 47

Hotels im Memelland

Nidden
Jurate, Pamario 3

Skalva (Nidden)
Schwarzort , L.-Rezos-Str. 54

Restaurants in Königsberg

Baltika – Lauth/Issakowo, Tapiauer Straße/Moskowski Pr., Tel. 43 79 77

Belorus – etwa Gesekusplatz/Ul. Shitomirskaja 14 (gegenüber Hotel „Kaliningrad"), Tel. 43 22 31

Brigantina – Börse, Vorstädtische Langgasse/Leninski Pr., Tel. 44 34 43

Jushanka – Hindenburgstr./Ul. Kosmonawta Leonowa 27 (gegenüber Hauptpost)

Kaliningrad – etwa Schloßstr./Leninski Pr. 21, Tel. 46 94 88

Kamenny Zwetok – Vorderroßgarten/Kliniceskaja 25 (Nähe Stadthalle), Tel. 46 73 18

Kentaur – Litauer Wallstr./Litowski Wal (gegenüber Dohnaturm), Tel. 46 66 89

Kristall – Hagenstr./Ul. Karla Marksa 26

Moskwa – Hufenallee/Prospekt Mira 19, Tel. 27 02 50

Olsztyn – Haberberger Grund/ Ul. Olstynskaja 1, Tel. 44 46 35

Otdych – Ecke Hintertrag- heim-Wrangelstr./Ul. Sergeje- wa-Ul. Tschernjachowskowo, Tel. 43 22 25

Solnetschny Kamen – Ecke Wrangelstr.-Hinterroßgarten/ Pl. Wassilewskowo 2 (im Roß- gärter Tor), Tel. 46 69 71

Teatralnoje – Kniprodestr./Ul. Teatralnaja 38-42 (Nähe Schau- spielhaus), Tel. 21 23 87

Tourist – Cranzer Allee/Ul. Alexandra Newskowo 53, Tel. 27 38 09

Tschaika – Hansaplatz/Ul. Baranova (im Stadthaus), Tel. 43 12 37

Wostotschnoje – Hufenallee/ Pr. Mira 76, Tel. 21 66 38

Wstretscha – Hufenallee/Pr. Mira 10-12, Tel. 21 44 73

Ukraina – Rennparkallee/Ul. Kujbyševa i per. (Par. zur Cranzer Allee)

Cafés in Königsberg

Café Okean – Hansaplatz/ Wrangelstr./Ul. Tschernja- chowskowo 8

Café Kosmos – Ecke Hufenal- lee–Hindenburgstr./Pr. Mira- Ul. Kosmoawta Leonowa

Tschaichana – Hufenallee/Pr. Mira 74

Café Moskwa – Hufenallee/ Pr. Mira 19

Olsztyn – Haberberger Grund/ Ul. Olstynskaja 1 (im 1. Stock des gleichnamigen Restau- rants)

Jushanka – Hindenburgstr./ Ul. Kosmonawta Leonowa 27 (gegenüber Hauptpost)

Kamenny Zwetok – Vorder- roßgarten/Kliniceskaja 25 (Nähe Stadthalle), Tel. 46 73 18

Otdych – Ecke Hintertrag- heim-Wrangelstr./Ul. Sergeje- wa-Ul. Tschernjachowskogo, Tel. 43 22 25

Solnetschny Kamen – Ecke Wrangelstr.–Hinterroßgarten/ Pl. Wasilewskogo 2, im Roß- gärter Tor, Tel. 46 69 71

Teatralnoje – Kniprodestr./ Ul. Teatralnaja 38–42, Nähe Schauspielhaus

Artcafé – Sportkomplex, Jun- ost, Hufenallee/Mira pr.

Pinguin – Vorstädt. Langgas- se/Leninskij pr. (An der Börse)

Sneshinka – /Leninskij pr.

Romantika – Walpurgisstr./ Inzenernaja (Ponarth)

Tulpan – Brandenburger Str./ Kievskaja (Ponarth)

Restaurants und Cafés im Königsberger Gebiet

Rauschen/Svetlogorsk:

Restaurants:

Jantar – Rauschen-Düne/ Svetlogorsk 2, Strandstr./Lenina

Riff – Strandstraße/Lenina (an der Treppe)

Korvett – Strandstraße/Lenina (neben Fahrstuhl, Eingang oben)

Wolna – Dorfstraße/Kaliningradski pr.

Cafés:

Blinnaja – Promenadenallee/ Oktjabrskaja

Eiscafé – Strandstr./Lenina

Minutka – Promenadenallee/ Oktjabrskaja

Wstretscha – Promenadenallee/Oktjabrskaja (Nähe Wasserturm)

Cranz/Selenogradsk:

Restaurants:

Priboi – Am Strand (über der Promenade)

Restaurant Cranz – An der Promenade östlich, Moskovskaja

Cafés:

Wstretscha – Zentrum, Hauptstraße

Otdych – Zentrum

Tourist – Moskovskaja

Tilsit/Sovjetsk:

Restaurants:

Rossia – Hohes Tor/Lunatscharskovo 2, (im Gebäude der Reichsbank) Tel. 7 54 18, 7 66 58

Ogny Sowjetska, Pobjedy 46, Tel. 7 54 28, 7 67 25

Marianne, Zarecnaja 2a (Richtg. Stadtheide)

Cafés:

Berjoszka, Pobjedy 21, Tel. 7 56 92

Krasny Majak, Lenina 8, Tel. 7 57 80

Lakomka, Pobjedy 15, Tel. 7 27 07

Molodjoshnoje, Kalinin-
gradsky Chaussee I, Tel.
7 64 70, 7 64 39

Insterburg/Tschernjachovsk:

Restaurant:
Raduga – Kaliningradskaja 5,
Te. 3 58 79

Cafés:
Berjozka – Teatralnaja 1, Tel.
3 37 20
Lakomka – Lenina 19, Tel.
3 20 12
Ujut – Pobjedy 52, Tel.
3 57 62
Junost – Teatralnaja 2, Tel.
3 56 57
Kafetery – Pionerskaja 1, Tel.
3 24 78

Pr. Eylau/Bagrationovsk:

Restaurant:
Niwa – Zentrum, Tel. 6 33 58

Cafés:
Pr. Eylau – Markt, Tel.
6 29 46
Gril – Markt, Tel. 6 25 33

Heiligenbeil/Mamonovo:

Restaurant:
Neptun, Michaylitin 1, Tel.
6 02 42

Tapiau/Gvardejsk:
Restaurant:
Am Platz, Tel. 25 21

Gumbinnen/Gusev:
Restaurant:
Kosmos – Pr. Lenina, Tel.
35 65
Café:
Ahelita – Zentrum, Tel. 27 57

Ragnit/Neman:
Restaurant:
Neman – Pobjedy 47/49, Tel.
2 37 40
Wstretscha (Begegnung) –
Krasnoarmejskaja 6

Ebenrode/Nesterov:
Restaurant:
Zentrum, Tel. 2 20 49

Angerapp/Ozersk:
Café:
Sowjetskaja, Tel. 2 26 32

Labiau/Polessk:
Restaurants:
Fregatt, Kaliningradskaja,
Tel. 2 57 15
Riff, Zentrum
Labiau, Zentrum

Neuhausen/Gur'evsk:
Café:
Deutsches Kulturhaus, Novo
Gur'evsk

Gerdauen/Zeleznodoroznyj:
Restaurant:
Im frühen Haus der Landwirt-
schaft

Haselberg/Krasnoznamensk:
Restaurant:
Gegenüber Bahnhof

Heinrichswalde/Slavsk:
Café mit Restaurant:
Marktstraße
Kreuzingen/Bel'šakovo:
Renate, Lermontova 2

Theater in Königsberg

Neues Schauspielhaus/Kaliningrader Dramentheater – Hufenallee/Pr. Mira 4, Tel. 21 24 22

Philharmonie – Frühere kath. Kirche „Zur Heiligen Familie", Haberberger Schulstr./Ul.

Bogdana Chmelnizkogo 61 A

Puppentheater – Luisenkirche, Lawsker Allee/Pobedy Pr.

Literaturtheater in der Börse – Vorstädtische Langgasse/ Leninskij Pr. 83

Theater im Königsberger Gebiet

Tilsit: Dramentheater Sovjetsk – Früheres „Grenzlandtheater", Am Anger

Museen in Königsberg

AtlantNIRO – „Atlantisches Wissenschaftliches Forschungsinstitut für Fischwirtschaft und Ozeanologie", Alte Pillauer Landstr./Ul. Dimitrija Donskogo 5

Bernstein-Museum – Dohnaturm, Wrangelstr./Pl. Marschala Wassilewskowo 1

Kant-Museum – Universität am Paradeplatz/Ul. Universitetskaja 2

Kunstgalerie – etwa Lutherstr., Kath. Kirchenstr./Moskowskij Pr. 60–62

Militärbunker – Befehlsstand von Gen. Lasch, Paradeplatz/ Ul. Universitetskaja

Museum für Geschichte und Alltag – Friedländer Tor, Friedländer-Tor-Platz/Ul. Dsershinskowo

Museum für Geschichte und Kunst – Stadthalle am Schloßteich, Vorderroßgarten/Ul. Kliniceskaja 21

Museen im Königsberger Gebiet

Museum Kurische Nehrung
– Zwischen Sarkau und Rossitten

Parks in Königsberg

Botanischer Garten – Am Stadtgarten/Ul. Lesnaja
Friedländer-Tor-Park/Komsomolzen-Park – Österr. Str./Pr. Kalinina (m. Bootsverleih)
Luisenwahl/Kalinin-Vergnügungspark – Lawsker Allee/Pr. Pobedy

Park Junost – Vergnügungspark für Kinder am Oberteich (Nordwestufer) Auguste-Viktoria-Allee/Ul. Telmana 3
Schloßteich – Mit Bootsverleih (Nordwestufer)
Gagarin-Park – Godriener Str./Kamskaja (Ponarth)

Sportanlagen in Königsberg

Stadion Baltika – Früher Walter-Simon-Platz, Hufenallee/Pr. Mira
Sportpalast Junost – Bohlwerksgasse/Nab. Marschala Bagramjana 2
Stadion Spartak – Tennisplätze (überdacht), Thaerstr./Ul. Tschekistow 81
Stadion Trud – Tennisplätze, Hermannallee/Ul. Tschaikowskogo 39
Stadion Junost – Hufenallee/Pr. Mira

Post und Telefon

Hauptpostamt – Hindenburgstr./Ul. Kosmonawta Leonowa 22
Telegrafenamt – Thorner Str./Pl. Kalina (am Hauptbahnhof)

Postamt 20 – Hufenallee, Pr. Mira 80, Sonderschalter für intern. Schnellpost
Internationale Telefongespräche (wie in Hauptpost und Telegrafenamt)

auch im
Hotel Kaliningrad – etwa Kantstr./Leninski Pr.
Hotel Tourist – Cranzer Allee/Ul. Alexandra Newskowo 53
Hotel Baltika – Tapiauer Str./ Moskovskij pr.

Ortsgespräche aus den Häusern sind kostenlos. Vom Münzfernsprecher: 15 Kopeken. Zuerst die Münzen in den Schlitz stecken, dann Hörer abnehmen. Vorwahl aus Deutschland: 0070 112 (Königsberg).

Notruf

Feuerwehr 01   **Erste Hilfe** 03
Milizija (Polizei) 02

Zeitungen und Funk

Kalingradskaja Prawda – Hagenstr./Ul. Karla Marksa 18, Tel. 21 92 49
Königsbergskij Kurjer – Hindenburgstr./Ul. Kosmonawta Leonowa 24, Tel. 21 56 55
Westen Rußlands – Stresemannstr./Sovetskij pr.
Fernseh- und Radiozentrum – Rathslinden/Ul. Basseijana 42, Tel. 21 34 57

Benutzte Quellen

Robert Albinus: Lexikon der Stadt Königsberg Pr. und Umgebung, Leer 1985

August Ambrassat: Die Provinz Ostpreußen, Würzburg 1978 (Nachdruck von 1912)

Fritz R. Barran: Nördliches Ostpreußen – Ortsnamen-Verzeichnis, Leer 1992

Dieckert/Grossmann: Der Kampf um Ostpreußen, München 1960

Hans-Ulrich Engel: Ostpreußen wie es war, München

Fritz Gause: Königsberg in Preußen, München 1968

Fritz Gause: Königsberg – so wie es war, Düsseldorf 1977

Gerhard von Glinski und Peter Wörster: Königsberg – Die ostpreußische Hauptstadt in Geschichte und Gegenwart, Berlin/Bonn 1990

Emil Johannes Guttzeit: Der Kreis Heiligenbeil, Leer 1975

Emil Johannes Guttzeit: Ostpreußen in 1440 Bildern, Leer 1972

Martin Kakies: Das Samland in 144 Bildern, Leer 1978

Martin Kakies: Von Memel bis Trakehnen in 144 Bildern, Leer 1985

Reisebücher von Anno dazumal – Samland, Leer 1989 (Reprint von 1926)

Willi Scharloff: Königsberg – damals und heute, Leer 1982

Georg Schiller: Der Grenzkreis Schloßberg/Pillkallen im Bild, Leer 1984

Horst Schulz: Der Kreis Preußisch Eylau, Verden 1983

Horst Schulz: Die Städte und Gemeinden des Kreises Preußisch Eylau, Verden 1990

Horst Schulz: In Natangen, Köln 1986

Rudolf Sieber und Peter Wörster: Dokumentation Ostmitteleuropa – Die Entwicklung der Stadt Königsberg/Pr. nach 1945, Marburg 1986

Hans-Ulrich Stamm: Frag mich nach Ostpreußen, Leer 1976

Peter Wörster: Dokumentation Ostmitteleuropa – Das nördliche Ostpreußen nach 1945, Marburg 1980

sowie „Das Ostpreußenblatt" und die Heimatbriefe „Heimat-Bote Großheidekrug", „Unser schönes Samland", „von tohus" (Labiau), „Wehlauer Heimatbrief", „Preußisch Eylauer Kreisblatt", „Heimatblatt des Kreises Heiligenbeil", „Insterburger Brief", „Gumbinner Heimatbrief", Heimatbrief „Ebenrode/Stallupönen", „Die Heimatbrücke" (Goldap), „Angerapper Heimatbrief", „Schloßberger Heimatbrief", „Land an der Memel" (Tilsit-Ragnit), „Tilsiter Rundbrief", „Die Elchniederung".

Bildnachweis

Ortsnamenverzeichnis und Register
Ortsnamen Königsberger Gebiet

deutsch-russisch

427

428

429

430

436

russisch-deutsch

439

443

Ortsnamen Memelland

deutsch-litauisch

litauisch-deutsch